U0717200

〔清〕王梓材 馮雲濠 編撰
沈芝盈 梁運華 點校

宋元學案補遺

一

中華書局

圖書在版編目(CIP)數據

宋元學案補遺/(清)王梓材,馮雲濠編撰;沈芝盈,梁運華點校. —北京:中華書局,2012.1(2025.4 重印)
ISBN 978-7-101-08221-0

Ⅰ.宋… Ⅱ.①王…②馮…③沈…④梁… Ⅲ.①學術思想-思想史-中國-宋代②學術思想-思想史-中國-元代 Ⅳ.B244

中國版本圖書館 CIP 數據核字(2011)第 191499 號

責任編輯:張繼海
責任印製:管　斌

宋元學案補遺
(全十册)
〔清〕王梓材　馮雲濠 編撰
沈芝盈　梁運華 點校
*
中華書局出版發行
(北京市豐臺區太平橋西里 38 號　100073)
http://www.zhbc.com.cn
E-mail:zhbc@zhbc.com.cn
北京虎彩文化傳播有限公司印刷
*
850×1168 毫米 1/32 · 221⅝印張 · 20 插頁 · 5000 千字
2012 年 1 月第 1 版　2025 年 4 月第 3 次印刷
印數:2301-2800 册　定價:980.00 元

ISBN 978-7-101-08221-0

前言

王梓材（一七九一—一八五一）初名梓，字楚材，後更名梓材，學者稱爲臒軒先生，浙江鄞縣人。馮雲濠（一八〇七—一八五五）字五橋，浙江慈溪人。兩人同在道光十四年（一八三四）以優貢中舉人。他們合作修輯整理由黄宗羲、全祖望相繼編撰而未定稿的百卷本宋元學案，於道光十八年（一八三八）完成，並由馮雲濠出資刊刻成書。宋元學案補遺是他們校定宋元學案的又一豐碩成果，正如王梓材在凡例中所言，「是編之輯，本爲參校學案正編，隨時存其所遺」，目的在於「專繼謝山而補其遺」。是書起草時，宋元學案尚未刊刻。從道光十七年（一八三七）春至道光十八年（一八三八）正月，先得四十二卷，自道光十九年（一八三九）春迄道光二十年（一八四〇）冬，續成百卷，另附宋儒博考二卷，元儒博考一卷。後又「掇葺補苴者半年」，「而補遺之編始可出而問世」。

補遺與正編相比，其特點在於資料的求全求備。正如王梓材所言：首先，正史中「爲學案所宜載而未載者」，「凡有所見，皆爲録存」。其次，凡志乘中「爲儒林淵藪者」，如安徽、江西、浙江、福建、湖南諸省通志，「采録不敢有遺」。第三，醉經閣所藏宋、元文集、專集不下數百十家，其聚珍版諸書多本於永樂大典，「是固謝山所欲觀而不得者」，「掇拾尤多」。補遺論及數千百人，上自宰輔，下至生不求聞、没無黨援的孤寒之士，無不一一收録。「至是而正編之有間者亦庶幾無間，正編之未安者亦可以少安也」。

王梓材去世後，原稿存於其婿屠繼烈之孫屠用錫（字康侯）處。張壽鏞（一八七六—一九四五年，字詠霓，一字伯頌，自號約園，浙江鄞縣人，清光緒二十九年舉人）得到原稿，「原稿紙薄如蟬翼，字細如牛毛，而分條翦裁，往往闊不盈寸，當黏合處又欠牢固，一經翻手，翩然飛墮」。於是「由原稿録副，一校覆校」（校刊宋元學案補遺識略），自一九三三年春迄一九三六年冬，四經寒暑，隨校隨刊。張壽鏞爲之撰寫序、跋和序録，終於一九三七年收入四明叢書第五集問世。此時距離宋元學案補遺脱稿已經九十七年。

我們於完成明儒學案、宋元學案和清儒學案整理工作後，即按計劃整理此書。原擬以四明叢書爲底本，斷句影印，由於種種原因，時斷時續，現決定排印，故多少有一些變動。一、保留斷句，原文字不作更改，但加入注號，於注中説明訛誤情況。二、原作爲四明叢書第五集卷首的四明叢書第五集序、宋元學案補遺序録和慈溪縣志本傳（馮雲濠）、先師王子行狀，現移作附録，置於屠用錫識、張壽鏞跋前。原張壽鏞序、序二、宋元學案補遺凡例，校刊宋元學案補遺識略，仍置書首。三、人名索引依例置於書末。四、全書版式改從宋元學案。

本書能與讀者見面，張繼海先生給予了不少幫助，特此致謝。

本書整理雖歷經時日，但學識所限，錯誤之處，盼讀者指教。

沈芝盈、梁運華

二〇一〇年五月

序

集古語

黎洲先生晚年于明儒學案外。又輯宋儒學案。元儒學案。以志七百年儒苑門户。全祖望撰梨洲先生神道碑。尚未成編而卒。命季子主一纂輯之。其後謝山全庶常又續修之。梨洲七世孫直垕跋宋元學案。稿輾轉歸于及門月船盧氏。別見數帙于同門槜庵蔣氏。而梨洲後人又有八十六卷校補之本。要之梨洲謝山皆爲未成之書。黄氏補本則雖成而猶未成也。王梓材宋元學案識。道州何淩漢曰。壬辰春。按試至寧波。得樸學士王生梓材。今茲戊戌。王生居然以校刻宋元學案百卷定本至。欣然詢其所自。始知陳碩士少宗伯繼視浙學。先得梨洲後人補本八十六卷。而謝山原本之藏於月船盧氏。槜庵蔣氏。亦次第出之。王乃與馮生雲濠合而定之。謝山序録百卷。頓還舊觀。何淩漢宋元學案序。王梓材曰。梨洲原本有待於謝山之修補。卽謝山逐時修補。亦未始不望後來之廣爲蒐輯也。故有謝山之所遺而顯有可據者。別爲補遺。以俟續刊。王梓材撰宋元學案條例。馮雲濠曰。宋元學案何以有補遺也。本姚江謝山遞成之書。而又爲補其遺。歲丁酉。自春及夏。雲濠與甬上王膢軒明經釐定謝山補修本百卷。且出雲濠醉經閣所藏宋元人儒書文集。以備參校。時見諸儒學派有未盡葺者。相與節録條分。爲學案補遺四十二卷。馮雲濠識宋元學案補遺。梓材又曰。自己亥之春以至庚子之冬。并舊所輯録。釐爲學案補遺百卷。一端之有閒。必載稽其原書。一字之未安。或旁推夫羣籍。故正編愈審。補遺之附益愈多。正編彌精。補遺之增參彌廣。而宋元儒博攷別爲三卷。以附於後。蓋至是而正編之有閒者亦庶幾無閒。正編之未安者亦可以少安也已。王梓材再識宋元學案補遺。又曰。梓材先高祖太學純夫公。諱炳。學于王忝堂先生。諱之坪。證人講社弟子二十七人之一。見宋元學案攷略。月船盧氏藏稾本注。爲棃洲再傳弟子。大父郡學都講漁村公。諱鍔。則嘗從樗庵游。而梓材先君子縣學都講夢僧公。諱謨之。受業范外翰耐軒先生。懋裕早學于漁村公。後又及蔣門。是祖父師承所自出。宋元學案攷略附樗庵蔣氏所藏底稾殘本注。攷陳勱作先師王子行狀。有曰。稟承家學。肆力治經。勤於著述。裒然巨帙。充道光十四年優貢。明年考取八旗教習。期滿出宰廣東。三十年九月署樂會事。纔數月。以疾卒於官。咸豐元年正月十四日也。年六十。子二。長熙原。名龍光。克衍家學。先生所著水道表。爲龍光手鈔。次㬎原。名爲光。女二。長適陳懋煒。次適屠繼烈。案。即用錫之祖也。宋元學案補遺原稿藏諸屠氏者。淵源所自。特著之。孫二。潤培。恩培。字䠷孫。即以原稿授用錫者。他撰著十餘種。皆精審可傳世。古文曰樸學齋文鈔。詩曰北遊賸稿。亦足見根柢云。鄞志本傳。是爲序。時民國二十六年四月。後學張壽鏞。

序二

語云。師道立則善人多。豈不信哉。春秋時。天生一孔子。而七十二子之徒各以師説轉相傳授。儒分爲八。皆得聖人之一體。戰國時。天生一孟子。而公孫丑萬章之徒質疑問難。使許行告子輩無所逞其辭。其閒曾子作大學。始誠正而終治平。子思作中庸。尊德性而道問學。道歸於一尊。學之淵源正也。然四子書而外。若子張子夏子游之儒。雖時時見於簡册。轉不如老莊荀墨韓非申不害者流。猶得勒爲專書。以垂於後。則傳述者之責焉。夫諸子百家折衷於孔子。諸子百家之説不辨。孔子之道不尊。歐陽永叔有言。六經之法所以法不法。正不正。由不法與不正。然後聖人者出而六經作焉。漢儒數十家。有功六經者也。抱殘守闕。訓詁通焉。唐儒繼之。更爲疏證。然皆引而不發。以爲聖道深遠。未易以言語形容。略著大義。俾學者自求而自得之而已。自宋儒出而義理始彰。薪火綿延於元明。大道益著。彬彬儒苑。識大識小。見淺見深。又各抉其藴奥。以逮於有清。漢學師承。宋學師承。各著所自。而善者則冶漢宋爲一鑪。建大名。立大功。且由此選。蓋非僅以淑身。固將以淑世也。

當明清絶續之交。姚江黄梨洲先生慨然以斯道爲己任。既作明儒學案。更上溯而及於宋元儒。吾鄞全謝山先生益爲增修。使之脈絡分明。更作序録以定百卷之次。梨洲之卒在康熙乙亥。謝山之卒在乾隆乙亥。先後六十年。天何不慭遺老而終未見其書之出。嗚呼晞已。王䕶軒先生名不傳於國史。位實沈於下僚。獨能紹述黄全之緒。既參訂宋元學案。使水火盜賊所剥蝕侵奪。而尚留貽於天壤閒者。爲之行世。又復甄録及於孤寒。旁採至於志乘。湘南龍氏所謂。生不求聞。没無黨援者。一一著之。夫人生於世。觀覽海内。苟得交其一二賢豪。相與講研於學術之中。已爲大幸。今乃尚論及於數千百人名。世至五百年之久。好善優於天下。浩然盛大。豈非爲衆人之所不爲者哉。

壽鏞既僭述序録。綜觀全書。黄全得其精。先生取其備。書以晚近而愈出。先生所見之書有爲黄全所未見者。亦有黄全所見而當時未及録者。例如安定經説。既以春秋著矣。而周易口義洪範口義二書。黄全或未之見也。又如安定蘇州之聘由於范希文。而湖州之聘固滕子京也。子京之傳。黄全未録。子京有遺憾焉。安定泰山諸儒。皆表揚於高平。而高平實發原於睢陽戚氏。則戚氏不可不著。廬陵見奇於漢陽先生。則胥偃不可不著。更如朱文公撰小學。録范文素之詩。編性理羣書者上及之。於是以其不入學派而作博考。蓋師萬季野先生意也。諸如此類。沿流溯源。用心亦良苦矣。且以學説之大者言之。胡安定患隋唐以來仕進尚文辭而遺經業。苟趨禄利。及爲蘇湖二州教授。嚴條約以身先之。孫泰山治春秋。明於諸侯大夫功罪以考時之盛衰。其論治。謂夏商周之治在於六經。范高平曰。爲之自我者當如是。其成與否不在我者。雖聖賢不能必。邵堯夫吟詠所及。四時行。萬物生也。夫上天下地。往古來今。人之所以異於禽獸者。亦曰無汩其序而已矣。學無大小之分。小學蓋所以爲大學也。推親親之厚。以大無我之公。因事親之誠。以明事天之道。無適而非。分殊而理一。草木之微。器用之別。皆物理也。求其所以爲草木器用之理。則爲格物。草木器用之理。吾心存焉。忽然識之。則爲物格。故當以生意論仁。以實理論誠。以常惺惺論敬。以求是論窮理。不識時不足以言學。下學而上達。温故而知新。苟使局於一技而無知新上達之功。則藝成而下。致遠而泥矣。易書詩春秋所以配皇帝王霸也。善性理者謂之學。重事功尚經制者何莫非學。學未可以門户限之也。善夫。葉水心之言曰。讀書不知接統。雖多無益。爲文不能開教。雖工無益。篤行不合於大義。雖高無益。立志不存於憂世。雖仁無益。聖賢之精微常流行於事物。儒者失其指。故不足開物成務。爲可惜也。今國家方以禮義廉恥倡導斯民。舉往時禮教縛人之説。剗削消磨而衷於一是。壽鏞幸生其閒。得先哲不傳之祕。儻不爲之表白而傳於後。微特有負先公易簀之日。執小子手。告以孝弟忠恕者。而於鄉先生黄全二公與夫臒軒先生先覺覺後之意。泛焉視之。斯則負罪大矣。刻既竣。因更著其大凡而爲之序。時民國二十六年六月。後學張壽鏞。

宋元學案補遺凡例

一。是編之輯。本爲參校學案正編。隨時存其所遺。其大旨總不越謝山之序録。故各學案補遺標題下不復有所序述。以干僭越。

一。是編始得四十二卷。今則仍如正編爲卷者百。且書稱補遺。自當從謝山百卷之次。隨卷補輯。使觀者可合而循覽。惟節録既多。不能不別爲一編。以昭續輯。

一。是編所輯。先由正史搜葺。謝山所修諸傳。往往推廣史傳。其實史傳所及。爲學案所宜載而未載者尚多。非其不欲載也。蓋修補尚未卒業而不及載爾。凡有所見。皆爲録存。

一。是編多及於志乘諸書。蓋志乘本屬史學。其所録往往擴充於史策。史策會其總。未若志乘散見之無遺也。故如安徽江西浙江福建湖南諸省通志。爲儒林淵藪者。采録不敢有遺。

一。是編於各家專集掇拾尤多。宋元儒學之派別。其散見於各集者不少。史志所節。閒有牴牾。其不合處皆爲標明。故雖或傳文節自史志。而案語仍不遺文集。

一。是編多采聚珍版諸書。以其書多本永樂大典。是固謝山所欲盡觀而不得者。今幸諸書畢出。資取較便。凡所節采。猶是謝山之志。並非誇多逞博。敢於賢智前人。

一。是編諸傳不比正編。正編出於黄全兩家。其傳可以自出心裁。各成手筆。今則各傳俱用原文。惟删繁就簡。略清眉目。並無參雜己語。以亂其例。故傳下各注所出。觀者自知。

一。是編各傳後節録語要。或存經説。與正編大致相同。附録亦然。惟附録有標其所出者。有未標其所出。或條節史傳。或條節行狀墓誌。不及傳尾旁注之嚴。各有所出。非能杜撰。

一。是編所載正編所未及者。補其傳與言行。有正編已見而猶補其言行者。則於標目上加一補字。有正編已見而其傳授派别更可考見者。仍如正編之例。特補其標目。下注詳見某某學案。非若新補者之稱别見。此例微有不同。

一。是編不能爲表而爲目。正編之目已爲源委分明。若再爲之表。未免複衍。故各就所補者目之。觀者欲知其全。自可合觀正編之表。不煩紛紛複出。

一。是編專繼謝山而補輯其遺。棃洲之書業爲謝山修補。卽有遺語不遑復録。惟謝山鮚埼亭内外集節録正編外。如詩集與句餘土音詠及宋元諸儒者。皆爲條載。以備一家之言。

一。是編於元祐黨案。推及景祐黨案元豐黨案。於慶元黨案。附嘉定更化案。與宋元之際儒學表。皆於學案有關。非漫爲效顰。以求新異。

一。是編節采專集精語。假手於盛都講炳者十分之二。都講卒於庚子六月八日。而補遺百卷完於是歲之冬。雖其所節時有更正。而其力要不容泯。故附及之。

一。是編外附宋儒博攷二卷。元儒博攷一卷。蓋於學案無可歸。而其人又不能遺者。皆歸之博攷。博攷之目。正編所無。本之萬布衣儒林宗派。然有萬書所有。此已載入學案者。以其流派可歸爾。

校刊宋元學案補遺識略

一。王䕶軒先生校刊宋元學案。手訂條例。其第一條云。序録之作。即是書之凡例。而撰學案補遺。凡例第一條云。學案補遺標題下不復有所序述。以干僭越。壽鏞竊思紫陽嘗取程子之意以補格物傳。學案所以著諸儒之學派。而補遺者補其遺也。因就攷證所得。於各學案。黨案。學略。説略。宋元儒博攷。補作序録。俾讀者得其大要。顧未敢分載於各學案之端。仍懼僭也。時歷三月。甄及羣書。述而不作。聊以盡心。求正大雅焉。

一。先生别成宋元學案[一]百卷。陳詠橋先生行狀所謂馮氏何氏各存其刻本。皆爲四十二卷本。光緒己卯。龍氏重刻宋元學案跋云。又有鄞王氏補遺百卷。何氏求得之。與所刊版俱燼云云。所謂百卷。亦即四十二卷本也。諸藏書家更録副焉。而手寫一百卷本。則藏諸屠氏。從無録副者。是以海内人士往往以是書稿本見告。概未取閲。即鎮海方君粹彦藏有補遺之姓名録。亦未叚觀。蓋廬山眞面目已見。但期毋忽毋漏。固無待旁徵。非偏於自信也。然偶有舛錯。必爲校正。間有所見。抒於序録。期益完密。

一。先生脱稿於道光二十一年辛丑。至今民國二十六年丁丑。歷九十七年。壽鏞著手整治始於

〔一〕「案」下當脱「補遺」。

五年以前。歲在癸酉。歷五寒暑。亡友夏君同甫云。原稿紙薄如蟬翼。字細如牛毛。而分條翦裁。往往闊不盈寸。當黏合處又欠牢固。一經翻手。翩然飛墮。若再十年無人收拾。將充蠹魚食料矣。紀實也。由原稿録副。一校覆校。迨刻成。仍有顛亂者。壽鏞藏書雖多。然亦有原稿所録無從讎校者。因作□□以俟異日補正。

一。先生之編是書。意在廣之又廣。或有嫌其泛濫。或有議其應詳而從略者。然存其人卽知其學術。廣以資參攷。略以俟探求。至於評論所及。非一家之言卽可定斯人之生平。如録王漁洋之記載。於紫巖紫陽多有不滿。或有主删者。壽鏞竊以爲仲壘序戰國策。有曰。使後世之人皆知其説之不可爲。然後以戒。則明放而絶之。莫善於是。故凡原稿所録。悉仍其舊。諸傳中著先生與不著先生。亦依其原定。概未敢稍有變易。

一。是書起草時。宋元學案尚未刊刻。凡正編已録者。雖原稿所有而移入正編者。一概删去。但閒有删之未盡者。則由於勘比時之疏忽。讀者諒之。

一。是書必須與宋元學案並看。精神乃顯。以先生考校所及。多有識之於正編者。而補遺反略焉。讀者不可不知。

一。是書雖脱稿於辛丑。而先生一識再識。然未問世也。稽諸時日。先生之歿在辛亥正月。距辛丑已閲十年。所謂壬寅二月初旬。五橋居室被燒。是板卽宋元學案馮刻本。亦燬者。乃在補遺脱稿之明年。何子貞編修謀重刻於都中。因重爲校訂。重校原稿藏馮氏伏跗室。在壬寅之秋以至甲辰之冬。而重識於都門者在乙巳春。是又後脱稿四年矣。可見十年之中。先四年汲汲於正編之重刻。而取補編以歸入時也。宋元學案總目識云。有明爲正編之遺漏與補編之必當歸入。而前此攷訂時所未見及者。皆爲録入。後六年當爲八旗教習期滿。待次廣東之時。至權樂會縣事纔數月。遽卒。先生本爲寒士。當時既叚書於馮氏。而醉經之書既不能攜之以行。其無從補綴。乃事實也。是以終其身未及殺青。

一。是書之藏諸屠氏古娑羅館。爲先生之孫臒孫授之於屠康侯者也。康侯既詳識之矣。而壽鏞以蚊負山。幸得報先生於萬一。校刊完竣。爲生平大快事。而助我者老友夏同甫啓瑜。至爲盡力。惜墓木已拱。不克見書之版行。爲之憮然。他友如王彦行邇。精心覆勘。鉅細靡遺。施韻秋維藩。又爲最後之總校。餘若章屈皃伸。胡伯棠。喻民可超。皆與焉。因附誌之。以示不忘。民國二十六年四月。鄞張壽鏞識。

宋元學案補遺總目

外附

宋元學案百卷謄校畢。梓材造馮君五橋而言曰。姚江草創是書。加以謝山吉士之修補。自宜詳而無遺。宋元諸儒支流餘派之見於載籍者。彌復不少。盍相與完葺。因各采録數百條。以補其遺。時梓材就試南闈。將由省晉都。繕完攜稿於官學。庶幾謝山修補之意。無使遺憾之猶存。旋以獲疾回里。復與五橋廣輯所遺。凡得宋元學案補遺四十有二卷。大略每學案補遺各自成帙。參之原書卷第。可分可合。其有謝山底稾所有。而無可歸併者。附存其後。若宋元儒博攷。多本吾邑萬布衣季野所輯儒林宗派。布衣固姚江高第也。抑宋元學案一書。非五橋篤信好學不能刊。亦非五橋插架之富無從而參校。蓋五橋之收羅典籍十餘年矣。家有醉經閣經史子集四部。各歸其伍。宋元儒文集不下百數十家。藉是以詳校學案。有無待旁借於諸藏書舊家者。卽補遺之輯。亦是閣有以成之也。及歲之杪。繕寫甫畢。而梓材亦遂束裝嚮北矣。原書有表。茲不得别爲之表。而第爲之目。并書其涯略如此。道光十八年戊戌正月人日。甬上後學王梓材謹跋。

宋元學案何以有補遺也。本姚江謝山遞成之書。而又爲補其遺也。歲丁酉。自春及夏。雲濠與甬上王臒軒明經釐定謝山修補本百卷。且出雲濠醉經閣所藏宋元人儒書文集。以備參校。時見諸儒學派有未盡葺者。相與節録條分。爲學案補遺四十二卷。前甲午秋。臒軒與雲濠同遊陳少宗伯石士師之門。而且同寓省垣鳳凰山麓者兩月。以石士師得姚江補本。尤惓惓於謝山修補之稾也。卽思校刻是書。顧未克匯合黄全兩家之全。於茲四年。謝山之稾底迺出。始克參校而付諸剞劂焉。臒軒初獲鄉前輩萬季野先生儒林宗派。亦嘗繙閲羣書。以補其闕略。宋元諸儒之派别。固所究心。宜其詳校學案。補輯其遺。尤易爲力云。道光戊戌歲春正月望前三日。慈谿後學馮雲濠謹識。

前歲戊戌初春。梓材既與馮五橋同年輯録宋元學案補遺四十二卷。成編而識其大略矣。

二月初吉。即束裝而行。四月入都。居都門及京北延慶者八閱月。教習未補。丁母艱而歸。營治喪葬諸事。時五橋奉母養志家居。不遑遠出。因復往還慈水。以申學業。前此五橋以正編板刻。有宜商搉考訂者。未即印刷行世。梓材之未歸也。相與通書辨答。各呈所見。及歸而考核更密。繙閱更詳。一端之有閒。必載稽其原書。一字之未安。或旁推夫羣籍。故正編愈審。補遺之附益愈多。正編彌精。補遺之增參彌廣。迺與五橋日對陳編。時存新案。賢賢不已。必使廣廣之無遺。善善從長。祇覺多多之爲貴。儻儗以續貂而足。似爲不倫。即譬諸買菜之求。亦所弗恤矣。自己亥之春以至庚子之冬。并舊所輯録。釐爲學案補遺百卷。卷之厚薄。適與正編相等。而宋元儒博攷別爲三卷。以附於後。蓋至是而正編之有閒者亦庶幾無閒。正編之未安者亦可以少安也已。顧補遺之輯。原出於表揚儒學之初心。亦何敢自以爲是。而不就正於有道。今兹春仲。梓材以服闋北行。五橋同年又復諄諄舊業。俾以補遺稾本隨行。爲可咨訪鑒裁。以求無憾。則又蒐討遺聞。掇葺補苴者半年。而補遺之編始可出而問世也夫。

道光二十一年辛丑八月既望。後學王梓材謹書於都門宣南坊大槐徐氏之治樸學齋。

宋元學案補遺卷首

後學 鄞王梓材 慈谿馮雲濠 同輯

宋元儒學案序録附識

謝山鮚埼亭詩集舟中編次南雷宋儒學案序目詩。閩洛源流在。叢殘細討論。茫茫溯薪火。渺渺見精魂。世盡原伯魯。吾慚褚少孫。補亡雖兀兀。誰與識天根。

梓材謹案。鮚埼亭詩集重定黄氏留書詩。證人一瓣遺香在。複壁殘書幸出時。如此經綸遭世厄。奈何心事付天知。猶聞老眼盼大壯。豈料餘生終明夷。疇昔薪傳貽甬上。而今高第亦陵遲。此詩蓋作於乾隆十三年主蕺山講席時。前年猶修學案。故於黄氏書每耿耿云。又案。王阮亭居易録二十七云。七月。餘姚縣處士黄宗羲卒。年八十四。時蓋康熙三十四年乙亥。至乾隆十三年。已越五十有三年矣。

雲濠謹案。鮚埼亭詩集卷四仲春仲丁之灌浦陪祭梨洲先生詩云。黄竹門牆尺五天。瓣香此日尚依然。千秋兀自綿薪火。三徑勞君盼渡船。酌酒消寒欣永日。挑鐙講學憶當年。宋元儒案多宗旨。肯令遺書歎失傳。謝山自注云。時臨之屬予續成先生宋元學案。又卷九灌浦鄭氏秋丁祭黄子詩云。黄子澤五世。於今已一絲。閣下木樨花。秋來放幾枝。嗟我勵私淑。未得揖讓於其時。據此二詩。知謝山嘗私淑梨洲。又見其惓惓於修補學案焉。

徵之學案

定宇學案

仲子學案

東山學案

滏水學案

梓材謹案。盧氏所藏學案底本。標題劄記有諸學案名目。今據謝山定次序録。皆當附入百卷之中。盱江入高平學案。潘王諸儒入龜山學案。澹庵入武夷學案。徵之附入劉李諸儒學案。定宇入滄洲諸儒學案。仲子入北山四先生學案。東山入草廬學案。滏水則附屏山鳴道集説略。

附陳石士師宋學説

古今言學者衆矣。同源殊流。紛然各出。綜其大端。不越三者。程子所謂文辭。訓詁。儒者是也。事文辭者或馳於爲人。事訓詁者或至於無用。故程子以爲仔肩道統。非儒者之學莫屬。上韓理堂先生書。

自漢以來。功利之私。承秦餘習。泯泯棼棼。無所寧止。世之學者。棄康莊而趨曲徑。徇一得而昧大同。孔孟之學。是以不著於天下。其閒董子以正誼明道之説救正人心。而漢之學始一振。越數百年。韓子以仁義道德之説攘斥佛老。而唐之學始一振。又越數百年。周子言止靜。二程子言格物致知。存誠主敬。俾學者有所從入之地。而宋之學於是大振。迄宋南渡。子朱子紹周程之統。其爲説也。尤詳以備。而千聖之學得周程而大振者。賴以不墜。數百年閒。代不過一人。數千年閒。不過數人焉耳。上韓理堂先生書。

學莫貴乎得其本。通經。學之本也。知通經。則得其本矣。是故古之學者。三年而通一經。其爲時之久如此也。旁求之諸子百家傳記方言小説。靡不參互攷訂。以求一當。其所務之博。又如此也。時既久。故思慮有所必通。務既博。故有以濟其聞見之所不及。漢之儒者。莫不從事乎此。及其弊也。穿鑿傅會之失益滋。則反昧於爲學之本。宋儒揭其本以救之。而及其弊也。空疏無據之病復起。故今之學者。以漢學相倡和。而考據之精。冠於前代。其著書立説。馳聲譽於海内者。肩相望而踵相接也。上王侍御書。

用光嚮頗不喜惠定宇明堂大道録。比見翁覃溪先生與胡雒君書。亦以此爲畔道之作。所當辭而闢之者。覃溪先生又言。與其過信漢儒。毋寧過信宋儒。此非今日諸儒所能爲之言也。寄姚先生書。

立言之道。非周公孔子曾子子思孟子莫屬。自漢以來。惟程朱諸儒。誠有以紹絶學之功。是以可謂之立言焉。與魯賓之書。

姬傳先生嘗謂。義理考據辭章三者。不可缺一。義理。考據。其實也。辭章。其聲也。與魯賓之書。

且吾師之所謂攷證。豈世之所謂攷證乎。用光嘗因吾師之説。而推以合乎宋儒格物致知之學。

蓋今之言學者。咸以適用爲要矣。而攷其見諸事者。或失則重。或失則輕。或畸輕而畸重。或前重而後輕。欲興利而不知利之所由興。欲去害而不知害之所由去。機有由伏。莫省其度。流有必濫。莫塞其源。苟詡其見之所及。而不知不合乎古人永終知敝之道。其原由於知之不致。故意不能誠。而事不能辨也。以是格物致知之説不可易。而循吾師攷證之説。則於宋儒之學未必其無所合也。復賓之書。

昔姬傳先生與吾書云。讀宋儒書。是致知工夫。此語從未經人説過。卻極精當。耐人玩味。與伯芝書。

孟子曰。博學而詳説之。將以返説約也。又曰。君子深造之以道。欲其自得之也。近時爲漢學者。栩栩詳説之功。而鮮返約之思。其爲宋學者。或又徒勦襲語録之緒餘。而無自得之實。二者交譏。而未有以相勝也。勉學堂記。

夫學必本宋儒。而後其處心也無私。其制事也有道。南池文集序。

當望溪時。士猶尊宋學。雖有一二聰明才辨之士。或以宋儒爲詬病。然其流猶未盛。訖今日而出主入奴。顯相排斥。迺逸迺諺。標漢學以相誇者。不啻晉人之清言矣。先生獨推尊宋儒。以相救正。雖海内學者。未必盡相信從。然宋儒之所以有功於聖門者。賴先生而益明。姚姬傳先生七十壽序。

蓋自湯文正陸清獻以宋儒之學興於國初。雖其所從入於朱陸者各異途。而立身制行皆闇然爲己。無標榜以爲名者。然清獻尚兢兢守程朱家法。懼世之爲陸王者師心自用。以爲學術患。集中學術辨及與湯文正書是也。自爲漢學者興。而世乃樂以宋儒爲詬病矣。韓理堂先生墓表。

世之爲漢學者咸訾宋儒。汪學士廷珍爲余言。慎修江氏闡述宋五子之言凡數十卷。世末之見也。顧僅傳其考證之書。世之尊江氏。非能尊江氏者也。夫人之力學爲名高耶。行不若宋儒而訾之以爲名。烏足以言學。臧和貴傳。

道學非可以爲名。有宋諸大儒亦未嘗自名爲道學。使周程張朱生於漢時。司馬氏必特著之曰周程張朱列傳。觀於孟荀列傳可知矣。今錫鬯氏乃曰。儒林足以包道學。道學不可以統儒林。是不特没是非之公。且其所考於司馬氏班氏范氏之儒林傳。亦未詳其實矣。夫通天地人之爲儒。稱此名者。非周程張朱莫屬也。彼京劉之屬曷足云。然而其傳經之家法。則京劉之屬有不可没者。然則生漢宋之後。而儒林道學不能不分爲立傳。固史家之通例。亦史家之定例也。朱錫鬯史館上總裁第五書書後。

梓材謹案。石士師諱用光。字碩士。一字實思。亦字石士。江西新城人。官至禮部左侍郎。道光十五年八月十三日。卒於京邸。宜興吴文學德旋爲神道碑云。公之先。自凝齋先生以宋儒之學爲教。陳州恪遵其説。公幼時習聞之。言動必循禮法。然治經未嘗墨守宋儒門户。凝齋先生諱道。吾師之祖也。陳州。吾師之考。諱守詔。字約堂。石士師嘗爲先考行狀云。凝齋府君爲宋儒學。晚以授吾舅氏魯山木先生仕驥。而居南昌時。知名士如南昌彭文勤元瑞。鉛山蔣心餘士銓。武寧汪輦雲軔。皆樂從凝齋府君遊。因訂交於伯父恕堂府君及府君。是皆吾師學問之先緒。謹識於此。

梓材又案。石士師爲馬一齋先生家傳。自言少事魯山木先生。言宋儒學。長事姚姬傳先生。言宋儒學。是則吾師之師承也。其爲山木先生文集後序云。先生少從先大父凝齋府君研究儒先之書。而獨喜象山陽明之學。又爲惜抱軒經説後序云。先生之於經。不孤守宋儒。而兼綜鄭馬。以核其實。不務言漢學。而原本程朱。以究其歸。其於爲出主入奴之辨者。則尤深疾而嚴辨之。是二先生學術之異有如此。而吾師於二先生。與姚惜抱爲尤近云。

宋元學案補遺卷一目録

(一)「翁」上脱小字「補」。

宋元學案補遺卷一

後學鄞王梓材
慈谿馮雲濠同輯

安定學案補遺

安定先緒

推官胡先生訥

胡訥。京兆人。安定先生瑗之父也。仕爲寧海節度推官。著孝行録三卷。所記多宋初人。别見賢惠録。記婦人之賢者。直齋書録解題。

高平講友

補 文昭胡安定先生瑗

雲濠謹案。先生端平二年從祀。嘉靖九年復祀。

梓材謹案。先生以嘉祐四年六月六日卒於杭州。明年十月五日葬於烏程何山之原。蔡君謨誌其墓。而歐陽子爲之墓表。

周易口義

南極入地下三十六度。北極出地上三十六度。狀如倚杵。此天形也。一晝一夜之間。凡行九十餘萬里。人一呼一吸謂之一息。一息之閒天行八十餘里。人之一晝一夜有一萬三千六百餘息。是故一晝一夜而天行九十餘萬里。

史伯璿曰。胡氏云。一息天行八十里。則萬三千六百息當有一百八萬八千里。今但云天行九十餘萬里。豈一時計算之未審耶。抑後人傳寫之有誤耶。

洪範口義

夫五福者天下之至美者也。六極者天下之至惡者也。聖人不能獨爲之教。是必兼講九疇而用之。然後可以驗於民也。昔鯀陻洪水。汨陳五行。帝乃震怒。不畀洪範九疇。彝倫攸斁。鯀則殛死。禹乃嗣興。天乃錫禹洪範九疇。初一曰五行。至九曰嚮用五福。威用六極者。何也。夫王者體五行以立德。謹五事以修身。厚八政以分職。協五紀以正時。建皇極以臨民。乂三德以通變。明稽疑以有爲。念庶徵以調二氣。彝倫攸敍。是謂至治之世。五福被於民。彝倫攸斁。是謂至亂之世。六極傷於民。夫五行者水火木金土。在天則爲五星。在地則爲五行。在人則爲五事。王者五事皆謹。則五常不失其道。五行皆順其性。五星不失其明。五事謹之致也。厚八政則食以足。務稼穡則貨以通有。祭祀以事鬼神。司空以平土地。司徒以均教化。司寇以正刑罰。賓所以明禮。師所以爲法。協五紀則四時不差。建皇極則民履中道。乂三德則馭下有方。明稽疑則與衆同欲。如是則君子在位。小人在野。君臣上下。均相和同。四方萬國。無不寧謐。然後可以驗於庶徵也。

庶者則曰雨。曰暘。曰燠。曰寒。曰風。五者皆順其時。各得其驗。則爲謹五事之應也。故經曰。肅時雨若。至聖時風若。此和氣之感召也。故下文云。王省惟歲。至家用平康。此美徵之大者也。故美徵既至。則五福被於民矣。舒泰則各盡其壽。壽不必百二十歲爲限。民樂康則各得其富。富不必以財豐爲備。無疾憂所以康寧。知禮讓所以好德。不經於征戰。不被於刑戮。爲考終命之道。以此觀之。王者兼講九疇而次序之。則可以獲五福之應。若王者不能謹五事。則五常皆失其道。五行失其性。五星失其度。八政由是而墮焉。農失業則食不足。商失業則貨不通。祀失時則鬼神惡。司空失職則土地曠。司徒失職則教化衰。司寇失職則刑罰濫。賓失職則禮壞。師不嚴則道不尊。五紀亂則時令差。皇極傾則王道塞。三德乖則政治廢。稽疑逆則衆心異。夫然則小人在位。君子在野。上下交相侵陵。邊隅不靖。擾攘無窮。故有咎徵者。悖五事之應也。五事悖。而貌不恭反而爲狂。言不從反而爲僭。視不明反而爲豫。聽不聰反而爲急。思不睿反而爲蒙。故經曰。狂恆雨若。至蒙恆風若。此逆氣之所感召也。故下文云。日月歲時既易。至月之從星則以風雨。此咎徵之大者也。咎徵既著。則六極然後被於民矣。民死於征戰。而困於刑戮。所以凶短折。陰陽不調。所以疾。不得其所。所以憂。衣食不充。租斂急厚。所以貧。庠序不設。教化不興。不知君子之正道。徒著小人之邪行。故爲惡與弱。以此觀之。王者不能用九疇爲始本。所以有六極之道。然則五福六極。莫非聖人爲教之道。可以驗王道成敗之跡。故因以終焉。

梓材謹案。四庫書目著録先生周易口義十二卷。蓋其門人倪氏述先生之説。簡明目録云。大旨主闡明義理。程子之易。

源從此出。又著録先生洪範口義二卷。蓋以其文散見永樂大典中者。排纂成書。提要云。洪範以五事配庶徵。本經文所有。伏生大傳以下。逮京房劉向諸人。遽以陰陽災異附合其文。劉知幾排之詳矣。宋儒又流爲象數之學。惟圖書同異之是辨。經義愈不能明。安定生於北宋盛時。學問最爲篤實。故其説惟發明天人合一之旨。不務新奇。如謂天錫洪範。爲錫自帝堯。不取神龜負文之瑞。謂五行次第。爲箕子所陳。不辨洛書本文之多寡。謂五福六極之應通於四海。不當指一身而言。俱駁正注疏。自抒心得。又詳引周官之法。推演八政。以經注經。特爲精確。其要皆歸於建中出治。定皇極爲九疇之本。辭雖平近。而深得聖人立訓之要。非讖緯術數者流所可同日語也。

春秋説

平王東遷。孝公之三十七年也。明年惠公立。春秋不始於孝公惠公者。不忍遽絶之。將有所待焉。歷孝踰惠。莫能中興。於是絶之。所以始於隱公也。總論。

兄不兄。弟不弟。交譏之也。隱元年鄭伯克段於鄢。

震。霹靂也。電者。陰繫陽。爲雷之光也。隱九年三月癸酉。大雨震電。

鄭伯無仁心。乘戴之弊而伐取之。隱十年秋。宋人衛人入鄭。宋人蔡人衛人伐戴。鄭伯伐取之。

公不及北杏之會。齊既滅遂。公懼其見討。故爲此盟。莊十三年冬。公會齊侯。盟於柯。

麋。魯常有。但以多爲異耳。莊十七年冬。多麋。

禘者。審諦。閔二年夏五月乙酉。吉禘於莊公。

春秋書大雩者二十有一。非秋則冬。無有在夏者。左氏謂龍見而雩。過則書之。僖十一年秋八月。

大雩。

黄東發曰。安定知其一。未知其二。凡言大者。皆僭天子之禮。

上言齊人徐人伐英氏。下言滅項。齊徐可知。僖十七年春。齊人徐人伐英氏。夏。滅項。

魯伐邾之國。又取其邑。致此之戰。其惡可知。僖二十二年秋八月。及邾人戰於升陘。

以泓之戰。不死難也。僖二十五年。宋殺其大夫。

討翟泉之不會。僖三十年。晉人秦人圍鄭。

公子遂如京師。報周公之聘也。然王者至尊。非諸侯可抗也。僖三十年冬。天子使宰周公來聘。公子遂如京師。

三傳皆謂趙盾不弑。今經書盾弑。若言非盾。是憑傳也。宣二年秋九月乙丑。晉趙盾弑其君夷皋。

梓材謹案。宋史藝文志載先生春秋口義五卷。蓋至宣公十二年爲止。金華府志朱正夫傳言。安定嘗著春秋辨要。卽所謂口義耶。

中庸義

惟誠明以之也。誠自成而道自道也。非功名利害外以怵之也。子曰天下國家可均也節。

兼天人之道而中庸著也。舜誠矣。好問而好察邇言。隱惡而揚善。則誠之也。顔回誠矣。得一善則拳拳服膺而弗失之者。誠之也。誠者天之道也節。

梓材謹案。經義序引晁景迂云。小人之中庸也。王肅本之下有反字。胡先生温公明道皆云。然是亦中庸義之説也。

律吕議

按歷代律吕之制。黄鐘之管長九十黍之廣積九寸。度之所由起也。容千二百黍積八百一十分。量之所由起也。重十有二銖。權衡之所由起也。既度量權衡皆出於黄鐘之龠。則黄鐘之龠圍徑容受可取四者之法。交相酬驗。使不失其實也。今驗黄鐘律管每長一分内實十三黍又三分黍之一。圍中容九方分也。後世儒者執守孤法。多不能貫知權量之法。但制尺求律。便爲堅證。因謂圍九分者。取空圍圓長九分爾。以是圍九分之誤。遂有徑三分之説。若從徑三圍九之法。則黄鐘之管止容九百黍。積止六百七分半。如此則黄鐘之聲無從而正。權量之法無從而生。周之嘉量。漢之銅斛。皆不合其數矣。

蔡西山曰。十二律圍徑。自先漢以前。傳記並無明文。惟班志云。黄鐘八百一十分。由此之義。起十二律之周徑。然其説乃是以律之長自乘。而因之以十。蓋配合爲説耳。未可以爲據也。惟審度章云。一黍之廣度之九十分。黄鐘之長一爲一分。嘉量章則以千二百黍實其龠。謹衡權章則以千二百黍爲十二銖。則是累九十黍以爲長。積千二百黍以爲廣。可見也。夫長九十黍。容千二百黍。則空圍當有九方分。乃是圍十分三釐八毫。徑三分四釐六毫也。每一分容十三黍又三分黍之一。以九十因之。則一千二百也。又漢斛銘文云。律嘉量方尺圓其外。庣旁九釐五毫。冪百六十二寸。深尺積一千六百二十寸。容十斗。嘉量之法合龠爲合。十合爲升。十升爲斗。十斗爲石。一石積一千六百二十寸。爲分者一百六十二萬。一斗積一百六十二寸。爲分者十六萬二千。一升積十六寸二分。爲分者一萬六千二百。一合積一寸六分二釐。爲分者一千六百二十。則黄鐘之龠爲八百一十分明矣。空圍八百一十分。則長累九十黍。廣容一千二百黍矣。蓋十其廣之分以爲長。十一其長之分以爲廣。自然之數也。自孟康以律之長十之一爲圍之謬。其後韋昭之徒遂皆有徑三分之説。而隋志始著以爲定論。然累九十黍。徑三黍。止容黍八百有奇。終與一千二百黍之法兩不相通。而律竟不成。唐因聲制樂。雖近於古。而律亦非是。本朝承襲。皆不能覺。獨安定以爲九分者㊀方分也。以破徑三分之法。然所定之律不本於聲氣之元。一取之秬黍。故其度量權衡皆與古不合。又不知變律之法。但見仲吕反生不及黄鐘之數。乃遷就林鐘已下諸律圍徑。以就黄鐘清聲。以夷則南吕爲徑三分。圍九分。無射爲徑二分八釐。圍八分四釐。應鐘爲徑二分六釐五毫。圍七分九釐五毫。夫律以空圍之同。故其長短之異可以定聲之高下。而其所以爲廣狹長短者。又莫不有自然之數。非人之所能爲也。今其律之空圍不同如此。則亦不成律矣。遂使十二律之聲皆不當位。反不如和峴舊樂之爲條理。亦可惜也。房庶以徑三分周圍九分。累黍容受不能相通。

㊀「者」下脱「九」。

遂廢一黍爲一分之法。而增益班志八字。以就其説。范蜀公乃從而信之。過矣。

附録

安定先生患隋唐以來。仕進尚文辭而遺經業。苟趨禄利。及爲蘇湖二州教授。嚴條約以身先之。

范文正公薦之曰。胡某志窮墳典。力行禮義。見在湖州郡學教授。聚徒百餘人。不惟講論經旨。著撰詞業。而常教以孝弟。習以禮法。人人嚮善。閭里歎服。此實助陛下之聲教。爲一代之美事。伏望聖慈特加恩奬。升之太學。可爲師法。

皇祐至和間。爲國子直講。朝廷命主太學生千餘人。先生日講易。每講罷。或引當世之事以明之。至小畜。以謂畜止也。臣止君也。已乃言及中令趙公補所碎劄子。呈於藝祖之事。麈史。

判國子監。其教育諸生有法。先生語諸生。食飽未可據案。或久坐。皆於氣血有傷。當習射投壺游息焉。是亦食不語。寢不言之遺意也。

侍講讀乾元亨利貞不避諱。上與左右皆失色。侍講徐曰。臨文不諱。上意遂解。滌記。

朝廷再起。以議大樂。樂成。多變古法。其樂制以一黍之廣爲分以制尺。其律徑三分四釐六毫四絲。其圍十分三釐九毫二絲。其聲比舊樂下半律。又鐘磬大小一以黄鐘爲率。而鐘之狀類鐸。既而議者多非之。後卒不用。仁宗朝嘗上書請興武學。其略曰。頃歲。吴育已建議興武學。但官非其人。不久而廢。今國子監直講内梅堯臣曾註孫子。大明深義。孫復而下。皆明經旨。臣曾任邊陲丹州推官。頗知武事。若使堯臣等兼莅武學。每日只講論語。使知忠孝仁義之道。講孫吴。使知制勝禦敵之術。於武臣子孫中。選有智略者二三百人教習之。則一二十年之閒。必有成效。臣已撰成武學規矩一卷。進呈。時議難之。吕原明記。

王荆公寄贈先生詩曰。先生天下豪傑魁。胸臆廣博天所開。文章事業望孔孟。不復睥睨蔡與崔。十年留滯東南州。飽足藜藿安蒿萊。獨鳴道德驚此民。民之聞者源源來。高冠大帶滿門下。奮如百蟄乘春雷。惡人沮服善者起。昔時蹻跖今䕫回。先生不試乃能爾。誠令得志如何哉。吾願聖帝營太平。補葺廊廟枝傾頹。披旒發纊廣耳目。照徹山谷多遺材。先將先生作梁柱。以次構架桷與榱。羣臣面向帝深拱。仰戴堂陛方崔嵬。

歐陽兖公表其墓曰。師道廢久矣。自明道景祐以來。學者有師。惟先生暨孫明復石守道三人。而先生之徒最盛。慶曆四年春。天子開天章閣。與大臣講天下事。始慨然詔州縣皆立學。於是建太學於京師。而有司請下湖州取先生之法以爲太學法。至今爲著令。

司馬温公酬胡侍講先生見寄詩曰。先生喜誘掖。貽詩極褒賁。誰云歲杪寒。面熱汗沾漬。非不悦子道。駑鈍力難致。常恐負吹噓。終爲重言累。

程子曰。黄鐘之聲亦不難定。世自有知音者。將上下聲攷之。既得正。便將黍以實其管。看管實得幾粒。然後推而定法可也。古法律管當實千二百粒黍。今羊頭黍不相應。則將數等驗之。

看如何大小者。方應其數。然後爲正。昔胡先生定樂取羊頭小黍。用三等篩子篩之。取中等者。特未定也。

呂和叔寄劉伯壽書曰。某近與鄉人講鄉飲鄉射之禮。惟恐鄉樂音節不明。雖傳得胡安定所定雅音譜。有周南。召南。小雅十數篇。而猶闕由庚。由儀。崇邱。南陔。白華。華黍。騶虞七篇。

郭白雲傳家易説曰。以王輔嗣之清談。猶以須爲上附之物。獨安定以爲須待然後賁之六二可得而言也。六二文明之主也。有待而興。智之事也。然其須也。乃所以爲賁歟。

劉子卿曰。安定先生主湖州學。世謂之湖學。

雲濠謹案。劉氏明本釋言安定云。范忠宣。孫覺。劉彝。顧臨。錢公輔。徐積。滕甫。皆門人之達者也。

汪浮溪序先生言行録曰。宋興八十餘年。至慶曆皇祐間。儒學無愧於古。當時學者以泰山孫明復。徂徠石守道。海陵胡先生爲師。而先生之門爲最盛。弟子各以其經轉相傳授。常數百人。仁義禮樂之風藹然被於東南。公卿偉人由先生之門而出者。接踵於時。蓋數十年未已也。熙寧以來。學者非王氏不宗。而先生之學不絕如綫。然識者知其必興。逮今天子一新斯文。力去黨錮之弊。訪先生之後。得其孫滁而官之。由是先生之學復振耀流通。人人讀先生之書。如慶曆皇祐時。先生雖嘗再至京師。爲太學官。侍經天章閣。而教授吳興爲最久。其建太學京師也。又嘗下吳興取先生之法爲法。則吳興者。先生之洙泗也。紹興八年。錢塘關注子東主吳興學。而先生之孫滁在焉。相與裒先生遺書。將以布之天下。慰學者之思。得先生易書若干篇。中庸義若干篇。既藏之學宫。又録先生言行若干條。爲一帙。孟子曰。君子之澤五世而斬。小人之澤五世而斬。予未得爲孔子徒也。言君子小人雖賢否不同。而澤之所施同乎有盡。惟義理之在人心爲無窮。雖傳之百世可也。則先生之學復行固宜。

朱子曰。胡安定書解未必是安定所注。專破古説。似不是胡平日意。又間引東坡説。東坡不及見安定。必是僞書。

又學校貢舉私議曰。古之太學主於教人。而因以取士。故士之來者爲義而不爲利。且以本朝之事言之。如李廌所記元祐侍講吕希哲之言曰。仁宗之時。太學之法寬。簡國子先生必求天下賢士眞可爲人師者。就其中又擇其尤賢者。如胡翼之之徒。使專教導規矩之事。故當是時。天下之士不遠萬里來就師之。其游太學者端爲道藝。稱弟子者中心説而誠服之。蓋猶有古法之遺意也。

又答或人曰。諸公稱號合立一條例差等。如泰山。海陵。徂徠。濂溪。明道。伊川。横渠。康節。稱先生。公卿稱謚。無謚稱爵。無稱爵官。程張門人及近世前輩亦如之。其無官者稱子。或兼以號舉。今人稱郡姓名。凡姦邪則直書姓名。

梓材謹案。學案稱號略本於此。又朱子稱安定爲海陵。且以三先生列濂溪之前。亦可見三先生之爲宋儒冠冕。非自學案始矣。

王深寧困學紀聞曰。横渠策問云。湖州學興。竊意遺聲寓之塤篇。因擇取二南小雅數十篇。

使學者朝夕詠歌。今其聲無傳焉。

又曰。春秋誅亂臣賊子。左氏謂稱君。君無道也。穀梁謂稱國。以弒其君。君惡甚矣。安定先生曰。是啓亂臣賊子之言也。其爲害教大矣。

劉紹攽周易詳説曰。朱子謂程子之學源於周子。然考之易傳。無一語及太極。於觀卦辭云。予聞之胡翼之先生。居上爲天下之表儀。於大畜上九云。予聞之胡先生曰。天之衢亨。誤加何字。於夬九三云。安定胡公移其文曰。壯於頄凶。獨行遇雨。若濡有愠。君子夬夬。无咎。於漸上九云。安定胡公以陸爲逵。考伊川年譜。皇祐中遊太學。海陵胡翼之先生方主教道。得先生文。試。大驚。即延見。處以學職。意其時必從而受業焉。世知其從事濂溪。不知其講易多本於翼之也。

俞成螢雪叢説曰。或問安定先生。何謂克己復禮。天下歸仁。胡舉邵堯夫詩以答之云。門前徑路毋令窄。路徑窄時無過客。過客無時路徑荒。人閒滿地生荆棘。其人默悟。

陸子方重修安定先生祠記曰。子車氏没。洙泗無嫡派。擇不精之荀揚。粗有見之王韓。君子無取。春陵起而太極圖通書顯。關洛承而易傳西銘著。斯文天畀。聖人之體用具焉。然水尋其源。木茁其芽。則自三先生始。三先生者。胡翼之。孫明復。石守道也。

又曰。先生爲范希文蔡君謨歐陽永叔所敬。而又能識程正叔之爲人。則其學可知已。何天下知之。而當時屢舉之。試官不識也。科目不足以得士。信然。

梓材謹案。陳古靈與陳安撫書。言先生向在江湖閒。興學養士凡十餘年。弟子一千七百人。魁傑之士多出門下云。

梓材又案。四庫全書著録明本排字九經直音二卷。提要云。卷首題曰明本者。宋時刊板多舉其地之首一字。如建本。杭本之類。此蓋明州所刊本。即今寧波府也。末題歲次丁亥。梅隱書堂新刊。考丁亥爲元至元二十四年。是元初刊本矣。其書所音俱根據經典釋文。釋文一字數音者。皆並存之。且兼取宋儒。如於詩中庸論語孟子則多採朱子。於易則兼採程朱。於禮則多採方慤。其他經引胡瑗司馬光音讀尤多。與陸氏之書尤足相續。在宋人經書音釋中最爲妥善。則先生經説之遺。亦於此可攷矣。

梓材又案。謝山鮚埼亭詩集。新會張明府惕庵以予將去粤。有諸生無福之歎。予皇恐不敢當也。作詩六首。其一曰。泰山不作文昭逝。方信人師絶世無。自分衰殘天所廢。敢耽棧豆誤生徒。文昭卽安定也。詳謝山詩句。非以安定泰山自居。蓋其所願爲者。惟泰山安定可見矣。

安定學侶

知州滕先生宗諒

滕宗諒字子京。河南人。與范文正仲淹同年舉進士。其後文正稱其才。乃以秦州軍事推官召試學士院。改大理寺丞。遷殿中丞。會禁中火。詔劾火所從起。先生與祕書丞劉越皆上疏諫。仁宗爲罷詔獄。時章獻太后猶臨朝。先生言國家以火德王天下。火失其性。由政失其本。因請太后還政。而越亦上疏。太后崩。擢嘗言還政者。越已卒。贈右司諫。而除先生左正言。後遷左司諫。歷知信州。湖州。涇州。慶州。虢州。岳州。蘇州。卒。先生尚氣。倜儻自任。好施與。及卒。無餘財。所莅州喜建學。而湖州最盛。學者傾江淮閒。有諫疏二十餘篇。宋史。

梓材謹案。宋文鑑有范文正公辨滕宗諒張亢疏。歐陽文忠公論燕度勘滕宗諒事張皇太過疏。

附録

范文正書海陵滕從事文會堂詩曰。東南滄海郡。幕府清風堂。詩書對周孔。琴瑟親羲黄。君子不獨樂。我朋來遠方。言蘭一相接。豈特十步香。德星一相聚。直有千載光。道味清可挹。文思高若翔。笙磬得同聲。精色皆激揚。栽培盡桃李。棲止皆鸞皇。琢玉作鎮圭。鏤金爲干將。猗哉滕子京。此意久而芳。

通判王先生逢附門人李瑋。

王逢。當塗人。教授蘇常。學者常數百人。晚始登第。累官至國子直講。駙馬李瑋嘗從學。後爲先生求遷官。先生不受。久之以太學博士通判徐州。先生與胡安定最善。喜著書。有易傳十卷。乾德指説一卷。復書七卷。姓譜。

梓材謹案。王荆公誌先生墓云。蘇州士人從轉運使乞君主其子㊀。學者常數千百人。又云。兼隴西郡王宅教授。李某行内修謹。君蓋有力焉。卽謂李瑋。

㊀「子」當爲「學」。

補屯田阮先生逸

雲濠謹案。四庫著録皇祐新樂圖記三卷。提要云。宋阮逸胡瑗奉敕撰。考初置局時。逸瑗與房庶等。皆驛召預議。詔命諸家各作鐘律以獻。而持論互異。司馬温公主逸瑗之説。范鎮則主庶之説。往返爭議。卒不能以相一。其往返書牘具見傳家集中。而鎮所作東齋記事。亦略存其概云。

阮氏易筌

易著人事。皆舉商周。帝乙歸妹。高宗伐鬼方。箕子之明夷。商事也。密雲不雨。自我西郊。王用享於岐山。周事也。

附録

爲鎮東軍節度推官。景祐初。上樂事論十二篇。與胡安定俱召赴闕。命同校鐘律。分造鐘磬各一簴。

陳師道后山叢談云。阮逸嘗以僞撰關子明易傳稾示蘇老泉。

朱子曰。胡安定與阮逸李照議不合。仁宗與胡安定阮逸樂書。令天下名山藏之。意思甚好。

員外楊無爲先生傑

楊傑字次公。濡須人。嘉祐進士。元豐中官太常者數任。一時論樂之事。皆預討論。元祐中爲禮部員外郎。自號無爲子。所著有文集十五卷。雲濠案。先生善談禪。其別集十卷。皆爲釋老。而釋又居十之九。陳直齋云。樂記五卷。姓譜。

文正司馬涑水先生光詳涑水學案。

安定同調

常博陳先生之奇

陳之奇字虞卿。其先自長安徙吳。先生天聖中禮部進士。廷試下第。里居十年。無仕進意。後又以進士爲鄱陽尉。歷丹徒泰興二縣令。李瑋尚公主。詔舉經術行義者爲隴西郡王宅教授。卒以太常博士賜緋魚袋。閒居十八年。先生孝親信友。約身篤行。好學知道。吳人言家行者必推之。莫不以爲愷悌君子。每出乘羸駒。里老見之。斂然曰。此吾陳君子也。是時胡安定以經術教授諸生。蘇子美以文章退居山林。先生以德行棄官而歸。名動海內。稱吳下三賢人。姑蘇志。

孫氏師承

喬先生竦

喬竦字□□。高郵人。以學行推於時。教授鄉里。從之學者多以文行知名。而淮南數百里閒。高郵若鄒魯。自先生發之。孫莘老覺。其徒也。姓譜。

滕氏先緒

滕先生高用

滕高用。東陽人。章敏元發之父也。薦爲祕書郎。尤長於性理。卒葬吴縣。遂爲蘇人。姑蘇志。

翁氏師承

尚書劉先生滋

劉滋字潤之。崇安人。景德二年進士。歷典九郡。皆有惠政。官至職方郎中。累贈開府儀同三司吏部尚書。福建通志。

安定門人

補節孝徐仲車先生積

徐仲車語

做仁且做仁。未到得能及處。仁到盡處。然後可以言能及。

退之拘幽操。爲文王羑里作。乃曰。臣罪當誅兮。天王聖明。此可謂知文王之用心矣。凱風七子之母猶不能安其室。而云母氏聖善。我無令人重自責也。

儀禮粗爲完書。然決非盡出乎聖人。何以知之。夫禮者出乎人情也。而儀禮有曰。父在。母不可以爲三年之服。又曰。嫂叔無服。所以避嫌也。又曰。師無服。此豈人情哉。蓋多出於漢儒喜行其私意。或用其師説。或利其購金而爲之耳。

梓材謹案。先生篤於倫紀。故有是語。喪服至今父在已爲母三年。嫂叔亦有服矣。此誠出於人情耶。

梓材又案。四庫全書著録節孝語録一卷。提要云。是書爲其門人江端禮所録。又稱其篤於躬行。粹於儒術。所言皆中正和平。無宋代刻核古人之習。大致皆論事論人。無空談性命之説。蓋猶近於古之儒家焉。又著録節孝集三十卷。附録一卷。提要言其文奇譎恣肆。不主故常。往往縱逸自如。不可繩以格律。而大致醇正。依經立訓。不失爲儒者之言云。

訓學者文

言其所善。行其所善。思其所善。如此而不爲君子者。未之有也。言其不善。行其不善。思其不善。如此而不爲小人者。未之有也。

附録

仲車初從安定學。潛心力行。不復仕進。其學以至誠爲本。平日對學者每以治心養氣爲先。曰。修身務學。爲文之要。莫大於此。晚乃著書。未成而病。嘗曰。吾之書大要以正治心。以直養氣而已。或問立朝之要。則曰以正輔君。或問修身之要。則曰以正修其身。自遠方寄巨軸請教者。乃大書一正字與之。

先生天文之學。尤造其妙。門人問之。則曰。昔有學天文於譙周者。周曰。天下事可學者甚多。何獨天文。

先生於前代名將酷慕諸葛武侯。以其所學之廣。所養之厚也。嘗謂兵者實大賢盛德之事。非小才小智所能用。亦不獨用之難也。言之亦難。若所養不至而易言之。鮮不敗事。

節孝嘗問安定。或人問見先生侍女否。何以告之。安定曰。莫安排。由是有得。嘗以告陳了翁云。此某之悟門也。

先生孝行出於天稟。三歲父死。旦旦求之。甚哀。母使讀孝經。輒淚落不能止。晁景迂節孝處士詩曰。莫怪先生身上貧。眼看物外似浮雲。房中除卻琴棋後。更有門前鶴一羣。

黃東發曰。徐節孝先生篤孝至行。以正治心。以直養氣者。其學也。

陳夷白弔節孝徐先生文曰。嗟事親莫先養志兮。夫子一何其恂恂。謂事死有甚事生兮。夫子蓋已質之於鬼神。充百行於一原兮。其所養者正直。炳文質之彬彬兮。信有言者有德。

補 諫院錢先生公輔

雲濠謹案。謝山句餘土音賦湖上錢集賢偃月隄云。使君安定徒。儒術飾吏治。甬句故澤國。遍興水田利。於焉及城中。陂塘俱不滯。政成而事簡。游豫皆眞意。

附録

司馬温公祭之曰。嗚呼君倚。好賢如親。就義若渴。非聖不學。惟善是爲。納忠於君。恥後堯舜。竭力於友。志追雷陳。推誠而行。不疑不畏。屢蹈顛沛。終殄悔心。甲科榮名。西掖清貫。君倚之美。兹不足言。始謂吉人。必膺遐福。如何彫謝。曾未二毛。

補龍學孫莘老先生覺

春秋經解

元年者隱公之始年。正月者平王之正月也。春秋不始於平王東遷之年。與孝公惠公之時。而始於隱公者。孫明復云。孔子不忍遽絶之也。歷孝與惠。冀其能以王道奮起。興復文武之業。而平王庸暗莫能中興。播遷陵遲迨隱而死。孔子於是絶之。此春秋之所以始隱公也。春秋魯史。魯爲諸侯。春秋亦書元年者。天子之元行於天下。諸侯之元行於一國。然而元年不謂之一年。正月不謂之一月者。欲示人君體元居正之法也。夫元者氣也。天地生成之德也。建子之月。羣陰爲壯。萬物未萌。而一元之氣潛伏於黄鍾之宫。於時已有生成萬物之心。及其發而成功。則生之爲春夏。成之爲秋冬。聖賢居無位之時。萬物未蘇。羣生未安。聖賢雖處衆人之下。亦已有生成及民之心。

及其發而成功。則舒之爲禮樂。慘之爲政刑。是故爲天子者體天地生成之德。則可以生成天下之民物。爲諸侯者體天地生成之德。則可以生成一國之民物。故易之道備於三才。而元首於四德。春秋襃美貶惡以爲萬世之法。而卽位之初。必稱元年者。蓋以此也。夫正者。方正之名。大正道也。天子諸侯言正言。行正行。近正人。法令必以正。賞刑必以正。造次動靜莫不一於正者。居正之謂也。然而元者生成之本也。春者天之所爲。生成之始也。王者天下之本。正者王之所爲。政教之始也。是故王者必正其天下之政教。而上奉乎天。故以王次春焉。諸侯必正其一國之政教。而上奉乎王。故以公卽位次正焉。此天子諸侯體元居正大義也。而隱公不書卽位者。左氏以爲攝也。公羊以爲成公遂意也。皆不明首惡之罪也。惟穀梁以爲隱輕千乘之國。蹈道則未者。爲得之矣。隱元年春王正月。

春秋之時。征伐不由天子之命。小白晉文假天子之義以制諸侯。攘外裔。數十年閒。海内幾乎平定。可謂有功於天下矣。然而春秋記小白文公侵伐之事。未嘗有一辭襃之者。以爲非義。則論語不嘗稱之爲仁。以爲有功。則春秋稱之無美辭。蓋孔子之意。雖通之以一時之權。而不以爲萬世之法。論語美其功。聖人之權也。春秋無襃。聖人之道也。權有時可假以就一時之功。而道不可少欺以亂萬世之法。惟孟子深知其意而言之曰。春秋無義戰。彼善於此則有之矣。故春秋之時。侵伐圍入一切書之。以見其罪。未有襃之者焉。其所謂侵者不聲其罪也。其所謂伐者聲其罪而行也。鄭人伐衛。左氏曰。討公孫滑之亂。是亦以此爲罪。聲而伐之耳。如謂有鐘鼓曰伐。無鐘鼓曰侵。則彼大國行師。亦有言侵者矣。何以大國之衆而無鐘鼓乎。豈侵蔡遂伐楚。前無之。而後有之乎。此蓋左氏以聲其罪之聲爲鐘鼓之聲耳。公羊曰。觕者曰侵。精者曰伐。案侵伐要辨其名。若謂精觕。則其意耳。用兵行師。意無不在破人之國。得人之地。何爲更論其精觕而校其罪乎。穀梁曰。苞人民毆牛馬曰侵。斬林木壞宮室曰伐。齊小白召陵之師。不戰而楚服。無壞宮斬木之事。穀梁以迹論之。則他國侵伐。魯史安得盡其詳耶。惟以罪爲名與不言其罪者乃可耳。隱

二年鄭人伐衛。

尹氏。天子之大夫也。曰氏者。譏世卿也。天子之大夫外交於魯。其卒而赴之。書之者。見外交之罪也。案尚書紀紂之罪則曰。官人以世。然文王之治岐。則仕者世禄。以尚書之所罪。而文王則嘗行之。文王乃有罪歟。蓋文王之所謂世者。使世世有禄者也。非謂世其禄也。農之家世耕而食之。工之家世巧而資之。商之家世利而通之。則士之家世能而禄之。無不可也。天子德大。世天下諸侯。德小。世一國。皆南面稱君。以世其位。公卿大夫之子孫。其賢者能者則皆世其禄而不絶也。蓋文王之政能使仕者之子孫皆賢且能。賢且能則禄之。禄之是世其禄也。故古者卿大夫之子孫。不得棄其父祖之業。而爲農工商之事。故幼則入小學。長則入大學。教之以詩書禮樂之訓。習之以孝弟忠信之行。其言語有常度。其衣服有常制。行成而志定。業具而身修。至於三十而後試以事。四十而後授以位。五十而後命以爵。凡公卿大夫士之後。苟賢焉不失其位。苟能焉不失其職。德大者禄厚。德小者禄薄。此其所謂世禄者也。奈何春秋之際。苟公卿大夫士之子

孫也。雖不肖不失其位。而苟庶人之子孫也。雖賢而不禄。故不肖之人徧滿高位。而賢能之士放棄田野。聖人因事而見之。以著其世禄之罪。尹氏之類是也。隱三年夏四月辛卯。尹氏卒。

凡舞有干有羽。不言干而但言羽者。婦人無武事。但陳羽舞也。羽數之禮。當從左氏之義。天子八。諸侯六。大夫四。士二。魯在隱公之前。因成王賜天子禮樂於周公。故諸公之廟相承僭之。皆用八佾。今隱公爲桓考妾母之宫。始降從六。聖人善其復禮。書之曰。初獻六羽。春秋之例。前未有此。而今行之者。謂之初。宣公之税畝。言初。始變古也。隱公之獻羽。言初。始復禮也。是則六羽之獻止於仲子之宫也。若羣公之廟盡循用之。則於哀公之時。季氏因而又僭於家庭也。公穀皆以爲天子八。諸公六。諸侯四。若然。則大夫士無舞矣。判縣特縣將焉用耶。當以左氏之義爲定。隱五年。初獻六羽。

輸平之義。三傳陸淳之説。皆非也。左氏曰。渝平更成也。公穀曰。輸平輸墮也。墮其往來之平也。陸淳曰。欲與魯絶其和平。故先來告之耳。案自隱公即位至此六年。若言前與平。則六年之閒未嘗有會同朝聘之事。自輸平之後至十一年六年之閒。宛來歸祊。翬會伐宋。時來之會。伐許之役。皆與魯公同行。豈可於和平之時不相往來。渝變之後反同侵伐哉。不知輸者納也。公羊謂春秋之前。嘗有狐壤之戰。蓋魯自敗衄之後。遂與鄭絶。故入春秋六年之閒。不相往來。至是鄭人請和來納其平。故後六年之閒。復同侵伐。杜預曰。和而不盟曰平。此例於春秋爲通。春秋書平者六。未有書國君及使者。鄭人輸平。不書鄭伯之使。宋及楚平。亦但書人。暨齊平及鄭平。亦言國。聖人之意以爲二國不和。必至侵伐。以一人之私忿而元元無辜。血肉原野。故凡侵伐圍入皆書其君及大夫。以重其罪。至其和而不盟。相與平定。則是舉國之人皆願欲之。故凡平皆不言使。不目其君。我與外平。則但書曁及。以明一國之人皆其平也。隱六年春。鄭人來輸平。

齊桓欲成霸業。故爲鄄之會。以帥諸侯。然春秋書之。與無事而會盟者等爾。蓋春秋之意。以爲爲道而不至於三王者。皆苟道也。爲學而不至於聖人者。皆苟學也。齊桓雖有攘外裔尊中國之功。而終不至於王道。蓋功則可取。而道猶未也。春秋王道之極致。聖人之成學。故雖桓文之功。而其詞無褒。孔父仇牧之事。而其事無善。所以使學者求之。至於無窮。行之。至於不足。范寧曰。君子之於春秋。没身而已矣。此深於春秋之言也。莊十五年春。齊侯宋公陳侯衛侯鄭伯會於鄄。

王室之事不載於經。而明年經書城緣陵。前目後凡。則謀杞之説與經合矣。僖十三年。公會齊侯宋公陳侯衛侯鄭伯許男曹伯於鹹。

書是月者。所以别非戊申之日。僖十六年春王正月戊申朔。隕石於宋五。是月。六鷁退飛過宋都。

春秋内女適諸侯者書卒。夏四月丙申。鄫季姬卒。

重耳之卒。未逾一年。而秦由僻陋。乘中國之無霸。越數千里以伐鄭。其無晉也甚矣。書曰。敗秦師。所以甚秦之惡。而與晉之勝也。僖三十三夏四月辛巳。晉人及姜戎敗秦師於殽。

古者天子頒朔諸侯。而藏之祖廟。每月之首。受朔於廟。而告之國中。遂行朝廟之禮焉。所以尊正朔。重天時也。蓋朝廟之禮爲告月而設。之月不告。則廟不朝也。文公怠於政事。以閏月爲歲之餘日。忽棄而不告。又不敢廢朝廟之禮。猶往朝焉。猶者可止之辭。大者不舉。則細者可以已矣。閏不告月。則朝廟可已焉。故曰猶朝於廟。告月之禮廢於文公。於是閏不告月。至於十有六年。而朔之不視凡四。諸公相因。而告朔之禮殆廢。而春秋不可勝譏。故孔子但於其廢禮之始。一正其法而誅之也。文六年。閏月不告朔。猶朝於廟。

視朔之禮。所以敬天時。尊君命。會國人也。一月廢之不可。況四不視朔乎。然則文公怠政慢上可知矣。孔子在定哀之時。不欲去告朔之羊。以存其禮。定哀之閒固嘗有不視朔者矣。然經不書之。視朔之禮廢自文公焉。又不曰始不視朔。亦或行而或廢也。左氏公羊皆以爲文公有疾廢之。按孔子春秋皆曲盡人情之難言者。昭公在乾侯時。而告朔朝廟之禮不行於魯。故經於一歲之首必曰。公在乾侯。所以見昭公之在外。雖欲行之而勢不可得也。文公果有疾不能行。則孔子當恕之如昭公之乾侯也。何爲獨深罪之。文十六年夏五月。公四不視朔。

叔姬者。杞伯之出妻也。杞伯生絶其妻。死歸其喪。春秋以其非禮書之。成九年春王正月。杞伯來逆叔姬之喪以歸。

立異姓爲後。而經遂書滅。不惟於義不明。亦何以爲訓。此蓋莒人因鄫不順其立異姓而滅之爾。襄六年。莒人滅鄫。

春秋之於外裔。書之有漸焉。非進之。外裔益進。則中國益衰矣。楚子使椒來聘。書爵書名。非進楚也。所以見楚之盛也。吴子使札來聘。書爵書名。非進吴也。所以見吴之盛也。楚始聘魯。

書曰荆人。吳始聘魯。遂稱吳子。春秋非厚吳而薄楚也。荆初來聘中國。猶有可爲者。早攘卻之。楚將不至於盛。而中國將不至於衰也。至其通好之久。盟會侵伐同於諸侯。則中國與之等矣。故書曰楚子使椒來聘。所以一楚於中國也。吳初來聘。而遂稱子。言其一來而遂同於中國也。公穀皆以季子賢而來聘。故吳得稱子。案季子雖賢者。而吳實外裔。安得以一季子之賢而遽亂其例哉。此皆不得其義。而過爲之説爾。襄二十九年。吳子使札來聘。

襄二十四年。我侵齊。二十五年。齊侯伐我北鄙。齊魯之好遂絶。至是平。之後叔孫婼如齊莅盟。足明齊魯爲此平也。昭七年春王正月。暨齊平。

武宮者。廢廟也。成六年立之。於是有事焉。而大夫卒去樂卒事。則合禮矣。然武宮之事則不當有者。春秋因變禮而推言之。昭十五年二月癸酉。有事於武宮。籥入。叔弓卒去樂卒事。

諸侯建國皆立兩社。其一國社。其一亡國之社。故左氏曰。閒於兩社。爲公室輔。哀四年六月辛丑。亳社災。

孔子曰。鳳鳥不至。河不出圖。吾已矣夫。孔子何取於河圖鳳鳥哉。取其天下有道。則鳳鳥來儀。河出圖也。孔子自傷不得見昔者有道之世。而終没於離亂擾攘之邦。故歎曰。吾已矣夫。言其終不及見也。若鳳鳥者。又何羨之乎。蓋昔者舜道之成。而韶樂之和。充塞於天地之閒。則鳳鳥來而爲儀。鳳者蓋有知之禽。網罟有時。而覆巢毁卵之患息。則乘和氣而來儀。非以應人道之治而君德之修也。世無我害。則來儀矣。麟者蓋鳳之類而獸之有知者也。蒐田以時。而麛卵之害息。則亦乘和氣而來游。非應於時君而主於一人也。世無我害。則來游矣。麟趾之詩是也。故麟鳳之爲物。非以瑞於人君。人道修而物理得。則或巢於林。或游於郊。人之見之。有以知人道之至。而和氣之交也。人道乖而物理失。則或求之而不來。或致之而不至。人之見之。有以知治道之謬而戾氣之積也。春秋之時。非鳳鳥來儀之世。麟趾信厚之時也。然而西狩獲麟焉。麟者有知之獸。而出於有道之世者也。奈何哀公之十四年而獲焉。爲麟則不當出於哀公之時。有靈則不當見獲。爲麟有靈而不免於獲。此孔子所以爲異而絶筆於春秋也。哀十四年。西狩獲麟。

梓材謹案。宋史藝文志載先生春秋經解十五卷。春秋學纂十二卷。春秋經社要義六卷。陳氏書録解題有春秋經解。春秋經社要義。而無春秋學纂。王氏玉海有春秋經社要義。春秋學纂。而無春秋經解。蓋學纂卽經解。宋志誤分爲二書耳。四庫全書著録春秋經解十三卷。提要言其早從胡安定遊。其春秋之學。大旨以抑霸尊王爲主。自序稱左氏多説事迹。公穀以存梗概。今以三家之説較其當否。而穀梁最爲精深。且以穀梁爲本。其説是非褒貶則雜取三傳及歷代諸儒啖趙陸氏之説。長者從之。其所未聞。則以安定先生之説解之。今安定口義五卷已佚。傳其緒論。惟見此書云。又案。周氏清波雜志言。先生嘗請益於歐陽公。則又及文忠之門矣。

附録

知福州。民欠官税錢。繫獄者甚衆。適有富人出錢五百萬葺佛殿。請於先生。先生徐曰。汝輩所以施錢何也。衆曰。願得福耳。先生曰。佛殿未甚壞。佛無露坐者。孰若爲獄囚償官。使數百人解縲絏之苦。得福豈不多乎。富人從之。囹圄遂空。

楊龜山序春秋經解曰。先生以其饜餘盡發聖人之藴。著爲成書。以傳後學。其微辭妙義多先儒之所未言者。啓其關鍵。使學者以稽其門。叩其户。以窺堂奥。豈曰小補之哉。

晁子止曰。孫莘老尚書解。謂康王以喪服見諸侯爲非禮。蘇氏之説本此。

陳氏造曰。孫先生春秋解。其於經窮盡該備。幾無遺意。

補 章敏滕先生元發

梓材謹案。先生非爲范文正公之甥。姑蘇志云。范仲淹之父墉。元發諸舅也。嘗教以爲文。及仲淹守鄉郡。元發受學於胡瑗。似先生爲文正中表昆弟。而非甥。然先生果學於文正之父。文正二歲而孤。年尚長於文正。安得與文正諸子同師安定耶。

雲濠謹案。東坡代張文定公誌先生墓云。范希文皇考舅也。見公而奇之。教以爲文。是先生初從文正。其與文正諸子同師安定宜矣。

雲濠又案。范忠宣祭滕達道龍圖文云。昔我先生樂育多賢。才傑盈門。君實居先。我之得友。喬木是遷。中間契闊幾三十年。是先生嘗學於文正之證。姑蘇志所云。未得其實。

附録

復知鄆州。學生食不給。民有爭公田。二十年不決者。先生曰。學無食而以良田飽頑民乎。乃請以爲學田。遂絶其訟。

蘇文忠自謫所還。貽人書曰。目中久不見偉人。昨至金山。見滕元發乘小舟破巨浪來。觀使人神聳。其見重如此。

補學士顧先生臨

梓材謹案。文獻通考有尚書集解十四卷。晁子止謂。先生與蔣之奇。姚闢。孔武仲。劉敞。王會之。周範。蘇子才。朱正夫。吴孜所撰。後人集之爲一編。經義考言其所未及者。司馬温公。王荆公。黄通。楊繪。陸佃。李定。蘇老泉。胡安定。張晦之。程伊川。與前凡二十家。又案。古靈知常州。興學宫。以先生司之。

雲濠謹案。袁清容書張子仁少監族譜後云。安定先生以水利爲一科。故其弟子若羅適。顧臨。皆爲名監司。

顧學士語

五福不言貴。雖以嚴分。然貴未必爲福。賤未必爲極。故桀紂貴爲天子。而不得其死。顔回原憲到今稱之。

夫惠有術也。養有道也。一梁之渡人。惠之微者也。而君子取之。得其術也。一井之濟物。養之薄者也。而聖人取之。得其道也。子產乘輿。其爲力固勤矣。而君子不取。非其術也。冉子與粟。其心固爲周矣。而聖人不取。非其道也。所謂術者不在乎豐。在乎不費云爾。所謂道者不在乎大。在乎不窮云爾。夫豐而多費。知愛於彼而不知愛於此矣。大而易窮。知愛於今而不知愛於後也。惟其不費。則雖微可尚也。惟其不窮。則雖薄可貴也。

雲濠謹案。此先生生⊖湖學田記語。

顧氏經説

月令當取其體天行事之大意。如賞以春夏。刑以秋冬。此是因天時整頓大綱。若他時有合。即施行者。亦豈一一待那時方行。如夫子遇迅雷風烈必變。若柳子厚論之。又須説平時何嘗不敬。豈待迅雷風烈方敬也。月令但是順天。加重非是。尋常都不理會其言行。其令則某應。誠有拘處。然子厚之辨。又失之太放。

附録

陳龍川序三先生論事録曰。昔顧子敦嘗爲人言。欲就山間。與程正叔讀通典十年。世之以是病先生之學者。蓋不獨今日也。夫法度不正。則人極不立。人極不立。則仁義禮樂無所措。聖人之用息矣。先生之學。非求子敦之知者。而爲先生之徒者。吾懼子敦之言遂得行乎其閒。因取先生兄弟與横渠相與講明法度者。録之篇首。而集其平居議論附之。夫豈以爲有補於先生之學。顧其自警者。不得不然耳。

⊖「生」衍。

補 隱君徐八行先生中行

梓材謹案。宋史先生本傳云。始知學。聞安定講明道學。其徒轉相傳授。將往從焉。又云。令福唐劉彝赴闕。得瑗所授經云云。似先生由劉氏以得安定之學。當在私淑之列。

附録

客有詰以避舉要名者。先生曰。人而無行。與禽獸等。使吾得以八行應科目。則彼之不被舉者。非人類歟。吾正欲避此名。非要名也。

陳質㦤黄巖縣學三賢祠記曰。上蔡之學。蓋宗孔孟氏。龍泉之學。亦宗孔孟氏。八行之學出安定。亦宗孔孟氏。能宗之則能續之矣。故其道續之也。其文與行亦續之也。大續而小有未續而亦續也。遠續而近有不續而亦續也。或涣焉同入。或迴焉獨出。人也。或强焉外震。或斂焉内入。時也。要其歸而已矣。江河淮濟皆歸海。夫責其不歸海可也。必欲使江爲河。淮爲濟。則不可也。然則兩先生之與八行蓋同歸矣。兩先生之學具在書。八行之學具在心。心與書一也。故兩先生信天下之師矣。而八行則不止一鄉之師也。合而師之。自一鄉始也。合而祠之。自一鄉推也。

補 知州劉先生彝

劉氏經義

女史掌王后之禮。職内治之貳。則必有道藝而知禮者。鄭氏以爲女奴曉書者。非也。蓋擇女御之賢者爲之。

朝以聽天下之政。故君立之。天道也。市以聚四方之貨。故后立之。地道也。以上天官。

使俗有根本。安於其生。如本之不可拔。則民各戀其里閭。雖有災難。不忍舍而適於他邦。故萬民以安。地官。

以璧羨起度。則尺寸不可移。以組琮爲權。則輕重不可欺。

據舜典所稱。則衣裳之章十有二。其來遠矣。周之禮樂多因於虞夏。康成泥司常職日月爲常之文。遂謂周人以日月星辰畫於旂旗。而冕服止九章。非也。交龍爲旂。周之衣不去其龍。熊虎爲旗。周之裳不去其虎。何獨日月爲常而去其衣服之日月星辰乎。以上春官。

浚溝之上以爲城。鑿池之上以爲郭。溝池深於外。則城郭固於内。用其深以增高也。渠又在其外。所以出水。因之植木其上。守固之材出焉。

目以知其膽之不驚。口以知其心之不悖。耳以知其力之不殫。鬣以知其血之有餘。毛以知其氣之不暴。蹄以知其行之不跲。六者簡馬之大節也。以上夏官。

死刑而欲免之。用八議也。不以司寇會王。而王會其期者。刑人於市。與衆共之。非王所得專也。是以雖在八議之中。必反覆議成其罪。而後舍之。秋官。

燕以示慈惠。則貴舒緩。故飲至夜而不爲過。所以致其厚也。饗以訓恭儉。則貴謹飭。故饗在朝而不爲速。所以致其敬也。燕禮。

毋不敬。則動容貌。斯遠暴慢矣。儼若思。則正顔色。斯近信矣。安定辭。則出辭氣。斯遠鄙倍矣。三者修身之要。爲政之本。

積其學而能散之政。上也。積其財而能散之民。次也。積而不能散。下矣。國欲安。必防其危而遷其德善。以除其危。湯之盤銘曰。苟日新。日日新。又日新。能遷之謂也。

博聞矣。强識矣。而猶未敢以爲能也。於是自卑而尊人。抑己以崇德。日新力行而無厭怠。其所以爲君子歟。

幼子之性純明自天。未有外物生其好惡者。無所學而不可成也。故視之以誠信。則誠信篤於其心矣。視之以詐僞。則詐僞篤於其志矣。故曰幼子常視無誑。以上曲禮。

古者鄉學教庶人。國學教國子。鄉學所稱曰選士。不過用爲鄉遂之吏。而選用之權在司徒。國學所升曰進士。則命爲朝廷之官。而爵禄之權在司馬。此鄉學教選之異。所以爲編户世家之別也。然庶人仕進亦有二道。可爲選士者。司徒試用之。一也。國學則論選之法與國子同。二也。

王制。

文王受命惟中。身則五十以前猶爲世子。自成童至知命。克盡其性以事親。故其以篤誠爲本者。他聖所同。以備物爲實者。雖舜有弗逮也。夜不遑寐。故鷄鳴而至。以其達旦懷憂。故知其安而喜形於色。有不安節則心有所懼。而色形其憂。急侍其親。并履不能正。蓋聖人盡其性以事其親。無所入而不爲極也。

聖人所行。莫非盡其性也。盡其性以事其親。又何加焉。

聖人將化天下治其國也。正宗族以爲之本。將正其宗族也。正身以爲之本。必擇賢才盛德之士。以掌其政令。則庶子之官。非其人不可。故庶子之政。必以六德六行爲本。

天子之元子。諸侯之適子。鄉遂之賢能。皆在王之大學。以修德習樂。必釋奠以致其敬。一爲元子。將承祖考之祭祀。必明於禮樂也。二爲將傳道於聖師。必先竭其恭敬也。三爲視學必養老。學士合舞。以成其禮也。聖人之教。先齊其家。既正后妃之德於內。又正元子之德於外。是以天子之教。以視學爲先務焉。以上文王世子。

五帝之治。世質民純。人人內盡其情而情不生。外無其己而善益勸。故君不自尊而天下共尊之。臣不自賢而天下共賢之。一德安於上而兆民莫不化之。一善出於人而四海莫不師之。是以選賢與能。講信脩睦。不必自於朝廷。而族黨人人推讓。不敢以爲己私也。君盡其性於上。民盡其性於下。不曰大道之行乎。禮運。

易之損曰。曷之用二簋可用享。言凶年而約其禮也。大司徒之職曰。大荒。大札。令邦國移民通財。舍禁。弛力。薄征。緩刑。然則蜡之通不通。皆聽命於司徒矣。

移民者。勸而移之。易其不勸以爲勸。移其心也。易其不足以就有餘。移其身也。以上郊特牲。世子。國之根本。弗正厥始。終戕其性矣。弗淑其習。烏能正厥性。俾近於聖賢哉。內則。

宗者。一族人倫之主也。天子諸侯尊崇。雖其子之親。非嗣厥位。則莫得而禰之也。是以同姓之親。必崇其宗。崇其宗則五服各有倫類。所以辨親疏。定長幼。明尊卑。繫昭穆也。正其一身而人倫之道備焉者。宗以正之使然也。故先王之禮。同姓人之昏嫁。祭祀。燕饗。飲食必稟於大宗。仕進出入。饋遺往來亦如之。屬猶繫也。父之黨則繫於昭。子之黨則繫於穆。昭穆分則序之以長幼。合族人而食。所以正人倫而禮義行於宗黨矣。大傳。

聖人正德以事天。敬地以迎氣。是以大報天而主日。其致者五焉。一曰致反始者。萬物成性。必始於天。聖人受命。亦始於天。將篤其末。必厚其本。此郊祭所以教天下反始之敬也。二曰致鬼神者。天地有神以司其化育。宗廟有鬼以基其治平。惟聖人爲能尊祖配天。必致其饗。致天下敬於鬼神也。三曰致和用者。郊祭天地。所以致陰陽之和。而民人康矣。所以致萬物之豐。而邦用足矣。四曰致義者。天地者萬物由之以生也。父母者子孫由之以生也。聖人郊祀所以父母乎天地也。兄姊乎日月也。致人倫之義於天下。而知所以勉乎孝弟矣。五曰致讓者。平治天下。教化天下。衣食天下。革其悖亂之心。而納之中和之域。弭其六極。而錫之五福。皆聖人爲之具。是五福莫與比隆。而弗敢有其功。乃嚴郊祀。讓德於天。俾天下力行其善。而弗敢有其善。郊使之然也。合此五善以爲禮之本。則於天下之禮不失其本矣。在其微末不足道也。祭義。

鄉飲酒之禮。歲則一行於黨。再行於州。三年一行於鄉。所以行其三物。充乎五品。以礪其德行。以觀其賢能。以采其髦俊。以不盡性於中和。爲愧爲恥。爲邦閭之指笑也。此鄉飲酒之禮。所以爲王道之範圍。風俗之砥礪也。鄉飲酒義。

附録

王氏困學紀聞曰。劉氏中義。以匠人溝洫。求合乎遂人治野之制。謂遂人言積數。匠人言方法。然周禮考工各爲一書。易氏謂匠人前代之制。

補學士錢先生藻

附録

既長。依其族之大人。刻勵就學。并日夜忘寢食。於書無所不治。已通其大旨。爲直講。以能教誘。學者歸之。

補著作朱先生臨

雲濠謹案。宋史載先生春秋私記一卷。鄭氏通志載先生春秋通例二十卷。經義考並云佚。

補開府翁先生仲通

梓材謹案。胡致堂爲先生仲子彦深神道碑言。先生仕至朝奉郎。累贈至特進。恂恂長者。不言人過。以諸經教授。從之者數百人。朋游有貴達者。欲援之。輒辭以親老。

補職方游先生烈

雲濠謹案。道南源委載。先生以孝節稱。登皇祐進士。

補縣令陳先生舜俞

附録

蔣魯公序都官文集曰。雅志之所學。以謂爲道而不爲利。此學者之所當守而不失。仕者之所當遵而不變者也。若夫平日之論。高出於夔契之上。而至其趨時之事。乃卑出於管晏之下。皆固令舉之所鄙也。

又曰。大者則以經世務。極時變。小者猶足以詠情性。暢幽鬱。蓋其於道如此。而其辭亦不足道也。

樓攻媿後序曰。蓋其抱負素已不羣。本之忠義。充以學問。以安定爲師。所友自東坡而降皆天下士。淵源又如此。

補校書周正介先生穎

附録

趙清獻送之京師詩曰。吾鄉伯堅眞丈夫。氣剛色强言詞疏。胸中一物不使有。日儲月斂惟詩書。布裘落魄韋帶緩。權門不肯低眉趨。朋友累百誰爾汝。人皆不與爭揶揄。掩關啜菽苦意氣。糞壤玉璧泥沙珠。宣慈中山我孤處。昨日走介貽吾書。書云詔下籲俊乂。父兄命穎之京都。古人求養志擇禄。今而豈得逃馳驅。肩書手劍出門云。嚌咨肯復兒女如。我聞此語涕交下。人皆欲養繫我無。羨子之爲與道合。勸子亟往無踟躕。明年得志拜堂上。豈非人子榮親歟。

朱子記江山縣學景行堂曰。正介之行。信於鄉而聞於朝。其立言垂訓。褒善貶惡。又皆足以爲後世法。雖其事業不得見於當年。然其所立。已不但爲一鄉之善士而已也。

補縣尉倪千乘先生天隱

附録

彭器資送樊秀才問倪先生曰。羣言紛散寄遺經。天乞吾儕照未明。猶惜是非迷後世。旁求規矩遺諸生。騏驊始信能千里。鵬鶚終須看一鳴。杖履從容問孤跡。爲言心寄海邊城。又和千乘先生詩曰。蓬蓽猶淹濟世圖。獨持經術振羣愚。困窮自古饒賢者。功業於今屬丈夫。天下久思安石起。時人曾笑孟軻迂。何時幣聘來莘畝。佇聽嘉言上禁途。

補 吴先生孜

雲濠謹案。先生所著又有春秋折衷十二卷。見宋志。程積齋云。會稽人。兩浙名賢録云。從胡安定受業。

補 宫教潘先生及甫

梓材謹案。一統志載。先生與兄希甫同登進士。爲懷仁尉。筠州判官。及知分寧霍邱壽春。皆有政績。遷祕書丞。充楚王宫大學教授。律宗室以禮法。神宗嘉之。可知其官所至矣。

補 知州莫先生表深

雲濠謹案。龜山誌先生墓云。公自幼聞過庭之訓。問學有家法。元豐二年登進士第。晚自號如如居士。

正字朱樂圃先生長文詳見泰山學案。

宫師劉先生定國

劉定國字平仲。世爲長興人。幼警敏。受詩書易於安定先生。初名傳。既壯。則有安定國家之意。改名。應舉不偶。退益刻礪。未嘗一日去書不觀。桐川太守胡戣孫覺。皆以禮致主鄉校。後學師仰之。後以五試禮部。策於廷。官通判司户參軍。卒。以子珏同知樞密。贈太子少師。毘陵集。

司農王先生得臣

王得臣字彦輔。自號鳳亭子。安陸人。嘉祐四年進士。官至司農少卿。著有麈史三卷。考所自述。初受學於鄭獬。又受學於胡瑗。其明義一條。復與明道程子問答。疑爲洛黨中人。四庫書目提要。

王氏麈史

可以死。可以無死。死傷勇。夫人之於死也。何以知可不可哉。蓋視義爲去就耳。予嘗曰。死生之際。惟義所在。則義所以對死者也。程伯淳聞而謂予曰。義無對。

詩序非出於子夏。聖人刪次風雅頌。其曰美。曰刺。曰惡。曰規。曰誨。曰誘。曰懼之類。蓋出於孔子。非門弟子所能與也。若關雎后妃之德也。葛覃后妃之本也。此一句孔子所題。其下乃毛公發明之。

侍郎周先生之道

周之道字覺民。世家吴興長城。少寒苦。刻意於學。年十三以文謁安定。安定奇之。因留受業。擢皇祐五年進士第。調主錢塘簿。累官尚書。刑部侍郎。出入省寺十餘年。坐獄事鐫官者三。

未嘗有悔色。而全活者不可勝數。元符三年卒。年七十一。汪浮溪集。

寺丞王先生觀

王觀。海陵人。安定在太學。人物之盛。稱先生及其從弟覿有高才。力學而文。相繼舉進士中第。先生官寺丞。秦淮海集。

學士王先生覿詳見元祐黨案。

校書趙先生屼別見濂溪學案補遺。

太保劉先生民先

劉民先。崇安人。敦樸有行。從安定先生受春秋學。晚以累舉得官。歸家教授。學者至數百人。累贈太子太保。忠顯公韐。其子也。朱子文集。

雲濠謹案。南軒誌少傅墓云。曾祖太素。祖民先。再世以儒學教授鄉里。

許先生實

許實。其先京兆人。先生事安定。能以師法終始者。由平江徙金華。白雲先生謙。其後也。元史。

梓材謹案。宋景濂蜀墅塘記云。許先生之六世祖實。嘗從海陵游。其家學相傳至先生爲尤盛。是白雲乃先生六世孫也。

縣令王先生固

王固。義烏人。受業胡安定。登皇祐五年進士。初名冏。臚唱之日。仁宗賜以今名。因字天貺。官恩陽令。有治績。金華賢達傳。

雲濠謹案。先生明忠文公禕之先也。詳見明文海王仲縉墓表。

胡先生如愚

胡如愚。婺源人。嘗從安定授學。不仕。姓譜。

縣丞胡先生稷言附子嶧。

胡稷言字正思。永康人。少受學於宋祁。復受經於胡安定。以特奏補官。歷山陰丞。自以不能究其所施。遂乞致仕。子嶧。字仲連。姿稟淳恪。恬於榮利。父子兄弟相爲師友。後以年格。建炎登極。調迪功郎。非其好也。姓譜。

徐先生尋

徐尋。永豐人。得安定胡先生之正學。徐觀鼇正鄉賢祠記。

博士凌先生浩

凌浩字眞翁。無錫人。與同邑陳敏受業於胡安定之門。以經術知名。治平二年甲科。令蓬萊武涉。召拜太學博士。推安定之學。以誨多士。學者翕然師尊之。姓譜。

編修錢先生長卿附兄長文。

錢長卿。吴中人。與兄長文。皆好學。而文母吴氏教子有法。安定主教太學。命先生從之遊。嘗官秘書著作佐郎。御史臺主簿。樞密院編修。陳古靈集。

知州蔡先生□

蔡□字子難。錢塘人。以慶曆二年擢進士第。爲應天府穀熟尉。再遷殿中丞。太常博士。歷尚書員外郎。以職方知泰州。服父喪。卒於家。年五十二。先生少從安定學經術。尤長於春秋。同門生丹陽姚闢。嘗以三傳異議數十事探索其有無。終日應答。亹亹不窮。闢曰。安定之學盡於此矣。及從仕事。則專意文法簿書之務。纖悉靡遺。辨論上官前。一無避憚。至於不可屈而後已。初在穀熟。文移精詳。有理致。且曰。士之所以貴於學者。蓋在適於時而有用也。然古之人不患無時。而患無知己者。蓋欲其道有所信而不愧苟得耳。自酒官至編修。皆從辟舉。毗陵錢君倚。臨川裴如晦。陳留孫聖塗。並稱其才適時用。所爲文章論議尤多。自集爲四十卷。藏於家。蘇魏公集。

著作舒先生賓王

舒賓王。廬江人。著作郎。湖學高第。掇科。歷仕世不絶。方桐江集。

李先生公恂

李公恂。烏程人。最爲胡先生所知。俾表儀羣弟子。聲聞以著。鄧巴西集。

太學秦先生□

秦□。高郵人。少游之父也。至和中游太學。事安定先生。秦淮海集。

錢氏同調

隱君查清容先生深附孫揆。

查深。廣德人。隱居力學。治平閒。守郡錢公輔薦於朝。力辭。乃爲築堂於城西。名曰清容。延請教誨郡人子弟。儒風日振。號清容先生。有文集二十卷。孫揆。幼俊敏能文。第進士。爲太學博士。臥疾不起。姓譜。

孫氏學侶

補朝請孫先生覽

附録

畢西臺誌其墓曰。公有兄莘老。以文字行義爲時儒宗。而公亦以文行進。通達世務。長於吏治。與莘老並。莘老平生仕宦。多推所得之恩於族中。而公亦以任子恩官其從父兄弟三人及姨之子。故歷仁英神哲四朝。皆至大官。得名於天下。天下稱賢弟兄者。必曰莘老傳師焉。

王先生令 別見士劉諸儒學案補遺。

劉氏家學

太學劉先生元振 別見廌山學案補遺。

陳氏學侶

縣令劉西澗先生渙

劉渙字凝之。高安人。志尚高潔。精詳史學。天聖中進士。爲潁上令。剛直。棄官家廬山。歐陽永叔高其節。作廬山高詩以美之。先生居廬山三十餘年。環堵蕭然。饘粥以爲食。自號西磵居士。子恕。姓譜。

梓材謹案。陳都官舜俞優游廬山。與先生騎牛松下。窮幽尋勝以自娛適。謝山鮚埼亭集有先生墓記跋云。墓記。朱子所纂。而門人黃銖以分書上於石。先是淳熙己亥。朱子守南康。嘗修劉公之墓而未及爲文也。朱子去後。門牆亭榜無一存者。淳熙十年。章貢曾致虛來守。復爲新之。而求朱子爲之記。嗚呼。今日爲吏者。有以先賢之墟墓爲事者乎。朱子謂其尊德樂道之心。知所先後。天下之爲吏者尚其念之。

附録

張文潛記冰玉堂曰。道原之子羲仲。敘其大父與父之事於予。且曰。頃眉山蘇子由嘗道廬山。拜我大父於牀下。出而歎曰。凜乎非今世之士也。其卒。爲詞以哭曰。凝之爲父。與道原之爲子。潔廉不撓。冰清而玉剛。鄉人是其言。名吾大父故居之堂曰冰玉。

周氏講友

清獻趙先生抃詳見濂溪學案。

彭氏師承

府判張先生汲

殿丞張先生須合傳。

張汲字正父。張須字季友。德興人。並大理寺丞偕之子也。彭汝礪十六七時從之學。正父任大名府判官。季友殿中丞。淮南西路提舉常平。廣惠農田水利等事。鄱陽文集。

安定私淑

補 提刑羅赤城先生適

梓材謹案。袁清容集西洛書院記曰。龍頭山有遺跡焉。蒼崖嶄然。宋元祐中天台羅正之大刻其上曰。洛書錫禹之地。正之。安定胡先生門人。善水利。所至通陂埭屯田之美。據此。則先生親受業於安定之門。實長水利之科矣。

梓材又案。先生永樂院記云。余成童時好讀書。而鄉中無文籍。惟鄉先生朱叟絳世傳論語毛詩。皆無注解。余手寫讀之。茫然不知義旨之罅隙。唯永歎而已。慶曆中。有僧智賢師。禹昭師。皆里釋之秀者。同遊錢唐。傳智者教。以餘力事明靜大師。惟賢通儒書。能講五經論語。二師性明敏。志堅而義剛。各以儒釋二家自負。不少下。余因得與二師遊。假其書。叩其論議。日浸淫開發。問此達彼。由是知聖賢之門牆有可入者。遂尋師訪友。以終所業。

雲濠謹案。蘇魏公記揚子寺聱隅先生祠堂云。羅君湹邑之始。首來奠謁。因覽封鬣。黯然悽愴。且謂大儒不祀。後世何觀云云。是先生亦聱隅私淑矣。

附録

嘗題巢父亭詩云。泊然一枝巢。常靜不待息。天地存遺井。聊以見清德。窺者見爾心。飲者養爾力。何爲病夏畦。俯仰無慙色。

秦淮海羅君生祠堂記曰。羅君之爲江都。以誠心爲主。恥言鉤距惠文之事。凡民有訟。曲直徑決於前。不以屬吏詿誤。若小過輒誨諭遣去。視鰥寡孤獨之有失其所者。如己致焉。黎明視事。

入夜猶不已。或譏其太勞。君曰。與其委成於吏。民有不盡之情。孰若勞予之耳目哉。

葉水心台州學祠三老堂記曰。提刑用不究。故事不顯。余問鄒浩。言熙豐外貴人。視民甚蒿萊。芟燎恨不力也。是時能慷慨建白。保赤子以對天下。惟江都令羅適。弋陽令董敦逸二人。而鄒公獨謂羅公見而得之。然則推於所不見。其不畔道審矣。

王伯厚赤城祠堂記曰。赤城先生德業爲元祐名臣。道義爲一鄉師表。教思無窮。踰二百年。清風肅然。聞者興起。

袁清容跋劉貢父與羅正之手帖曰。嘗攷二公相知之舊。始於彭城公之守曹。曹爲盜區。彭城公緩刑而盜息。赤城公時爲濟陰縣。其必有裨於劉公。故其以事罷歸。卽需章留之。有曰。伏以羅適自臨百里。將及二期。奉詔條主於恪恭。聽獄訟號爲簡諒。有識詠頌。咸謂得古人之風。愿民服從。可以當屬城之最。悵其未盡設施。遽爾罷歸。輒徇輿情。亟爲囊奏。朝廷遂允其請。後自開封爲府署提點刑獄。其制詔曰。强力民事。知其要務。亦公所爲也。

僉事晁景迂先生說之詳景迂學案。

博士吴先生元美

吴元美。湖之郡博士。能以胡翼之學規迪湖人。常中丞同知湖州。力薦於上。汪玉山集。

胡氏續傳

胡先生滌

雲濠謹案。先生爲安定孫。嘗裒集安定遺書。

節孝家學

徐先生安叟

徐安叟。節孝子。未生時。節孝夜夢有一伏熊當門。兩目有光。氣貌清聳。與常熊不類。後三日而生。因呼曰熊熊。既三月。翦髮爲鬌。孩而名之曰安叟。而訓之曰。蓋天下未嘗無美才也。然希至於所謂安道者。養之弗安耳。養得其所安。則安於其義。義得其所安。則無所往而不安也。業到於古人之章。獨見於天下。其法可傳於後世。身居窮荒僻陋。日與幅巾短褐賤人爲耦。而名出乎王公大人之上。天下莫不貴之。而以之自視無有也。惡衣弊冠。糟糠不足以糊口。人視之以爲戚。而己則所樂有餘。猶充美乎文繡。饜飫乎膏粱。進則其國尊光。退則其國卑辱。朝廷得之則治。不得則亂。蓋其身爲天下重輕如此。然必待禮至然後進。義然後就也。起匹夫徒步草萊之中。解芒屐而朝脱荷衣而相。其處偃然。如寢弊廬。如乘故車也。其君欲治於上。民欲治於下。朝之老成賢有德。與夫天下良士大夫正而無邪者。同心而共講曰。是法可行。於是乎行之。譬如一人歌而千萬人和之也。若夫君未信於上。民未和於下。論議者未同其謀。時有未可。勢有未便。

弗爲之可也。如必爲之。是猶穀未熟而穫。薪未析而爨。羹未調而飲之。是饑渴人之事也。未安乎飲食之正也。爲民如后稷。保民如伊尹。安天下如周公。視其色愈下。其體愈恭。於是乎先之以謙也。天下非之猶是也。天下是之猶非也。尊之如父師。卑之如奴虜。自若也。朝爲上公。暮爲逐客。吾方安於得失者也。刀鋸在前。鼎鑊在後。吾方安於死生者也。惟其安於死生。是以不變。士至於不變。然後盡乎義命者也。蓋古之君子。其始也安於所安。其卒也所安如此。吾所以命汝。汝之窮達貴賤在乎命者。未可知也。蓋父之命子。不得不然。汝旣浸長。則浸有所知。思念吾所以命汝之意。奉以始終。無墜厥命。節孝文集。

節孝門人

補　江季恭先生端禮

梓材謹案。先生爲江鄰幾之孫。其母爲劉原甫侍讀家女。晁景迂嘗誌其墓。

附録

子和生而沈粹。年十七。游太學。爲同輩敬憚。獨裕然不肯就公試。或試。則居上列。常歎曰。是不足學也。令人慙耳。方是時。東坡謫居黃州。子和特願慕之。以書講學焉。

子和學詩律於黃魯直。論經行於徐仲車爲尤謹。二公俱以子和爲賢。

其事親孝。能色養。教二弟必欲與己同善。

王厚齋曰。江端禮嘗病柳子厚作非國語。乃作非非國語。東坡見之曰。久有意爲此書。不謂君先之也。

補推官馬先生存

子才遺文

竊意三代之民。家家業儒。人人有士君子之識。所謂道德仁義之意。性命之説。典誥之語。一聞見而盡識之。非上之人好爲聱牙倔强以驚拂之也。蓋其所習者素曉也。送霍明甫序。

附録

馬碧梧題察判學士家集後曰。子才從節孝徐先生遊且久。其文章雄直雅似節孝。

子才講友

縣尉霍先生暐

霍暐字明甫。南海人。篤志好學。從馬子才遊。子才負才名。獨重之。初。景祐間。新會龍山之水色變爲紫者旬日。人皆以爲瑞。先生獨謂清者水之眞體也。變而爲紫非色也。其必水之怪乎。水陰物也。陰之類爲小人。爲盜賊奸宄。今水失其節性。吾恐其關國家者大也。及蔡京童貫輩當國。有僉人之變。江南盜賊蜂起。其先見類如此。後入太學。舉八行。官終海豐縣尉。廣州府志。

附録

其爲文淵雋奇古。不與俗合。或勸易其習。乃質諸子才。子才以序送之。蓋推許之也。

錢氏門人

左中邵先生棐附兄樫。彬。

邵棐字叔承。宜興人。試開封。中第二。伯兄樫。試太學。中第一。而仲兄彬。亦屢薦於鄉。文譽蔚然。時號三邵。母榮國錢氏。知制誥公輔之從女弟也。先生兒時。知誥帥維揚。榮國歸省。攜以俱。知誥熟視而喜曰。兒有奇骨。眞吾家宅相也。既冠。學成。擢紹興四年進士第。主溧水縣簿。代還。除深州州學教授。深並邊埵。陋少文。先生日從諸生據一席講説。教以屬文辭法。累次敕令所删定官。歷知永寧軍。代還。屬時開邊。天下多故。載糗與糧。擐甲執殳。蹄踵遍道。先生歎曰。非吉徵也。始浩然有歸志。累轉朝請大夫。遷朝議大夫。中奉大夫。以年勞轉左中大夫。封宜興縣開國男。遂告老。晏坐一室。以書自娱。尤覃思於易云。鴻慶居士集。

莘老門人

補邢先生居實

附録

生數歲。以奇童稱。逮年十四五。讀書已甚博。其年十六七。文章各擅體制。十八九。則論議凜然。自成一家法。甫年二十。而病不起矣。國中之士。識與不識。無不嗟惜痛恨。有爲其父相持而哭於數年之後者。

元豐中。孫莘老李公擇方官於京師。惇夫游二公之門。二公待之常若不足。

黄涪翁書邢居實文卷曰。吾淳夫才性高妙。超出後生千百輩。然好大略小。初日便爲塗遠之計。則似可恨。後生可畏。當欣慕其才而鑒其失也。

又跋所寫答小邢詩曰。惇夫才器甚過人。未嘗友不如己者。治經行己。未嘗一日不用其心。使之成就。可畏也。

晁景迂表其墓曰。元祐之初。海内流落望實之士。中都畢集。惇夫因得翺翔。自振其才辨。而師友日盛。悉爲惇夫忘年也。一時政事更張。士大夫進退。惇夫爲之喜怒激昂。有出於老成之外者。每歎曰。當玆時也。安得司馬公常存。吕公著無恙。後來者其謂誰耶。惇夫雖年少。而知國家尚少則難處乎前。而貴老則難繼其後云。惇夫大抵於人不苟隨。必援古昔。極源流。而公是非。雖於其大人。則亦惟義之從。

又曰。趙括少談兵。而父奢不能難者。非不能難也。不欲怒之也。劉歆之異同其父向者。非爲斯文。漢廷與新室不可並處也。如惇夫於父尚書公。則於斯文而不能難者也。是曾參之事點也。非曾元之事參也。

汪浮溪序呻吟集曰。元祐初。異人輩出。蓋本朝文物全盛之時也。邢惇夫於是時以童子游諸公閒。雖不幸短年。而東坡以爲足以藉手見古人。魯直以爲足以不朽。无咎以爲足以追逐古人。今呻吟集是也。

補 舍人李樂靜先生昭玘

雲濠謹案。周益公撰李文敏公邴神道碑云。伯父樂靜先生昭玘。嘗從眉山蘇文忠公。文定公。御史中丞孫公覺。門下侍郎李公清臣講論文章。

朝奉劉先生跂詳見泰山學案。

朝議劉先生蹈別見泰山學案補遺。

文節黄涪翁先生庭堅詳見范吕諸儒學案。

清節蕭三顧先生楚詳見范許諸儒學案。

莘老私淑

楊龜山先生時詳龜山學案。

滕氏家學

忠節滕先生茂實附董詵。

滕茂實字秀穎。元發從子也。初名裸。政和八年上舍登第。徽宗改賜今名。官至奉議郎。靖康初。金人入寇。先生由水部員外郎假工部侍郎。副路允迪出使河東割地。太原陷。金人留之。使易戎服。不得爲哀詞以暴其志。欽宗出都城。過代州。先生具冠裳迎謁。拜伏號慟。州民感泣。請從舊臣俱行。金人不許。遂留鴈門。憂憤以卒。其友董詵以哀詞言於朝。贈龍圖閣直學士。後謚忠節。姑蘇志。

八行家學

補徐志節先生庭筠

附録

鄉人崇敬之。以其父子俱隱遯。稱之曰二徐先生。

劉氏家學

教授劉先生康夫

詳見古靈四先生學案。

劉氏門人

補 縣令鄒先生夔

附録

楊龜山誌其墓曰。先生爲人重厚寡言。雖家人未嘗見其喜慍。貌温而氣和。遇事堅正。不可以非義回屈。其莅官臨民。雖宂職必盡力。故所至有風績。其決獄聽訟。鉤考簿書。赴期會。他人觀之若不勝其煩。先生處之裕如。手未嘗釋卷也。故其用志益深。學之所造者遠矣。

雲濠謹案。先生嘉祐中登進士。學充其志而用不究其才。又案。龜山哀先生文云。元豐初。余棄官家居。先生適丁家難。寄余里中。始獲從之游。先生不予棄。進而友之。殆一年。未嘗一日相舍也。是先生殆在龜山師友列矣。

補 縣令鄒先生棐

雲濠謹案。先生爲熙寧六年進士。福建通志選舉載之。其於人物傳。以爲字堯叟。不字克恭。豈卽龜山爲作墓志者耶。但龜山以堯叟爲嘉祐進士。而通志選舉遺之。宜其并而爲一也。

奉議令狐先生俅

令狐俅字端夫。山陽人也。以父任試將作監主簿。從福唐劉彝先生學左氏春秋。得其師法。嘗調守曲周縣令。天姿峻整。不肯爲權勢撓。卒以語言忤當時監司而坐廢。起爲涇原路轉運司句當公事。從軍罷守處州松陽縣令。環州録事參軍。武勝軍節度推官。未行。以疾致仕。爲宣德郎。有子七人。皆通經樂善。有立志。畢西臺集。

朱氏家學

隱君朱先生彤

朱彤。吴興人。鄉先生祕書丞臨之子也。與諸季皆以學問名於鄉。稍不偶。輒棄去。廬於祕丞墓之旁。曰玲瓏山。薙草植木。畦田圃桑。以業其家。以樂其身終焉。劉苕溪集。

翁氏家學

補 中奉翁先生彦深

梓材謹案。胡致堂誌其墓云。公之文質而麗。體製多倣古作者。凡十五卷。又有皇宋昭姓録十五卷。忠義列傳二卷。唐史評一卷。鍾離子自敘一卷。公嘗宰鍾離。故因以爲號。其著述之最刻意者莫如春秋。蓋纂特進公之遺業。而源流自安定先生以來。成書十二卷。有卓絶之論百餘條。嘗有客以荆國王文公畫像示公。求爲贊者。公筆之曰。壯長圖書癖。老大禪寂痼。枉教黄閣開。竟把蒼生誤。雖纔二十字。而王氏之平生亦概舉矣。

莫氏家學

補縣令莫先生秖

雲濠謹案。先生字彦平。知永嘉。爲增養士之額。多士感之。

盛氏門人

文憲洪淨智先生擬

洪擬字成季。一字逸叟。丹陽人。本弘姓。其先避南唐諱改焉。先生登進士甲科。宣和中進殿中侍御史。時王黼蔡京更用事。先生中立無所附會。建炎間。居母憂。以祕書少監召。不起。終喪。爲起居郎中書舍人。高宗如越。執政議移蹕饒信閒。先生上疏力爭。再爲吏部尚書。以言者罷爲徽猷閣直學士。始。先生兄子駕部郎興祖。與先生上封事。侵在位者。故父子俱罷。起知温州。卒年七十五。謚文憲。有淨智先生集及注杜甫詩二十卷。宋史。

梓材謹案。盛先生僑爲國子司業。文憲從之遊。雅相器重。遂爲忘年交。是先生嘗及司業之門。而司業進之也。

雲濠謹案。經義考引董眞卿之説云。林氏疑獨慎微。與吴子進。袁志行。李元景。劉仲平。路純中。洪成季。陳子明。

鄭正夫。閻彦升。共成一書。凡十二卷。號太學十先生易解。是先生十先生之一也。

倪氏門人

補尚書彭先生汝礪

彭氏經説

春秋之法。亂臣賊子人人得而討之。不必皆士師也。故隱四年。書衛人殺州吁於濮。公羊傳曰。其稱人何。討賊之辭。何休注曰。明國中人人得討之。

鄱陽文集

君臣之義。父子之愛。出天性之自然。至於義窮愛弛。而甘心亂賊之名。情奪之也。嗚呼。今爲子而思其所以生育。爲臣而思其所以安榮。推而極之。則古人之心可以坐詔。禽獸或知有養。奴僕有爲其主死者。況於士耶。孔子曰。未之思也。夫何遠之有。忠孝圖詩序。

凡人少不得不壯。壯不得不老。老不得不死。死亦不得不生。猶之寒暑晝夜。一往一反無窮盡。此自無足怪。惟君子能卓然自奮力。不係得失。不懸貴賤。雖老而聰明識慮如少壯。人雖死而生聞不亡。送張子固詩序。

人生乘物而遊於天地之閒。死生榮辱。出處得喪。皆非我物也。在我者知爲善而已。道不行於天下。亦必行於妻子。名不得於上。亦必知於下。富貴不在其身。亦必在其子孫。此又不得行。亦皆命也。人如彼何哉。亦强爲善而已矣。送梁晦之詩序。

居方貴由禮。待物當竭誠。誠亡鄙慮見。禮去驕心萌。曾參日三省。揚子嗟四輕。勉旃踐此誠。蠻貊猶可行。自誠。

附録

故事進士第一人。無入吏部選者。公在選十年。人以爲淹。而公處之澹如也。

其寄桐廬諸友詩曰。整頓衰羸尚未蘇。信音都向故人疏。須憐犬子常多病。莫笑嵇康嬾作書。庠序舊規還在否。道途新況比何如。鱗鴻若到江南地。願寄聲音一起予。

曾文昭祭之曰。嗚呼器資。末俗凌遲。朋友道熄。許與之分。切磋之益。衆皆訑訑。子獨汲汲。我生昏愚。與世殊適。惟子好我。論心莫逆。我先我後。子爲羽翼。我有過咎。子爲藥石。子今云亡。我善誰責。豈無他人。莫如子直。

程氏遺書曰。彭某懇辭臺職。正叔言報上之效已了耶。上冒天下議論。顯拔致此。曾此爲報上之意已足。

黄東發曰。公孝謹人也。而諫中人主兵論元豐將順言詩賦曰。河事尤力。風節表表。其仁者之勇歟。嘗論吕嘉問治。其獄則不阿執政。嘗忤蔡確。論安州詩則以爲羅織。公眞中立不倚者哉。

王氏家學

知州王先生俊儀

王俊儀。覿從子。少有直節。以太學上選奏。徽宗閱其文。擢爲第一。見容貌甚偉。曰。眞所謂俊儀矣。宜即起用。蔡京欲見之。拒而不往。僅拜國子博士。遷右司員外郎。以直祕閣知岳州。姓譜。

梓材謹案。揚州府志作王俊乂。字堯夫。有易説二卷。然如姓譜之説。當作俊儀爲是。

太保家學

處士劉先生民覺

劉民覺字莘材。朝議太素次子也。朝議崇禮文。篤經術。謹遊從。厚風化。是載是循。久而弗怠。先生恪紹前脩。濃薰泛挹。早自知名。母夫人年九十六而卒。始終孝養。敬不弛顔。既葬。結茅罄哀。鄉評尚之。耋老聚而請曰。非公孰爲吾黨指南。先生據師席二十餘年。毓英導秀。多所成就。其爲人淳樸謙厚。紹興改元卒。年八十四。劉屏山集。

忠顯劉先生韐

劉韐字仲偃。民先子。第進士。歷知建福州。累官延康殿學士。宣和中再知眞定。金人犯京師。出使金營。金人欲留用。先生曰。偷生以事二姓。死不爲也。又聞軍中欲立異姓。乃仰天大呼曰。有是乎。遂更衣酌巵酒自縊。建炎初。贈資政殿大學士。後謚曰忠顯。姓譜。

太保門人

處士祝先生奕附子卣。

祝奕字彦思。鉛山人。劉宣奉民先以道術爲東南儒宗。著録之士悉皆名流。先生嘗受業焉。時忠顯齠在膝下。與同研席者甚衆。雅奇先生。因定交焉。先生業成。遊學久之。會親疾。慨然歎曰。竭力爲養。是亦孝也。何必三釜耶。拂衣而歸。先生生喜學。己雖不達。訓子弟益勤。厚禮館置名儒。故祝氏爲學者。皆有所師承。而子卣稱最云。劉屏山集。

秦氏家學

秦先生觀詳見蘇氏蜀學略。

秦先生覿

秦覿字少儀。少游之弟。黄魯直贈之詩曰。秦氏多英俊。少游眉最白。頗聞鴻鴈行。筆皆萬人敵。吾蚤知有靚。而不知有覿。黄豫章集。

梓材謹案。宋史文苑秦觀傳云。弟覿。字少章。靚字少儀。皆能文。其字互易。

秦先生覯別見蘇氏蜀學略補遺。

西澗家學

祕丞劉道原先生恕詳見涑水學案。

劉先生格

劉格字道純。凝之之子。而道原之弟也。學博論正。得父兄餘緒。起應制科。未仕而卒。廬山志。

西澗門人

文節黃涪翁先生庭堅詳見范呂諸儒學案。

徐先生彥伯

徐彥伯字長儒。姑蘇人。孝友文學之士也。幼少刻苦讀書。多見博聞。不肯下首作當時進士語。刻意作詩。得張籍句法。娶江南高士劉凝之之女。亦有賢行。黃豫章集。

安定續傳

博士關香巖先生注

關注字子東。錢塘人。紹興五年進士。嘗教授湖州。與胡安定之孫滌。裒安定遺書。得易解中庸義。藏之學宫。意在於美風俗。新人才。官至太學博士。卒。自號香巖居士。有關博士集二十卷。咸淳臨安志。

戴岷隱先生溪詳見止齋學案。

直閣張先生忠恕詳見南軒學案。

州判祖先生世英

祖世英字潁仲。浦城人。第進士。授衡州教授。遵胡安定教條。作成多士。改知南昌。歷判融州。官至二千石。宅無一區。産無十金。爲清白吏。姓譜。

江氏家學

江先生端友

江先生端本合傳。

江端友字子我。端本字子之。子和二弟。俱以文行稱。嘗裒子和之遺稾爲集若干卷。先生兄弟一日白其母曰。幸見聽。敢有言。其母笑曰。不欲從科舉乎。是吾素已疑之矣。且汝兄力學能文。屈於有司者二十年。常爲予言。有司待士之禮薄。而法益苛。愧之終其身。汝等尚少。而亦能不樂於此乎。第汝安則吾何有。以故先生兄弟俱遂優游於圍城數畝之田。人多高之。晁景迂集。

李氏家學

文敏李雲龕先生邴

李邴字漢老。任城人。舍人昭玘之從子也。崇寧中進士。累官翰林學士。詞命敏捷。高宗時爲兵部侍郎兼直學士。時苗劉作亂。先生面諭順逆禍福之理。及責賊黨以大義。後拜參知政事。卒謚文敏。有草堂集一百卷。姓譜。

梓材謹案。朱子爲伯玉墓碣銘有云。某之先君子嘗獲從太師公遊。而辱知焉。是文公父韋齋先生乃其門人也。

雲濠謹案。先生改謚文肅。眞西山爲李待制墓誌云。初文肅公薨。未謚。淳熙中。近臣言及叱苗劉事。孝宗嘉歎。特令定謚。事下奉常。奉常采謚法應事有功。定謚文敏。公謂建炎叱折兇渠。褒詔具在。叶謀復辟。忠烈嶢然。豈曰應事。既登朝。請改之。遂更用奉常考功之議。易敏以肅云。

附録

周益公爲神道碑曰。濟水貫兗與徐。居古九州之二。其在四瀆。得天地質信寬徐之氣。其澤曰大野。是爲十藪之首。鍾英炳靈。今於公見之。始以淵源之學。藻飾王度。中以剛大之氣。扶顛持危。晚以超卓之見。居安資深。允所謂閒生之賢者也。

又曰。罷政十七年。避時不復出。讀書作文。雖病不廢。延納後進。教誘無倦。稱人之善。

覆護所短。若親舊行己未至。則質問再三。使歸之正。奉養簡薄。賑恤宗族。治家嚴而恕。每愛徐孺子。申屠子龍。陶淵明之爲人。晚棄世故。深造以道。夫子所謂朝聞夕死者。公蓋得之。

朱子曰。太師公以文字行中朝。有重名於政宣之間。及參建炎大政。又以忠節爲詔所褒。退而老於江海之上餘二十年。當世益高仰之。

朱子序雲龕文集曰。平賊之功。雖曰外濟。而高宗皇帝察公之忠。首擢以爲尚書左丞。而又賜之手札。至有萬衆動色。具臣靦顔之語。嗚呼。天地之閒。理義之實。孰有大於君臣之際者。而公於是乃能竭其股肱之力。以有成功。是其所立。豈獨以其文而已哉。

又曰。蓋公嘗受學於其世父右史欒靜先生。而欒靜之學又得之高郵孫中丞。眉山蘇承旨。其丁寧付授之意。今略見公所撰欒靜文集後語中。有本者固如是也。

樓攻媿跋李文敏遺事曰。士大夫學爲文章。固足以爲國之光華。一臨事變。隳素守。忘大節者多矣。二凶變起倉猝。文敏公廷叱之。而奪其氣。事不難。無以見君子。宗社再安。誠國有人哉。

孫氏再傳

樞密周先生麟之

周麟之字茂振。海陵人。舉進士。歷官兵部侍郎兼給事中。高宗謂之曰。給事之命非左遷也。

欲觀卿心術耳。充金國哀謝使。言辭詳雅。金爲加禮。後拜同知樞密院事。姓譜。

梓材謹案。先生跋孫莘老春秋經解云。先君潛心春秋二十年。得成説於鄞上孫先生莘老。其書家傳三世矣。兵火焚蕩。遂爲煨燼。及寓居江浙。嘗誦其説以授學者。予每得竊聽之。一日先君爲予言。初。王荆公欲釋春秋以行於天下。而莘老之書已出。一見而有惎心。自知不復能出其右。遂詆聖經而廢之曰。此斷爛朝報也。不列於學官。不用於貢舉。據此。則先生乃莘老再傳弟子。亦可知荆公廢春秋之由。而林氏希逸不以爲然。

季節門人

陳先生自中

陳自中字季高。黄巖人。嘗遊徐季節之門。徐淵子。趙師淵諸公。相愛重焉。絶意場屋。嘯傲山林。以厚德稱於鄉。杜清獻公銘其墓。台州府志。

杜先生□

梓材謹案。杜清獻跋徐季節文云。余祖父及鄉族先輩。皆季節先生弟子。清獻祖父。惜佚其名。

行簡家學

監丞翁五峯先生挺

翁挺字仕挺。崇安人。知高郵軍。彦約子。少能賦。及長。該博羣書。政和中。以季父彦國恩補官。調宜章尉。朝臣交薦。詔赴闕下。所陳皆朝廷急務。徽宗喜曰。何見卿之晚。改授少府監丞。時相怒不附己。逐之。遂不復出。號五峯居士。有詩文集二十卷。姓譜。

莫氏續傳

莫先生伯鎔

莫伯鎔字器之。君陳孫。少有高志。年五十卽歸休。子濟。汲。沖。皆擢進士第。時號三莫。姓譜。

農卿莫先生濟

莫濟字□□。伯鎔子。初爲給事中。李衡爲御史。論張説不行。致仕而歸。先生不晝敕。時周益公爲直學士。不草制。諫官王希吕相繼論奏。不報。同時去國。當時賦四賢詩紀之。先生後仕至司農少卿。姓譜。

監正莫先生汲

莫汲字□□。伯鎔子。紹興閒爲國子監正。自號且河。秦相檜惡其主張善類。謫化州。郡士之秀者多從之學。姓譜。

長史莫先生沖

莫沖字□□。伯鎔子。中博學宏詞科。歷明州長史。以循良稱。姓譜。

郡守莫先生漳

莫漳字□□。君陳曾孫。任平江守。初知仁和。時有出入德壽宫者。恃勢虐害善良。先生擒撻之。高后怒。謫一級。未幾復撻一豪。又謫一級。居數月。平江缺守。宰執進擬。孝宗曰。朕有其人矣。姓譜。

洪氏家學

敷文洪練塘先生興祖

洪興祖字慶善。丹陽人。少讀禮至中庸。頓悟性命之理。績文日進。登政和上舍第。爲湖州士曹。歷知廣德軍。一新學舍。因定從祀。自十哲曾子而下七十有一人。又列先儒左邱明而下二十有六人。後忤秦檜。編管昭州。卒。詔復其官。直敷文閣。宋史。

梓材謹案。先生著有老莊本旨。周易通義。繫辭要旨。古文孝經序贊。又楚辭補注十七卷。考異一卷。萬姓統譜引朱子評近代考訂訓釋之學。惟吴才老及先生爲優云。

梓材又案。陸放翁跋先生帖云。某兒童時。以先少師之命。獲給掃灑丹陽先生之門。退與子威講學。則兄弟如也。丹陽蓋卽先生之號。子威當是先生羣從子弟。故放翁下有衰病廢學。負師友之訓云云。

附録

陳直齋書録解題曰。洪慶善春秋本旨。其序言。三代各立一王之法。其末皆有弊。春秋經世之大法。通萬世而無弊。又言。春秋本無例。學者因行事之迹以爲例。猶天本無度。曆者卽周天之數以爲度。又言。屬辭比事。春秋教也。學者獨求於義。則其失迂而鑿。獨求於例。則其失拘而淺。若此類多先儒所未發。其解經義精而通矣。

徐自明曰。洪饒州以經學得名。龍圖閣直學士程瑀嘗註論語。饒州爲之序。摘取瑀發明聖人忠厚之言。所謂不使大臣怨乎不以者。表而稱之。秦檜疑其託經以議己。遂責昭州安置。

雲濠謹案。胡澹庵爲程愚翁尚書墓誌云。公酷嗜論語。研精殫思。隨所見疏於册。練塘洪先生興祖早以是書從公難疑辨惑者二十年。晚得公所説。卽爲序。冠其首。是尚書爲先生講友。練塘其號也。

練塘講友

尚書程愚翁先生瑀

程瑀字伯寓。浮梁人。政和閒進士。累官校書郎。金人入侵。求可使者。先生請往。至燕山。不屈而還。欽宗慰撫備至。除右正言。高宗時遷給事中。條上十四事。皆切時務。官至兵部尚書。所著有周禮義。尚書説。兩漢索隱。姓譜。

雲濠謹案。胡澹庵誌先生墓。稱其纂述有論語説四卷。論語集解十卷。周禮儀十卷。尚書説一卷。諫垣論疏。奏議。各四卷。黄門忠嘉經筵講讀。三朝對語。各五卷。資善堂口義二卷。飽山堂集六十卷。野叟談古。兩漢索隱。唐傳摘奇。詩話。雜志。各一編。又言其里居卜築龍潭之場。據溪山之會。極登臨之勝。建閣其下。名曰飽山。直北數步。復敞東閣。積書萬卷。名曰澄懷。臨流結亭。取元次山漫浪之趣。並三吾而概之。以漫名曰漫吾云。

公在齠稚。志氣不羣。少長績文。諸老先生斂衽敬服。公慨然抱命世想。益自潛心經術。冬不爐。夏不扇。歌聲出若金石。人比之范希文云。

治郡必舉大綱。略苛細。鎮以簡靜。而矜拊百姓。常務聚所欲而去所惡。崇禮教官。嚴月試季考㊀。視㊁第其高下。承學之士翕然向風。

自號愚翁。嘗自作傳。大概云。翁嗜學而不能總其會。慕古而不能得其要。短於曲折。或又以爲直。昧於趨向。或又以爲介。中無他腸。不疑人之欺己。或又以爲誠。不喜與人校。或又以爲長者。一切苟且。未嘗積思。已而知悔。後又復然。知其爲病。而不能改。可謂愚矣。晚知見譽者過實。欲痛刮磨以補過。終不見效。乃以愚自名。以蓋不虞之譽。蓋厚於責己。而薄於責人。勇於爲善。而廉於取名。公之至也。

洪練塘序論語説曰。養孝弟之本原。明忠孝之不二。感發於孔子之一射。流涕於周公之四言。凡若此類。皆古今學者所不能到。而考諸行事。若合符節。有浩然之氣。有仁者之勇。今之古人也。

㊀「考」下脱「法」。

㊁「視」上脱「親」。

彭氏家學

忠毅彭先生汝方

彭汝方字宜老。鄱陽人。尚書器資弟。以尚書蔭爲滎陽尉。臨城主簿。尚書卒。棄官歸葬。豐清敏稷留守南京。辟司録。宣和初。通判衢州。使者疏其治狀。權知州事。方臘起睦之青溪。與衢接境。寇至無兵可禦。衆望風奔潰。先生獨與其僚屬約。介守孤城。三日而陷。罵賊以死。年六十六。徽宗褒歎之。超贈龍圖閣直學士。通議大夫。謚曰忠毅。官其家七人。宋史。

附録

袁清容書忠毅贈官誥後曰。嗚呼。豐亨豫大之説㊀。馴致靖康。長驅中原。皆望風迎降。嘗讀兩朝忠義録而悲之。則公蓋居其首。見危致命。臣子之當爲。徹彼桑土。不能不憾於宣政之事。使龍圖公正色朝著。事寧有是哉。

梓材謹案。此龍圖蓋指忠毅仲兄汝霖。清容送彭道士侍親詩序云。范文正公守番。更定學宫。咸言嗣是番爲衣冠聚。未幾彭尚書舉進士第一。正直朝著。爲吴楚閒領袖。其弟忠毅公不幸城守身死。二忠易名。見於宋史。作史者深有感焉。是可見彭氏家風矣。

㊀「説」下脱「行」。

彭氏門人

朝請李叔濟先生之儀詳見高平學案。

忠顯家學

安撫劉先生子羽

劉子羽字彦修。韐長子。建炎初。爲樞密院檢詳文字。與張魏公謀誅范瓊。及魏公宣撫川陝。爲參議軍事。薦吴玠吴璘。中興戰功居多。先生之力也。後知鎮江府兼沿江安撫使。姓譜。

附録

公慷慨自許。每有捐身殉國之願。而天性孝友。接人樂易。開口見肺肝。輕財重義。振人乏絶。傾貲倒廩。無吝色。闢家塾。延名士以教鄉之秀子弟。

觀使劉屏山先生子翬

忠肅劉先生珙並詳劉胡諸儒學案。

關氏門人

知軍曾約齋先生崇詳見上蔡學案。

文肅家學

主院李先生縝

李縝字伯玉。巨野人。太師邴之嗣子也。性至孝。事太師及和國夫人。油油翼翼。無故未嘗輒去左右。以任補承務郎。主管敦宗院凡三十年。及爲崇道祠官。以秦檜當國。退處於家。自號萬如居士。而爲之傳。常誦其先訓曰。與其有求於人。曷若無欲於己。與其使人可賤。不若以賤自安。以是當官及家居未嘗求人知。而人之知常出於意外云。秦檜死。陳魯公白以爲通判福州事。力請得復奉祠以歸。居二年而卒。年五十六。所爲文集十卷。梅百詠一編。朱子文集。

梓材謹案。先訓四語。蓋卽先生伯祖靜樂先生之訓也。深寧困學紀聞引之。

待制李先生訦

李訦字誠之。晉江人。文肅公邴之孫也。逮事文肅。日勤於佔畢。年寖長。益務博覽書史。采摭前文。用文肅休致。恩補承務郎。既冠。監潭州南嶽廟。會朝廷始嚴銓試法。中之。調興化軍仙遊丞。歷知黃州袁州。朝廷知其治行。用爲夔路提點刑獄。未幾除轉運判官。擢大理少卿。

尋免歸。權户部侍郎。授祠禄。再閲月。起帥廣西。除集英殿修撰。繼陞寶謨閣待制。力求出外。遂以敷文閣待制知建寧府。奉萬壽祠以歸。卒年七十有七。贈宣奉大夫。有文稾七十卷。續通鑑長編分類三十八卷。談叢七卷。先生少年勵志。伯父萬如先生縝獨愛之。授以手所校西漢書曰。此予平日所用心。子姪非好學。不以畀也。其學問雖不顓名一家。獨謂二程先生發明聖道之傳。蓋漢以來儒者所不及。實生於黄。遂於黄立祠。且求朱文公先生之文以記之。推原本始。以示學者。趨鄉家居。守儉約。不以一事紊官府。眞西山集。

文肅門人

獻靖朱韋齋先生松詳見豫章學案。

提點傅先生自得

傅自得字安道。其先鄆州人。獻簡公堯俞之從曾孫。而忠肅公察之子也。生十年而忠肅死國事。哀號思慕若成人。年十四。賦玉界尺詩。語意警拔。參政李文肅邴驚異之。因妻以女。先生即從文肅學。爲文得其指授之微意。既乃定居於泉州。家貧甚。夜燃薪自照。與兄弟讀書。或至達旦。遂博通六經諸史百家之言。初以忠肅死事得補承務郎。歷除知建寧寧國府。復爲福建路轉運副使。兩浙西路提點刑獄公事。至治未十日而罷。主管武夷山沖祐觀。卒年六十八。先生少治春秋。中年讀詩至鴛鴦之二章。因悟比興之體。閒爲子弟論説。多得詩人本意。吴太常棫官泉州。

先生聞其博通古學。著書甚富。日從之遊。相與博約往復不倦云。朱子文集。

侍郎王先生秬

王秬字嘉叟。號復齋。中山故家也。官刑部侍郎。以李文肅之高第。受知於張忠獻公。而周旋乎陳正獻。虞忠肅。劉忠肅。張忠簡。胡忠簡。汪玉山。王梅溪。張于湖閒。目接南渡諸賢。耳逮北方餘論。其發爲論諫。忠忱惻怛。如首言金必敗盟。忠獻必可用。俘虜必不可遣。張説必不可本兵。皆言人所難。魏鶴山集。

梓材謹案。先生爲初寮之孫。著有復齋制表二卷。直齋書録解題云。紹興乾道閒名士也。陸放翁與善。

附録

程雪樓題王氏遺書曰。嘉叟從張魏公遊。人品自不待論。翰墨猶犖犖有奇氣。程敏政剡溪野語曰。王嘉叟與王龜齡別。語龜齡曰。吾輩會合不可常。但令常留面目。異日可以相見。龜齡每歎賞此言不能置。

傅氏學侶

太常吴先生棫別見景迂學案補遺。

翁氏續傳

農丞翁先生蒙之

翁蒙之字子功。彥深之孫。雲濠案。周益公題跋云。彥國之族也。補常山尉。時趙豐公鼎死。柩過常山。郡將章傑希秦檜旨。命之護喪。且搜取趙公知舊往來書疏。先生密使焚之。郡將坐以他罪罷官。孝宗登極。召爲司農丞。姓譜。

梓材謹案。章傑。章惇諸孫。雅怨豐公當國時奉詔治惇罪。先生女弟適胡致堂先生。致堂卽當時草詔罪狀惇者也。傑故益怒先生。誣劾之。

附録

朱子銘其墓曰。仁全故家。知折姦謀。勇蹈大難。賁育其儔。偉哉若人。躬此達德。俛哉終身。靡有回遹。

周益公跋趙忠簡答魏侍郎矼手書曰。是時士氣未泯。唁問遷客。議論時事。決非一族。微蒙之以身扞蔽。則根株牽連。當起大獄。魏公且爲罪首。非仁乎。蒙之初被委。苟能避免。便足取名。然懼小人代尸其任。則於善類奚益。故詭詞以承之。陰謀以洩之。忠簡之家。賴以紓禍。非智乎。凡小吏忤二千石罪或不測。況相國深怨宿怒決壞不得逞。鼎鑊在前。直趨弗顧。非勇乎。

一事而三善從。可書也已。

練塘門人

中大陸放翁先生游

別見荆公新學略補遺。

程氏門人

侍郎余先生時言

余時言。官吏部侍郎。程尚書愚翁門下士也。愚翁疾革。草遺奏以畀。俾上之。胡澹庵集。

傅氏家學

侍郎傅伯壽

附見慶元黨案。

忠簡傅先生伯成

詳見滄洲諸儒學案。

杜氏續傳

補　漕舉杜癖齋先生旃

梓材謹案。先生癖齋小集同平父園中卽事有云。訪我會心友。相攜園中行。當是項平甫也。又案。阮亭居易録載黄俞邰所鈔南宋詩小集。有杜中高癖齋稿。云。歌行有張王風調。又云。送陸放翁赴召。長句最佳。

補 杜先生旞

附録

何北山有法清寺水珠詩呈季高曰。疊石爲山已浪呼。小毬戲水更名珠。世閒何事非虚假。還直先生一笑無。

杜先生去輕

杜先生去僞合傳。

杜先生去非合傳。

杜先生去華合傳。

杜去輕字端父。仲高之子。與伯高子去僞。叔高子去非。幼高子去華。皆有文名。郡守趙汝騰嘗薦去僞。請官之。其子名濬之。姓譜。

附録

吴禮部跋端甫墨跡曰。當宋季。士競習舉子業。而杜氏一門。咸尚古文。今里中殘碑斷碣可見者。悉有家法。字畫亦異。深得山谷老人筆意。

安定之餘

山長鄭菊山先生震別見和靖學案補遺。

架閣毋平山先生廷瑞

毋廷瑞字仁叔。成都人。是爲平山先生。少年見蜀人死於亂離。如痛入肌髓。收遺體露骼。藏之叢冢者以萬計。流亡苦寒飢。賴衣食以更生者又幾萬人。家以屢空。尉安化。糴穀萬餘石。爲社倉。邑庠不養士。始闢齋舍。豐廩庖。日以六籍四書講明。士皆篤文行。攝令衡陽。政教無異於安化。薦除南康令。願作一冷官。分教黄州。兼領雪堂河南兩書院事。程蘇二先生道不同而其趨一。爲諸生明辨。既知其所以異。又知其所以同。教人必明體適用。文武無不能。精粗皆可。以爲湖學再行於斯世。沿江帥辟爲幹辦公事。又辟主管機宜文字。除禮部架閣。仍贊軍機。任改秩。襄圍急。憂憤成疾。咸淳庚午卒於黄州官舍。年五十二。謝疊山集。

徐先生晞顔

徐晞顔字子愚。新定人。居宋太學。中試輒高等。入元歷廣信安吉二郡博士。秩滿當遷。願爲博士。再得姑孰。所至以扶道樹化爲己任。修治先賢冢。請蠲諸儒力役。桑門氏將夷安定胡先生墓。力爭而復之。初遭父喪。適歲儉。悵然曰。飯佛老徒。曷若飯餓者。乃大振。得食者數萬人。事繼母盡孝。妻何一語非所宜。即自罪不内居幾月。母爲解曰。無之。乃叱妻庭謝然後已。

梓材謹案。袁清容爲先生傳云。諱師顔。所著有上饒集。吴興集。姑熟集。北游集。凡十卷。又案。姑熟乃太平路儒學教授也。

附録

牟陵陽序其詩曰。事親若徐積。詩亦似之。

清獻陸先生正

陸正字行正。海鹽人。唐相敬輿之後也。讀書一覽終身不忘。旁通律器象數之學。始名唐輔。宋亡。更名而隱。元世祖平一宇内。訪求遺士。侍御史程鉅夫聞其名。欲見之。稱疾不見。薦之不起。隱居教授生徒。常數百人。其教法類胡翼之。而尤以慎獨存心爲要。凡及門學徒與家之子弟童僕。見人皆恭默下視。人望而知爲陸先生家出也。所著有正學編。樂律考。七經補注。私謚清獻先生。海鹽文獻志。

雲濠謹案。浙江通志載。先生宋亡與族父霆龍以家世宋臣。矢不仕元。遂更名正。又言。其後復與劉因同徵。堅不赴。及卒。門人私謚曰靖獻先生。立書院於陳山祀之。靖獻。清獻。必有一誤。

教授夏大之先生溥詳見慈湖學案。

學正潘先生著别見慈湖學案補遺。

秦先生玉別見北山四先生學案補遺。

尚書馬觀復先生煦附兄曙。昉。師楊震亨。

馬煦字得昌。居磁之滏陽。與其兄河南提學曙。國子助教昉。從鄉先生大卣楊震亨學。並爲聞人。先生以至大初補大司農史。轉辟御史臺掾。十五年拜行臺監察御史。秩滿僉江西提刑按察事。歷守濟寧。湖州。台州。拜刑部尚書。延祐三年以户部尚書致仕。在行臺時親至學校。禮其耆舊。與爲賓主。進子弟而教之。其在湖。胡安定先生墓見奪於何山浮屠。先生遷之高原而祠之。置守冢二家。徹淫祀二百區。興學校。築塘濼。嚴保伍。懲豪縱。蠲煩擾。皆有成法。先生於讀書尤深於易老子。常自號觀復道人。卒年七十三。道園學古録。

徐氏續傳

徐先生昇附子紹先。

徐昇字子英。黄巖人。八行先生中行五世孫。制行端方。自號方石。所著有清在叢稿。編年雜著。擊缶吟。子紹先。號心齋。能世其學。爲二祖請謚於朝。號八行曰眞定。季節曰温節。心齋以恩授迪功郎。至元丙子。學火於兵。師生解散。心齋爲之修葺。台州府志。

杜氏私淑

于兩溪先生石

于石。

江氏同調

戴先生仔別見滄洲諸儒學案補遺。

劉先生章

劉章。□□人。有文名。病王充作刺孟。柳子厚作非國語。乃作刺刺孟。非非國語。黄瑜説。

虞先生槃別見草廬學案補遺。

馬氏續傳

丞相馬玩芳先生廷鸞別見介軒學案補遺。

羅氏私淑

胡先生元叔

胡元叔。寧海人。宋進士。爲邑之宿儒。羅赤城先生舊祠於學。猶未特祀。先生唱率鄉人放古閭塾之制。即赤城遊息之地。刱爲書堂。合鄉之俊秀子弟而淑艾之。延篤學方聞之彦舒嶽祥爲之長。孫鈞。趙孟禮。胡三省。陳應嵩。劉莊孫爲之録。訓之以孝弟敬孫。其規約如藍田麗澤云。深寧居士集。

承直舒閬風先生嶽祥詳見水心學案。

孫先生鈞

孫鈞。

趙先生孟禮

趙孟禮。

進士胡梅磵先生三省詳見深寧學案。

陳先生應嵩

陳應嵩。

隱君劉樗園先生莊孫詳見水心學案。

許氏續傳

文懿許白雲先生謙詳北山四先生學案。

王氏續傳

王南稜先生炎澤別見滄洲諸儒學案補遺。

宋元學案補遺卷二目録

宋元學案補遺卷二

後學鄞王梓材 慈谿馮雲濠 同輯

泰山學案補遺

泰山師承

文正王先生曾附師張震。

王曾字孝先。益都人。少孤。鞠于仲父宗元。從學于里人張震。善爲文辭。咸平中。由鄉貢試禮部。廷對。皆第一。楊文公億見其賦。歎曰。王佐器也。以將作監丞通判濟州。代還。當召試學士院。宰相寇萊公奇之。特試政事堂。授祕書省著作郎。累遷右正言知制誥兼史館修撰。遷翰林學士。仁宗立。遷禮部尚書。時眞宗初崩。内外洶洶。先生正色獨立。朝廷倚以爲重。拜中書侍郎。兼本官同中書門下平章事。又以門下侍郎兼户部尚書。監修國史。先生以帝初即位。宜近師儒。卽召孫奭馮元勸講崇政殿。景祐元年。爲樞密使。明年拜右僕射兼門下侍郎平章事。集賢殿大學士。封沂國公。其進退士人。莫有知者。嘗曰。夫執政者恩欲歸己。怨使誰歸。出判鄆州。卒年六十一。贈侍中。謚文正。先生資質端厚。在朝廷進止皆有常處。皇祐中。仁宗爲篆其碑曰旌賢之碑。大臣賜碑篆自先生始。仁宗旣祔廟。詔擇將相配享。以先生爲第一。宋史。

甫冠。與鄉士游。汎博書記。不爲章句儒。諸老先生皆折輩行以交。公發解南省。廷試。皆爲首冠。或戲之曰。狀元試三場。一生吃著不盡。公正色曰。曾平生之志不在温飽。

附録

祥符中。公在掖垣。時瑞應迭臻。公嘗請對。上語及之。公奏曰。斯誠國家承平所感而致。然願推而勿居。異日或有災沴。則免夫輿議。退又白于執政。及後飛蝗旱暵。乃亟被擢用焉。

天聖初。公嘗詮録古先聖賢事蹟凡六十事。繪圖以獻。上嘉納之。降詔褒美。仍敕鏤板模印。均賜近侍。因命禁署月繪二十軸以進焉。

沂公當國。一朝士與公有舊。欲得齊州。公以齊州已差人。與廬州。不就。曰。齊州地望卑于廬州。但于私便耳。相公不使一物失所。改易前命。當亦不難。公正色曰。不使一物失所。惟是均平。若奪一與一。此一物不失所。則彼一物必失所。其人慚沮而退。

公嘗語曰。昔楊文公有言。人之操履無若誠實。吾每欽佩斯言。苟執之不渝。夷險可以一致。公奉身儉約。每見家人華衣。卽瞑目曰。吾家素風一至如此。故家人一衣稍華。不敢令公見。

劉公是記沂公祠堂曰。五代之亂。儒術廢絶。宋受命垂七十年矣。天下得養老。長幼無兵革之憂。庶且富矣。然未有能興起庠序。致教化之隆者也。自齊魯之閒。弦誦闕然。況其外乎。丞相沂公之初守青也。爲齊人建學。其後守鄆也。爲魯人建學。由是二國之俗。始益知貴詩書之業。而安其性之所樂。老師宿儒。幼子童孫。粲然自以復見三代之美。禮讓日興。刑罰日衰。嗚呼。君子之盛德大業哉。孔子所謂至于道者。非耶。

胡文定曰。李文靖澹然無欲。王沂公儼然不動。資稟既如此。又濟之以學。故是八九分地位也。

劉子卿曰。東學之倡。自孫石二先生始。孫明復居泰山之陽。王沂公。李文定公。范文正公。士建中。賈同。皆其師友也。

元遺山東平府新學記曰。鄆學舊矣。宋日在周之天聖倉有講授之所。曰成德堂者。唐故物也。王沂公曾罷相判州。買田二百頃。以贍生徒。富鄭公弼新學記及陳公堯佐府學題榜在焉。劉公摯領郡。請于朝。得國子監書。起稽古閣貯之。學門之左有沂公祠祭之位。春秋二仲祭以望日。魯兩生。泰山孫明復。徂徠石守道配焉。

黄東發曰。王沂公重厚守正。不動如山。方仁宗幼沖。能正劉太后不稱制。黜逐丁謂。曹利用。辨絶王欽若宫觀欽奉之説。可謂社稷臣矣。

文定李先生迪别見百源學案補遺。

文忠先緒

寺丞蔡先生元卿父□。附子稟。

蔡元卿字□□。父某。克己好學。以疾不仕。先生幼不爲戲。長而好學。一日歎曰。男子生而有四方之志。吾從事于文。豈跼身環堵而能通天下之志乎。乃軒然遠游。至江西胡氏之義學。與羣士居。非禮不由。非道不談。君子願交焉。五年業成。復歸于齊。鄉老請薦之。時方尚雕蟲技。先生以好古不合于有司。退居淄川郡之北郊。有田數十頃而衣食之。以貧爲樂。未嘗屈于人。體貌魁梧。偉其衣冠。人皆望而畏之。而性本慈孝。參知政事文忠公視先生諸父也。先生親愛之過于己子。每得文忠所著。則喜盈顔面。示于識者曰。起吾家者耶。次子稟。既仕而學。再舉進士出身。夙夜刻志。富于學問。至監察御史而卒。先生因稟敘郊祀。恩贈大理寺丞。范文正集。

文正同調

孫先生奭附師王徹。子瑜。

孫奭字宗古。博平人。幼與諸生師里中王徹。梓材案。宋景文爲孫僕射行狀云。夙儒太原王徹。以五經教授。其徒數百人。公往從之游。蓋與晉公之父同名。徹死。有從先生問經者。先生爲解析微旨。人人驚服。于是門人數百皆從之。後徙居須城。九經及第。爲國子監直講。太宗幸國子監。召先生講書。至事不師古。以克永世。非説攸聞。帝曰。此至言也。商宗乃得賢相如此耶。因咨嗟久之。賜五品服。

累擢龍圖閣待制。先生以經術進。守道自處。卽有所言。未嘗阿附取悦。大中祥符初得天書。召問之。對曰。臣愚。所聞天何言哉。豈有書也。帝旣奉迎天書。大赦改元。是歲天書復降泰山。遂議封禪作禮樂。四年。又將祀汾陰。是時大旱。京師近郡穀踊貴。先生上疏言不可者。十六年。又上疏。其言切直。以父老請歸田里。不許。以知密州。居二年。遷左諫議大夫。罷待制。復出知河陽。遷給事中。徙兖州。天禧中。朱能獻乾祐天書。復上疏諫。仁宗卽位。召爲翰林侍講學士。三遷兵部侍郎。龍圖閣學士。拜工部尚書。復知兖州。改禮部尚書。累表乞歸。以太子少傅致仕。疾甚。徙正寢。屏婢妾。謂子瑜曰。無令我死婦人之手。卒贈左僕射。謚曰宣。先生性方重。事親篤孝。嘗掇五經切于治道者。爲經典微言五十卷。又撰崇祀録。樂記圖。五經節解。五服制度。嘗奉詔與邢昺杜鎬校定諸經正義莊子爾雅謬誤。及律音義。瑜官至工部侍郎。致仕。宋史。

進孟子音義序

夫總羣聖之道者。莫大乎六經。紹六經之教者。莫尚乎孟子。自昔仲尼既没。戰國初興。至化陵遲。異端並作。儀衍肆其詭辨。楊墨飾其淫辭。遂致王公納其謀以紛亂于上。學者循其踵以蔽惑于下。猶洚水懷山。時近昏墊。繁蕪塞路。孰可芟夷。惟孟子挺名世之才。秉先覺之路。拔邪樹正。高行厲辭。導王化之源以救時弊。開聖人之道以斷羣疑。其言精而贍。其旨淵而通。致仲尼之教獨尊于千古。非聖賢之倫。安能至于此乎。

梓材謹案。先生所著孟子音義凡二卷。四庫書目提要云。唐陸德明經典釋文于羣經皆有音義。獨缺孟子。孫氏奉敕校定趙注。因刊正唐張鎰孟子音義及丁公著孟子音義二書。兼引陸善經孟子註。以成此書。其序文前半與世傳孟子正義序同。蓋正義僞序卽緣此序而點竄也。又言書中所釋稱一遵趙註。而以今本校之多不相符。蓋僞正義刪改其文。非復趙氏原書。因是書可以證趙註之舊。並可以證正義之僞。則其有功典籍亦不細矣。

附録

尚書年過九十。公亦耆。指使尚就子舍。曳斑裳。言不稱老。養者以爲榮。及時侍疾也。不嘗藥不進。不復飯不甘。鄒魯之人多能言其行。

公以太子少保致仕。居于鄆。一日置宴御詩廳。語客曰。白傅有言。多少朱門鎖空宅。主人到了不曾歸。今老夫歸矣。喜動于色。復顧石安道諷易離卦九三爻辭。且曰。樂以忘憂。自得小人之志。歌而鼓缶。不興大耋之嗟。公以醇德奥學。勸講禁中二十餘年。晚節勇退。優游里中。始終全德。近世少比。燕談。

雲濠謹案。宋景文爲荆王元儼墓誌云。孫宣公嘗校經。必語人曰。王。賢王也。荆王爲太宗第八子。

司馬温公凶儀初終篇曰。疾病遷正寢。内外安靜。俟絶氣。男子不終于婦人之手。春秋書公薨于路寢。禮之正也。近世孫宣公臨終遷外寢。君子愼終。不得不爾。

晁景迂九學論曰。尊六藝而黜百家。法先儒而惡新語。謹乎訓詁。通乎倫類。頹然古人之風。默而有容。若疏而親。侍經幄。則人君增恭儉之懷。而永絶聲色貨利之心。居函丈。則弟子始于章句。終于德行者。講官之學也。孫宣公是已。

王深寧困學紀聞曰。孟子正義序云孫奭。崇文總目館閣書目讀書志皆無之。朱文公謂邵武士人作。不解名物制度。其書不似疏。

黄東發曰。諫議田公錫。内翰王公禹偁。侍講孫公奭。三君子皆太宗眞宗時從班名臣也。錫質重。禹偁明峭。奭剛正。皆以直言聞當時。然錫請封禪。奭力諫。禹偁不諫亦不請。風節雖相上下。學識有不同者矣。

孫氏學侶

僕射邢先生昺

邢昺字叔明。濟陰人。太平興國初。舉五經。廷試日。召升殿講師比二卦。又問以羣經發題。太宗嘉其精博。擢九經及第。累改國子祭酒。始置翰林侍講學士。以先生爲之。受詔與杜鎬。舒雅。孫奭。李慕清。崔偓佺等校定周禮。儀禮。公羊。穀梁。春秋傳。孝經。論語。爾雅義疏。歷拜工部尚書。知曹州。召還。卒年七十九。贈左僕射。初。雍熙中。先生撰禮選二十卷獻之。太宗探其帙。得文王世子篇。觀之甚悦。因問衛紹欽曰。昺爲諸王講説。曾及此乎。紹欽曰。諸王常時訪昺經義。昺每至發明君臣父子之道。必重複陳之。太宗益喜。上嘗因内閣暴書。覽而稱善。召先生同觀。作禮選贊賜之。先生言家無遺稾。願得副本。上許之。繕録未畢而卒。亟詔寫二本。一本賜其家。一本俾置冢中。宋史。

梓材謹案。先生所著又有論語正義二十卷。蓋因魏何晏註而爲之疏者。宋志作十卷。四庫書目提要云。晁公武讀書志稱其亦因皇侃所採諸儒之説。刊定而成。今觀其書。大抵翦皇氏之枝蔓而稍傳以義理。漢學宋學兹其轉關。是疏出而皇疏微。迨伊洛之説出而是疏又微。故中興書目曰。其書于章句訓詁名物之際詳矣。蓋微言其未造精微也。然先有是疏。而後講學諸儒得沿溯以窺其奥。祭先河而後海。亦何可以後來居上。遂盡廢其功乎。

附傳

徐先生鉉附弟鍇。

徐鉉字鼎臣。廣陵人。十歲能屬文。不忘㊀游處。與韓熙載齊名。江東謂之韓徐。仕吴爲校書郎。又仕南唐李景。累遷中書舍人。景死。事其子煜。爲禮部侍郎。歷吏部尚書。宋師圍金陵。煜遣之求援兵。不能及。隨煜入覲。太祖責之聲甚厲。先生對曰。臣爲江南大臣。國亡罪當死。不當問其他。太祖歎曰。忠臣也。事我當如李氏。命爲太子率更令。太平興國初。直學士院。從征太原軍中。書詔填委。先生援筆無滯。辭理精當。時論能之。師還。加給事中。八年出爲右散

㊀「忘」當爲「妄」。

騎常侍。遷左常侍。淳化二年。貶靜難行軍司馬。初。先生至京師。見被毛褐者輒哂之。邠州苦寒。終不御毛褐。致冷疾。一日晨起。方冠帶。遽索筆手疏。約束後事。又别署曰。道者天地之母。書訖而卒。年七十六。無子。門人鄭文寶護其喪至汴。胡仲容歸其葬于南昌之西山。先生性簡淡寡慾。質直無矯飾。不喜釋氏而好神怪。精小學。好李斯小篆。臻其妙。隸書亦工。嘗受詔與句中正葛湍王惟恭等同校許慎説文。弟鍇。字楚金。四歲而孤。母方教先生。未暇及之。能自知書。李景見其文。以爲祕書省正字。累官内史舍人。因先生奉使入宋。憂懼而卒。年五十五。楚金亦善小學。嘗以説文依四聲譜次爲十卷。目曰説文解字韻譜。先生有文集二十卷。質疑論若干卷。楚金所著則有文集。家傳。方輿記。古今國典。賦苑。歲時廣記云。宋史。

許氏説文序

許慎説文十四篇。并序目一篇。凡萬六百餘字。聖人之旨蓋云備矣。稽夫八卦既畫。萬家既分。則文字爲之大輅。載籍爲之六轡。先王教化所以行于百代。及物之功與造化均。不可忽也。雖復五帝之後改易殊體。六國之世文字異形。然猶存篆籀之迹。不失形類之本。及暴秦苛政。散隸聿興。便于末俗。人競師法。古文既絶。巧僞日滋。至漢宣帝時。始命諸儒修倉頡之法。亦不能復。故光武時。馬援上疏論文字之僞謬。其言詳矣。及和帝時。申命賈逵修理舊文。于是許慎采史籀李斯揚雄之書。博訪通人。考之于逵。作説文解字。至安帝十五年始奏上之。而隸書之行已久。習之益工。加以行草八分紛然間出。反以篆籀爲奇怪之跡。不復經心。至于六籍舊文。相承傳寫。多求便俗。漸失本原。爾雅所載草木魚鳥之名。肆意增益。不可觀矣。諸儒傳釋。亦非精究小學之徒。莫能矯正。唐大曆中。李陽冰篆跡殊絶。獨冠古今。自云。斯翁之後直至小生。此言爲不妄矣。于是刊定説文。修正筆法。學者師慕。篆籀中興。然頗排斥許氏。自爲臆説。夫以師心之獨見。破先儒之祖述。豈聖人之意乎。今之爲字學者。亦多從陽冰之新義。所謂貴耳而賤目也。自唐末喪亂。經籍道息。有宋膺運。二聖繼明。人文國典。粲然光被。興崇學校。登進羣才。以爲文字者六藝之本。固當率由古法。乃詔取許愼説文解字。精加詳校。垂憲百代。臣等愚陋。敢竭所聞。蓋篆書堙替。爲日已久。凡傳寫説文者。皆非其人。故錯亂遺脱不可盡究。今以集書正副本。及羣臣家藏者。備加詳考。有許愼註義序例中所載而諸部中不見者。審知漏落。悉從補録。復有經典相承傳寫及時俗要用而説文不載者。承詔皆附益之。以廣篆籀之路。亦皆形聲相從不違六書之義。其間説文具有正體而時俗譌變者。則具于注中。其有義理乖舛違戾六書者。並序列于後。俾夫學者無或致疑。大抵此書務援古以正今。不徇今而違古。若乃高文大册。則宜以篆籀著之金石。至于常行簡牘。則草隸足矣。又許愼注解。詞簡義奥。不可周知。陽冰之後。諸儒箋述有可取者。亦從附益。猶有未盡。則臣等粗爲訓釋。以成一家之書。説文之時。未有反切。後人附益。互有異同。孫愐唐韻行之已久。今並以孫愐音切爲定。庶夫學者有所適從。

說文解字韻譜序

昔伏羲畫八卦而文字之端見矣。倉頡模鳥跡而文字之形立矣。史籀作大篆以潤色之。李斯變小篆以簡易之。其美至矣。及程邈作隸而人競趣省。古法一變。字義漫譌。先儒許愼患其若此。故集倉雅之學。研六經之旨。博訪通識。考于賈逵。作說文解字十五篇。凡萬六百字。字書精博。莫過于是。篆籀之體。極于斯焉。其後賈魴以三倉之書。皆爲隸字。隸字始廣而篆籀轉微。後漢及今千有餘歲。凡善書者皆草隸焉。又隸書之法有刪繁補闕之論。則其譌僞斷可知矣。故今字書之數累倍于前。夫聖人創制。皆有依據。不知而作。君子愼之。及史闕文。格言斯在。若草木魚鳥形聲相從。觸類長之。良無窮極。苟不折之以古義。何足可觀。故叔重之後。玉篇切韻所載。習俗雖久。要不可施之于篆文。往者。李陽冰天縱其能。中興斯學。贊明許氏。奐焉英發。然古法背俗。易爲堙微。方今許李之書僅存于世。學者殊寡。舊章罕存。秉筆操觚。要資檢閲。而偏傍奥密。不可意知。尋求一字。往往終卷。力省功倍。思得其宜。舍弟楚金。特善小學。因命取叔重所記。以切韻次之。聲韻區分。開卷可覩。楚金又集通釋四十篇。考先賢之微言。暢許氏之玄旨。正陽冰之新義。折流俗之異端。文字之學善矣。盡矣。今此書止欲便于檢討。無恤其他。故聊存古訓。以爲別識。其餘敷演。有通釋焉。五音凡十卷。貽諸同志者也。

梓材謹案。四庫全書著録說文解字三十卷。提要言。是書成于漢和帝永元十二年。凡十四篇。合目録一篇。爲十五篇。

宋雍熙三年。詔徐鉉。葛湍。王惟恭。句中正等。重加刊定。以篇帙繁重。每卷各分上下。卽今所行毛晉刊本是也。四庫又著録説文繫傳四十卷。提要言。鍇嘗別作説文篆韻譜五卷。宋孝宗時。李燾因之作説文解字五音譜。

徐散騎集

自私故慚與君子言。自勝故憚與君子言。此小人所以易見親。君子所以易見疏也。夫亡國非無賢臣。亂主非獨坐于堂上也。用心之不一也。書曰。一哉王心。詩曰。淑人君子。其儀一兮。人君用心一。則賢臣知所從矣。君臣論。

附録

虞道園序吳正道六書存古辨誤韻譜曰。叔重存説文解字之書于漢。陽冰發義中興篆法于唐。學者蓋亦希闊矣。宋初徐騎省兄弟能倡明其説。著爲繫傳。有通釋部敘等篇。許李之舊。考辨推充。奥深衍博。可謂極矣。其後若吳興張謙仲著復古編。亦號簡要。夾漈鄭漁仲大發類例義旨于二十略之一。學者可以觸類而長。

謝山鮚埼亭詩集攝山懷古云。騎省好兄弟。澄心堂上雙尊宿。朝朝下直歸對牀。好句更相屬。降王旣踉蹌。遺臣亦摧辱。可憐亡國痛。盡在江南録。一麾西郊去。苦寒入腹誰相禦。衣褐亦何妨。江左華風良貴倨。歸魂返故山。夜猿哭漕漕。吁嗟乎。十郎茶肆俱榛莒。

徐氏講友

句先生中正附吴鉉。楊文舉。

句中正字坦然。華陽人。孟昶時。館于其相毋昭裔之家。昭裔奏授崇文館校書郎。復舉進士及第。累爲潞州録事參軍。先生精于字學。古文篆隸行草無不工。太平興國二年。獻八體書。太宗素聞其名。召入授著作佐郎。直史館。被詔詳定篇韻。四年。命副張洎爲高麗加恩使。還遷左贊善大夫。改著作郎。與徐鉉重校定説文。模印頒行。太宗覽之嘉賞。因問先生凡有聲無字有幾何。先生條爲一卷以獻。上曰。朕亦得二十一字。可并録之也。時又命與著作佐郎吴鉉。大理寺丞楊文舉同撰定雍熙廣韻。先生先以門類上進。面賜緋魚。俄加太常博士。廣韻成。凡一百卷。特命虞部員外郎。淳化元年。改直昭文館。三遷屯田郎中。杜門守道。以文翰爲樂。嘗以大小篆八分三體書孝經摹石。咸平三年表上之。賜金紫。命藏于祕閣。五年卒。年七十四。先生喜藏書。家無餘財。宋史。

徐氏同調

郭先生忠恕

郭忠恕字恕先。洛陽人。七歲能誦書屬文。舉童子及第。尤工篆籀。周廣順中。召爲宗正丞兼國子書學博士。改周易博士。建隆初。被酒與監察御史競于朝堂。坐貶爲乾州司户參軍。削籍配隸靈武。其後。流落不復求仕進。多游岐雍京洛閒。有佳山水卽淹留。浹旬不能去。尤善畫。所圖屋室重複之狀。頗極精妙。太宗卽位。聞其名。召赴闕。授國子監主簿。賜襲衣銀帶銀五萬。館于太學。令刊定歷代字書。先生性無檢局。放縱敗度。上憐其才。每優容之。益使酒。肆言謗讟。時擅鬻官物取其直。詔減死。流登州。行至齊州臨邑而卒。所定古今尚書并釋文并行于世。宋史。

梓材謹案。四庫全書著録先生汗簡三卷。目録敘略一卷。提要云。此本乃宋李建中得之祕府。大中祥符五年。李直方得之建中。初無撰人名字。建中以字下註文有臣忠恕字。證以徐鉉所言。定爲忠恕所作。其分部從説文之舊。所徵引古文凡七十一家。前列其目。字下各分註之。時王球。吕大臨。薛尚功之書皆未出。故鐘鼎缺焉。又著録先生佩觿三卷。提要云。此書上卷備論形聲譌變之由。分爲三科。曰造字。曰四聲。曰傳寫。中下二卷則取字畫疑似者。以四聲分十段。曰平聲自相對。曰平聲上聲相對。曰平聲去聲相對。曰平聲入聲相對。曰上聲自相對。曰上聲去聲相對。曰上聲入聲相對。曰去聲自相對。曰去聲入聲相對。曰入聲自相對。末附與篇韻音義異者十五字。又附辨證舛誤者一百十九字。不署名字。不知何人所加。以其可資考證。仍並存之。

梓材又案。四庫全書存目于薛艮書古文訓提要云。郭忠恕作汗簡。所引用有古尚書。玉海載後周顯德六年郭忠恕定古文尚書刻板。沈括夢溪筆談稱。宋太宗得古文尚書。改雲夢作乂爲雲土夢作乂。均不言所自。晁公武讀書志稱。古文尚書。吕大防得本于宋次道王仲至家。以核陸氏釋文。雖有小異同。而大體相類。觀其作字奇古。非字書傅會穿鑿者所能到。學者考之。可以見制字之本云云。亦不言宋王之本何來。考顏師古匡謬正俗引古文尚書。戮作翏。誓作斮。則唐初卽有此書。又册府元龜載天寶三載詔曰。先王令範莫越于唐虞。上古遺書實稱于訓誥。雖百篇奥義。前代或亡。而六體奇文。舊規猶在。但以古先所制。有異于當今。傳寫寖譌。有疑于後學。永言刊革。必在從宜。尚書應是古體文字。並依今字繕寫施行。其舊本仍藏之書府云云。是宋王二氏所傳。宋太宗所得。即郭忠恕所見本。忠恕所見。即唐内府本也。然經典釋文敍録稱。尚書之字本爲隸古。即是隸寫古文。則不全爲古字。今宋齊舊本及徐李等音所有古字。蓋亦無幾。穿鑿之徒。務欲立異。依傍字部。改變經文。疑惑後生。不可承用。蓋陸德明已先辨之云。

高平講友

殿丞孫泰山先生復（補）

梓材謹案。先生以嘉祐六年七月卒。葬於鄆州須城縣。而歐陽子誌其墓。又案。四庫書目著録先生春秋尊王發微十二卷。提要言。其論上祖陸淳而下開胡安國。謂春秋有貶無褒。大抵以深刻爲主。晁氏讀書志載常秩之言曰。明復爲春秋。猶商鞅之法。棄灰于道者有刑。步過六尺者有誅。蓋篤論也。而宋代諸儒喜爲苛議。顧相與推之。沿波不泛。遂使孔庭筆削。變爲羅織之經。雖其閒辨名分別嫌疑。于興亡治亂之機。亦時有所發明。統而核之。究所謂功不補患者也。

泰山語要

虞夏商周之治在于六經。舍六經而求虞夏商周之治。猶泳斷潢汙瀆之中。屬望于海也。其可至哉。

泰山諭學詩

冥觀天地何云爲。茫茫萬物爭蕃滋。羽毛鱗介無異趣。披攘攫搏紛相隨。人亦其間一物爾。

飢食渴飲無休時。苟非道義充其腹。何異鳥獸安鬚眉。人生在學勤始至。不勤求至無由期。孟軻荀況揚雄氏。當時未必皆生知。因其鑽仰久不已。遂入聖學爭先馳。卽學便當窮遠大。勿事聲病淫哇辭。斯文下衰吁已久。勉思駕説扶顛危。擊暗毆聾明大道。身與姬孔爲藩籬。是非豐頽若不學。愼無空使精神疲。

附録

范文正答先生書曰。足下直方而孤。非求榮之人。嘗言二代未葬。勉身以進也。天與其時。一何吝歟。得河朔二書。且依天章公。猶免屈于不知己。甚善甚善。某今在海上部役。開決積水。俟寒而罷。足下未嘗游浙中。或能枉駕與吴中講貫經籍。教育人材。是亦先生之爲政。買山之圖其在中矣。

石徂徠贈孫先生詩曰。世無伯樂不識馬。眼看騏驥如駑駘。先生今年四十四。才似臯夔胡爲哉。泰山山下水照石。溪聲濺濺白雲堆。我居其閒構茅屋。先生先生歸去來。

梓材謹案。徂徠上先生書有云。嘗與熙道説先生。逾四十未有室嗣。先大夫之遺體可不念也。近又得曹二書復及斯。明遠來。論之相對泣下。非先生之事也。朋友門人之罪也。因思得與數君子同力成先生一日事矣。今當且與先生定奉祭祀養妻子之具。亦且爲先生擇善良以侍巾櫛。然後爲先生築室于泰山徂徠閒。以周公孔子之道輔聖君。先生如終不起。泰山徂徠泉石松竹可吟可賞。以周公孔子之道而自樂焉。據此。則先生之娶李氏。亦徂徠等之謀矣。

祖龍學寄泰山詩曰。先生心與白雲閒。五十秋風鬢不斑。自昔清名滿天下。更無塵跡到人間。

朱金樂外非攸好。貪懦聞風合厚顏。不待高吟見招隱。見收餘俸買青山。

梅聖俞哭孫殿丞詩曰。魯國先生歿。夷門吉士哀。因讒君席遠。時賻帝恩該。寂寞蒿宫啓。悠揚茜旐迴。昔賢皆不免。松下作寒灰。其二曰。舊業居東岱。中年謁紫庭。要塗無往跡。至死守殘經。詔許求遺稾。朋憐與葬銘。世人無怪我。涕淚爲之零。

劉子卿曰。泰山先生齊魯學者多宗之。故號東學。

黄東發曰。先生力貧養親。讀書泰山之陽。行無隱而不彰。張貴妃幼隨其父堯封常執事左右。既貴。數遣使致禮先生。先生閉門拒之。終其身修于家。而不獻于天子之庭。無侵尋富貴心。所謂豈弟君子。求福不回。非歟。

吕中曰。春秋之學。前乎此。舉凡例而已。自孫泰山治春秋。明于諸侯大夫功罪。以考時之盛衰。推見王道之治亂。而天下始知有春秋之義。

王華川曰。泰山孫氏以書法論褒貶。襄陵許氏。永嘉陳氏。專以書法論世變。

李氏先緒

李先生絢

李絢字公素。依政人。累官起居舍人。龍圖閣直學士。仁宗春秋高。未有繼嗣。因侍祀高禖。

還奏賦。大指言遠嬖寵。近柔良。則子孫蕃衍。仁宗嘉納之。弟縣尉緼。嘗從學焉。姓譜。

趙氏師承

待制王先生獵

王獵字得之。長垣人。累應進士不第。乃治生積錢。既而歎曰。此敗吾志也。悉以頒諸親族。慶曆間。詔求遺逸。范文正薦爲藍田主簿。府使之掌學。諸生有犯法者。先生自責屏之。府帥意欲按治以罪。先生前曰。此特年少不率教爾。致于理不足以致美化。恐適貽士類辱。帥悟而喜曰。吾慮初不及此。卽釋生。而待先生加敬。徙令林慮縣。故依山俗以蒐田爲生。不知學。先生立孔氏廟。擇秀民誨之。入爲諸王侍講。英宗卽位。拜天章閣待制。方議濮王稱。以問先生。先生不可。帝曰。王待侍讀厚。亦持此説耶。對曰。臣荷皇恩厚。不敢以非禮名號加于王。所以報王也。帝大悟。自是不復議。姓譜。

泰山學侶

殿丞賈存道先生同

賈同字希得。臨淄人。篤學好古。有時名。舉進士。王欽若方貴盛。欲致之。不往。天聖初。上書言丁謂造符瑞欺先帝。今宜明告天下。以徵其謬。累官殿中丞。卒。門人謚曰存道先生。姓譜。

梓材謹案。先生原名罔。字公疏。其得出身也。眞宗賜名同。改字希得。説見澠水燕談録。又案。先生及李文定迪皆與高侍御弁相友善。見宋史儒林傳。

原古

古者故也。自我而上皆故也。傅説曰。事不師古。以克永世。匪説攸聞。然則烏乎師之執也。曰。古猶今也。人之所以率古而言事者。取于衆也。取于衆則所見長矣。自我而上一世也。以一世而窺千世。則何法而不有焉。擇而用之。何用而不長焉。是知師古者非師其年也。師其衆也。周公于是考三代而制禮樂焉。孔子于是祖述堯舜而修六經焉。師于衆而執其中也。

曰。堯舜而上。犧農黄帝之道不足法耶。曰。否。非不足法也。不能法也。夫錦綺之爲衣。豈不美哉。而爲天下者不用之。而用布帛。以其能足于天下也。周孔之道。萬世不能易。足于萬世者也。賢者及之。不賢者失之。而無能過之者。猶失之者也。故周孔之道如衡。夫衡物輕于權。則不能起權。權輕于物。則不能勝物。唯權與物稱。然後衡正。曰。然則犧農黄帝亦聖人也。何以不爲之中焉。曰。時未也。聖人則欲自然也。不得已而後有作焉。事之既生。爲之制宜而節度之。謂之禮。可以長世用之。謂之經。夫禮經者起于薄。薄盡而後酌于厚薄之閒。謂之中。而民未及薄。安得教之薄乎。

曰。聖人亦知其後必薄乎。曰。知。曰。知則何爲不先爲之中邪。不久之厚何有焉。曰。聖人惡其教人之薄也。道之至薄。則臣弑其君。子弑其父。烏得使之預知其弑君弑父邪。由是而言。一日之厚不可不有也。曰。然則何以知後世不可易也。曰。以治亂之極而知之也。曰。何以知治亂之極也。曰。以力與欲知之也。何以言之。曰。力者有常者也。欲者無常者也。以無常之欲不已則力竭。力竭則欲止。欲止則亂極也。不止則民斯盡矣。自古而今。未有盡民之亂也。止則緩力而蠲欲。不已則欲盡。則力全。則治極。理所以然也。終而始之。上自有物。下迄而窮。吾知其不能也已。

附録

先生以著書扶道爲己任。著山東野録七篇。頗類孟子。常奏諫書四篇。終以孤直不偶。既晚得進士出身。不樂爲吏。久之。李文定公竊誥敕送吏部。先生勉就之官。

蔡文忠公喜酒。既登第。通判濟州。日飲醇酎。往往至醉。時太夫人年已高。頗憂之。一日賈存道愛公之賢。慮其以酒廢學生疾。乃爲詩示公曰。聖君恩重龍頭選。慈母年高鶴髮垂。君寵母恩俱未報。酒如成病悔何追。公矍然起謝之。

賈氏講友

文忠蔡先生齊

蔡齊字子思。其先洛陽人。曾祖爲膠水令。凡九年而卒。子孫因家焉。先生少孤好學。李文定迪嘗見其所爲文。謂有大志。大中祥符八年。登進士第甲科。眞宗見其舉止端肅。顧輔臣曰。得人矣。特詔金吾給騶從。因以爲例。累官參知政事。與宰相吕夷簡論事不合。出知潁州。卒年五十二。謚忠肅。雲濠案。先生之謚。諸書皆作文忠。豈其改謚耶。初爲侍御史知雜河陽。錢惟演請曲賜軍士特支。先生言。賞罰者上之所操。非臣下所當請。天子新卽位。惟演聯姻太后。不宜私請一州。以售己惠。搖動衆心。上遂不許。惟演諂附丁謂。作樞密直學士題名記。輒不列寇準于其間。而碑刻云逆準不書。先生言于上曰。寇準社稷之臣。忠義聞于天下。豈可令姦黨厚誣。上遂令磨云。隆平集。

附録

公幼依外舅劉氏。能自力爲學。

平生喜薦士。如楊偕。郭勸。劉隨。龐籍。段少連。比比爲當世名臣。

公爲人神色明秀。鬚眉如畫。精學博聞。寬大沈默。一言之出。終身可復。

公于親舊閒。雖死生不易。彼有孤遺則必爲之備嫁娶。又好學無倦。未嘗不以名教爲急。孔子之後。世襲文宣公嘗宰曲阜。乾興中。四十九代孫承祐卒。遂廢十餘年。公聞承祐有母弟在。抗章請復其嗣。有詔從之。

黄東發曰。蔡文忠。丁謂許以知制誥。不往見。羅崇勳諭以參政事。不作記。止楊太后稱制。止陳氏女爲后。寬京師飛語之獄。磨萊公被謗之碑。兩居憲臺。彈劾不避。及在政府。浩然以天下爲憂。公眞偉人哉。公平生嗜飲。初筮仕得賈同一詩。即戒之終其身。用心之剛若此。易所謂風雷益也。將何嚮不濟。

泰山同調

侍御陳先生洙

陳洙字師道。建安人。仕至殿中侍御史。深于春秋。與孫泰山齊能。而先生仕望崇高。故不倚經以名。其所著有春秋索隱三卷。或以爲陳無已所作。非也。吴曾云。經義考。

雲濠謹案。先生之名。據陳古靈集補之。古靈誌先生墓。言其舉進士高第。爲壽亳杭三州節度推官。未赴杭署。掌眞定府書記。以至殿中侍御。所著作春秋索隱論五卷。辨諸儒異同之説云。經義考于先生春秋索隱三卷外。又載陳氏洙春秋索隱論五卷。謂本通志。蓋誤以爲二人也。

附録

少以父蔭。推與諸弟。力學自奮。以文行稱于時。

嘗病近年臺諫之臣言事苛細。不務大體。旣居言路。上疏首陳取士任官考課之失。乃言餘事。皆有裨國家者。當是時。天子春秋高。儲尚未建。二三大臣以爲憂。而議之未能得堅決也。先生一旦沐浴抗疏。未報而以暴卒聞。

爲人剛正潔直。義形于色。執親之喪。以孝聞。自斂及葬不爲佛事。而一踐先王之禮。朱子送陳宗序曰。殿中君之節誠高矣。嘗得其遺文讀之。其言之粹皆可講而思也。其行之純皆可則而象也。

懿簡趙先生瞻詳見涑水學案。

王先生乘

王乘。廣安軍鄉貢進士。嘗撰春秋統解三卷。元祐四年。梓州路轉運使吕陶奏稱序引二十四篇。推明筆法。得其大旨。比之陳岳折衷。王沿集傳。孫復發微。不在其下。吕淨德集。

説書劉先生易別見高平學案補遺。

孫氏門人

章靖馮先生元附孫質。陸參。夏侯圭。

馮元字道宗。其先始平人。四代祖官廣州。而劉氏據南海。僑斷士人。故三世食其禄。先生少嗜學。父保章君不欲先生疇其業。使從孫宣公授五經大義。又友博士崔頤正。逮冠。彊立博覽外。嗛嗛若不足。中敏力甚。自經典故訓祖襲師承穿穴筳楹皆能駕其説。浸弄翰爲詞章。默而有沈鬱之思。出入服褒衣。習矩步。如大賓祭。不妄交游。惟樂安孫質。吴陸參。譙夏侯圭相友善。三人皆直諒而材。故號四友。家貧。盛冬無薪燎。夜輒市瓻酒。與圭對談研摧。一再酌以自温。或達旦不瞑。大中祥符元年。由進士調臨江縣尉。再期罷。會講員缺。詔各集吏能明經。得自言。試可。先生往應。諫議謝泌領選精果。見先生儒者。嘻笑曰。吾聞古治一經至皓首。生能盡善也邪。對曰。達者一以貫之可矣。謝奇其對。因抉經義疑晦者廷問參詰。先生條陳詳詣。言簡氣願。謝抵掌嗟伏。卽日聞上。授國子監直講。由是名震京師。遷廷尉平。又兼崇文院檢討。其八年。程覈㊀俊選先生待詔殿中。眞宗讀易至泰卦。命説其義。先生既道爻象云云。因本君臣感會所以輔相財成者。帝悦。賜五品服。禁中建龍圖閣庋藏祕册。時用尚書工部郎中李虚己。兵部員外郎

㊀「覈」當爲「覆」。

李行簡待制。先生以太子中允充直閣。數召入。與二李賜清問。説易盡上下經。帝嘗稱先生誦説通而不泥。言外自有餘趣。非專門一經士也。俄改三品服。天禧元年。使契丹還。遷太常丞。先是仁宗在儲闈。帝欲得肅艾長者。使之勸學。訪于宰相太尉。王文正以先生對。或者謂公年差少。罷不用。更用博陵崔遵度。四年。遵度卒。帝卽擢先生左正言兼太子右諭德。代其任。初。文正聞其名而未之識。一日召至第。先使諸子質經義。密視其人。淹粹亮恪。乃自見之。授以老子。它日令詣府與執政衆試。已而爲帝言數矣。仁宗嗣位。改尚書工部員外郎。昇爲直學士兼侍講。未幾。孫宣公亦入露門。執經遞進。兩人提衡諷道。上益嚮學。天聖元年。判登聞鼓院。明年。判國子監。三年。改禮部郎中。五年。同知貢舉。未幾。正爲學士。七年。召入翰林爲學士。改吏部郎中。明道元年。遷給事中。十月。辟翰林學士及侍講二職。出守河陽。景祐二年。改禮部侍郎兼翰林侍講學士。獻金華五箴。四月。詔領修樂書。明年七月書成。上號其書爲景祐廣樂記。特遷户部。四年卒。先生志閑。素恬于仕進。無表襮之飾。門無雜賓。惟經生朔望承訓及縉紳道義交數人而已。嘗執親喪。自括髮至祥練。皆案禮變服。未始爲世之所爲齋薦者。晝治官事。夜還讀書。晢御亦簡其面。尤精易及揚雄方部學。宋景文文集。

梓材謹案。先生卒年六十六。贈尚書。謚章靖。見曾氏隆平集。

附録

初。善音者取上黨黍縱累爲尺。因裁十二律以獻。遂改大樂鍾石以合其私。後有建言其非者。上遣中人就舍問之。先生卽擿班固律曆志唐令兩説付中人。因對古者横黍度寸。今以縱亂横。其法非是。明日召見邇英閣。上謂曰。向考正大樂。患其寖高而急。今也下而緩。二者不得其中。失在律。卿言是矣。因出横黍新尺示羣臣。比縱尺差二寸一分而弱。以較衡斗皆不讐。微先生言。莫能正其繆也。

田況儒林公議曰。馮元儒學精深。名齊孫奭。居喪不爲佛事。但誦孝經而已。時人稱其顓篤。

涑水紀聞曰。眞宗嘗讀易。召大理評事馮元講泰卦。元曰。泰者天氣下降。地氣上騰。然後天地交泰。亦猶君意接乎下。下情達于上。無有壅蔽。則君臣道通。向若天地不交。則萬物失宜。上下不通。則國家不治。上大悦。賜元緋衣。

侍郎孔先生道輔別見高平學案補遺。

侍講楊無爲先生傑

楊傑字次公。無爲人。少有名于時。舉進士。元豐中。官太常者數任。一時禮樂之事皆預討論。元祐中。爲禮部員外郎。出潤州。除兩浙提點刑獄。卒年七十。自號無爲子。有文集二十餘卷。樂記五卷。宋史。

雲濠謹案。先生善談禪。其别集十卷。皆爲釋老。而釋又居十之九。陳直齋云。

梓材謹案。朱氏經義考載楊氏杰周禮講義。佚。杰为傑之俗文。當卽先生。經義考又載其自序云。周禮者。周公致太平之書也。又云。其略見于周官。其詳載于六典。與李盱江周禮致太平論並載。則亦盱江同調也。又經義考載楊氏杰補正三禮圖三十八卷。自序禮圖之次。一曰地利八卷。二曰邱壇三卷。三曰宗廟二卷。四曰宫室。五曰庠序。共一卷。六曰衣冠三卷。七曰車旂三卷。八曰寶貨一卷。九曰物用三卷。十曰樂制一卷。十一曰武制二卷。十二曰曆象二卷。十三曰失利災應共二卷。通圖議三卷。序目三卷。爲三十八卷。

附録

嘗議僖祖配帝及四后升祔之禮。從之。

范鎮樂下大常。公上言。元豐中。詔范鎮劉几與臣詳議郊廟大樂。旣成而奏。稱其和協。今鎮定樂法。頗與樂局所議不同。因著元祐樂議。以破鎮説。後鎮樂卒不用。

石徂徠與楊侍講書曰。僕射孫公雖去聖人千有餘年。其人游聖人之門。能得聖人之道親受之。爲聖朝儒宗文師。承事三帝。授經兩朝。哲乂耆明。冠于百辟。國朝聲明禮樂並于三代。觀乎人文。化成天下。公有助焉。公没。天下士皇皇失其宗師。六經之道。羣子之言。無所取折衷矣。天不使斯文之不傳也。故執事嘗親授于公。且能傳公之道。今執事日侍講崇政殿。是又踐公之職。能傳公之道。復踐公之職。亦能紹公之休望聲烈。天下幸甚矣。

蘇魏公祭之曰。懿懿夫子。業專志精。守經據傳。先儒是程。通解六學。早擅厥聲。由兹仕進。躐取紫青。僕射宣公。時之耆英。師友兩朝。領袖諸生。士游其門。皆爲名卿。子以高第。被其薦稱。入侍金華。講勸西清。惟我哲后。好古多能。清問訪道。養于老成。惟子被遇。恪恭至誠。專用師説。開悟上明。陟降二紀。便蕃寵靈。升官瑣闥。躋職禁扃。朝廷禮待。均乎老更。稽古之力。何謝桓榮。天畀五福。貴壽康寧。爲儒始終。兹亦鮮并。今已矣夫。歸于杳冥。輤帷即路。祖奠載庭。言還東國。及葬故塋。凡與嘗僚。興言愴情。清觴告訣。魂兮是聽。

郭青山輓之曰。力學窺前古。扶經翊太平。樂成天地格。祧正祖宗明。知命窮猶達。趨玄死亦生。世無班馬筆。誰爲勒幽銘。其二曰。孤進終難達。文章誤此生。纔趨王府講。已夢玉樓成。遺篋書千卷。招魂酒一觥。空餘淮上月。不到夜臺明。

王深寧困學紀聞曰。范蜀公議樂曰。秬一稃二米。今秬黍皆一米。楊次公非之曰。爾雅秬黑黍秠一稃二米。其種異。以爲必得秠然後制律。未之前聞也。

馮氏講友

博士崔先生頤正附弟偓佺。

崔頤正。封邱人。與弟偓佺。並舉進士。先生初爲高密尉。以孔維薦爲國子直講。刊正諸經音疏。眞宗時。日召文苑中説尚書。仕終國子博士。偓佺自連江尉入爲直講。眞宗幸國子。説尚書。所著有帝王手鑑十卷。姓譜。

梓材謹案。宋景文集以先生爲馮道宗之友。曾文定隆平集道宗傳云。元少好學。崔頤正孫奭授以五經大義。然則先生之于馮氏。蓋在師友之間。

徐氏門人

李先生至

李至字言幾。眞定人。七歲而孤。鞠于飛龍使李知審家。幼沈靜好學。能屬文。及長。辭華典贍。舉進士。釋褐將作監丞。歷爲翰林學士。拜諫議大夫。參知政事。以目疾累表求解機政。授禮部侍郎。進秩吏部。會建祕閣。命兼祕書監。選三館書置閣中。俾先生總之。薦潘愼修。舒雅。杜鎬。吳淑等入充直館校理。淳化五年。兼判國子監。先生上言。五經書既已板行。惟二禮。孝經。論語。爾雅七經疏未修。豈副仁君垂訓之意。今直講崔頤正。孫奭。崔偓佺皆勵精强學。博通經義。望令重加讎校。以備刊刻。從之。至道初。眞宗初正儲位。以先生與李沆並建㊀賓客。詔太子事以師傅禮。眞宗卽位。拜工部尚書。參知政事。咸平元年。以目疾求解政柄。授武信軍節度。入辭節制。不允。居二年。徙知河南府。四年。以病求歸本鎮。許之。詔甫下。卒。年五十五。贈侍中。先生嘗師徐鉉。手寫鉉及其弟鍇集。置于几案。又賦五君詠。爲鉉及李

㊀「建」當爲「兼」。

昉。石熙載。王祐。李穆作也。先生剛嚴簡重。人士罕登其門。性吝嗇。宋史。

續座右銘

崔子玉爲座右銘。白樂天亦爲座右銘。檢身之道。幾乎殫矣。予嘗冥心謙坐。自思所爲慮。問之益友。以予位著。不我規也。因疏其所得。亦命爲座右銘。聊以自勉。其辭曰。短不可護。護則終短。長不可矜。矜則不長。尤人不如尤己。好圓不如好方。用晦則天下莫與汝爭智。撝謙則天下莫與汝爭强。多言者老氏所戒。欲訥者仲尼所臧。妄動有悔。何如靜而勿動。太剛則折。何如柔而勿剛。吾見進而不已者敗。未見退而自足者亡。爲善則游君子之域。爲惡則入小人之鄉。吾將書紳帶以自警。刻盤盂而遏防。豈如長存于座右。庶夙夜之不忘。

梓材謹案。宋史儒林崔頣正傳載。先生判監時所舉以刊正諸經者。謂伏見國子博士杜鎬。直講崔頣正。孫奭云云。與本傳頗異。

雲濠謹案。曾文定隆平集于先生傳云。或謂至既貴。盡逐知審養子。而取其所積。似與其辭位不受俸之行相反。是豈或然。蓋文定不信其事矣。

吴先生淑父文正。

吴淑字正儀。丹陽人。父文正。仕吴。至太子中允。好學。多自繕寫書。先生幼俊爽。屬文敏速。韓熙載潘佑以文章著名江左。一見深加器重。以校書郎直内史。江南平。歸宋。薦試學士院。授大理評事。預修太平御覽。太平廣記。文苑英華。歷太府寺丞。著作佐郎。始直祕閣。以本官充校理。嘗獻九絃琴五絃阮頌。太宗賞其學問優博。又作事類賦百篇以獻。詔令注釋。先生卽注成三十卷上之。遷水部員外郎。至道二年。兼掌起居舍人事。預脩太宗實録。再遷職方員外郎。時諸路所上閏年圖。皆儀鸞司掌之。先生上言曰。天下山川險要。皆王室之祕奥。國家之急務。故周禮職方氏掌天下圖籍。漢祖入關。蕭何收秦籍。由是周知險要。請以今閏年所納圖上職方。又州郡地里。犬牙相入。向者獨畫一州地形。則何以傅合他郡。望令諸路轉運使。每十年各畫本路圖一上職方。所冀天下險要。不窺牖而可知。九州輪廣。如指掌而斯在。從之。會詔詢禦戎之策。先生抗疏請用古車戰法。上覽之。頗嘉其博學。咸平五年。卒。年五十六。先生性純靜好古。詞學典雅。有集十卷。善筆札。好篆籀。取說文有字義者千八百餘條。撰說文互㊀義三卷。又著江淮異人録三卷。祕閣閑談五卷。宋史。

梓材謹案。隆平集載。先生應江南進士舉。徐鉉主文。擢在高第。補丹陽尉。久久進內史。蓋先生受知于徐門。故亦爲其說文之學云。

鄭先生文寶

鄭文寶字仲賢。初事李煜。以蔭授奉議郎。掌煜子清源公仲寓書籍。遷校書郎。入宋。煜以

㊀「互」當爲「五」。

環衛奉朝請。仲賢欲一見。慮衛者難之。乃被簑荷笠以漁者見。陳聖主寬宥之意。宜謹節奉上。勿爲他慮。煜忠之。後補廣文館生。深爲李昉所知。太平興國八年。登進士第。除脩武主簿。累遷刑部員外郎。大中祥符初。改兵部員外郎。除忠武軍行軍司馬。不就。以前官歸襄城別墅。卒年六十一。仲賢好談方略。以功名爲己任。久在西邊。參預兵計。心有餘而識不足。又不護細行。所延薦屬吏至多。而未嘗擇也。晚年病廢。從子爲邑襄城。多撓縣政。能爲詩。善篆書。工鼓琴。有集二十卷。又撰談苑二十卷。江表誌五卷。宋史。

文僖陳永年彭年

陳彭年字永年。建昌軍人。幼好學。母惟一子。愛之。禁其夜誦書。則置鐙密室。晝夜忘倦。嘗師事徐鉉。爲文喜嘲誚。爲宋白所惡。白知貢舉。屢加黜落。雍熙三年。始登進士第。累擢至翰林學士。大中祥符九年。參知政事。天禧元年。卒於位。年五十七。贈左僕射。大中祥符閒。朝廷典禮。無不參預。凡儀制沿革刑名之學。皆所常練。雖談笑閒屬辭不廢。當時制度。雖前世所未有。必推引依據以成就之。時政大小。日有諮訪。應對該辨。一無凝滯。上之眷遇尤厚。加以愼密。外無知者。資性敏給。博聞彊記。應舉時。京城賜酺。與同學出游。自東華門構思至闕前。已成一賦。其後雖處通顯。奉養無異貧約時。所得俸唯市書籍。幼而篤學。老亦不倦。左右給使之人。有彌年不知其姓名者。所著文集百卷。唐記四十卷。隆平集。

雲濠謹案。宋史本傳諡文僖。四庫全書著録重脩廣韻五卷。提要云。宋陳彭年邱雍等奉敕撰。舊本不題撰人。以丁度集韻考之。知爲彭年雍等爾。其書二百六韻。仍陸氏之舊。所收凡二萬六千一百九十四字。

梓材謹案。永年憸壬巧佞。與五鬼之列。道山清話謂。大參以博學强記受知定陵云。

虞先生積

虞積字叔微。杭州人。幼穎悟。七歲能詩。十二學屬文。及長。曉五經大義。酷嗜周易孟子。端拱初。游京師。時徐鉉以宿儒爲士子所宗。覽其文。甚奇之。爲延譽于朝。是年登進士第。調補眞定束鹿主簿。至府。值契丹圍城。未及赴官。卒。年二十七。嘗著五帝皇極志。孺子問。翼善書數十篇。杭州府志。

吴氏同調

舒先生雅

舒雅字子正。□□人。久仕李氏。江左平。爲將作監丞。後充祕閣校理。好學。善屬文。與吴淑齊名。累遷職方員外郎。求出。得知舒州。仍賜金紫。恬于榮宦。東封。就加主客郎中。改直昭文館。轉刑部。卒年七十餘。宋史。

爾雅疏序

夫爾雅者。先儒授教之術。後進索隱之方。誠傳註之濫觴。爲經籍之樞要者也。夫混元闢而三才肇位。聖人作而六藝斯興。本乎發德于衰。將以納民于善。洎夫醇醨既異。步驟不同。一物多名。繫方俗之語。片言殊訓。滯古今之情。將使後生若爲鑽仰。由是聖賢間出。詁訓遞陳。周公倡之於前。子夏和之於後。昆蟲草木爰自爾以昭彰。禮樂詩書盡由斯而紛郁。然又時經戰國。運歷挾書。傳授之徒寖微。發揮之遹㈠斯寡。諸篇所釋。世罕得聞。惟漢終軍獨深其道。豹鼠既辨。斯文遂隆。其後相傳。乃可詳悉。

梓材謹案。此爲邢氏爾雅疏自序。時蓋共相討論。爲之疏釋者八人。邢氏與杜鎬。舒雅。李維。孫奭。李慕清。王煥。崔偓佺。劉士立也。經義考引程篁墩之説。以爲此序在舒館直集中。題曰代邢昺作。則固先生之文也。

泰山門人

補 直講石徂徠先生介

梓材謹案。先生以慶曆五年七月卒。歐陽子誌其墓。

徂徠語要

學者學爲仁義。惟忠能忘其身。篤于自信。乃可以力行也。以是行于己。亦以是行于人。天下不可一日無君臣。不可一日無父子。不可一日無夫婦。不可一日無朋友。不可一日無長

㈠「遹」當爲「道」。

幼。萬世可以常。一日不可廢者。孔子之道也。

士之積道德富仁義于厥身。蓋假于權位以布諸行事。利于天下也。豈有屑屑然謀于衣食者歟。

徂徠春秋説

歸生不從。則子公不弒。靈公不死。凡鄭之亂。歸生爲之也。宣四年夏六月乙酉。鄭公子歸生弒其君夷。

楚自蕭魚之會。師不出者已七年。今鄭子孔欲去諸大夫而專政。召之來也。故明年鄭討子孔。襄十八年。楚公子午帥師伐鄭。以三年奔齊。六年納之弗克。受燕賂也。至此又六年矣。再納之。不曰于燕。未能得燕也。然則燕伯十年于外。不知其所終也。昭十二年春。齊高偃帥師納北燕伯于陽。

徂徠文集

奮爲宏休。摛爲英聲。昭爲烈光。暐暐煜煜。如日之華。鏗鏗訇訇。如雷之行。暢于無窮。揚于無上。江浸海流。天高地厚。不有窮盡。若我太祖。一駕而下潞。再矢而定揚。三揖而納荆潭。四指而收蜀廣。五征而平江南。太宗南致淮海數十州之地。北縛并原四十五年之寇。眞宗暫臨澶淵。匈奴喪威墮膽。迨今四十年不敢箠馬而南。今皇帝明道之初。獨臨軒墀。神謀睿斷。如雷之動。六合莫不震焉。發號施令。如風之行。萬民莫不見焉。登任哲文。翦鋤姦惡。天清地明。日燭月霽。乃作爲宋頌九篇。　皇祖。太祖殺李筠。滅李重進也。　聖神。出師援長沙。且假道荆渚。取荆潭也。　湯湯。取孟昶也。　莫醜。取廣州也。　金陵。取李煜也。　聖文。吴越歸也。　六合雷聲。太宗取劉繼元也。　聖武。戎犯澶淵。眞宗親臨六師也。　明道。今皇帝獨臨軒墀。聖政赫然日新也。宋頌九首序略。

古者一雲氣之祥。一草木之異。一蹄角之怪。一羽毛之瑞。當時羣臣。猶且濃墨大字。金頭鈿軸。以稱述頌美時君功德。以爲無前之休。丕大之績。如仲淹弼。實爲不世出之賢。求之于古。堯則夔龍。舜則稷契。周則閎散。漢則蕭曹。唐則房魏。陛下有之。諸臣亦皆今天下之人望。爲宰相諫官者。陛下盡用之。此比雲氣草木。蹄角羽毛之異。萬萬不侔。豈可黼無歌詩雅頌。以播吾君之休聲烈光。神功聖德。刻于琬琰。流于金石。告于天地。奏于宗廟。存于千萬年而無窮盡哉。慶曆聖德頌序略。

夫人君見一日蝕。一星縮。一風雨不調順。一草木不生殖。則能知其爲天地之怪也。乃避寢。減膳。徹樂。恐懼責己。修德以禳除焉。彼其滅君臣之道。絶父子之親。棄道德。悖禮樂。裂五常。遷四民之常居。毁中國之衣冠。去祖宗而祀夷狄。汗漫不經之教行。妖誕幻惑之説滿。則反不知其爲怪。既不能禳除之。又崇奉焉。時人見一狐媚。一鵲噪。一梟鳴。一雉入。則能知其爲物之怪也。乃啓呪祈祭以厭勝焉。彼其孫其子其父其母。忘而祖宗。去而父母。離而常業。裂而常服。習夷教。祀夷鬼。則反不知其怪。既不能厭勝之。又尊異焉。愈可怪也。甚矣。中國之多怪也。人不爲怪者。幾少矣。噫。一日蝕。一星縮。則天爲之不明。一山崩。一水竭。則地爲之不寧。釋老之爲怪也。千有餘年矣。中國蠹壞亦千有餘年矣。不知更千餘年。釋老之爲怪也如何。中國之蠹壞也如何。堯舜湯文武周公孔子不生。吁。

周公孔子孟軻揚雄文中子。吏部之道。堯舜禹湯文武之道也。三才九疇。五常之道也。反厥常。則爲怪矣。夫書則有堯舜典。臯陶益稷謨。禹貢。箕子之洪範。詩則有大小雅。周頌。商頌。春秋則有聖人之經。易則有文王之繇。周公之爻。夫子之十翼。今楊億窮妍極態。綴風月。弄花草。淫巧侈麗。浮華纂組。刓鎪聖人之經。破碎聖人之言。離析聖人之意。蠹傷聖人之道。使天下不爲書之典謨禹貢洪範。詩之頌雅。春秋之經。易之繇爻十翼。而爲楊億之窮妍極態。綴風月。弄花草。淫巧侈麗。浮華纂組。其爲怪大矣。是人欲去其怪而就于無怪。今天下反謂之怪而怪之。嗚呼。以上怪說。

附録

先生氣節勁正。嘗謂時無不可爲。不在其位。則行其言。言見用。利天下。不必出諸己。言不用。獲禍至死而不悔。

歐余王蔡爲諫官。時謂之四諫。四人力引石守道。執政欲從之。范文正公爲參政。獨曰。介剛正天下所聞。然亦好異。使爲諫官。必以難行之事責人君以必行。少拂其意。則牽裾折檻。叩頭流血。無所不爲。主上富春秋。無失德。朝廷政事。亦自脩舉。安用此諫官。諸公服其言而罷。筆録。

其上孫先生書曰。昔熙道常見誨。云其不得于中而就于中。去者常五六而合者僅一二。自知之甚熟。不能果去之也。近又得劉公。公之道。公之心。如熙道。公亦常以此相教。去者八九而合者或六七。先生直斥其不合。使去之。求合于中。其言深切著明。又過于劉公與熙道也。今自視可盡去。而合者幾八九。介所謂擇乎中庸。得一善。拳拳服膺者也。

梓材謹案。書中有云曹二。任三。曹二當即曹起。任三不知其名。又案。劉公當是劉子望。徂徠集中有上劉工部書。子望僅官主簿。蓋工部别一人。又上趙先生書。亦不知其名。又與士熙道書云。熙道于我。不啻于天也。我德熙道。其如何也。劉公亦嘗教我。明復亦激切戒我。與是書同。

王廣陵讀先生原亂曰。宋有天下行百年。名儒六七作。然猶逗滯淺近。未經絶古。雖閒得聖人之遺言。苟置于大有爲。則未免泥與匱。以是使人不多喜其書。及得石公操所留文。若原亂明禁等篇。是亦欲有爲者也。有欲救之言。無可救之道。吾則爲斯。且不謂公操爾。惜夫不之用也已。

晁景迂與三泉李奉議書曰。公稱徂徠山石守道。誠乃歐陽公自謂畏友。然天下之士不以歐陽公畏石守道也。若論齊魯閒學士。則徂徠山石守道自執弟子之禮于泰山孫明復。今捨泰山先生而論徂徠先生。恐亦未思也。公謂文章有純粹駁雜不論。若歐陽公者。若徂徠先生者。皆尊儒術。本王道。尚仁義。得非公所謂純粹者乎。彼有談儒術而雜釋老以爲高。祖申韓以爲大者。是必公之所謂駁雜者歟。

又題古周易後曰。劉牧云。小象獨乾不係于爻辭。尊君也。石守道亦曰。孔子作彖象于六爻之前。小象係逐爻之下。惟乾悉屬之于後者。讓也。嗚呼。他人尚何責哉。

陳直卿曰。景迂言守道云云。今觀此解義。言王弼注易。欲人易見。使相附近。他卦皆然。惟乾卦不同者。欲存舊本而已。更無他説。不知景迂何以云爾也。按宋咸補注首章。頗有此意。晁殆誤記耳。

劉子卿曰。石守道師孫明復。世謂之東學。

朱子語類曰。春秋。胡安定。孫泰山。石徂徠。説雖有疏略。推明治道。直凜凜可畏。

魏鶴山記徂徠祠堂曰。昔歐公考先生之文。嘗爲詩曰。後世苟不公。至今無聖賢。又曰。我欲犯衆怒。爲子記此冤。嗚呼。既曰後世必有公者。而尚何冤之足慮。

王深寧困學紀聞曰。弱而不可輕者。民也。古先哲王曰敬民。曰畏民。石守道謂。湯以七十里亡夏。文王以百里亡商。陳勝以匹夫亡秦。民可不畏乎。故曰民爲貴。

黄東發曰。先生奇士也。折節師事泰山孫先生。拜起必扶侍。嘗躬耕徂徠山下。葬不葬者七十。高風篤行。有益世教爲多。惟其志存憂國。作爲文章。極陳古今。指切當世。自謂吾言不用。

雖獲禍死不悔。致夏竦輩深恨之。幾不免身後剖棺之禍。悲夫。此孔子所以拳拳于中行之士也。張安道直指先生爲姦邪。過矣。

雲濠謹案。王阮亭居易録云。石守道作怪論三篇。毀楊文公。予嘗駁之矣。又讀其救説一首。最悖于理。如云。漢祚微。王莽簒。道大壞。揚雄存之。五代之亂。馮瀛王存之數語。蠱世道人心不淺。而篇終又云。天下國家有難患。以死殉之。忠臣之節云云。又何自相矛盾之甚。守道持論率僻謬如此。此論與謝山書徂徠集後可參觀。阮亭又述元遺山續夷堅志云。石守道墓在奉符。大和中。墓崩。諸孫具棺葬骸骨。獨其心如合兩手。已化爲石。

補忠烈文先生彦博

梓材謹案。新昌縣志以先生爲其邑石待旦門人。是先生不獨在孫氏之門矣。

潞公語要

國重六經。禮樂詩書備矣。删詩書。正義始典墳之素。定禮樂。明述作同和之制。贊易象。洞窮理盡性之旨。脩春秋。深屬辭比事之傳。故曰。夫子之文章可得而聞。

潞公遺文

臣讀漢史晁錯之策云。五帝神聖。其臣不能及。故自親事。臣謂錯之言乖謬頗甚。若後之人君謂錯言爲是。乃以一身一心。兩耳兩目。獨任自用。以周天下之萬務。豈不殆哉。又將使厥后自聖無復察邇言好問之裕。晁錯論。

雲濠謹案。先生有進尚書解表云。采其切于資益聖治。宜于重複温故者。凡十篇。經義考謂其解附載集中。

附録

文潞公自兖州通判代歸。吕文靖一見奇之。問潞公曰。有兖州墨攜以來。明日潞公進墨。文靖熟視久之。蓋欲相潞公手也。遂薦爲殿中侍御史。

元祐間。契丹使耶律永昌劉霄來聘。蘇軾館客。與使人覲。望見潞公于殿門外。卻立改容曰。此潞公也耶。問其年。曰何壯也。軾曰。使者見其容。未聞其語。其綜理庶務。雖精練少年有不如。其貫穿古今。雖專門名家有不逮。使者拱手曰。天下異人也。

高宗時。高麗尚書金富轍奏邊事曰。杜牧言時事云。上策莫如自治。宋神宗與文彥博議邊事。彥博曰。須先自治。不可略近圖遠。今我三韓之地。豈惟七十里而已哉。然而不免畏人者。其咎在乎不先自治而已。居易録。

黄東發曰。文潞公凡處小事大事皆不動聲色。隨事密制于無形者也。故能爲四朝元老將相五十餘年。

補運判劉長民先生牧

梓材謹案。先生學春秋于泰山。與徂徠爲友。蓋在爲兖州觀察推官時。見王荆公所作墓誌。

雲濠謹案。四庫全書著録先生易數鉤隱圖三卷。附遺論九事一卷。提要云。牧之學出于种放。放出于陳摶。其源流與邵子之出于穆李者同。而以九爲河圖。十爲洛書。則與邵異。其學盛行于仁宗時。黄黎獻作略例隱訣。吴祕作通神。程大昌作易原。皆發明牧説。而葉昌齡則作圖義以駁之。宋咸則作王劉易辨以攻之。李覯復有刪定易圖論。至蔡元定則以爲與孔安國劉歆所傳不合。而以十爲河圖。九爲洛書。朱子從之。著易學啓蒙。自是以後。若胡一桂。董楷。吴澄之書。皆宗朱。蔡牧之圖幾于不傳。又言其遺論九事。一爲太皥受龍馬負圖。二爲六十四卦推盪訣。三爲大衍之數五十。四爲八卦變六十四卦。五爲辨陰陽卦。六爲復見天地之心。七爲卦終九事。八爲奇偶揲法。九爲陰陽律吕圖。以先儒之所未及。故曰遺論云。

附録

范文正送劉推官之兖州曰。相國鎮東魯。開閤多英豪。羨子賦從軍。壯思如波濤。當有非常遇。所得連六鼇。故人孫復之。卧雲生二毛。或作梁甫吟。秋風共呼號。翩翩草檄外。可與相游遨。益以夫子心。萬物都一毫。此行名與節。須似泰山高。

或問。劉牧言。上經言形器以上事。下經言形器以下事。曰。非也。上經言雲雷屯。雲雷豈無形耶。曰。牧又謂上經是天地生萬物。下經是男女生萬物。曰。天地中只是一箇生人之生。于男女即是天地之生。安得爲異。曰。牧又謂乾坤與坎離男女同生。曰。非也。譬如父母生男女。豈男女與父母同生。既有乾坤。方三索而得六子。若曰乾坤生時六子生理同有。則有此理。謂乾坤坎離同生。豈有此事。既是同生。則何言六子耶。

問。劉牧以坎離得正性。艮巽得偏性。如何。曰。非也。他據方位如此説。如居中位。便言得中氣。其餘豈不得中氣也。或曰。五行是一氣。曰。人以爲一物。某道是五物。既謂之五行。豈不是五物也。五物備然後能生。且如五常。誰不知是一箇道。既謂之五常。安得混而爲一也。問。劉牧以下經四卦相交如何。曰。怎生地交。若論相交。豈特四卦。如屯蒙師比皆是相交。一顛一倒。卦之序皆有義理。有相反者。有相生者。爻變則義變也。下來卻似義起。然亦是以爻也。爻變則義變。劉牧言兩卦相比。上經二陰二陽相交。下經四陽四陰相交。是否。曰。八卦已相交了。及重卦。只取二象相交爲義。豈又于卦畫相交也。易須是默識心通。只如此窮文義。徒費力。自或問至此。皆程氏遺書。

雷思齊曰。自圖南五傳而至劉長民。增至五十五圖。名以鉤隱。師友自相推許。更爲唱述。各于易閒有注釋。曰卦德論。曰室中語。曰記師説。曰指歸。曰精微。曰通神。亦總謂周易新注。每欲自神其事及跡。而究之未見其眞能有所神奇也。

補 縣令姜至之先生潛

雲濠謹案。宋史本傳載。先生嘗爲明州録事參軍。以母思鄉。求致仕。又云。卒年六十六。

附録

晁景迂儒言曰。姜至之先生謂。商周之所稱先王者。近自其祖宗。而遠及異代之君也。如舍祖宗而必在昔之法則亦悖矣。

梓材謹案。景迂洪範小傳跋謂。至其次用。多本諸泰山姜至之先生。論五行則張廷評嘗發之云。是晁氏洪範之學。實本先生也。

補 龍學祖先生無擇

梓材謹案。先生哭鄆州孔給事詩有云。師門一慟盈襟淚。痛爲明時惜正人。似先生嘗及孔氏之門。然其祭給事文。未稱門人。又案。其未第時爲蔡州新建學記。述尚書禮部郎中集賢校理太原王公質遷學事云。無擇辱在學徒。乃率其衆拜公之賜云云。則先生可列王氏門人矣。又案。石徂徠與先生書。述泰山之窮以告之。又送之以序云。明復無以謝擇之。發聖人之蘊。明王道之極。擇之拜而受之。又爲泰山書院記。以先生爲游從之貴者。與王沂公。蔡貳卿。李泰州。孔中丞。李丞相。范經略。滕子京。張安道。士熙道等。是先生自居及門。而徂徠猶異視之也。

附録

公年六十。值安石專政。司馬君實堅辭求出。公慨然乞分司提舉西京御史臺。與文潞公富韓公司馬温公數君子爲眞率會。洛中謂之九老。

補 正字朱樂圃先生長文

梓材謹案。先生從子佺。知筠州。進春秋通志表。稱先生棲遲樂圃。閉門著書者垂三十年。特起泮宮。鼓篋授學者逾數百輩。又云。遠殊董仲舒劉向歆所治之偏。近取孫明復程頤顥立言之要。是先生學問源委。具見于斯矣。

雲濠謹案。姑蘇志云。其先剡人。祖億。由開封來蘇州。先生從泰山授經于太學。無所不知。尤邃于春秋。元祐中。起爲本州教授。州有兩教授。以先生故也。同舉者徐積陳烈。時號三先生。其教人先經術而後詞章。授學者春秋洪範中庸。無慮數百。卒年六十。米芾爲表其墓。

附録

築室樂圃坊。著書閲古。吴人化其賢。長吏至慕名先造。請謀政所急。士大夫過者。以不到樂圃爲恥。

著琴史而序其略曰。方朝廷成太平之功。制禮作樂。比隆商周。則是書也。豈虚文哉。蓋立志如此。

先生自序春秋通志曰。慶曆中。仁宗皇帝鋭意圖治。以庠序爲教化之本。于是興崇太學。首善天下。乃起石守道于徂徠。召孫明復于泰山之陽。皆主講席。明復以春秋。守道以易學。士大夫翕然向風。先經術而後華藻。既而守道捐館。明復坐事去國。至和中。復與胡翼之並爲國子監直講。翼之講易。更直一日。長文年在志學。好治三禮。略究得失。日造二先生講下。授兩經大義。于春秋尤勤。未就。明復以病居家。雖不得卒業。而緒餘精義。不敢忘廢。頗欲著書以輔翼其説。而以嬰疾未遑也。熙寧中。王荆公秉政。以詩書易禮取天下士。置春秋不用。蓋病三家之説紛糾而難辨也。由是學者皆不復治此經。獨余于憂患顛沛之閒。猶志于是。會元祐初。詔復立于學官。而余被命掌教吴門。于是首講大經。以授學者。兼取三家而折衷其是。旁考啖趙陸淳諸家之義。而推演明復之言。頗繫之以自得之説。不二歲。講終獲麟。紹聖初。被召爲太學博士。

復講此經。乃裒所録次爲二十卷。名之曰通志。使學者由之可以見聖人之道。如破荆榛而瞻門庭。披雲霧而覩日月也。

程伊川答先生書曰。中前奉書。以足下心虚氣損。奉勸勿多作詩文。而見答之辭乃曰。爲學士能探古先之陳迹。綜羣言之是非。欲其心通而默識之。固未能也。又曰。使後人見之。猶庶幾曰不忘乎善也。苟不如是。誠懼没而無聞焉。此爲學之末。宜兄之見責也。使吾日聞夫子之道而忘乎此。豈不善哉。此疑未得爲至當之言也。向之云云。無多爲文與詩者。非止爲傷心氣也。直以不當輕作爾。苟足下所作。皆合于道。足以輔翼聖人。爲教于後。乃聖賢事業。何得爲學之末乎。夫子疾没世而名不稱焉者。疾没身無善可稱云爾。非謂疾無名焉。名者可以厲中人。君子所存。非所汲汲。夫心通乎道。然後能辨明是非。如持權衡以較輕重。孟子所謂知言是也。揆之以道。則是非了然。不待精思而後見也。學者當以道爲本。心不通乎道。而較古人之是非。猶不持權衡而酌輕重。竭其日力。勞其心智。雖使時中。亦古人所謂億則屢中。君子不貴也。

龔東原先生鼎臣

龔鼎臣字輔之。鄆州須城人。景祐初進士。爲泰寧軍節度。掌書記。石徂徠死。讒者謂其北走遼。詔兖州劾狀。先生願以闔門證其死。尋知諫院。歲旱。則請罷宴以答天戒。日食。則請進賢遠奸以應皇極。尋以事忤王荆公。出知兖州。再知青州。後以正議大夫致仕。姓譜。

梓材謹案。劉忠肅誌先生墓云。始在萊蕪。大臣薦試館職。以善石徂徠。不召。又言。其道學文義。内外絶美。事上應物。一以不欺。及退居里舍。著書講誦。澹然自樂。門生弟子造請質問。從容相對。日以爲常。又云。好學出于天性。至老學益深。行益粹。可謂一德有始卒者。著有東原集五十卷。諫草三卷。周易補註三卷。中説註十卷。編年官制圖一卷。其銘有曰。魯兩先生。徂徠。泰山門人。達者。公得其傳。

雲濠謹案。劉荀明本釋言。孫明復。石介。祖無擇。姜潛。龔鼎臣。張洞。劉牧。李緼。皆其門人也。先忠肅公實師事龔姜云。

東原文集

夫五經道之源也。人非專力探究。雖百歲亦無至焉。今之士人。以世所謂明經者。第習讀其言。應貢舉。比及得爵禄政事。卒不諭經義。故以傳誦爲己羞。喜近功。輕遠度。率常抉剔其詞。引爲章句。自謂通經。及語以道德仁義。皆若聾之于聲。瞽之于色。其不能聞且見者如是。予嘗病焉。羣居治五經序。

東原録

鄭公嘗言。人勸弼不次進用賢士大夫。及朝臣進用偶未及己。則復出議論。余對以人往往以一身觀朝廷。不能以天下休戚觀朝廷。鄭公以爲知言。

物有善蟄藏者。是保其身也。人若能蟄藏志意。待時而動。是保其神也。保身則氣全。保神則形全。形與神不相離也。

附録

劉學易序東原集曰。昔我先人。蚤以諸生從鄉先生龔公學問。數道公剛毅誠慤。行安而節和。其爲文章。似其爲人。蓋上世居萊蕪。徙淄川。又徙東平。皆在齊魯儒學之地。自孫宣公。賈存道先生。泰山孫。徂徠石二先生。兵部王公。吴文肅公。李天章公十數人。皆以經學治行大顯于時。而公繼之。磊落相望。立乎大中之塗。世所謂醇儒樸學。誠在齊魯爲多。則分野之論。于是焉信。

趙先生狩詳見石氏門人。

文先生彦若

文彦若。介休人。父异。倅南京。與兄彦博並師孫明復。王氏聞見近録。

梓材謹案。宋史潞公本傳言。其父洎。爲轉運使而卒。此作异。未知孰是。

張先生堯封

張堯封。河南永安人。孝謹好學。舉進士。爲石州推官。卒。次女即溫成皇后也。累贈至中書令。清河郡王。謚曰景思。宋史。

附録

王氏聞見近録曰。張堯封少從孫明復學于南京。其子去華與貴妃常執事左右。及貴妃數遣使致問明復。明復閉門拒之終身。

梓材謹案。是書又云。堯封俊邁。從學孫明復。至其舍執事。皆堯封妻女。如事親焉。又言。明復薦堯封于文氏。張文之好。始于此。蓋先生嘗爲客于潞公之門矣。

張先生鼎附子仲原。

張鼎字正之。須城人。泰山家居傳經。聲聞山東。仁宗召居太學。而先生往執弟子禮。因盡得與其門人高弟游。受泰山春秋尊王説。舉進士。不中第。遂不復措意。爲人寬厚坦夷。喜讀書。樂善而好施。卒年六十有八。子仲原。嘗以進士舉禮部。講肄有聞。工爲詩。温柔樂義。如其先人。雞肋集。

馬先生隨附子希孟。

馬隨字持正。鄆城人。蚤以學行稱。受春秋于孫明復。受易于石守道。尤長詩賦。聞于山東。皇祐中。春官第。其文選首。以一字觸禁罷。後不復從舉。而以其學教授鄉里。用季父任爲定海主簿。以政事稱。再調合肥主簿。徙貴溪縣丞。罷官。卒年五十有三。先生少孤。教諸弟力學。

後皆有立。子希孟。太學博士。貫穿禮經。有師説。亦贍于辭。神宗欲用爲御史。未及而卒。雞肋集。

刺史趙先生世昌

趙世昌字保之。吴懿王德昭曾孫。補右班殿直。累進右屯衛大將軍。加達州刺史。卒。贈洋州觀察史。洋川侯。風度秀整。雖平居不妄笑言。尤敏悟好學。方爲兒童時。日誦書數百言。既而反復無所遺。及長。博通五經。嘗學春秋于孫復。又學易于王獵。積十餘年。益究聖人之淵源。或有以治春秋易數家之書進。以廣其學。則曰。衆子譊譊。徒使後學者見惑爾。皆不足取。由是知其學春秋易爲深。頗工于歌詩。慕唐李長吉之格。王華陽集。

縣令宋先生宏見下徂徠門人。

徂徠講友

孫先生甫

孫甫字之翰。陽翟人也。初舉進士。天聖五年。得同學究出身。爲汝陽主簿。八年再舉進士及第。爲華州觀察推官。杜祁公招致之。一見大喜。先生從容爲陳當世之務。所以緩急先後。施設之宜。又多薦士之賢而在下者。祁公自以爲得益友。後薦于朝。得祕閣校理。歷知鄧州。安州。江南。兩浙轉運使。遷兵部員外郎。改直史館。知陜府。又徙晉州。河東轉運使。其在兩浙。范文正守杭州。以大臣或便宜行事。先生曰。范公貴臣也。吾屈于此。則不得伸于彼矣。由是一切繩以法。而常以監司自處。自河東召爲度支副使。勤其職。不以爲勞。遷刑部郎中。天章閣待制。侍讀。先生博學强記。尤喜言唐事。能詳其君臣行事本末。以推見當時治亂。每爲人説。如其身履其閒。而聽者曉然如目。故學者以爲終歲讀史。不如一日聞其論也。所著唐史記七十五卷。書未及成。以嘉祐二年卒。詔取其書藏祕府。贈右諫議大夫。又有文集七卷。歐陽文忠集。

附録

曾南豐狀其行曰。公博學强記。其氣温。其貌如不能自持。及與人言。反復經史。上下千有餘年。貫穿通洽。不可窺其際。而近睎其家。初未嘗蓄書。蓋既讀之。終身多不忘也。

又南豐雜識曰。慶曆中。上用杜衍。范仲淹。富弼。韓琦任政事。而以歐陽脩。蔡襄及甫等爲諫官。欲更張庶事。致太平之功。仲淹亦皆戮力自效。欲報人主之知。然好同惡異。不能曠然無適莫。甫嘗家居。石介過之。問介適何許來。介言方過富公。問富公何爲。介曰。宣公言滕宗諒守慶州。用公使錢坐法。杜公則欲致宗諒重法。不然。則衍不能在此。范公則欲薄其罪。曰。不然。則仲淹請去。富公欲抵宗諒重法。則懼違范公。欲薄其罪。則懼違杜公。患是不知所決。甫曰。守道以爲如何。介曰。介亦竊患之。甫歎曰。法者人主之操柄。今富公患重罪宗諒則違范公。薄其罪則違杜公。是不知有法而未嘗意在人主也。守道平生好議論。自謂正直。亦安得此言乎。

通判張先生唐卿別見高平學案補遺。

潞公講友

康節張先生昪

張昪字杲卿。韓城人。舉進士。爲楚邱主簿。南京留守。王沂公曾稱其有公輔器。累知鄧州。再以母辭。或指爲避事。范文正公言于朝曰。張昪豈避事者。乃許歸養。歷遷參知政事。樞密使。請老。遂以新信軍節度使。同中書門下平章事。判許州。改鎮河陽三城。拜太子太師。致仕。卒年八十六。贈司徒兼侍中。謚康節。宋史。

高敏之若訥

高若訥字敏之。本并州榆次人。徙家衛州。進士及第。補彰德軍節度推官。累遷起居舍人。知諫院。時范仲淹坐言事奪職。知睦州。余靖尹洙論救。相繼貶斥。歐陽脩乃移書責敏之。敏之忿。以其書奏。貶脩夷陵令。未幾加直史館。後以工部侍郎參知政事爲樞密使。皇祐五年。罷爲觀文殿學士兼翰林侍讀學士。尚書左丞。同羣牧制置使。判尚書都省。止命舍人草詞。卒。贈右僕射。謚文莊。敏之彊學善記。自秦漢以來諸傳記無不該通。尤喜申韓管子之書。頗明曆學。因母病遂兼通醫書。雖國醫皆屈伏。張仲景傷寒論訣。孫思邈方書及外臺祕要久不傳。悉考校訛謬行之。世始知有是書。名醫皆出衛州。皆本高氏學焉。皇祐中。詔累黍定尺以制鍾律。爭論連年不決。敏之以漢貨泉度一寸。依隋書定尺十五種上之。并損益祠祭服器。悉施用。有集二十卷。宋史。

劉氏先緒

劉先生格父温。附子允恭。

劉格。東光人。父温。潛德鄉閭。號稱處士。先生力儒自奮。治左氏春秋。兼通公羊穀梁二傳。景德初。以功補三班。奉職試書。判入等。改吏銓選。終滄州觀察推官。生三子。長曰允恭。治毛詩。蘇魏公集。

劉先生居正附弟居業。

劉居正字安行。推官格次子。與季居業並承家學。舉進士。先生中天聖二年丙科。歷館陶陽信二主簿。遷漢州軍事推官。用薦者改祕書省著作佐郎。知博興縣。官祕書丞。卒。僕射摯。其子也。先生性莊重寡言。訓子極嚴。或勉以一子。盍少縱之耶。答曰。正以一子。故不可不爾耳。蘇魏公集。

趙氏學侶

屯衛趙先生世崇附師楊中和。

趙世崇字德卿。吴懿王之曾孫。宣城侯從謹之長子也。累遷右屯衛大將軍。卒贈洺州防禦使。廣平侯。少聰悟多知。逮成人。卓犖有奇節。頗涉經史百家之學。嘗詰宫僚孫復。按襄公十二年魯有周廟。然諸侯不敢祖天子。大夫不敢祖諸侯。魯安得祖文王乎。左邱明親接聖人之跡。而禮記夫子所脩。顧有異指耶。復雅有經術。退而深奇其言。宣城知其喜學。日延侍講楊中和講受其師説。由是通左氏春秋最爲深。王華陽集。

泰山私淑

余先生安行

余安行字仲勉。德興人。官至大中大夫。雲濠案。一作弋陽人。官至朝議大夫。所居有巖如月。號石月先生。所著春秋新傳。元符中上之。詔藏祕閣。江西通志。

梓材謹案。宋志載春秋新傳十二卷。晁子止謂其采三傳及孫復四家書。參以己意爲之。

薛先生大觀

薛大觀。黄山人。得平陽孫復春秋之學。宋文憲集。

附傳

陸先生秉

陸秉字端夫。舊名東。□□人。嘗通判蜀州。著有意學十卷。首篇論易之名。頗采參同契之說。寶元二年。以其書奏御。敕書嘉獎。郡齋讀書志。

梁先生遘

梁遘。

賈氏門人

主簿劉先生顔詳見士劉諸儒學案。

李先生冠

李冠。歷城人。與劉仲方潛同時。以文學稱。京東舉進士不第。得同三禮出身。調乾寧主簿。卒。有東臯集三十卷。宋史。

梓材謹案。先生字元伯。宋史儒林賈同傳云。劉顔。李冠。王無忌及其門人謚同曰存道先生。似劉李三子皆存道講友。惟澠水燕談録以爲賈公疏門人。公疏卒後。及同門劉顔子望相與謚曰存道先生。

賈李同調

王先生樵

王樵字肩望。淄川人。居縣北梓桐山。博通羣書。不治章句。尤喜老㊀易。與賈同李冠齊名。學者多從之。咸平中。契丹遊騎□㊁河。舉家被掠。先生卽棄妻。挺身入契丹。訪父母。累年不獲。還東山。刻木招魂以葬。立祠畫像。事之如生。服喪六年。哀動行路。又爲屬之尊者。次第成服。北望歎曰。身世如此。自比于人可乎。遂與俗絶。自稱贅世翁。唯以論兵擊劍爲事。一驢負裝。徒步千里。晚年屢遊塞下。畫策于何承矩耿望。求滅遼復讐。不用。乃于城東南隅累磚自環。謂之繭室。銘其門曰。天生王樵。薄命寡智。材不濟時。道號贅世。生而爲室。以備不虞。死則藏形。不虞乃備。病革入室。自掩户卒。宋史。

蔡氏門人

知州寇先生平

寇平字均輔。膠水人。少孤。依外家以逮于成人。參政蔡文忠公。其舅也。視如己子。而其

㊀「老」當爲「考」。

㊁「□」當作「度」。

外祖母楚國。尤愛憐之。以文忠恩爲試將作監主簿。除沂水縣主簿。未幾棄官歸。爲學舉進士。景祐元年及第。除試祕書省校書郎。遷著作佐郎。通判宿州。丁母憂。時文忠已捐館舍。楚國春秋高。先生奉養朝夕。惟恐不至。服除。以祕書丞通判徐州。累遷工部郎中。知徐州潞州。加太常少卿。又徙滑州鄭州以卒。年六十二。先生爲人樂易而不爲激訐之行。尤篤于朋舊。其貧不能婚葬者婚葬之。其政大抵先學校以勸勵風俗。簡于簿書期會。而几案無留事。故其去。人必見思。慶曆中。嘗上政本書五十篇。治平初。又上陳宜書三十篇。又自述平生感遇事。作考祥集。采其所聞見。有足以自警者。作警異志。王華陽集。

陳氏家學

陳先生師韓

陳先生師雄合傳。

陳先生師成合傳。

陳師韓。侍御洙長子。郊社齋郎。與弟師雄師成。皆幼而好學。陳古靈文集。

陳氏門人

朱先生定

朱定。不知何所人。著有春秋索隱五卷。程積齋云。授于師道先生。經義考。

王氏私淑

文忠富先生弼詳見高平學案。

楊氏家學

判官楊先生作

博士楊先生伋合傳。

楊作字次文。無爲人。次公叔弟。與其仲兄伋次思能羽翼所學。從次公游宦。爲一時知名士所欽嚮。晚登舒王門。益信其所傳爲不昧。舉經明行脩。起家調吉州廬陵主簿。再調池州司理參軍。辟西安州天都定戎寨主簿。管勾安撫司機宜文字。積階至文林郎。攝開封府考城令。調和州防禦判官。加承直郎。卒年六十五。自號白雲子。有錦溪集二十卷。姑溪文集。

附録

郭青山挽楊次思博士曰。有志呑戎虜。成書達帝庭。長江傾學術。短炬速年齡。玉樹埋蒿壤。泉臺掩夜扃。功勳何可問。不得上丹青。

楊氏門人

蘇先生頌

蘇頌字子容。晉江人。翰林學士紳之子。徙居丹陽。舉進士。累官右僕射兼中書門下侍郎。以太子少師致仕。卒。贈司空。先生器局宏遠。于書無所不通。爲相務在奉行故事。使百官遵職。杜絶僥倖之源。深戒疆場之臣要功生事。晚年巋然獨立。爲時雅德君子云。姓譜。

魏公文集

或謂言不若功。功不若德。是不然也。夫見于行事之謂德。推以及物之謂功。二者立矣。非言無以述之。無言則後世不可見。而君子之道幾乎熄矣。是以紀事述志。必資于言。較于事。爲其貫一也。小畜外集序。

惟蘇世㊀。宦學以儒。何以遺後。其在此書。書帙銘。

非學何立。非書何習。終以不倦。聖賢可及。誡。

名教有餘樂。異端戒多紊。家訓。

附録

博學。于書無所不讀。圖緯陰陽五行星曆。下至山經本草訓詁文字。靡不該貫。尤明典故。喜爲人言。亹亹不絶。士大夫有僻書疑事。多從公問質。朝廷有所著作。公必與焉。每燕見從容。多所諮訪。公必援經引古。參酌時宜以對。上未嘗不嘉歎焉。

朝廷欲以游酢爲某官。蘇右丞沮止。毀及伊川。宰相蘇子容曰。公未可如此。頌觀過其門者。無不肅也。

公嘗言。吾平生未嘗以私事干人。主奏對。惟義理之言。故歷事四朝。中閒雖謫。不愧于觀過。而神考以謂當久而自明也。

公云。人生在勤。勤則不匱。户樞不蠹。流水不腐。此其理也。以上談訓。

汪浮溪序魏公文集曰。宋興百餘年。文章之變屢矣。楊文公倡之于前。歐陽文忠公繼之于後。

㊀「蘇」下脱「氏」。

至元豐元祐間。斯文幾于古而無遺恨矣。蓋吾宋極盛之時也。于是丞相魏國蘇公出焉。以博學洽聞名重天下者五十餘年。卒用儒宗。位宰相。一時高文大册。悉出其手。故自熙寧以來。國家大號令。朝廷大議論。莫不于公文見之。然公事四帝。以名節始終。其見于文者。豈空言哉。論政之得失。則開陳反覆而極于忠。論民之利病。則援據該詳而本于恕。有所不言則已。既言于上矣。舉天下榮辱是非莫能移其所守。可謂大臣以道事君者也。

黄東發曰。公爲政平恕。論事謹審。輔相多奉行故事。使吏各守其職。粹然君子人也。以佐守成則有餘。大略與范忠宣諸賢相類。

謝子蘭跋魏公百韻詩後曰。右蘇魏公百韻詩。敍平生出處。行事之大節。謙言爲家訓也。然字字句句。皆足爲世模楷。豈特一家之訓而已哉。

饒淩雲先生子儀詳見本學案泰山門人。

魏公講友

光禄葛先生宏别見士劉諸儒學案補遺。

殿丞華先生直温

華先生直清合傳。

華直温字宣卿。晉陵人。性至勤。刻所閲書傳。皆手自鈔撮。以三千言爲準。雖甚寒暑。或課試燕私。則繼之以夜。未嘗廢其程。康定元年召試學士院。補試祕書省校書郎。充寧州軍事推官。不赴。旣而遷保平軍節度推官。鄭文肅范文正陳文公再舉賢良。試祕閣。報罷。調廣濟軍判官。徙池州軍事推官。滿歲考課。用定州。改太子洗馬。致仕。遷殿中丞。卒年七十三。蘇魏公誌其墓云。天聖末。我先君宰無錫。君與其從弟直清同以文章爲贄。先君一見大加賞異。留君門下。使予從其游。因得接硯席。習文史云。蘇魏公集。

吴氏家學

吴先生遵路

吴遵路字安道。潤州人。職方淑之子。大中祥符五年。登進士第。累擢至天章閣待制。龍圖閣直學士。卒年五十六。先生少穎悟。其舅陳彭年以令器許之。及長。博學。愼重寡言。尤篤于風儀。居母喪。廬墓側。蔬食終制。常採古今治亂事。著皇典數百卷。未訖而終。家無餘貲。友人范仲淹分俸賙之。隆平集。

附録

官殿中丞。爲祕閣校理。章獻太后稱制。政事得失。天下莫敢言。先生條奏十餘事。語皆切直。忤太后意。出知常州。進兵部郎中。權知開封府。馭吏嚴肅。屬縣無追逮。時宋庠鄭戩葉清臣。皆宰相吕夷簡所不悦。先生與三人雅相厚善。夷簡忌之。出知宣州。

吴先生瑛

吴瑛字德仁。蘄春人。龍圖學士遵路子。以任補太廟齋郎。歷知郴州至虞部員外郎。治平三年。官滿如京師。年四十六。卽上書請致仕。遂歸蘄。有田僅足自給。臨溪築室。種花釀酒。家事一付子弟。賓客至必飲。飲必醉。或困卧花閒。客去亦不問。有臧否人物者。不附一語。但促奴益行酒。人莫不愛其樂易。而敬其高。哲宗朝薦召爲吏部郎中。就知蘄州。皆不起。崇寧三年卒。年八十四。宋史。

郭氏私淑

文莊夏子喬竦別見高平學案補遺。

徂徠家學

石先生會

石先生合合傳。

石先生淳合傳。

石先生沆合傳。

石會。石合。徂徠之弟。淳。沆。姪也。徂徠寄會等詩有云。淳乎性源濁。今亦爲清波。沆初學誦詩。日記十板過。材雖有高下。異日俱甲科。會汝少俊異。美若玉山禾。看汝辭林中。枝條漸婆娑。合亦稍純茂。知不隨身矬。其流雖涓涓。可道爲江沱。視汝器磊磊。淳沆皆蚌螺。我有堇山錫。欲鑄子太阿。誠能來就學。穎利加銛磨。翹翹數子間。可與肩相摩。數子謂張豹。劉君平。盧淑。李常。高樞。趙澤也。徂徠文集。

石先生師愚

石先生師訥合傳。

石師愚。師訥。徂徠諸子也。徂徠勉之以詩云。不行一千里。安得爲良馬。不連十五城。安得稱善價。汝皆有血氣。非如木偶者。撮髮號男兒。肯甘在人下。汝不聞。圖王不成猶可霸。舜與吾俱人。學之則舜也。汝等但勉旃。前賢皆可亞。徂徠文集。

梓材謹案。是詩標題祇云。勉師愚等。據徂徠墓誌。知其子有名師訥者。又案。徂徠集又載。三子以食貧困于藜藿。爲詩以勉之云。

徂徠門人

補杜先生默

雲濠謹案。先生歷陽人。師石徂徠。徂徠作三豪詩贈之。三豪者。先生與石曼卿歐陽公也。

補高先生拱辰

梓材謹案。先生名樞。徂徠集送進士高樞拱辰詩云。高生吾之壻。乃肯從我爲。第其首云。韓門有李漢。柳氏得晦之。其道卒無患。二子爲藩籬。末云。李漢不足慕。晦之當並馳。非以李漢望之也。

屯田蔡先生天球

蔡天球字粹夫。世爲宋人。慶曆六年。進士及第。爲宿州觀察推官。丁父母喪。服除。監杭州樓店務。及知蒙州。不鄙其民。爲立學校。開以教化。人人嚮勸。拜尚書屯田員外郎。通判乾州。轉都官。卒年四十五。先生始學于徂徠。年雖少。已卓卓有聞。于吏治尤敏達云。劉忠肅集。

縣丞馬先生隨見上泰山門人。

崔先生晛

崔晛字承之。安平人。徙瑕邱。先生嘉祐二年進士。初調沂州司理參軍。再調陳州司法。咸以能稱。遷全椒令。以祕書省著作佐郎致仕。其令全椒。以其家居諄諄語其子弟者語其民。使知孝弟力田。相親睦。先生爲人敏達莊重。言行不欺其學。喜言經。所嚴事徂徠石介。善姜潛顔復。皆魯儒知名士。與相切磋論議。又自以其學教授子孫族人。年八十五乃卒。雞肋集。

縣令宋先生宏

宋宏字□□。襄邑人。少治儒術。學易于徂徠。授春秋于泰山。名重上庠。擢進士丙科。調衛眞縣主簿。上官薦其材。宜治劇邑。領西安縣令以卒。其所學自經史百家黄老言。至于星曆五行占課象數兵家權謀之書。皆貫穿浹洽。無所不通。蘇魏公集。

李先生堂

李堂字伯升。濮人。徂徠之徒也。及病歸。徂徠送之以詩曰。春風汶水温。曉日徂徠寒。之子銜病歸。請予開一言。予知去病術。爲子陳大端。予嘗學聖人。試將道比倫。道病非一日。善醫惟孔韓。賞罰絶于周。孔筆誅其姦。春秋十二經。王道復全完。佛老熾于唐。韓刀斷其根。原道千餘言。生民復眠餐。道病由有弊。邪僞容其閒。身病由有隙。風邪來相干。子欲治斯道。絶弊道乃存。子欲治子身。杜隙身乃安。此理近古醫。吾言有本原。徂徠集。

梓材謹案。徂徠有贈李常李堂詩。又有送李堂伯升病歸詩。又伯升病君逢遵道送歸詩。遵道疑卽常也。

張先生革

張革字從道。雷澤人。徂徠之徒也。嘗送其謁千乘田祕丞京。又寄之詩云。不知有凍死。一室心恬如。臘盡妻未褐。天寒子讀書。澆風與世薄。古道于時疏。事事皆同我。憶君春草初。徂徠集。

張先生續

李先生常合傳。

張續字禹功。李常字遵道。並濮人。從徂徠遊。徂徠送之以序云。禹功遵道。其居與予不相遠。耳目接于予固熟。則其宜知予之所爲。輒不憚直以身冒予之禍。來山中而助予。揚子雲稱軻之勇。若禹功遵道者。其勇者歟。又云。予少年三十七而髮半白。然心益壯而氣不衰。禹功少予十四歲。遵道少予十五歲。其文如進六軍而作鼓者。嚴猛齊厲。張皇奮施。可式可畏。當與子周旋焉。徂徠集。

張先生豹

劉先生君平合傳。

虞先生淑合傳。

趙先生澤合傳。

□先生彰合傳。

張豹。劉君平。虞淑。趙澤。□彰與李常。高樞。皆徂徠之徒也。徂徠寄弟會等詩云。吾門何所喜。子矜青青多。豹常志古道。佩服卿與軻。平淑號能賦。其氣與以和。樞從吾日久。道德能切磋。澤也齒最少。已有亭亭柯。彰頗通典籍。所立不幺麼。徂徠集。

梓材謹案。徂徠集有劉生病歸詩。劉生疑卽劉先生君平。又云。嗟哉劉生失所投。不往泰山徂徠依。則不獨從學徂徠也。

附錄

徂徠以愛日勉諸生曰。白日如奔驥。少年不足恃。汲汲身未立。忽焉老將至。子誠念及此。則晝何暇乎食。夜何暇乎寐。

張先生歸魯

張歸魯本道士。擲黄冠。頂章甫。請徂徠易其名。徂徠云。歸魯所以宗聖人之道也。徂徠集。

徂徠私淑

劉先生和仲別見涑水學案補遺。

文氏門人

林先生志寧別見明道學案補遺。

長民門人

補提刑吴先生祕

梓材謹案。嘉祐二年。先生爲司封員外郎。上所注太玄經及音義。降勑奬諭。見長編。司馬温公集注七家之一也。

長民所傳

常先生豫

常豫字伯起。爲太常博士。易源一卷。范陽盧涇序之云。易之數。世莫得傳。劉既窺其端。常乃善繼其緒。總斯大旨。著乎六篇。命曰易源。劉謂牧也。胡一桂説。

右丞皇甫先生泌附門人游中。

皇甫泌。治平以前人。官至尚書右丞。一云工部侍郎。有述聞二卷。隱該一卷。補解一卷。精微三卷。又有紀師説辨道通爲八卷。其學得之常山抱犢山人。而莆陽游中傳之。郡齋讀書志。參直齋書録解題。

梓材謹案。常山抱犢山人。謝山謂卽劉長民。當是。

附録

蔡忠惠過皇甫侍郎詩曰。丈人幾八十。歲晚益窮經。陰陽判九六。天地環丙丁。初若發泉穴。漸已證滄溟。所寶非世有。愿充天子庭。問我久京國。鬢髮餘星星。無乃矜才能。吐論生風霆。不爾負潔修。揚眉自娉婷。昏翳本來性。憔悴百歲形。子知大方家。眞精潛杳冥。萬化一相遇。起滅如秋螢。而于須臾閒。計較罍與瓶。膏消見遠照。木燼聞餘馨。惟公懇懇誨。敢怠拳拳聽。追思嚮踐歷。媿汗曾未停。決然趨所適。金刀貴發硎。去矣汴流駛。薰風送揚舲。

朱漢上曰。皇甫泌謂互體不可取。

姜氏門人

補 忠肅劉先生摯

忠肅文集

聖人自有中道。過之則偏。天下自有常理。背之則亂。請依程頤所乞奏。

古人治經無慕乎外。故其所自得者。內足以美己。而外足以爲政。今之治經。以應科舉。則與古異矣。論取士并乞復賢良科疏。

愼乃出令。言愼始也。令出。惟行弗惟反。言愼終也。聖人制法造令于堂奥之上。熟復兢愼若不得已者。故其出也。天下信之。以命則行。以禁則止。所謂信如四時。堅如金石。若始之不愼。既出而反之。則何以示信。出而勿反。則又將有受其弊者。由此言之。始既不愼。雖欲愼終。不可得矣。論政令奏。

先王制法。其意使人易避而難犯。故至簡至直而足以盡天下之理。後世制法。惟恐有罪者之或失也。故多張綱目。而民于是無所措其手足矣。臣竊以謂非事多而後法密也。殆法繁而後姦生也。乞修敕令疏。

君子小人之分。在義利而已。小人才非不足用。特心之所向不在于義。故希賞之志每在事先。奉公之心每在私後。陛下有勸農之意。今變而爲煩擾。陛下有均役之意。今倚而爲聚斂。其有愛君之心。憂國之言。皆無以容于其閒。今天下有喜于敢爲。有樂于無事。彼以此爲流俗。此以彼爲亂常。畏義者以進取爲可恥。嗜利者以守道爲無能。此風寖成。漢唐黨禍必起矣。惟君子爲能通天下之志。臣願陛下虚心平聽。審察好惡。前日意以爲是者。今更察其非。前日意以爲短者。今更用其長。稍抑虚議輕僞。志迫忘遠。幸于苟合之人。漸察忠厚愼重。難進易退。可與有爲之士。收過與不及之俗。使會于大中之道。則施設變化。惟陛下號令之而已。論用人疏。

五味不同而適于口者。味相足也。五聲不同而悦于耳者。聲相備也。議有異同。正宜反復曲折。相足相備。以趨至當。乞令蘇軾依舊詳定役法奏。

養之道不在乎物。惟盡誠以得其親。斯天下之深樂。雖富貴遂其欲。有不能以致之。而君子所自得也。乃推其心之所以然而歌之以詩。曰。孟軻有至樂。父母兄弟間。曾參稱能養。豈謂口體然。二者在君家。寓意名東軒。啜菽盡子道。綵服承慈顔。潑潑水中魚。采采江上蘭。誠至物則腆。君子得親歡。楊氏樂養軒記。

道可言而不盡可言也。故六經而下傳載不可盡。則古人固以待後世之自得也。壽州學記。

附録

劉大諫序先生文集曰。公自青社罷職。知黄州。又分司徙蘄州。語諸子曰。上用章丞相。吾勢當得罪。若章君顧國事。不遷怒百姓。但責吾曹。死無所恨。第恐意在報復。法令益峻。奈天下何。憂形于色。初無一言及遷謫也。

朱子學校貢舉私議曰。所以必罷詩賦者。空言本非所以教人。不足以得士。而詩賦又空言之甚者。其無益于設教取士。章章明矣。然熙寧罷之。而議者以爲是。非罷詩賦之不善。乃專主王氏經義之不善也。故元祐初。議有改革。而司馬温公吕申公皆不欲復。其欲復之者。唯劉摯爲最力。然不過以考校之難而爲言耳。是其識之卑而説之陋。豈足與議先王教學官人之本意哉。

黄東發曰。公自熙寧論新法。去國踰十六年。當元祐初。復任言責。知無不言。未幾大用。吕大防以減吏額事忌公。引楊畏論公交通邢恕及章子厚。公遂罷相。謫死新州。然公實首論蔡確章子厚。而邢恕又以文及甫私書示蔡。謂感其稱父。蔡確寃以訟公者也。

劉蕺山人譜曰。劉丞相家法儉素。闔門雍睦。凡冠巾衣服制度。自先世以來。常守一法。不隨時增換。故承平時。其子弟雜處士大夫閒。望而知爲劉氏。

梓材謹案。先生嘗論率錢助役。官自雇人之害。

補左丞梁先生燾

附録

遷右諫議大夫。有請宣仁后御文德殿服衮冕受册者。先生率同列諫引薛奎諫章獻明肅皇后不當以王服見太廟事。宣仁后欣納。

轉尚書左丞。丐去。哲宗遣近臣問所以去意。且令密訪人才。先生曰。信任不篤。言不見聽。而詢問人才。非臣所敢當也。

李先生修

李修字適道。趙郡人也。右司師中之長子。好學而文。嘗事姜潛。先生以祖任試將作監主簿。任河南府登封縣尉。畢西臺集。

范先生遵道

范遵道字聖涂。先世自高平徙河南。又居東平。用從叔祖蔭補郊社齋郎。歲十一而孤。事母李氏以孝謹聞。聚書延師友以名教爲樂。仕至千乘主簿。先生喜事多學。至星曆氣數皆通其術。篤于朋友。與劉忠肅摯善。其卒也。姜先生潛自魯來。與其姑子張褒經治其葬。而趣忠肅銘之。劉忠肅集。

龔氏門人

忠肅劉先生摯詳上姜氏門人。

薛氏門人

朱先生恮

朱恮。浦江人。元祐紹聖閒。師薛大觀。悉傳其所得春秋之學。著春秋羣疑辨若干卷。宋文憲集。

梓材謹案。經義考載先生春秋羣疑辨二卷云已佚。引晏氏穆言。其師薛大觀。大觀善于說春秋。登其門者亡慮千餘人。惟先生實得其要領。又引柳道傳云。後有石陵倪朴跋語。觀其所述。大概本尊王發微。

李氏門人

侍郎張先生掞別見士劉諸儒學案補遺。

蔡氏續傳

縣令蔡先生迨詳見和靖學案。

蘇氏家學

蘇先生京

蘇京字世美。丞相子容之子也。嘗爲許州觀察判官。時韓黄門持國知州事。甚器愛之。薦于朝。其辭曰。竊見某讀書知義理。臨事有風力。前輩之不妄稱人如此。卻掃編。

邢氏私淑

太常吴先生棫詳見景迂學案。

何氏門人

補主簿馮先生正符

雲濠謹案。直齋書録解題于先生春秋得法忘例論云。教授梓遂學十年。著此書及詩易論語解。是先生經説。不獨春秋也。

姜氏續傳

姜先生□

姜□字□□。□□人。石守道門人潛之孫。承議郎。以捕寇改官豫作。隱居。自號金□㊀居士。後山詩注。

忠肅家學

補 朝奉劉學易先生跂

梓材謹案。先生爲王定國壻。見阮亭居易録。又案。元遺山東平府新學記云。齊已廢。而鄉國大家如梁公子美。賈公昌朝。劉公長言之子孫故在。生長見聞。不替問學。尊師重道。習以成俗云云。長言蓋先生子行也。

學易集

六藝之學亡于秦。存于漢。然自漢以來。諸儒異論。當時無以折衷。故兼收而並用之。施孟梁邱易。歐陽大小夏侯尚書。公穀春秋。皆立學官。劉歆有言。與其過而廢之。寧過而立之。綜

㊀「□」當作「池」。

所以久六藝之傳者。諸家之助爲多。經學策問。

法之精。出于性命道德之微。而其粗。入于政刑號令之末。惟其出于至精。則非聖人有所不盡。及其入于至粗。則匹夫匹婦可以與知。是故創法以詔後世者。聖人也。因時改作者。賢人也。以死守之者。有司也。不敢私議者。衆庶也。代陳伯通見許少張書。

辭章之變。隨世損益。故前人謂英華出于情性。賈生俊發。則文潔而體清。子政簡易。則趣昭而事博。子雲沈寂。則志隱而味深。平子淹通。則慮周而藻密。其論大率如此。彼數子者。非出于三代。陶冶成就之力也。而原其情性之美。則卓然足以高世。況庠序淵源。有若今日。而篤學好問。又如彥文者乎。答孫彥文秀才書。

前賢既遠。不得摳衣撰杖。接其謦欬。親其典型。寤寐永歌。瞻望不及。或得其經行遊宦之鄉。讀書講道之地。封植疏剔爲亭榭。立爲祠宇。表揭褒崇。以致其懷古仰高之思。以衍其流風餘韻之傳。此固秉彝好德之良心。非其感于中者。有積累之素。安得于歲月既荒之餘。而能泝在昔之精英。振既往之休烈。若有所迫而不容自已者哉。歲寒堂記。

序賓席次。飲食堂上。獻酬拜揖。成禮而罷。退就次舍。絃歌讀誦。于于愉愉。以學爲樂。誠不知暴慢鄙倍之心安自而起。所謂爲善易。爲不善難。于是乎在。曹州重脩學記。

吴人聘魯。聽歌風雅頌。而識其國俗之變。及其得失之跡。漢儒稱民性剛柔。繫水土之風氣。備論四方分野。稟受各異。某少時讀之。以謂性一爾。事物雖異。豈其人或殊哉。而驟聞歌辭。

亦豈能盡識其故。如目覩然。及其身壯且老。以事適四方。多與其人游處。歲久漸漬。熟其情僞。雖曰土風。而資質淵源。故自不同。頗驗班生之説。又得其所爲文觀之。詳味託寓之情。以驗其所效于後。班班多中。則季子之智。未易爲不知者道。然後乃知少之時。信理而不信事。于學爲陋。東原集序。

忠肅門人

西門先生楫

西門楫字道濟。渤海人。少從劉忠肅游。家世儒學。以長者稱。至先生尤好學。立義重然諾。以父屯田郎致仕。受太廟齋郎。後調象州司户參軍。不赴。卒。學易集。

知州任先生宗誼

任宗誼字仲宜。自博平徙鄆。以父任爲太廟齋郎。累轉朝奉大夫。通判泰州。不赴。除知淄州。先生少與劉學易跂。俱從忠肅授書學。天性明吏事。在官務核實。不肯便文自營。學易集。

劉先生仿

劉仿。忠肅門人。撰忠肅行實。言行録。

王氏續傳

王先生蕃別見范吕諸儒學案補遺。

徐氏私淑

張謙中有

張有字謙中。湖州人。張先之孫。出家爲道士。著復古編十一卷。根據説文解字以辨俗體之訛。以四聲分隸諸字。于正體用篆書。而别體俗體。則附載注中。猶顔元孫干禄字書分正俗通三體之例。下卷入聲之後。附録辨證六篇。一曰聯綿字。二曰形聲相類。三曰形相類。四曰聲相類。五曰筆跡小異。六曰上正下譌。皆剖析毫釐。至爲精密。然惟以説文正小篆。而不以小篆改隸書。故小篆之不可通于隸者。則曰隸作某。亦顔元孫所謂總據説文。則下筆多礙。當去泰去甚。使輕重合宜者也。四庫書目提要。

梓材謹案。復古編。陳了翁楊龜山程北山爲前後序。樓攻媿又序之。

右丞陸陶山先生佃詳見荆公新學略。

鄭先生樵附詳玉山學案。

馬氏續傳

馬先生純

馬純字子約。自號樸樕翁。單州武城人。元祐黨人默之諸孫也。紹興中。爲江西漕使。隆興初。以太中大夫致仕。居越之陶朱鄉。著陶朱新録。末附元祐黨籍一碑。蓋以其祖之故。亦放翁自稱元祐黨家之意云。四庫提要。

長民私淑

忠獻張紫巖先生浚詳趙張諸儒學案。

文簡程先生大昌

程大昌字泰之。休寧人。十歲能屬文。紹興二十一年進士第。主吳縣簿。著十論。言當世事。累遷權吏部尚書。出知泉州汀州。遷知建寧府。徙明州。以龍圖閣學士致仕。慶元元年卒。年七十三。謚文簡。有禹貢論。易原。雍録。易老通言。攷古編。演繁露。北邊備對行于世。宋史。

梓材謹案。周益公爲先生神道碑云。乾道三年。兼禮部侍郎。成就人才不可計。又云。著禹貢論五十二篇。辨江河淮濟漢弱水黑水甚詳。凡諸儒捨經泥傳注。失禹本旨者。一皆正之。又爲山川地理圖。汪端明玉山讀之。大歎服。謂不可及云。

程泰之説

周禮五官各有羡數。天官六十三。地官七十八。春官七十。夏官六十九。秋官六十六。蓋斷簡失次。所羡數凡百工之事。歸之冬官。其數乃周。

梓材謹案。邱鈞磯周禮全書。以五官羡者四十七官爲司空之屬。蓋本諸此。而參之以俞王之説也。

禹貢論自序

臣惟帝王臨御天下。凡四海九州之面勢。名山大川之向背。九夷八蠻之區域。必先究其曲折表裏。然後宅撫大略。得以審所施置。而效之于事。禹之出也。其所遭者水也。故其經畫必以奠高山大川爲始。蓋高山既奠。則避礙有方。大川不迷。則濬距有向。是以功力所及。地平天成。不愆于素知。所指而措之。罄無不宜也。今具載之禹貢。雖曰主爲水役。而區處夷夏。播敷政教。使四海得爲唐虞。其遺範所詔。蓋帝王必當取法者也。孔子採録而紀之書。豈直爲行河者之地哉。大有爲之主。將陟禹跡以方行天下。是書也。卽禹輿地圖志而可稽者矣。然而極天下大川。如江。淮。河。漢。濟。黑水。弱水。此七者。宇宙不能越之以自大。禹功不能外之以自立。而其名稱迹道。世傳失實。七謬其六。人主苟欲追會禹跡。而不得七者之眞正。猶禹之行水。高山大川其猶未奠。而欲行其荒度。則將何據以爲施置之序也。然則士而考古。以待有國者之採擇。推諸世務。宜無要于此書者矣。然去古益遠。簡編不與禹接。其辨正實難。顧有一者。經文雖簡。而于事情無所不該。如卽其簡而得其該。則雖茫茫之跡。見于千餘言。亦既無所乏少。若但病其簡。言外輒無餘見。必且越而求之經文之外。説成而經不應。則于稽據何賴。臣爲此故。方其疑牾古説。則盡屏訓傳。獨取經文而熟復之。研味既久。忽于一言一字之閒。覺其意指可以總括後先。則主以爲據。而益加參校。暨其通之一經。而合質之旁史而信。稽諸人情物理而準。于是躍然喜。涣然悟。知甚簡之中有甚該者焉。如人有脈。緜緜若存。可以精察而不可以亟見。然後知聖經之異于凡史也。積其所見。撰次成論。凡五十有一篇。豈敢謂能有明。然童而習之。白首不知止。亦冀施之實用。不徒爲此空言爾。

詩論

詩有南雅頌。無國風。其曰國風者。非古也。夫子嘗曰。雅頌各得其所。又曰。人而不爲周南召南。未嘗有言國風。予于是疑此時無國風一名。然猶恐夫子偶不及之。未敢遽自主執也。左氏紀季札觀樂。歷敘周南。召南。小雅。大雅。頌。凡其名稱。與今無異。至歷敘諸國。自邶至豳。其類凡十有三。率皆單紀國土。無今國風品目也。

鼓鐘之詩曰。以雅以南。以籥不僭。季札觀樂。有舞象箾南籥者。詳而推之。南籥。二南之籥也。箾。雅也。象舞。頌之維清也。其在當時。親見古樂者。凡舉雅頌。率參以南。其後文王世子。又有所謂胥鼓南者。則南之爲樂古矣。

杜預之釋左氏。亦知南籥當爲文樂矣。不勝習傳之久。無敢正指以爲二南也。劉炫之釋鼓鐘。雖疑雅南之南。當爲二南。亦不敢自信。惟能微出疑見。而曰。南如周南之意而已。夫諸儒既不敢主二南以爲南。而詩及左氏雖皆明載南樂。絶不知其節奏爲何音何類。其贊頌爲何世何主。惟鉤命決之書。敘載四夷。凡樂適有名南者。鄭氏因遂采取以傅足其數。孔穎達輩率皆因襲其説。凡六經之文。有及于南者。皆指南夷南樂以應塞古制。甚無理也。

頌愈于雅。康宣其減魯僖乎。雅加于風。則二南其不若幽厲矣。先儒亦自覺其非。又從而支離其説曰。風有變風。雅有變雅。不皆美也。夫同名風雅。中分正變。是明以璠璵命之。而曰其中實雜碔砆。不知何以名爲也。

詩書同經。夫子删定。詩有南雅頌。猶書之有典謨訓誥誓命也。誥之與命。謨之與訓。體同名異。世未有以優劣言者。其意若曰。是特其名云爾。若其善惡得失。自有本實。不待辭費故也。是故秦穆之誓。上同湯武。文侯之命。參配傅説。世無議者。正惟不眩于名耳。

蓋札之言詩嘗曰。其衛風乎。又曰泱泱乎大風也哉。是語也。謂康叔太公之餘風。形見于詩者。若此其盛云耳。左荀之在當時。其必尊信札言。而不究其所以言。意札之謂風者。與雅頌配對。後儒因又加國其上。而目曰國風。毛氏止采國風之目。分寘十三國卷首。而作大序者又取司馬遷四始而擴大之。遂明列其品曰風雅頌。分爲四詩。是謂四始詩之至也。四始立。而國風之體上則揜没二南。使其體不得自存。又上則包并后稷平王。使王業王位下齒侯國。其失如此。究求所始。皆左荀二子誤認季札本意而已。

謂詩序爲子夏者。毛公鄭玄蕭統輩也。謂子夏有不序詩之道三。疑其爲漢儒附託者。韓愈是也。范蔚宗之傳衛宏曰。九江謝景卿善毛詩。宏從受學。作毛詩序。善得風雅之旨。于今傳于世。而鄭玄作毛詩箋也。其敘著傳授明審如此。則今傳之序爲宏所作何疑哉。然詩之古序非宏也。古序之與宏序今混并無别。然有可考者。凡詩發序兩語。如關雎后妃之德也。世人謂之小序者。古序也。兩語以外。續而申之。世謂大序者。宏語也。鄭玄之釋南陔曰。子夏序詩。篇義合編。遭戰國至秦。而南陔六詩亡。毛公作傳。各引其序冠之篇首。故詩雖亡而義猶在也。玄謂序出子夏。失其傳矣。至謂六詩發序兩語。古嘗合編。至毛公分冠者。玄之在漢。蓋親見也。今六序兩語之下。明言有義亡辭。知其爲秦火之後。見序而不㊀詩者所爲也。毛公于詩第爲之傳。不爲之序。則其申釋先序時義。非宏而孰爲之也。以鄭玄親見。而證先秦故有之序。以六序綴語。而例三百五篇序語。則古序宏序昭昭然白黑分矣。

雲濠謹案。四庫全書存目録先生詩論一卷。提要稱。其大旨謂國風之名出漢儒之附會。其説甚辨。惟左傳風有采蘩采蘋語。荀子風之所以爲風語。不出漢儒。無可指駁。則以左氏爲秦人。風字出于臆説。謂荀子之學出于仲弓。仲弓非商賜可

㊀「不」下脱「見」。

與言詩之比。故荀子所傳亦爲臆説。其意惟在求勝于漢儒云。

雲濠又案。先生作易原八卷。發明劉長民之説。四庫書目提要云。陳振孫書録解題稱。其首論五十有五之數。參之圖書。大衍爲易之原。而卦變揲法皆有圖論。往往斷以己見。出先儒之外。今考其所論。如謂分爻值日乃京焦卦氣。其始于中孚。本用太初法。與夫子所謂乾坤之策。當期之日不合。復姤生卦説。始邵子。但乾坤生六子。説卦傳有明文。不得先有六畫之卦。後有三畫之卦。鄭康成用十日十二辰二十八宿以應大衍五十之數。本于乾鑿度。與馬融之增北辰。荀爽之增用九用六。不過以意决擇傳會。初無不易之理。張行成别立二十五數。以推大衍。則是五十有五數之外。别有二十五數。更非孔子所曾言。雖排斥先儒。務申己説。不能脱南宋之風氣。然而參互折衷。皆能根據大傳。于易義亦有所闡明。與所作詩論。欲併國風之名而廢之者。固有别矣。

中庸論

夫子之論教也。以人之未進是。則不躐等以告。故論語一書。皆仁義禮樂之具。至爲道日損以上無詔焉。夫子思之著書也以道。道苟在是。則德發所見。展竭無餘。不問世之能與乎否也。而遂逆設以待。故論語所載。率寓遠指于近言之中。而中庸所書。并出眞見于難言之地。此非子思而敢戾于夫子也。其所指各有以也。夫子嘗曰。二三子以我爲隱乎。吾無隱乎爾。又曰。不憤不啓。不悱不發。舉一隅不以三隅反。則不復也。此夫子之心也。故賢如子貢。而性天道尚不得聞。親如伯魚。而過庭之訓僅止詩禮。非有靳也。度其可受而授之。其所施有分量也。若夫子思之措意則有異矣。自天命之性率而脩之。以爲世教。自脩道之教浸而復之。至于無聲無臭。豈惟聞言能受者。世難其人。若親見聖人。而得其所受。亦絶難其人也。方夫子在也。擇人以告。而應機而唯者。不過一二子。苟云聖日遠。又不得天下英才以教。而徒執反隅故法。則恐微言由己而絶。故寧極書所得。以待知者。此子思所以異于夫子也。子思之傳是爲孟子。孟子門猶有公孫丑。萬章。告子。樂克之徒。相與難疑答問。然課其所詣。尚未得與七十子班。其況有聖于參賜也哉。此七篇之書。又不容已也。

由夫子之雅言。以達之其所不言。則爲子思者。亦難爲辭矣。于是酌其可言與其不容言者。而時出一意焉。體道妙以立本。而使人有所準向。資物象以證妙。而使人有所發寤。是爲從無可寄言者而必與之言。故機緘如是其委曲也。是理也。通中庸一書莫不皆然。而取證于天地者尤多。且有序也。其曰。至誠可以造化育。可以參天地。特言其可耳。至不息而久。以極乎博厚高明。則直與天地配矣。建諸天地而不悖。則言行在民。莫不敬信。覆載所及。莫不尊親。亦既大矣。然猶待于作爲也。至于淵淵其淵。浩浩其天。則人之敬信也。不以言動。人之畏勸也。不以賞怒。君子之至于斯也。篤恭而無作。而天下自平。雖動容出辭。亦且泯于不有。稽其所宿。其在堯舜夫子。則無名也。無言也。而于上天之載。則無聲也。無臭也。不復有倫可擬也。天命之性于此乎復。而脩道之教遂如魚兔之筌蹄矣。蓋子思談道。其序之可考者如此。而能發難言之妙于可以循求之域。則假物之助多也。趙岐之贊孟子曰。長于譬喻。辭不迫切而意已獨至。孟子自謂與人主辨。非其得已。而肯從設喻以矜己長也哉。惟其借世人之共知者。以據發其所未知。故辭不費而理已明也。此又孟子之學。源流出于子思者也。

凡中庸援琴瑟神鬼山石河江者。則專以取喻也。其本天地爲言者。一以證類。一以指實也。域中有四大。天也。地也。道也。正相配對也。總攝覆載者固出于道。而模高厚以爲道則者。舍天地莫與明也。體是道而在上則爲帝爲王。而隱約在下。雖匹夫亦聖人也。故凡語及天地。卽是聖人。非止以類證類而已也。高明博厚者固天地也。誠之形而著。久而證者。其于載物成物亦天地也。今其論道正及天者。功用相當。達者信之。未達者思焉。無有轉而之他者也。惟其發凡未幾。卽援鳶飛魚躍以爲初入之證。最其參四大而明道要者也。諸儒至此。皆紛紛無宿。殆不究全書本指。而剽剥一言一句以鑿出聽見焉耳。中庸之書。既以高明博厚者爲道。而亦通天地聖人矣。凡其高厚固皆不可究窮。而事物之在高厚閒必有證焉。可稽以驗也。用此證而語人。其言雖小而理不可訾。其究雖大而物莫能尚。卽至愚可以共知共行。而聖人莫得究知究能者。是然後見飛躍之可以察上下也。鳶之飛豈能極天之高。魚之躍豈足以究地之厚。寥廓之閒。飛者得以清㈠厲。平地之下。躍者以之自出。則謂高且厚。固不誣也。此之不誣。豈能憑虛設説哉。飛躍之在高厚。求道者之于道要。功及尺寸。則象已及尺寸。功在尋丈。則證相亦及尋丈。進仁義則仁義見。進禮樂則禮樂形。舉茲以稱天。雖蒼蒼而高。茫茫而深。其分際亦皆昭然在目矣。此上下之理所得

㈠「清」當爲「凌」。

由此而察也。前乎子思。固有指天地以喻道者矣。然其侈贊其大而不能借物以明大。則受斯言者其口唯然而心不釋然。其于求道之心不免有所不足也。今其卽魚鳶以驗高厚也。則有準矣。飛躍所及。分際以明。分際明而高厚顯。天地之大。雖未可遽窮。而亦可以意想矣。是故上下之際。察于語小莫破之初。而天地之道。察于語大莫載之後。此正匹夫匹婦之可知可行。而達諸聖人之莫知莫能。子思蓋以此該括初終。而示人以至道之要也。合中庸一書言之。自誠明旣一以後。凡言天地者。不歸諸聖人。則歸之君子。以斯道在焉故也。至其書初言及天地。則皆宿之于道。而不傳之以人。蓋其曰戒。曰矯。曰擇。曰遵。方飾身以求。而未能擬道以參身。故人自人。天地自天地。未能一也。由此而言。則矯戒擇遵。二者正其飛躍之地也。雖有績用可以稽證。而未及乎知至至之者也。故子思以若言者。而著之于初也。學者徒玩其辭。而不究其序意。謂聖賢之言俄而可度。則其造理也淺。則相與求諸高遠。而入之艱深。至其甚也。倣擬浮屠氏之相問答焉。大抵設隱行廋。務爲不可攻詰。而子思之假物明理者。益以背矣。子思豈亦有憂于此哉。其曰道不遠人。人之爲道而遠人。不可以爲道。因取伐柯近則以喻其解。則夫人之相習爲深。相欺爲高者。在其當時容已有之。後世何訾焉。

孟子序善信美以及聖神。卽夫子學立知縱㊀之義疏階等也。學而至于顔子不遷怒不貳過。則

㊀「縱」當爲「從」。

喜怒哀樂之有中。視聽言動之皆禮。進乎大而幾乎化矣。莊周窺見其等而傳事以言。則曰。回也近仁義矣。進禮樂矣。少焉又曰。忘仁義矣。忘禮樂矣。此數語也。殆如用孔門尺度而準其所造。毫釐不差也。仁義禮樂固未足盡道。苟不于仁義禮樂焉而求其日益日損。則亦無以爲鳶飛魚躍之候矣。飛躍之證見而上下之察明。則樂正子之學。中乎二下乎四。不待經孟子而其等亦已可明矣。子貢曰。賜也何敢望回。回也聞一以知十。賜也聞一以知二。孟子曰。禮之實。節文所以從兄事親者也。樂之實。樂斯二者而不去者也。樂則生。生則烏可已也。不知手之舞之足之蹈之也。此與朋來而悦。人不知而不愠者。同其所有也。諸如此類。皆學力之等。序道之證也。夫子之于學者。雖不明言其等。而答問所及。尚可攷也。舍其細而言其大。則一以貫之。不惟參賜之外。莫得預聞。而是語之發。亦非參賜之敢有請也。參之承言而唯。固進其等矣。賜方以多學而識爲擬則。夫夫子之期賜者高。而賜之等尚下也。故夫子顧由而歎曰。知德者鮮矣。子之歎蓋歎賜也。賜而見歎。則天下之不如賜者多矣。子思孟軻安得如許英才而次第之。則中庸之作。俟聖人于百世之後。七篇之作。寄聞見于五百年之遠。若之何而可已哉。

泰之遺文

禮有袒免。鄭氏曰。免音問。以布廣一寸。從項中而前交于額上。又卻向後繞于髻也。予疑不然。記曰。四世而緦服之窮也。五世袒免殺同姓也。服之旁殺而至于緦。僅爲三月。則自此之外。不更有服矣。然而由四殺五不可頓如路人。故屬及五世。而族人有喪。則脱露半袖。見其内服。是之謂袒。解除吉冠。是之謂免。免之爲言。正是免冠之免。不應别立一冠名之爲免。而讀之如問也。曲禮曰。冠無免。勞毋袒。免且袒。皆變易其常。故侍君子者以爲不恭。而無服者之屬。用以致哀。示與路人異也。袒免解。

夫子之言曰。不教而殺。謂之虐。莊周曰。匿爲物而愚不識。皆咎世之教飭無素者也。蓋周人布刑象之法。大司寇垂之象魏。小司寇宣之四方。則既詳矣。猶以爲未也。則有執木鐸以警者。執旌節以達者。屬民而讀者。書五禁于門廬者。諭刑罪于邦國者。其上下相承。極其重複。正慮不知者之誤觸也。以此言之。則藉藻色以暴昭。其可愧可畏者。正聖人忠厚之意也。世之有魑魅魍魎。人固不願與之相直也。然天地閒不能無此。聖人笵金肖物。著諸鼎以示之。則山行草茇者。知畏而預爲之辟也。此其鑄鼎象物之意。與畫象而明不犯之意同也。夫謂衣冠之爲象刑。固不足以得其實矣。而亦不無所本也。司圜掌收教罷民。凡害人者弗使冠飾。而加明刑焉。鄭玄因有弗使冠飾之文。而遂用以證實其語曰。不冠而著黑幪。若古之象刑也。夫象以典刑。揆之舜典。則在流贖之先。而加桎梏。去冠飾。質之司寇。顧在五刑糾慝之外。設使其制誠嘗輔刑以行。則不過若畢命之殊異井疆也。秦人之赭衣徒隸也。漢世之胥靡旦舂也。本非正在用刑之數。則安可以刑餘之輕者而證古制大典也哉。象刑説。

左氏昭四年。椒舉言于楚子曰。成有岐陽之蒐。杜預曰。成王歸自奄。大蒐于岐山之陽。杜預之爲若言也。雖不云蒐岐之有遺鼓。而謂成蒐之在岐陽者。卽石鼓所奠之地也。然則鼓記田漁。其殆成王之畋之漁也歟。岐陽石鼓文考。

春秋之世。諸侯相與削去周官之籍。夫何讎而爲此。直惡夫行私而有跡耳。夫籍所著。刑政有平。制度有中。班爵有等。分田有限。昭昭乎至公之的。迹有法揆。則有指籍以責私者。故子產詰晉曰。先生之制。大國不過一圻。今數圻矣。若無侵小。何以致此。祭仲曰。先生之制。大都不過參國之一。中五之一。小九之一。今京不度。非制也。凡此皆衆忌所萃。而周籍之不得不毀者也。古語有之。不知其形。視其影。苟未知夫人公私之分。于法之存亡觀之。亦足以察矣。存法論。

受之鹿臺。魑之石椁。偏四海無復出者。荆山歷山首陽不一其地。後世去古聖賢絕遠。既無所事畏。亦無所有諛。而爭獵以自夸耀。于是有一事而彼此互相同者。此其意豈不甚可喜也哉。澹臺祠友教堂記。

附録

王雙溪覆文簡謚議曰。其學富贍而不雜。其識精密而淵深。其發爲文章。則根柢六經。與韓退之柳子厚相依倣。而馳騁筆力。駸駸上薄西漢。續作者之派流。立後學之準的。太常謚之曰文。誰敢異議。然文無以見其行己涖官立朝之大致。故又附之以簡。按謚法。簡有數議。一德不懈曰簡。平易不訾曰簡。正直無邪曰簡。一德不懈太常議之詳矣。然公才高而氣勁。疑若不可附近。而接引後進。諄諄誘訓不倦焉。苟有一善。亹亹稱道不厭焉。故在學校爲師儒。諸生敬之。在州里爲鄉先生。鄉之子弟慕之。是非平易不訾歟。起于布衣。自致達官。當官而行惟義是徇。雖無崖異。不肯瓦合。未嘗以毀譽更其守也。太上龍潛。公爲宫僚。及登大位。公方閑退。杜門謝事。恬淡無求。未嘗以進退動其心也。是非正直無邪歟。請如太常所議。謚以文簡。

彭椿年序禹貢論曰。其書條理甚備。辨正經指者。著之于論。論凡五十有二。論嘗指事説理。而當證以山川實地者。則事爲之圖。圖三十有一。至其事不隸虞書。而源流本出此經者。則又爲後論八篇。數千年閒。州域更革。山川跡道率皆本禹語以爲之宗。而後采取歷世載籍以爲之證。其所據謂是者。必其協諸經。而協乃始皆措。而其救正前人違悮者。亦皆稽案經語。而執規矩以格方圓。其不合者有狀。而指自出若語也。至于執以爲據者。惟輿圖史志之所載。兵師使驛之所經。實有其地。甫以立辨。至于稗説怪語。奇聞異教。荒忽誕謾。不可案核者。悉棄不取。嗚呼。亦勤矣。而無一語不從禹貢以出。予乃知衆稱精博者不誣也。

陳應行序禹貢論後曰。閣學尚書程公。曩在經筵。進黑水之説。上動天聽。因以禹貢爲圖。啓沃帝心。且以東漸西被。教暨朔南。爲惓惓之忠盡在于此。嗚呼。大哉言乎。

雲濠謹案。宋史藝文志載先生禹貢論五卷。後論一卷。又禹貢論圖五卷。四庫書目著録禹貢論及後論。又本永樂大典校爲禹貢山川地里圖二卷。提要稱其喜談地理之學。所著雍録及北邊備對。皆刻意冥搜。考尋舊蹟。是書論辨。尤詳周密。癸辛雜誌載其以天官兼經筵。進講禹貢闕文疑義。疏説甚詳。且多引外國幽奥地理。皐陵頗厭之。宣諭宰執云。六經斷簡闕疑可也。何必强爲之説。且地理既非親歷。雖聖賢有所不知。朕殊不曉其説。想其治銓曹亦如此。既而補外云云。與自序及陳應行後序所言殊相乖剌。夫帝王之學與儒者異。程氏講尚書於經筵。不舉唐虞三代之法以資啓沃。而徒炫博奥。此誠不解事理。然以詁經而論。則考證不爲無功云。

國録楊先生甲 別見趙張諸儒學案補遺。

唐先生仲友 詳説齋學案。

學易家學

補 宣教劉先生長福

附録

汪玉山跋劉曼容中復齋記曰。曼容生于相門。而服用樸儉如寒素之士。容止謙退如不勝衣。詞氣和平如不能言者。非特家法之純。質性之厚。蓋其學問講習。所以省察涵養。非一日積也。嘗受易學于朱公子發。取中行獨復之義。名其所居之齋曰中復。而范陽張先生爲之記。或曰。易之道大矣。復之六四曰中行獨復。繫辭則曰以從道也而已。非其盛也。而獨有取也。何哉。曰。聖人之言本末貫通。體用備具。顧所以充之者如何耳。孔子曰。加我數年。五十以學易。可以無大過矣。而西晉之士。更相稱許。則曰我能成天下之務。能通天下之志。能不疾而速。不行而至。蓋不必問其如何。而知其爲妄人也。曼容之于易。探索玩味。終其身而不厭。然其所自處如此。亦可見其擇然固執。强學力行。不欺不愧。皆非苟然者矣。

雲濠謹案。曼容蓋先生之字。以其爲忠肅孫。故曰生于相門也。

文簡家學

農卿程先生覃

程覃字會元。嘉定六年爲提舉兩浙常平茶鹽。擢沿海制置司事。以東錢湖它山堰灌溉甚博。每遇湮圮。始置田租。以所收歲給濬導者。蠲海錯果蓏之征以惠民。成化四明志。

梓材謹案。先生官至脩撰。農卿爲文簡第三子。延祐四明志又稱其造服器以勸學。城郭。戎器。倉場。橋道。以至公府與鄉飲酒之器具。纖悉留意。人服其整云。

附録

程洺水誌其墓曰。蓋公自初筮地不遠親。事必咨稟。歿亦告之于墓。人稱其孝也。中外踐更餘五十年。凡表表以政事聞于時者。皆終身佩服文簡公之訓飭也。裒家藏副本之書以益鄉校。新稽古之閣以壯儒風。建四橋以惠鄉井。而猶卷卷然見于家居之日。嗚呼。足以見其仁至義盡之亡所終窮也。

正惠程先生卓

程卓字從元。休寧人。淳熙中試禮部第一。遷刑部郎中。嘗使金。議論不屈。金人憚之。後知泉州。民爲立祠。尋召同知樞密院事。姓譜。

梓材謹案。陳定宇集有云。程文簡公泰之窮經考古之學極高。乃姪正惠公從元之文固善云云。則先生固得文簡之家學者。

文簡門人

軍監王雙溪先生炎

寺丞黄先生何並見嶽麓諸儒學案補遺。

蘇氏續傳

庶官蘇先生泂別見荆公新學略補遺。

農卿家學

程先生端升

程端升。農卿子。升預漕舉。則農卿喜見顏色。曰。一薦未足喜。且喜詩書氣脈不斷云。程洺水集。

正惠門人

吳先生垌

別見嶽麓諸儒學案補遺。

忠肅續傳

提舉劉先生震孫

劉震孫字長翁。渤海人。忠肅公六世孫。官右司。寶祐間。提舉廣東常平倉。倣東坡在杭蓄錢糧作病坊故事。相爽塏址于威遠門之内穹堂。闢其左醫局。其右修廊。病無依者以告㊀。外峙崇門。以壽安顔其院。全活甚衆。李文溪集。

長民續傳

朱先生元昇

詳見張祝諸儒學案。

徐芹西先生道泰

徐道泰號芹西。延平人。著河洛本始。集先儒之説。定九爲河圖。十爲洛書。以正啓蒙之誤。其言曰。河圖洛書皆出于上世。伏羲則之以造易。因河圖對待之位而畫先天八卦。因洛書流行之

㊀「告」下脱「隨得人診」。

位而畫後天八卦。大禹復則之以作範。以河圖九數爲體。敘九疇之綱。以洛書十數爲用。敘九疇之目。其敘九功。則以河圖。五行水火金木土逆剋之序爲六府。其治水別州。則以洛書水木火金土順生之序畫九州。其説具載本始書。與甬東王太古所著易説問答之書。若合符契云。胡氏定正洪範集説序。

王太古先生埜翁別見晦翁學案補遺。

胡先生一中

胡一中字允文。會稽人。深有得王文吴三先生洪範之説。摭其所長而訂正之。分經別傳。以傳附經。自成一書。名之曰定正洪範。貢玩齋集。

梓材謹案。黄氏千頃堂書目以先生爲諸暨人。字允大。元紹興路録事。又案。王文吴三先生。王謂魯齋。文謂本心。吴謂草廬也。見先生自序。

附録

陳顯曾跋先生定正洪範集説曰。以九爲圖。以十爲書。劉氏之説。允文宗之。其必有所見矣。

雲濠謹案。四庫全書存目録定正洪範二卷。提要云。案河圖洛書名見繫詞。不云有關于洪範。漢書五行志始載劉歆之言。稱禹治洪水。錫洛書法而陳之。洪範是也。於是洛書始合于洪範。然猶未及河圖。胡氏又因歆有河圖洛書相爲經緯。八卦九章相爲表裏之文。遂以河圖洛書併合于洪範。而又參以陳摶先天之説。所列二十八圖。大抵支離破碎。至于無偏無黨。

亦以五行生尅立論。尤爲無理。其以九爲河圖。十爲洛書。沿用劉牧之說。于彼法之中。自生轇轕。猶其少焉者矣。且闢其錯簡之說。有云胡氏欲仿朱子考定大學經傳之例。强爲分别。又云。既稱一行十三字。何以于庶民錫汝保極以七字而錯一簡。五皇極曰皇建其有極。以九字而錯一簡。曰王省惟歲以下復以八十七字錯一簡也。第其自序言。因括蒼鮑氏有定正武成之論。以竹簡每行十三字而定其差。究非無因云。

泰山續傳

趙木訥先生鵬飛

趙鵬飛字企明。號木訥子。綿州人。著有春秋經筌十六卷。其意以説經者拘泥三傳。各護師説。多失聖人本旨。故爲此書。主于據經解經。亦孫明復之流派。然明復好持苛論。先生則頗欲原情。其平允之處。亦不可廢。四庫書目提要。

木訥春秋經筌

春秋非始乎隱也。始乎平王之末也。凡諸儒欲以一事而當春秋之始者。皆妄也。總論。

莒人向。向近魯。魯人疑莒爲東鄙之侵。故以此示威。其後因紀子帛爲密之盟。遂與莒結浮來之好。隱二年。無駭帥師入極。

以文王之聖而事昆夷。以太王之賢而事獯鬻。隱公何疵焉。唐之盟非得已也。秋八月。公及戎盟于唐。

莒自入向。有窺魯之心。紀子帛往來莒魯之閒。于是道與莒子盟于密。爲魯謀也。卒之八年爲浮來之盟。莒魯交好。子帛之功也。九月。紀子帛莒子盟于密。

春秋書日食災變。凡以垂人君畏天之戒。隱三年春王二月己巳。日有食之。

諸侯有貢。天子無求禮也。平王崩。魯不會葬。至來求賻而卒不會焉。則賻之得否。又未可知也。魯在春秋未爲强暴之國。以魯觀之。諸侯又可知矣。書生之論。乃以不書天王爲天王諱惡。至桓十五年天王求車。又曰。書天王以示貶。噫。周之微甚矣。不容負天下之罪如此。此豈仁人之言哉。凡書求賻。求車。求金。皆誅諸侯不貢。而天下無王也。尚何責天王哉。秋。武氏子來求賻。

春秋之初。宋鄭爲仇。而宋與衛爲西黨。鄭與齊爲東黨。魯則徘徊于二黨之閒。初嘗比于宋。及六年艾之盟。則從齊而附鄭。書此者爲艾之盟張本。冬十有二月。齊侯鄭伯盟于石門。

分義天下之大閑也。故非朱均。雖堯舜不苟遜。益非不賢。而禹傳啓。杜亂原也。隱公欲遜允而亂。吴王將遜札而亂。宋宣穆再遜而再亂。簒奪二世。迄襄公始定。襄公不悛。而欲遜目夷。幸目夷不受。否者又亂。癸未。葬宋穆公。

莒蔑爾東夷。自入春秋。首加兵于向。今又扼杞之弱。稱兵而攘其封邑。至桓十二年。公會杞莒于曲池。而後釋今日之憾。莒之横甚矣。然至昭五年。莒牟夷卒以牟婁來奔。隱四年春二月。莒人伐杞。取牟婁。

郕被鄰國之兵。自衛始。至隱十年。鄭連兵入郕。莊八年夏。及齊師圍郕。而郕降于齊。文十二年。郕伯東奔。自此不復見于經。計失地而奔。國遂滅矣。隱五年秋。衛師入郕。

輸平者致平之意而已。蓋許八年所歸之祊田也。輸之意若曰。魯能不從宋而反兵救我。當以祊田饋魯也。然鄭徒言之。而祊未入魯。故魯雖不從宋。亦未救鄭。有所毒㊀也。隱六年春。鄭人來輸平。

艾之盟。鄭故也。自石門之盟。而知齊鄭爲與國。宋伐鄭。齊將救鄭。則地隔于魯。不求魯。無以救鄭。春。鄭來輸平。鄭使反命。而齊卽爲艾之盟。爲鄭求魯也。魯終未救鄭者。祊未入也。夏五月辛酉。公會齊侯。盟于艾。

其後紀之滅。宗廟在酅。歸奉其祀。不以存亡虧婦道。叔姬之賢也。故此首録之。隱七年春王三月。叔姬歸于紀。

齊侯前年爲艾之盟。爲鄭求魯也。宋取鄭長葛。而魯不救。故齊復使弟年來聘。卜進退焉。年歸反命。而鄭賂卒不至。是年秋。公故爲宋伐邾。以動鄭。鄭知魯兵不空出。明年春。遂以祊來歸。年之來。豈爲聘問哉。爲鄭求魯爾。稱弟。親之也。弟之書于經十有二。不奔則叛。不叛則殺。惟齊之弟年不叛不奔。而年之子無知亦弑襄公而亂。齊寵而私之。果有益乎。夏。齊侯使其弟年來聘。

邾嘗從宋伐鄭。鄭輸平于魯。以離宋。而鄭賂不至。魯故爲宋伐邾。以要之。既得鄭賂。卽

㊀「毒」當爲「要」。

從鄭伐宋。今日爲鄭㊀伐郳。明日爲鄭伐宋。特以賂故。而郳横罹其毒。故終隱之世。郳不復通于魯。秋。公伐郳。

春秋書天王下聘者凡八。責諸侯不朝。而坐受天子之聘也。隱在位十一年。而天王聘魯者二。亦何有一介之使如京師。以答天子之勤哉。冬。天王使凡伯來聘。

前日莒嘗窺魯。子帛盟之。莒卒不敢加兵于魯。今魯既受鄭賂。將空國以赴鄭之求。恐莒人之議其後。故成紀好而盟之。此盟公在焉。而莒以微者涖執牛耳。豈莒人敢抗公哉。公自辱也。隱八年九月辛卯。公及莒人盟于浮來。

隱公其先蓋賢君也。得位之初。慨然視千乘如鴻毛。將舉而遜其弟。締交四鄰。息民利衆。自鄭莊以利導之。割祊來歸。卽君臣掃境以從。鄭伐宋。擒縱擊搏。惟鄭所使。由祊田之賂也。視祊爲利。則視千乘之魯。果能脱然歸其弟乎。宜菟裘之老不見信于允。而公子翬得以行其譖也。利之溺人如此。隱十年春王二月。公會齊侯鄭伯于中邱。夏。翬帥師會齊人鄭人伐宋。六月壬戌。公敗宋師于菅。辛未。取郜。辛巳。取防。

時來之會。鄭志也。至入許。則以魯主兵。蓋成鄭志者魯也。隱十一年夏五月。公會鄭伯于時來。秋七月壬午。公及齊侯鄭伯入許。

㊀「鄭」當爲「宋」。

桓公賊隱而立。懷危懼心。故鄭欲會而桓無不從。鄭欲田而桓不敢拒。謂假田因入祊則有之。謂易祊則非也。鄭有宋兵。不得已而歸魯以祊。既得魯援。則勢不可以責償。故以璧假爲名。而實責償祊也。桓元年三月。公會鄭伯于垂。鄭伯以璧假許田。

鄧在南陽。逼于楚。鄧侯曼姓。實女于楚。今蔡鄭必有畏于楚而託于鄧也。然鄧且不能自保。庸能芘蔡鄭乎。卒之蔡鄭常當其衝。無歲無楚師。桓二年。蔡侯鄭伯會于鄧。

隱八年。齊欲平宋鄭。故先與宋衛盟。而鄭不從。十年。齊從鄭伐宋。而衛亦從宋入鄭。齊衛不過各附其所與。實未嘗有怨。至桓二年。遭華督之禍。而衛與所附齊鄭會于稷。以成宋亂。而宋已附于齊。是時衛既願和于齊。齊亦欲成好于衛。無仇可解。何俟乎盟。故以交相見。而書之曰胥命爾。桓三年夏。齊侯。衛侯胥命于蒲。

齊將滅紀。紀託于魯。魯勢不能芘紀。于是爲之謀。俾納女于王。託王爲重焉。蓋自五年齊欲襲紀。紀懼求魯。六年會于成。秋又來朝。今春。家父來聘。則謀婚也。今祭公來。因不反命。而遂逆王后。齊侯繼此不復犯紀。僖公没。襄公始滅紀。納女亦延紀數年。桓八年。祭公來。遂逆王后于紀。

内大夫專伐。自無駭始。内大夫專盟。自柔始。桓十一年。柔會宋公陳侯蔡叔盟于折。

鄭突之立雖以宋。宋責賂不已而憾之。所與者魯而已。前年。因魯敗宋。德魯益深。故今春會公。夏又來聘。同惡相濟。舍魯無可求援也。桓十四年春正月。公會鄭伯于曹。

勢不敵者資于人。宋于鄭非不敵也。乃連五國之兵以伐之。且出忽立突者誰歟。已立之。而已疾之。不仁哉宋莊也。宋人以齊人蔡人衛人陳人伐鄭。

自郎之戰。齊不通魯。齊僖卒。魯會葬。襄公立。會于艾。齊復通。彭生之禍始此。桓十五年。公會齊侯于艾。

前日會于禚。享于祝邱。猶曰託享會之禮也。今三軍之衆。而掩然無忸怩之心。無恥極矣。莊五年夏。夫人姜氏如齊師。

無麥苗。説者以麥苗爲二物。麥且未刈。安得復有苗。莊七年秋。大水無麥苗。

魯之與郕。未嘗一日之憾。莊公無故出師。而次于郎。此何名哉。故陳蔡有所不從。故郕雖不支。寧降于齊而不降于魯。夫郕介齊魯之閒。魯疑與齊。伐郕。郕將服齊而不服我。故先遠求陳蔡。及二國不至。不得已而求齊。齊至則郕固非我有矣。莊八年春王正月。師次于郎。以俟陳人蔡人。甲午治兵。夏。師及齊師圍郕。郕降于齊師。

齊桓反國。以無禮滅譚。晉文反國。以無禮侵曹伐衛。伯者用心類如此。況望其以公滅私乎。莊十年冬十月。齊師滅譚。譚子奔莒。

先治内而後攘外。霸之序也。齊桓圖伯三年。得魯而失宋。諸侯蓋未協也。而荆又入蔡。齊桓蓋患之。而未有以制之也。其後凡二十六年。諸侯協從。中國無釁。而後伐之。亦足見楚之强。不可俄而服。而齊桓之持重有謀。不爲不審之計以敗中國也。或者于此責桓公不能治楚。蓋書生之論。非獨理者也。莊十四年秋七月。荆入蔡。

楚將憑陵中國。蔡鄭當其衝。首罹其害。自鄭從幽之盟。楚不敢窺鄭者十有餘年。齊桓霸之力也。莊十六年秋。荆伐鄭。

罪有過有故。過者當宥。十二公獨此一書。則他公未嘗宥過。而過與故盡殺之。莊公鞠其過者而肆之也。是亦春秋美事。聖人安得而不書。莊二十二年春王正月。肆大眚。

盟于防。謀昏也。父仇不報。母喪未除。而求昏于齊。非孝也。納采不以大夫而親行。非禮也。秋七月丙申。及齊高傒盟于防。冬。公如齊納幣。

荆人來聘。說者以爲進之。聖人豈樂其僭聘問之禮哉。憂之益甚也。若直書荆來聘。則若舉國皆來。于文不順。故書人字。以成文耳。不然二十八年荆代鄭。何以復書荆。僖十八年邢人狄人伐衛。書人亦豈進之而書人耶。莊二十三年。荆人來聘。

莊公既求昏于齊。則六禮之行有大夫存焉。而公皆親之。往返如織。非禮甚矣。公及齊侯遇于穀。

同盟于幽。至是十年矣。桓公懼諸侯久不合則離。于是復講同盟之禮焉。然前日同盟者九國。今四國不至。用是知諸侯不可屢合也。莊二十七年夏六月。公會齊侯宋公陳侯鄭伯同盟于幽。

許介楚鄭之閒。鄭逼于楚。每以許爲藩蔽。鄭不達權。虐許不已。許一入楚。則楚之入鄭。如襲無人之墟矣。今楚方仇鄭。而鄭侵許。其後八年之閒。楚伐鄭者。三失許援也。莊二十九年夏。鄭人侵許。

山戎去中國遠。在舜之營州。古孤竹國之地。東距遼。北距燕。莊三十年。齊人伐山戎。

春秋之世。諸侯强大者。齊晉宋也。晉怙其强。終齊桓之霸。未嘗一同其會盟。宋于晉亞也。故桓公賴宋爲多。北杏之會。宋人一判。則諸侯首鼠。齊兵再伐而後得之。既得之。則再會于鄄。以堅其心。又爲之伐鄭。以悦其意。自非大會盟。大征伐。齊不敢先之。必推之以爲主。所以爲諸侯之倡而就霸功也。幽之再盟。于是又五年矣。齊侯懼諸侯之離。故遠遇宋公于梁邱。梁邱宋地。去齊八百里。齊侯不遠八百里而遇者。蓋求宋以卜諸侯之從違。宋無貳心。則不必會諸侯也。莊三十二年夏。宋公齊侯會于梁邱。

鄭今在會。何救之有。蓋謀伐楚也。楚成仇鄭至再。不可不伐。齊桓以近諸侯雖從。而江黄未至。謀有未周。則楚未可伐。故明年先城楚邱。僖元年。楚人伐鄭。八月。公會齊侯宋公鄭伯曹伯邾人于檉。

邾本附庸于魯。不敢外交諸侯。雖邾子瑣受王命。其幽之再盟。亦不敢與。蓋猶附于魯也。今檉之會。邾人始預其列。故八月同會。而九月伐之。責其從齊。而不復附魯爾。九月。公伐邾師于偃。

桓公之謀。可謂遠矣。北杏之會。至是二十有四年。諸侯已無二心。伐楚何患不克。必待江黄之來。而謀始定。蓋師出萬全。霸王之舉不勝。則禍及于天下。故不可不謹也。江黄之心服。而伐楚之功成矣。僖二年秋九月。齊侯宋公江人黄人盟于貫。

蔡自莊十四年荆入蔡。蔡哀侯折而事楚。已易世不通中國。今二十有四年矣。蔡已入楚。則次及于鄭。蔡鄭當楚之衝。華夷之門户也。故齊侯不得蔡。無以及楚。侵蔡伐楚。勢當然矣。諸侯之兵。安能飛越蔡城而伐楚哉。公娶蔡姬。公怒歸之。未絶也。而蔡嫁之。説者遂謂齊侯以私憾加蔡。不知蔡以中國陷于楚。得蔡而後楚之門户啓矣。嗚呼。一問而楚詞屈。兵不血刃。堂堂之楚。攝如鳥鼠。而中國不爲左衽者。桓公之力也。孔子稱其一匡天下。遂以仁許之。正陘之師也。僖四年春王正月。公會齊侯宋公陳侯衛侯鄭伯許男曹伯侵蔡。蔡潰。遂伐楚。次于陘。

楚知齊兵不可抗。于是遣屈完下齊而乞盟焉。故來盟于師。楚子意也。盟于召陵。齊侯意也。屈完至師而言乞盟。齊侯知楚子之服。無用戰矣。于是退召陵而與之盟。禮也。嗚呼。一鏃不遺而服方張之楚。八國之師櫜櫜而歸。桓公之績大矣。楚屈完來盟于師。盟于召陵。

世子之位已定。鄭固無關輕重。然桓公二十餘年輯寧中國。僅能服楚于召陵。鄭伯一逃。楚卽滅絃。鄭文豈特桓公之罪人。天下之罪人也。及諸侯討治之。至九年。王人齊侯等會于洮。鄭伯乃乞盟。春秋于其叛。書逃。于其來。書乞。賤之極矣。僖五年秋八月。諸侯盟于首止。鄭伯逃歸不盟。

寧母及洮兩合諸侯。皆爲鄭也。鄭塞華夷之衝。其地虎牢。蓋天下之險。武姜爲太叔請制。制卽虎牢。在漢爲成皋。在今爲汜水。天下之形勢繫焉。楚得之。則倚以抗中國。中國得之。則恃以捍楚。鄭卽楚。則虎牢在楚。故必得鄭。然後收天下之險。其後十有五年。鄭不叛。而楚不窺中國者。虎牢之險在中夏也。僖八年春王正月。公會王人齊侯宋公衛侯許男曹伯陳世子款盟于洮。鄭伯乞盟。

襄王卽位。適丁齊桓之方霸。桓公于是率東諸侯會宰周公于葵邱。宣天子五禁以令諸侯。是會實爲春秋之冠。王室賴之多矣。僖九年九月戊辰。諸侯盟于葵邱。

冬伐黃。夏始滅黃。黃恃齊救也。三時而齊救不至。黃尚何以存。齊之霸業于是乎不克終矣。伐楚之謀。黃實濟之。楚將滅黃。而齊不救。蓋畏楚爾。僖十二年夏。楚人滅黃。

不書國。係天下也。僖十四年秋八月辛卯。沙鹿崩。

淮夷。今臨淮也。東鄰魯。西逼宋。與徐有疆埸之交。前日徐爲楚所敗。齊救不及。齊懼淮夷誘徐。爲魯宋之患。故爲兵車之會。合諸侯以觀兵于淮。亦未嘗有伐功。然則此齊桓垂末之舉。事已可憐。僖公不過嘗預會。而魯人至借以頌僖公。何哉。僖十六年冬十有二月。公會齊侯宋公陳侯衛侯鄭伯許男邢侯曹伯于淮。

齊桓五霸之盛。其初會北杏以求諸侯。諸侯未和。伐宋而爲鄄之會。伐鄭而爲幽之盟。諸侯無貳矣。而後伐戎。伐徐。徐戎率服。則救鄭以示威于南。伐山戎。以示威于北。定魯之難。救邢之危。衛滅而齊封之。杞滅而齊城之。內之諸侯一德事齊。可以南征楚也。則會江黃以犄楚之後。取舒庸以折楚之臂。然後興次陘之役。成召陵之功。則攘夷狄之功成矣。外雖定而王室未寧。于是爲首止之會。定世子之位。以示諸侯尊王之心。襄王踐阼。又爲之合葵邱之會。率諸侯以聽于冢宰。興曠世不行之大禮以令天下。而王室亦定矣。內和諸侯。外攘强楚。上定王室。桓公蓋以三王之功不我過也。則怠心生。狄滅温。齊不問。楚滅黃。齊不救。狄侵衛。齊不知。既而楚諜知其怠而易與也。于是深履東夏而伐徐。桓公合八國諸侯于牡邱。顧望不進。乃命大夫救之。

而徐卒底于敗。伐厲。伐英氏。桓公皆不親也。卒之内寵如林。閨門無法。一身未瞑。六子爲仇。斂不以禮。葬不以時。一桓公耳。而前日之桓公。非今日之桓公。何也。勤怠之殊也。勤怠之意何從生。脩外而不脩内也。僖十七年冬十有二月乙亥。齊侯小白卒。

鹿上。宋地也。召楚人于境内而盟之。引虎入閨闥。其脱搏噬幸矣。而秋又會之。虎口其可屢逃哉。宜其見執也。僖二十一年。宋人齊人楚人盟于鹿上。

叔帶者。惠王陳嬀之所愛也。若殺父母之所愛。則與鄭莊公何異。故寧避之而出居于鄭。文武之靈未泯。天下必有勤王者。若不得已而遜于叔帶。是亦文武之子孫耳。此襄王之心也。蓋帶之亂。衛士將禦之。王曰。先后。其謂我何。故出居鄭。其書天王出居于鄭。志出入之實爾。三傳鑿爲異論。曰。天子無出。且出入人之常。豈天子獨能入而不能出耶。又曰。王者無外。故不言出。出失天下也。夫一視同仁。王者之心。此所謂無外也。豈謂王者一出。而遂有外乎。一舉足而出。天下遂非其有乎。書曰。王出郊。康王之誥曰。王出在應門之外。易曰。王用出征。夫聖人書天王出居于鄭。志天王出而天下無勤王者。非謂王不可出而出也。曲禮天子不言出之文。蓋生于三傳。僖二十四年冬。天王出居鄭。

下有衛侯燬卒之文。後世傳授以類誤耳。春秋書滅同姓者有矣。而未嘗名。虞滅下陽。楚滅夔。皆同姓也。何以不名。楚子虔誘蔡侯殺之。此非同姓也。何以反名之。且書滅國則其惡自著。同姓非同姓後世自辨。不在書名而後知其滅同姓也。曲禮遂曰。諸侯失地名。滅同姓名。吾嘗考小戴禮。多漢儒雜説。援春秋三傳以立文也。且衛之滅邢固甚矣。而邢之滅實有以自致之。邢衛均有狄患。均受齊桓之德。遷而城之。二國既安。則比以抗狄可也。邢乃叛衛從狄。又脅狄以伐衛。衛抗狄。又懼不支。邢狄合而攻衛。衛益危矣。衛固無以制狄。故衛滅邢。所以奪狄之援。紓國之病也。然謀則善矣。如滅國之罪何。聖人自十八年以至于今。書邢衛之事甚詳。所以著邢不當附狄伐衛。衛亦豈當從而遂滅之。二者均有罪也。僖二十五年春王正月。衛侯燬滅邢。

楚之虐宋亦甚矣。宋成以父之讎。義不屈于楚。亦可謂賢子矣。于時晉文興霸。蓋已四年。宋亦有足恃者。而楚虐宋不已。楚則然爾。諸侯之不知變。一至此哉。有晉可從而不從。反比楚以戕中國。其罪蓋重于楚。晉文于此不得不興也。或者疑晉文興霸之暴。蓋不速則無及于天下之患。而諸侯皆楚矣。明年敗楚于城濮。豈獨宋賴之。天下賴之也。僖二十七年冬。楚人陳侯蔡侯鄭伯許男圍宋。

晉文之霸功與齊桓同。而勢與齊桓異。齊桓之興天下。習衰周之弊。而莫識所謂霸者。故齊桓求諸侯爲難。必屢會屢盟。訓諭告戒。而後諸侯服從。然欲制楚。則楚方張。其侵犯不過蔡而已。故諸侯既合。則一問而楚服。晉文之興。則諸侯蓋習于從霸。惟時無其人。則無所適從。晉文起而號召之。一揮而至矣。然楚之强。則非齊桓之時也。齊桓之時。楚不出蔡鄭。而今直蹈齊魯之郊。魯宋曹衛陳鄭蔡許。自東以南。皆楚矣。晉文將起而收之。不其艱哉。故齊桓伐楚至于召陵。楚地也。晉文敗楚止于城濮。衛地也。自楚及衛蓋千里。卻楚千里之外。以收魯宋曹衛陳鄭蔡許。半天下之諸侯。其用力爲如何。論者不察。而妄疵晉文。以爲不及齊桓。此不識天下之勢。書生語也。齊桓制楚以三十年之久。故合諸侯以正問罪之名。期其服而已。晉文則解倒垂之急于旦暮之閒。故務以謀必于勝之而後已。是二者又勢之不同也。僖二十八年夏四月己巳。晉侯齊師宋師秦師及楚人戰于城濮。楚師敗績。

温之會。天王時已歸成周。晉文于是合諸侯而朝之。然不朝諸京師。而朝諸河陽。何也。蓋昔襄王在鄭。鄭實陷于楚。晉侯勝楚得鄭。而取日于虞淵踐土之朝是也。今天王復辟。所以德晉者甚重。而王將朝焉。于是襄王出狩而就見之。所以勞晉文之來也。然則禮乎。曰非禮甚矣。諸侯朝王。禮之常。天王受朝。亦禮之常。自入春秋百年之閒。無復脩朝見之禮。晉文朝王。曠世盛典也。于是屈而出見之。託狩爲辭焉。蓋下堂而見諸侯。自夷王迄今。又百年。則循而至此。亦勢之必至。説者不知踐土之盟。襄王尚在鄭。既以爲天王出勞。則疑河陽之狩。不容再出。故以晉侯召王爲言。且晉侯方以尊王市名于天下。今反召之以買抗君之罪。必不然矣。又嘗以地考之。而知河陽之狩。非晉文召王也。河陽今之孟州。河陽與温皆孟屬邑。孟距王城纔七十里。而不舉趾如王城哉。然則孔子稱晉文譎而不正何也。夫譎以謀言也。如侵曹伐衛。執曹畀宋。執衛侯歸京師。皆譎也。晉文果召王。則天下之逆節。聖人將不齒之矣。豈特曰譎而不正哉。冬。公會晉侯齊侯宋公蔡侯鄭伯陳子莒子邾人秦人于温。天王狩于河陽。壬申。公朝于王所。

狄自伐鄭之後。至是垂四十年矣。諸侯無小大。皆受其毒。不敢以一矢加之。前年衛不忍其虐而侵之。狄屈而求盟焉。今又侵齊。齊不能討。伐晉。晉敗之。故其後屢侵齊而不敢犯晉。則知制夷狄果不可以示怯也。僖三十三年。晉人敗狄于箕。

僖公中材庸主也。其先任公子友則賢。其後任公子遂則否。天下有霸主。則僖有以自固。天下無霸主。則僖無以自立。方齊桓之霸也。服强楚。定王室。僖嘗與其功。及宋襄之敗也。楚人盟于齊。盟于薄。公亦與其辱。方晉文之未興也。僖以楚師伐齊。爲楚人戍衛。實蒙惡名。及晉文之既興也。兩合諸侯。兩朝王所。亦獲善譽。初任公子友也。敗莒于酈。以責保慶父之罪。如齊涖盟。以求與伐楚之功。友之如齊。以脩事霸主之禮。此雖出于友而僖實享其榮。終之任公子遂也。乞師于楚。以伐鄰國。帥師入杞。以虐小邦。如京師而遂如晉。則不忠于周。既取邑而又伐鄰。則納君于惡。此雖出于遂。而公亦蒙其罪。因是知僖公爲中人也。其他閨門不肅。而夫人會齊侯于卞。季姬遇鄫子于防。典禮不經而用禘。致夫人免牲猶三望。此又中人之德性有所不至。智有所不及者也。十二月。公至自齊。乙巳。公薨于小寢。

孟氏自敖而專。叔孫氏自得臣彭生而横。季孫氏自行父而侈。前乎此。大夫出會者皆君命。至此而始專。文元年秋。公孫敖會晉侯于戚。

常月曰告朔。閏月曰告月。文公不達此。以爲天無是月而弗告焉。猶幸其朝于廟。文六年閏月。不告月。猶朝于廟。

魯有戎患。未嘗有狄難。狄蓋遠于魯。今狄越齊衛而侵魯。其患深矣。文七年。狄侵我西鄙。

楚執宋公以伐宋。春秋亦書曰楚子。豈進其虐中國耶。宜申謀爲不道而見殺。春秋亦書曰宜申。豈進其謀逆耶。書楚子。書椒。從其國稱之。書其實而已。文九年冬。楚子使椒來聘。

晉之不能宗諸侯者。權在趙盾也。諸侯之不肯從晉者。不屈于盾也。中國無霸主。而楚人伐麇圍巢。無復顧忌。寖寖然兵及衛鄭。故衛因公之如晉而會公于沓。鄭因公之還自晉而會公于棐。蓋謀晉之霸也。然衛鄭不敢直附晉。而問交于魯者。以魯深睦于晉。而知晉强弱。從違之計。卜于魯焉。故明年遂爲新城之盟。公之一出。晉實因之。而復霸諸侯。楚實懼之。而終文公之世。不侵中國。則亦不爲無益于天下。文十三年冬。公如晉。衛侯會公于沓。狄侵衛。十二月己丑。公及晉侯盟。公還自晉。鄭伯會公于棐。

楚成王穆王求諸侯。直與中國爭鋒。今莊王之興。西連巴秦。繞出周晉之後。西南既合。而北趨晉。則中國諸侯在其掌握矣。然則蔿賈之謀乃轉敗爲成。而饑饉兵革之來。適爲莊王强楚之資也。文十六年。楚人秦人巴人滅庸。

拜成昏也。前年夫人姜氏歸于齊。季孫行父如齊。今夫人婦姜至自齊。季孫行父復如齊。前日絶其姑。今日賀其婦。婦姑均齊女也。姑惡。視之母。則絶之。婦倭之夫人。則賀之。倭。諸大夫立之也。惡及視。諸大夫殺之也。殺者絶而立者賀。其謀皆出于大夫。大夫之謀一至是耶。宣元年夏。季孫行父如齊。

楚莊天下姦雄也。前日滅庸。首結秦巴以侵中國之西。今日侵陳。侵宋。又結鄭以侵中國之東。未得秦巴則不及庸。未得鄭則不及陳宋。必秦鄭既復。東西之勢合。羽翼之謀成。而後趨中國。時霸者不作。楚方跋扈。盾不救。則陳宋爲楚矣。然經書救陳。而左氏以爲救陳宋。蓋意之耳。楚之伐宋必越陳。故救陳則宋自解。趙盾救陳未返。而次于棐林。四國之君會之。伐鄭。盾以大夫尸諸侯之事。必責正義而誅之。則諸侯何所宗。中國何所恃。故春秋不得已而予之。楚子鄭人侵陳。遂侵宋。晉趙盾帥師救陳。宋公陳侯衛侯曹伯會晉師于棐林。伐鄭。

僖文之世。歲有狄患。至文十一年。叔孫得臣敗之于鹹。狄患頓息。狄衰而赤狄興焉。赤狄隗姓。潞甲及留吁皆赤狄也。今其侵齊。始見于經。宣三年秋。赤狄侵齊。

惠公卒而崔氏奔。則崔氏寵于惠而不容于國人久矣。左氏乃謂崔杼有寵。而高國畏其偪。且自是至崔杼之逆。凡五十有一年。古者四十而仕。五十而爵。則崔杼之弒蓋百歲矣。何杼如是之壽耶。蓋附會也。宣十年。齊侯元卒。齊崔氏出奔衛。

前年宋圍滕。滕不服。今又伐之。以滕之小。安能事二國。事魯則宋伐之。事宋則魯伐之。宋成纔免晉楚之虐。曷不以己處晉楚閒之心爲心乎。左氏謂滕恃晉而不事宋。以職方考。滕越齊衛而後至晉。安能越二國事晉哉。蓋事魯而不事宋。晉魯有亥豕之似。左氏誤附會矣。六月。宋師伐滕。

鄭一失身餌楚。五受楚兵。從楚者六。歸晉者五。乍晉乍楚。不幸而處晉楚之閒。不能自立也。楚子伐鄭。

耕者助而不税。今宣公廢助法而用税。税者。責其粟。而已不計公田私田之出。豐凶肥墝之異也。歲不幸而凶。必責豐歲之入。地不幸而墝。必用私田之貢。雖其法未離乎什一。而民苦于凶歲之苦輸。墝田之重征。此初税畝之弊也。宣公既税畝。至哀公又用田賦。税出穀粟。賦出車乘。始爲兼取而有二吾猶不足之説。宣十五年。初税畝。

黄東發曰。木訥之説雖覺寬平。但賦出車乘。乃自昔寓兵于農之法。恐于税民不相干。難以此方爲什二耳。晦庵先生註二吾猶不足云。周制井田。大率民得其九。公取其一。魯自宣公税畝。又逐畝十取其一。則爲什而取二矣。此説簡明。當從之也。

世之稱五霸者。其論出于荀孟。聖人初無是言也。孔子曰。齊桓公正而不譎。晉文公譎而不正。言桓文而已。初不及宋襄秦穆楚莊吴闔閭越勾踐也。而荀孟之所謂五霸者。亦所取不同。各循戰國一時之稱。慕而立論爾。孟子之所謂五霸。則桓文與宋襄秦穆楚莊爲五。荀子之所謂五霸者。則桓文與楚莊闔閭勾踐爲五。如前七君者。皆見乎春秋。而聖人獨于桓文有實予之辭。首止葵邱之盟。踐土于温之會。召陵城濮之役。王室賴之。諸侯賴之。兆民賴之。聖人所以予之者。幸天下有桓文而不遂爲夷也。若宋襄。固無成功。而秦穆楚莊闔閭勾踐皆爲中國患。聖人何忍長其寇哉。闔閭勾踐皆逞兵以鬬其私。君子不道也。秦穆三敗而不退孟明。其悔過之誓得列于書。楚莊得陳得鄭而不有。哀宋之危而遂許其平。二君者以爲夷狄之賢君則固也。遂與桓文同列。則鵾鸞無别矣。秦穆之誓。特其詞有足觀。聖人取其詞而已。悔其敗而益阻兵。是豈聖人所望。故書于春秋。皆擠之九泉之下。無一字之褒。若楚莊者。尤爲中國之害。又非秦穆之比。秦穆鬭私忿于晉而已。實不敢陵諸侯也。楚莊之興。直犯中國。滅庸滅舒滅蓼滅蕭。宋陳鄭聖賢之後。皆被其毒。假伐戎之行以觀兵于周。仗討罪之名以肆虐于陳。圍鄭圍宋。皆必其面縛請降。登牀告病而後已。賢者固如是乎。嘗怪後世不審孟荀之論。概以五霸爲賢。吾故辨之。暴秦楚之惡以存中國。非私意也。春秋意也。宣十八年。楚子旅卒。

魯祀周公爲太祖。伯禽爲太宗。記禮者出于春秋之後。見魯立武宮。遂有武世室之語。蓋不經矣。成六年辛巳。立武宮。

魯之卜郊。自僖公始。而用郊自成公始。蓋前此雖以宰讓史逐請之于王。得用郊。猶疑其僭而卜之。未遽用也。成公七年卜之。不從。乃免牛。十年又嘗卜之。五卜不從。遽不郊。今成公懼卜而不從。則終不得郊。故不復卜而直用之。聖人書曰。用郊。蓋前此未嘗用也。至定哀之郊。則不復書用。蓋責不在定哀。其用之始于成公。用與用田賦用致夫人同謬者。求其説而不得。遂以爲用人。其支離一至是哉。成十七年九月辛丑。用郊。

厲公之興。哆然脩文襄之業。敗狄伐秦。既如其志。當吴楚並興。欲抗吴則畏楚。欲抗楚則慮吴。遂合諸侯以會吴于鍾離。蓋疑吴楚合則中國無以抗之也。吴既我附。明年遂興鄢陵之師。大敗楚鄭。謀亦深矣。然晉雖得志。而鄭不反。是時不退而脩德。乃遷怒魯之後至。沙隨之會不見公。既而上屈王卿。下連諸侯。三疾于鄭。鄭不能得。忿無所洩。内疾卿佐。立其朝者。儳然如不終日。故中行欒氏之逆成。嗚呼。剛暴之君可不監哉。成十八年。晉弑其君州蒲。合六國之大夫。而不加侵伐。謀所以服之之術而已。晉所以皇皇然速于得鄭者。蓋鄭僖初立。倘一爲楚所羈。則未可以文告致。是機會之不容失者。不然一歲之閒。三合兵車。何諸侯之不憚煩哉。襄二年秋七月。仲孫蔑會晉荀罃宋華元衛孫林父曹人邾人于戚。

悼公。晉之賢君也。其所以霸諸侯之效在得陳得鄭而已。陳鄭即楚久矣。今興虎牢之役。隻矢不遺而鄭來。陳見鄭來。而恥獨爲夷。亦遣袁僑如會。然鄭以君會。而陳以臣至。雞澤之盟。以諸侯盟鄭之君。戊寅之盟。以大夫盟陳之臣。蓋鄭伯之來。既與盟矣。袁僑至而無以質之。則懷附之心不固。苟復自與之盟。則袁僑實抗而霸權不尊。故以大夫盟之。則晉無屈己之辱。僑無抗君之罪。禮甚安而分甚明。此吾所以見悼公之賢也。論者乃謂諸侯在而大夫盟。爲大夫之專。不知大夫奉君命而盟。袁僑何得爲專。襄三年六月。公會單子晉侯宋公衛侯鄭伯莒子邾子齊世子光。己未。同盟于雞澤。陳侯使袁僑如會。戊寅。叔孫僑如及諸侯之大夫及陳袁僑盟。

用諸侯之兵以報己怨。非也。然自是一伐秦。終春秋之世。秦不敢復侵晉。襄十四年夏四月。叔孫會晉荀偃齊人宋人衛北宮括鄭公孫蠆曹人莒人邾人滕人薛人杞人小邾人伐秦。

晉室中僨三郤誅厲公。弑悼公。以公族自外入繼。卽位之初。慨然思復文公之業。一爲宋圍彭城而得諸侯。再奪鄭虎牢而得陳鄭。外抗强楚。內連東吳。蕭魚之會。不戰不盟。楚不敢爭。鄭不忍叛。雖召陵之役。不是過也。其功業直將俎豆文公于百載之上。襄成靈厲有慙德矣。襄十五年冬十一月癸亥。晉侯周卒。

齊靈公卒。晉士匄聞喪不伐。振旅而還。齊人德之。求成于晉。合十三國歃血于澶淵。小大協和。天下賴之。襄二十年夏六月庚申。公會晉侯齊侯宋公衛侯鄭伯曹伯莒子邾子滕子薛伯杞伯小邾子盟于澶淵。彼其來聘。豈情也哉。窺中國而已。襄三十年。吴子使札來聘。

趙文自爲宋之盟以弭天下之兵。于今六年。内外無干戈之役。今又盟于虢。以申前好。此雖出于大夫。而爲天下之利大矣。昭元年。叔孫豹會晉趙武楚公子圍齊國豹宋向戌衛齊惡陳公子招蔡公孫歸生鄭罕虎許人曹人于虢。

此三家既分公室。故藉蒐田之禮。以數軍實也。春蒐者獵之淺。秋獮者獵之深。姑淺獵而寡獲。以示不貪于弋獵。其實則數軍而已。昭八年秋。蒐于紅。

諸家皆以大蒐爲越禮。非也。天子六軍。魯安得六軍以僭天子哉。大閱大蒐。皆田獵。教兵之名。天子諸侯所同。特論其所以蒐之故。蓋三家數軍實以傾民心。非爲田獵以共宗廟賓客。充君之庖也。昭十一年。大蒐于比蒲。

辛有見伊川被髪之祭曰。不百年。此其戎乎。其後爲陸渾之戎逼近成周。然俘而投之海外可也。滅之亦酷矣。昭十七年八月。晉荀吴帥師滅陸渾之戎。

學者不信經而信傳。反從爲之辭。若果傳實。是春秋誣人以大逆矣。歐陽子固嘗攻之。昭十九年夏五月戊辰。許世子止弑其君買。

鞅方有分晉之心。特未得其閒。其會諸侯。姑以是感季氏。而結死黨爾。昭二十七年秋。晉士鞅宋樂祁犂衛北宮喜曹人邾人滕人會于扈。

晉之六卿。即魯之三家也。前日扈之盟。既乞貨于季氏。今其忍背賂以傷其類哉。故徒次于乾侯而不得入。昭二十八年。公如晉。次于乾侯。

闞。魯羣公墓隧之所在。公在乾侯。不得祭于廟。姑取墓隧之地。以寓考思。定元年葬昭公。季氏使役如闞。將溝焉。則昭公亦葬于闞。昭公無乃知其將終于乾侯。取闞以爲死所乎。昭三十二年春王正月。公在乾侯取闞。

周營洛邑。其居九鼎者曰王城。其遷頑民者曰成周。平王遷于王城。至敬王入于成周。晉率諸侯之大夫以城之。蓋于是周再遷矣。既而爲東周西周。則又遷矣。昭三十二年冬。仲孫何忌會晉韓不信齊高張宋仲幾衛世叔申鄭國參曹人莒人薛人杞人小邾人城成周。

小人爲惡。內有不安。則諂鬼神以要福。季氏逐君。天地所不容。何有于煬公。煬公。伯禽之子。自煬至昭二十二世矣。神靈何在。季氏疑得罪于周公伯禽。故爲之祀其子。所謂媚竈者也。宗廟有常制。魯之廟已異矣。成公立武宮。固已違制。今又立煬宮。是魯祀八世也。天子宗廟七。而魯之廟八。其可訓乎。定元年。立煬宮。

桓文以還。會盟侵伐。未有如此之衆且盛者。晉定非健主也。一會而十有八國從之。楚昭昏庸。四鄰不親。諸侯叛之于內。吳議之于外。故晉定一揮而諸侯雲合。一舉而清南服。誠反掌矣。

然晉政已移于六卿。晉定直一偶人。六卿懼公勝楚而歸。功冠五霸。而權不及己。故乞賂以離蔡。假髦以賤鄭。用散諸侯之心。以隳其君之功而固其私。至以十八國之衆。終侵楚而已。齊桓以八國伐楚。而楚來盟。晉文以四國戰楚。而楚大敗。今三倍于桓。五倍于文。纔一侵而退。定公蓋制于六卿而不能進也。卒之救蔡敗楚之功。乃歸于吳。終春秋之世。諸侯不振。吳越爭霸。其機實失于此。定四年三月。公會劉子晉侯宋公蔡侯衛侯陳子鄭伯許男曹伯共子邾子頓子胡子滕子薛伯杞伯小邾子齊國夏于召陵。侵楚。

魯自舍中軍之後。三軍皆隸三家。公無一旅之衆。今意如死。定公粗有立。復自將而一侵鄭。其後侵齊。會晉圍城。皆以師行。收兵之原。蓋始于此。定六年二月。公侵鄭。

定公承昭公之後。政在季氏。粗能攬國柄。親盟。親會。親兵。魯民粗知有君。賢于昭公遠矣。一用孔子相夾谷之會。齊人沮屈來歸侵疆。惜乎用之不久。抑亦天未欲平治天下乎。孔子既行。三家復張。蓋權移于下。已奕四世。定公安能一旦而取之。然比襄昭之世。已十得三四。不爲無益于魯也。定十五年五月壬申。公薨于高寢。

諸侯奔天子之喪。子奔父之喪。邾奔魯喪過矣。然邾自昭公之世爲魯所虐。定公爲拔之盟。終其世不犯邾。邾人德之。故來會來朝。又來奔喪。禮雖過而情則眞也。大之比小。春秋鮮能。定公行之。而邾子奔喪。滕侯會葬。推此以達之天下。文王之事也。說者皆責邾子之非。吾于此見定公之仁也。邾子來奔喪。

齊景之世。崔氏陳氏高氏國氏皆横。而陳氏尤專。景公之爲景公。特魯昭爾。景公得一晏子而任之。故能忍。昭公有一子家子而不能用。故以忿而失國。哀五年秋九月癸酉。齊侯杵臼卒。

失讙失闡。岌岌乎懼齊兵之臨其城也。而亟歸之。則不若初不滅邾之無是辱也。哀七年秋。公伐邾。八月己酉。入邾。以邾子益來。

吴夫差躬敗齊師于艾陵。魯故也。魯以爲惠。故會吴于橐皋。脩鄫之好也。公旣睦于吴。而吴將圖霸。故爲會宋衛于鄖。合宋衛以從吴也。齊固晉之仇。今魯宋衛亦折而從吴。晉其殆哉。故明年爲黄池之會。脩好于吴。非爭霸也。紓吴患也。然晉之屈。吴之雄。諸侯東嚮事吴者。皆魯爲之也。四書公會吴。繼書公會宋衛。明年公會晉侯及吴子于黄池。則魯之罪著矣。哀十二年。公會吴于橐皋。秋。公會衛侯宋皇瑗于鄖。

木訥遺文

商周之有天下。其傳世之數。歷年之久。不大相過。而商之後屢蹟而屢興。盤庚高宗皆奮起衰亂之中。卓然爲時賢王。而周之後萎靡不振。興于衰亂之中者。宣王一人而已。而宣王之爲人剛毅果敢。殆非成康之流。蓋不如是。亦不足以興也。愚因知威文子孫興衰之異。亦商周之世也。商尚質而周尚文。質近乎剛。文近乎柔。柔可以久而不可以强。故周之後平易和懌。而鮮能崛起。剛可以立而不免于挫。故商之後嚴厲奮發。屢起而中興。亦祖宗所尚者有以致之也。今威文之所尚。固不可髣髴商周。然觀其子孫之興衰。實似之。晉文公論。

補進士李先生世弼

梓材謹案。元史言先生晚授東平教授以卒。袁清容集封龍書院記所謂東平府君。恐卽先生。特無他據。

雲濠謹案。先生東平人。從外家受孫氏春秋。其外家當是東平劉氏也。

李氏經説

道散而有六經。六經散而有子史。子史之是非。取證于六經。六經之折衷。必本諸道。國家所以稽古重道者。以六經載道。所以重科舉也。後世所以重科舉者。以維持六經。能傳帝王之道也。

徐氏續傳

吴先生正道

吴正道。番陽人。年五十餘。世爲儒家。深好篆法。既著六書淵源。字旁辨誤。又著存古辨誤。韻譜。臨川吴公見而喜之。親作兩書兩序。虞道園序其六書存古辨誤曰。韻譜之書。徐氏舊作。直載其字而已。蓋不更加辨誤。而張謙仲鄭觳仲永嘉戴氏之辨。又不得以切韻尋檢。是以正道有辨古。有存古。具見于切韻。相從之下。視徐氏爲後出。而益加詳矣。道園學古録。

胡氏門人

胡先生善

胡善字師善。諸暨人。泰定進士。胡一中高第弟子也。至正乙未。以憲僉趙公舉爲松江儒學經師。越明年。苗寇至。欲燬孔子廟。先生坐經席。罵寇。寇怒。殺之。廟得免于災。先是先生以死自許。題詩于壁曰。領檄來司教。臨危要致身。及難死。果不誣。後校官貌其像。祀于先賢堂。輟耕録。

李氏家學

補 尚書李先生昶

附録

先生穎悟過人。讀書如夙習。無故不出户外。鄰里罕識其面。早年讀語孟。見先儒之失。考訂成編。及得朱氏張氏解。往往脗合。其書遂不復出。獨取孟子舊説新説矛盾者。參考歸一。附以己見。爲孟子權衡遺説五卷。

李氏門人

文正李敬齋先生治

李治字仁卿。欒城人。登金進士第。辟知鈞州事。城潰。微服北渡。流落忻崞閒。聚書環堵。人所不堪。先生處之裕如也。世祖在潛邸。聞其賢。召之。且曰。素聞仁卿學優才贍。潛德不耀。久欲一見。其勿他辭。既至。問河南居官者孰賢。對曰。險夷一節。惟完顔仲德。又問今之人材賢否。對曰。天下未嘗乏材。求則得之。舍則失之。理勢然耳。今儒生有如魏璠。王鶚。李獻卿。藺光庭。趙復。郝經。王博文輩。皆有用之材。又皆賢王所嘗聘問者。舉而用之。何所不可。但恐用之不盡耳。然四海之廣。豈止此數子哉。王誠能旁求于外。將見集于明廷矣。又問天下當何以治之。對曰。有法度則治。控名責實則治。進君子退小人則治。世祖嘉納之。晚家元氏。買田封龍山下。學徒益衆。及世祖卽位。欲處以清要。以老病求還山。再以學士召。就職期月。復以老病辭去。卒于家。年八十八。所著有敬齋文集四十卷。壁書藂削十二卷。泛説四十卷。古今黈四十卷。測圓海鏡十二卷。益古衍疑三十卷。元史。

梓材謹案。先生謚文正。袁清容集封龍山書院記云。世祖始立翰林院。眞定李文正公首以碩德耆俊召爲翰林學士。未幾告老以歸。隱于封龍山。封龍在恆山之陽。公幼侍東平府君受業焉。地舊有書院。兵革蹂躪。公拮据。盡力以成之。又云。暨公下世。踰二十年。其從公而顯者。曰史忠武公。諸子曰松。曰□。曰杞。曰煇。廉訪使荆幼紀。集賢學士焦養直。廉訪僉事張翌。宣撫崔某。其餘贊成均授鄉里。名不能悉數。而眞定之學者升公之堂。拜公之像。未嘗不肅容以增遠想也。

測圓海鏡自序

數本難窮。吾欲以力强窮之。彼其數不惟不能得其凡。而吾之力且憊矣。然則數果不可以窮邪。既已名之數矣。則又何爲而不可窮也。故謂數爲難窮斯可。謂數爲不可窮斯不可。何則。彼其冥冥之中。固有昭昭者存。夫昭昭者其自然之數也。非自然之數。其自然之理也。數一出于自然。吾欲以力强窮之。使隸首復生。亦末如之何也已。苟能推自然之理。以明自然之數。則雖遠而乾端坤倪。幽而神情鬼狀。未有不合者矣。予自幼喜算數。恒病夫考圓之術。例出于牽强。殊乖于自然。如古率徽率密率之不同。截弧截矢截背之互見。内外諸角。折會兩條。莫不各自名家。與世作法。及反覆研究。卒無以當吾心焉。老大以來。得洞淵九容之説。日夕玩繹。而鄉之病我者。殆礫然落去而無遺餘。山中多暇。客有從余求其説者。于是乎又爲衍之。遂累一百七十問。既成編。客復目之測圓海鏡。蓋取夫天臨海鏡之義也。昔半山老人集唐百家詩選。自謂廢日力于此。良可惜。明道先生以上蔡謝君記誦爲玩物喪志。夫文史尚矣。猶之爲不足貴。況九九賤技之能乎。嗜好酸鹹。平生每痛自戒敕。竟莫能已。類有物憑之者。吾亦不知其然而然也。故嘗私爲之解。曰由技進乎道者。言之石之。斤扁之輪。庸非聖人之所予乎。覽吾之編。察吾苦心。其憫我者當百數。其笑我者當千數。乃若吾之所得。則自得焉耳。寧復爲人憫笑計哉。

敬齋同調

張先生德輝

元先生裕合傳。

張德輝字輝卿。交城人。與元裕及李冶遊封龍山。時人號爲龍山三老者也。先生少力學。數舉于鄉。金貞祐閒。兵興。家業殆盡。試掾御史臺。趙秉文楊慥咸器其材。金亡。北渡。世祖在潛邸。召見曰。孔子殁已久。今其性安在。對曰。聖人與天地終始。無往不在。殿下能行聖人之道。性郎在是矣。又問。或云遼以釋廢。金以儒亡。有諸。對曰。遼事臣未周知。金季乃所親將佐就中雖用一二儒臣。餘皆武弁世爵。及論軍國大事。又不使預聞。大抵以儒進者三十之一。國之存亡。自有任其責者。儒何咎焉。世祖然之。又訪中國人材。先生舉魏璠。元裕。李冶等二十餘人。歲戊申春。釋奠致胙于世祖。世祖曰。孔子廟食之禮何如。對曰。孔子爲萬代王者師。有國者尊之。則嚴其廟貌。脩其時祀。其崇與否。于聖人無所損益。但以此見時君崇儒重道之意何如耳。世祖曰。今而後此禮勿廢。是年夏。先生得告將還。更薦白文舉。鄭顯之。趙元德。李造之。高鳴。李槃。李濤數人。又陳先務七事。世祖以字呼之。有頃奉旨教胄子孛囉等。壬子。先生與元裕北覲。請世祖爲儒教大宗師。世祖悦而受之。因啓累朝有旨蠲儒户兵賦。乞令有司遵行從之。仍令先生提調眞定學校。世祖郎位。起爲河東南北路宣撫使。至元三年。參議中書省事。

五年春。擢侍御史。辭不拜。先生請老。命舉任風憲者。疏烏庫哩貞等二十人以聞。先生天資剛直。博學有經濟器。毅然不可犯。望之知爲端人。性不喜嬉笑。卒年八十。元史。

靖肅魏先生璠別見明道學案補遺。

文氏續傳

隱君文先生□附子□。如玉。

文□。宋太師潞國公之後。以仕入蜀。家順慶之南充縣。端平三年。闔族避元兵南下。先生獨不去。隱居教授。生二子。其長讀書力學。倜儻有用世志。次如玉。字璋甫。至大閒授承務郎。累遷中順大夫。順慶路總管。僦居城北。屏傔從。杜私謁。興學教士。年未七十。致其仕。平居教子姪。書不去手。其文賦㊀詩號石山集者。凡若干卷。燕石集。

木訥續傳

青陽先生夢炎

雲濠謹案。經義考載先生序趙氏經筌曰。予與先生居同里。且受經于先生之高第。是先生爲木訥再傳弟子。且云居同里。則先生蓋自綿州徙居丹徒者也。又案。袁清容述先大夫師友淵源。正以先生爲西蜀人。謂其使李瓘善機辨云。

㊀「詩」上脱「歌」。

青陽夢炎。丹徒人。初仕宋。元世祖聞其名。召至都。錫第以居。歷官禮部尚書。翰林學士。姓譜。

尚書門人

補 集賢李野齋先生謙

雲濠謹案。元史先生本傳。稱其與徐世隆。孟祺。閻復齊名。而先生爲首云。

嚴先生忠範

嚴忠範。東平行臺實之子。而嗣行臺忠濟之弟也。忠濟罷。代之。表請李昶師事之。特授昶翰林侍講學士。元史。

野齋同調

徐先生世隆

徐世隆字威卿。陳州西華人。弱冠登金正大四年進士第。其父戒之曰。汝年少。學未至。毋急仕進。更當讀書。多識往事。以益智識。俟三十官未晚也。先生遂辭官。益篤于學。父歿。奉母北渡河。嚴實招致東平幕府。俾掌書記。先生勸實收養寒素。一時名士多歸之。世祖在潛邸。召見于日月山。實子忠濟以先生爲東平行臺經歷。于是益贊忠濟興學養士。中統元年。擢燕京等路宣撫使。歷爲山東提刑按察使。移淮東。召爲翰林學士。集賢學士。皆以疾辭。年八十卒。所著有瀛洲集百卷。文集若干卷。元史。

孟先生祺父仁。

孟祺字德卿。符離人。父仁。業儒。有節行。壬辰。北渡。寓濟州兼㊀臺。州帥石天禄禮之。辟詳議府事。先生早知問學。侍父徙居東平。時嚴實脩學校。招生徒。立考試法。先生親試。登上選。辟掌書記。擢國史院編脩官。江南平。授嘉興路總管。首以興學爲務。創立規制。在官未久。竟得疾。解官歸東平。至元十八年。擢淛東海右道提刑按察使。疾不赴。卒年五十一。贈參知政事護軍魯郡公。謚文襄。元史。

文貞徐先生琰

徐琰字子方。東平人。至元末。爲浙西肅政廉訪使。卽宋太學舊址。改建西湖書院。先生有文學重望。東南人士重之。一統志。

梓材謹案。先生謚文貞。見黄文獻公集。又案。王忠文公書。文公書文貞詩後云。至元大德之間。東平公謙。孟公祺。閻文康公復。徐文貞公琰。並以文學政事爲世典刑。海内尊之。號四大老。而徐公尤長於詩。

文康閻先生復別見百源學案補遺。

㊀「兼」當爲「魚」。

申屠先生致遠

申屠致遠字大用。其先汴人。金末從其父義徙東平之壽張。先生肄業府學。與李謙孟祺等齊名。至元七年。崔斌守東平。聘爲學官。累轉臨安府安撫司。經歷臨安。改爲杭州。遷總管府推官。西僧作浮圖于宋故宮。欲取高宗所書九經石刻以築基。先生拒之乃止。歷僉淮西江北道肅政廉訪司事。行部至和州。得疾卒。先生清脩苦節。恥事權貴。聚書萬卷。名曰墨莊。家無餘產。教諸子如師友。所著忍齋行槀四十卷。釋奠通禮三卷。杜詩纂例十卷。集驗方二十卷。集古印章三卷。元史。

敬齋門人

史先生松

史松字柔明。號橋齋道人。官至行省左丞。圖繪寶鑑。

梓材謹案。姚牧庵所作史忠武神道碑。先生爲忠武第四子。歸至眞定。上遣㊀與太醫馳往諭㊁視云。

史先生□

史□。

㊀「遣」下脱「其子杠」。

㊁「諭」當爲「診」。

梓材謹案。忠武神道碑稱其子男八人。長爲平章政事格。其次曰樟。眞定順天兩路新軍萬户。曰棣。嘉議大夫衛輝路總管。其次爲松。爲杞。又其次曰梓。奉議大夫。澧州路同知。曰楷。奉訓大夫。南陽府同知。曰彬。資德大夫。中書左丞。未知于先生何當也。

史先生杞

史杞。官嘉議大夫。淮東道肅政廉訪使。

史先生煇

史煇。

荆先生幼紀

荆幼紀。□□人。董忠穆文用拜御史中丞。曰中丞不當理細務。吾當先舉賢才。乃舉先生與胡祇遹。王惲。雷膺。許楫。孔從道十餘人爲按察使。元史。

焦先生養直

焦養直字無咎。堂邑人。夙以才器稱。至元十八年。以眞定路儒學教授超拜典瑞少監。二十八年。賜宅一區。入侍帷幄。陳説古先帝王政治。帝聽之。每忘倦。大德元年。成宗幸柳林。命進講資治通鑑。因陳規諫之言。歷授集賢大學士。未老歸而卒。謚文靖。元史。

附録

蘇滋溪曰。成宗大德閒。帝問太醫院大使韓公麟。當今儒臣孰與卿比。對曰。集賢焦某。學爲通儒。昔事先帝。日侍講讀。非臣所能及也。遂召入侍顧問。

張先生翌

張翌。

崔先生□

崔□。

教授張先生延

張延字世昌。號節軒先生。槀城人。幼嘗與羣兒戲水濱。衆泅于水。先生獨不爲動。儼然如成人。元帥董公王公見而奇之。始令肄業于侍其提學軸。既長。學文于李翰林冶。用力清苦。兩試于鄉。先以明經擢前列。又以詞賦冠多士。董忠獻公經略山東。辟爲統軍司諮議。以親老辭歸。久之。除眞定路教授。崇尚名節。學者興起。聚書數千卷。築重屋以庋之。爲學孜孜。老亦不懈。或辨經傳之訛。或訂史學之失。至于氣候之暄涼。交游之言論。悉筆于册。日有程度。所著周易備忘十卷。中晉書二卷。要言一卷。讀通鑑詩二卷。因讀記二十卷。集文十卷。邑中大族若董氏。

趙氏。王氏。雖以將相勳伐之貴。各遣子弟執經就學。年六十有二卒。蘇滋溪集。

薛先生恆

薛恆字德常。元氏人。歷官建昌州判官。蚤從翰林李冶學詩書孔孟之説。及仕郡縣。務以惠愛元元爲本。卒年六十有七。蘇滋溪集。

權先生秉忠

權秉忠字伯庸。黎城人。初從李敬齋先生學。至元中提刑姜彧察其行能。用爲掾。歷授翰林待制兼國史院編脩。程鉅夫薦爲直學士而卒。程雪樓集。

野齋門人

文貞曹先生伯啓

曹伯啓字士開。碭山人。元初。東平嚴侯興學作士。先生往遊焉。師事承旨李謙。爲人廉靜温雅。筮仕碭山文學掾。歷溯州學正。冀州教授。訓諸生有法。累擢拜西臺御史。關輔自許文正公倡明道學。以淑多士。先生請于朝。建祠以表其功。築室以訓來學。歷拜侍御史。除浙西廉訪使。泰定初元。引年北還。優遊鄉社。人樂其德。表所居爲曹公里。平生以人才爲任。在中臺時薦名士若干人。性莊肅。奉身清約。讀書不倦。教子孫嚴而有禮。及事至元故老。學有本原。其處心平易而不苛。其爲政安靜而不擾。敭歷中外五十餘年。卒贈體忠守憲功臣河南行省左丞魯郡公。謚文貞。滋溪文稿。

梓材謹案。虞道園爲文貞文集序。稱其起于漢泉。受業于埜齋李公。受知于信齋馬公。信齋疑即馬先生紹。元史先生本傳云。卒于毗陵。年七十九。有詩文十卷。號漢泉漫槀。續集三卷。行世。

學士李果齋先生之紹

李之紹字伯宗。平陰人。自幼穎悟聰敏。從東平李謙學。家貧。教授鄉里。學者咸集。至元三十一年。以馬紹李謙薦。授將仕佐郎。翰林國史院編脩官。姚牧庵欲試其才。凡翰林應酬之文積十餘事。併以付之。先生援筆立成。併以槀進。牧庵驚喜曰。可謂名下無虛士也。歷遷國子司業祭酒。夙夜孳孳。惟以教育人材爲心。陞翰林侍講學士。知制誥。同脩國史。告老而歸。泰定三年卒。年七十三。平日自以其性。遇事優遊少斷。故號果齋以自勵。有文集藏于家。元史。

文肅王瓠山先生構

王構字肯堂。東平人。幼肄業郡學。試詞賦入等。杜先生仁傑深器之。賈文正居貞一見館之。以教其子。載與至京師。劉文正王文康王文忠辟爲權國史院編脩官。丞相耶律公戒其子以兄禮事焉。授將仕郎。充應奉翰林文字。先生辭曰。少嘗受學于李先生謙。今先生猶教授東平。實不敢先。遂以其官召李。明年始受之。歷陞翰林學士。參議中書省事。以薦士安靜爲急務。拜翰林學士承旨。至大三年卒。有文集三十卷。追贈魯國公。謚文肅。清容居士集。

梓材謹案。先生號瓠山。見姚牧庵集。袁清容有祭王瓠山承旨文。

徐氏門人

錢先生良右

錢良右字翼之。平江人。生而不凡。長益闓敏。徐文貞持浙西部使者節。從父宗顯處其幕下。先生因得侍左右。文貞見其謹節有禮。語人曰。錢生濟濟有儒者意度。令親簡編。必成名器。先生亦感勵。自力于學。時若弁陽周密。淮陰龔開。剡源戴表元。隆山牟應龍。永康胡長孺先生。無不接序其緒論。故其聞見最爲詳博。至大中。署爲吴縣儒學教諭。已代去。輒不復出。閒居三十年。安貧守約。一室蕭然。坐客常滿。里中子弟來就學。亦弗拒也。晚自號江村民人。因以江村先生稱之。黄文獻集。

林先生寬附弟坦。宏。堅。宇。理。

林寬字彦粟。其先資州人。祖某。温州樂清令。因家樂清。父監官尹。初仕爲湖州録事。又居吴興。先生年七歲能屬文。十歲盡記誦六經。十二歲以書干東平徐子方。徐有大名。當時方按察浙西。以人材爲己任。問經義。皆條對如響。目爲神童。先生爲學益力。其父恐其勤苦致疾。嘗禁其夜讀。使休息。先生藏火。候夜分。親睡。潛起。微誦或至旦。不敢令親知。年十七喪父。哀毁過節。盛暑衰絰不去身。家素清貧。能自立不隳其所守。教其弟坦宏堅宇理以學。如父在。

居吴中二十年。閉門授徒以爲業。從游者皆自遠至。成業乃去。然性好山水之樂。游錢塘靈隱天竺諸山。動或經旬月乃一歸。聞四明雪竇尤奇特。即冒暑往游。延祐五年卒于京師。年三十九。道園學古録。

申屠家學

州守申屠先生駉

申屠駉。翰林待制致遠子。爲耀州守。君以清方直諒世其家。待制平居無它好玩。惟以古彝器法書名畫求售者。輒授厚直取之。所蓄既富。緘縢庋置。覆以傑屋。名曰博古之堂。先生傳藏。護視惟謹。陞其堂。如見其親之存焉。黄文獻集。

梓材謹案。阮亭居易録云。吴草廬集有毁曹操廟詩序云。山南江北道憲司巡歷至夷陵。毁冀牧曹操廟。其議自書記申屠駉發之。然則駉亦快士也。唐肅亦有申屠子迪毁曹操廟文。蓋駉字子迪云。

王氏家學

參政王先生士熙

王先生士點合傳。

王士熙。承旨構之子。仕至中書參政。卒官。南臺御史中丞弟士點。淮西廉訪司僉事。皆能以文學世其家。元史。

梓材謹案。參政字繼學。見清容居士集。黄文獻集稱鄧善之前後從游無慮數百人。惟御史中丞王士熙與集賢大學士馮思温最顯。又案。阮亭居易録禁扁五卷。起甲訖戊。元東平王士點繼志著。虞集歐陽玄序又云。士熙繼學最以古文著名。士點其兄弟也。

王氏門氏㊀

文清袁清容先生桷詳見深寧學案。

賈先生鈞

賈鈞字元播。獲鹿人。居貞仲子。讀書淵默有容。由榷茶提舉拜監察御史。累拜參知政事。爲政持大體。風裁峻整。不矜矜鈞名譽。元史。

㊀「氏」當爲「人」。

宋元學案補遺卷三目録

宋元學案補遺卷三

後學 鄞 王梓材 慈谿馮雲濠 同輯

高平學案補遺

高平所出

補 隱君戚正素先生同文

梓材謹案。陳止齋潭州重修嶽麓書院記云。方大中祥符閒。天子使使召見山長周氏式。又云。宋有戚氏。吴有胡氏。魯有孫石二氏。各以道德爲人師。不苟合于世著名。余以是益歎國初士風之厚。本之師道尊。而書院爲不可廢。據此。益見先生當在胡孫石三先生之列矣。

梓材又案。厚齋尚書爲廣平書院記云。惟我國家師道之立。上接鄒魯。其修於家者。睢陽戚氏。世德之久。南豐曾子稱之。又爲赤城書堂記云。昔有正素戚先生。講道睢陽。始建學舍。文忠富公。文正范公。皆遊習於斯。爲一世偉人。家法之粹。延及後昆。正素子孫。若維綸。若舜賓。舜臣。世學相承。睢陽遂爲四書院之冠。簡策有光焉。前儒之稱重戚氏如此。

雲濠謹案。先生之號。戚虞部墓誌作正素。諸書多作堅素。

附録

曾南豐曰。余觀三王所以教天下之士。而至於節文之者。知士之出於其時者。皆世其道德。

蓋有以然也。去三王千數百年之閒。教法既已壞。士之學行世其家。若漢之袁氏。楊氏。陳氏。唐之柳氏。其操義風概。有以厲天下。矯異世否耶。以余所聞。若宋之戚氏。其事可以次敘焉。

戚氏講友

韋先生襄

韋襄字逾中。由宋城徙穀城。幼刻勵好學。早有名譽。雅爲冬官卿朱洞所知。太平興國八年。登進士第。歷遷祕書丞。卒年六十三。先生天性和易。識致沖遠。從之游者。皆一時高流名士。善與人交。淮陽孫茂蘭。萬適。南頓喬維岳。江南李虛己。睢陽戚同文。宗度。泰山張茂直。咸以趨尚相得。同文子綸。西蜀李建中。雒陽崔遵度。鉅野王禹偁。合肥姚鉉。並以同年生定交。淡乎新歡。久而彌篤。每官下士。友自遠方。至輒如歸。爲食飲具。俸入隨盡。口不言利。未嘗問家有無。手不庋貨幣。對客清談不及世務。在官若私。未嘗斯須見憂慍之色。古所謂隤然其處順。淵乎其似道者也。張樂全文集

宗先生翼

宗翼。上蔡人。父爲虞城主簿。因家焉。篤孝恭謹。負米養母。好學强記。經籍一見卽能默寫。歐陽。虞。柳書皆得其楷法。能屬文。隱而不仕。家無斗粟。怡怡如也。未嘗以貧窶干人。市物不評價。市人知而不欺。嘗言晝夜者昏曉之辨也。故既暝未曙。皆不出户。見鄰里小兒。待

之如成人。未嘗欺紿。戚同文嘗謂之曰。子勞謙有古人風。眞吾友也。卒年八十餘。宋史。

少監張先生昉

張昉有史材。歷知雜御史省郎。至殿中少監。致仕。宋史。

轉運滕先生知白

滕知白善爲詩。至刑部員外郎。河北轉運使。宋史。

文莊楊先生徽之別見士劉諸儒學案補遺。

韋氏講友

學士王先生禹偁

王禹偁字元之。鉅野人。九歲能文。太平興國八年。擢進士。授成武主簿。徙知長洲縣。同年生羅處約時宰吳縣。日相與賦詠。人多傳誦。端拱初。太宗聞其名。召試。擢右拾遺。直史館。賜緋。獻端拱箴。以寓規諷。時北庭未寧。訪羣臣以邊事。先生獻禦戎十策。大略假漢事以明之。又與夏侯嘉正。羅處約。杜鎬表請同校三史書。多所釐正。拜左司諫。知制誥。未幾。判大理寺。廬州妖尼道安誣訟徐鉉。道安當反坐。有詔勿治。先生抗疏雪鉉。請論道安罪。坐貶商州團練副使。歲餘移解州。四年召拜左正言。上以其性剛直。不容物。命宰相戒之。直昭文館。丐外任以便奉養。得知單州。至郡十五日。召爲禮部員外郎。再知制誥。至道元年。召入翰林爲學士。知審官院兼通進銀臺封駁司。詔命有不便者。多所論奏。罷爲工部郎中。知滁州。移知揚州。眞宗卽位。遷秩刑部。會詔求直言。先生上疏言五事。一曰。謹邊防。通盟好。使輦運之民有所休息。二曰。減冗兵。併冗吏。使山澤之饒稍流於下。三曰。艱難選舉。使官人不濫。四曰。沙汰僧尼。使疲民無耗。五曰。親大臣。遠小人。使忠良謇諤之士知進而不疑。姦憸傾巧之徒知退而有懼。疏奏。召還。復知制誥。咸平初。預修太祖實録。直書其事。時宰相張齊賢李沆不協。意先生議論輕重其閒。出知黄州。徙蘄州。先生上表謝。有宣室鬼神之問。不望生還。茂陵封禪之書。止期身後之語。上異之。至郡未踰月而卒。年四十八。先生詞學敏贍。遇事敢言。喜臧否人物。以直躬行道爲己任。嘗云。吾若生元和時。從事於李絳崔羣閒。斯無媿矣。其爲文著書。多涉規諷。以是頗爲流俗所不容。故屢見擯斥。所與游必儒雅。後進有詞藝者。極意稱揚之。如孫何丁謂輩。多游其門。有小畜集二十卷。承明集十卷。奏議十卷。詩三卷。子嘉祐。嘉言。俱知名。宋史。

雲濠謹案。蘇魏公爲小畜外集序云。公之屬稿晚年。手自編綴。集爲三十卷。命名小畜。蓋取易之懿文德而欲己之集大成也。又云。集賢君購尋裒類。又得詩賦碑誌論議表著凡三十卷。目曰小畜外集。因其名所以成先志也。又言其後集詩奏議集承明集而外。有五代史闕文一卷。

王元之語

夫文傳道而明心也。古聖人既不得已而爲之。又欲句之難通。義之難曉。必不然矣。請以六經明之。夫豈難通難曉耶。今爲文而舍六經。又何法焉。若第取書之所謂弔由靈。易之所謂朋盍簪者。摹其語而謂之古。亦文之敝矣。

小畜集

天道不言而品物亨。歲功成者。何謂也。四時之吏。五行之佐。宣其氣矣。聖人不言而百姓親。萬邦寧者。何謂也。三公論道。六卿分職。張其教矣。是知君逸於上。臣勞於下。法乎天也。待漏院記。

今法吏所禁之切者。曰故出入人罪而已。法皆以全罪論。予讀家語始誅篇。見仲尼爲魯司寇。戮亂法大夫少正卯於兩觀之前。及數其罪。則曰。心逆而險。行僻而堅。言僞而辯。記醜而博。順非而澤。此五者。有一於人。則不免君子之誅。以今之法治之。正卯之罪無正科。其在不應得而爲乎。罪當笞爾。苟以聖人之法誅之。是故入人之罪者也。又有子訟父者同狴。執之三月不別。其父請止。夫子赦之。及季孫不悦。乃歎曰。上失其道而殺其下。非理也。不教以孝而聽其獄。是殺其不辜。以今法論之。子訟父者死。苟以聖人之法赦之。是故出人之罪者也。嗚呼。古今之不同也如是。遂使聖人之言爲空文爾。欲望刑措。其可得乎。用刑論。

附録

年七八已能文。畢文簡爲郡從事。始知之。問其家。以磨麵爲生。因令作磨詩。元之不思以對。但存心裏正。無愁眼下遲。若人輕著力。便是轉身時。文簡大奇之。留於子弟中講學。一日太守席上出詩句。鸚鵡能言難似鳳。坐客未有對。文簡寫之屏間。元之書其下。蜘蛛雖巧不如蠶。文簡歎息曰。經綸之才也。遂加以衣冠。呼爲小友。至文簡入相。元之已掌書命矣。聞見録。

出知黄州。作三黜賦以見志。卒章曰。屈於身而不屈於道兮。雖百謫其何虧。吾當守正直而佩仁義兮。惟終身而行之。

守郡朞月。政通人和。士君子慕其風節。不遠千里從之遊。公卒諫議大夫。戚綸誄曰。事上不回邪。居下不諂佞。見善若己有。嫉惡過仇讎。世以爲知言。記聞。

蘇文忠贊其畫像曰。惟昔聖賢。患莫己知。公遇太宗。允也其時。帝欲用公。公不少貶。立黜窮山。之死靡憾。咸平以來。獨爲名臣。一時之屈。萬世之信。

邵子文曰。王内翰前輩諸公識與不識。皆尊師之。曰古之遺直也。

姚先生鉉

姚鉉字寶之。合肥人。太平興國中進士。直史館。歷右司諫。京東轉運使。後坐事貶連州。先生文辭敏麗。有文集二十卷。又采唐人文章。爲文粹百卷。姓譜。

附録

歷右正言。右司諫。河東轉運使。俄上言曰。伏見諸路官吏或强明莅事。惠愛及民者。則必立教條。除其煩擾。然狡胥之輩。非其所便。候其罷官。悉藏記籍。害公蠹政。莫甚於此。禮云。其人存則其政舉。其人亡則其政息。又語曰。舊令尹之政必告新令尹。斯實聖人之格言。國家之急務也。欲望所在官吏。有經畫利濟事可長久者。歲終書曆。受代日録付新官。俾之遵守。若事有灼見。匪便聽上聞。俟報改正。詔從之。

萬先生適

李先生建中並見士劉諸儒學案補遺。

崔先生遵度附叔父憲。

崔遵度字堅白。本江陵人。後徙淄州之淄川。純介好學。始七歲。授經於叔父憲。嘗以春秋編年。史漢紀傳之例。問於憲。憲曰。此兒他日成令名矣。太平興國八年。舉進士。解褐和州主簿。端拱初。新建祕閣。擢著作佐郎。淳化中。吏部侍郎李至薦之。遷殿中丞。出知忠州。李順之亂。坐失城。貶崇陽令。移鹿邑。咸平初。復爲太子中允。景德初。召試舍人院。改太常丞。直史館。大中祥符元年。命同修起居注。東封進博士。祀汾陰。命爲左司諫。先生與物無競。口不言是非。淳澹清素。於勢利泊如也。善鼓琴。得其深趣。所僦屋甚湫隘。有小閣。手植竹數本。朝退默坐其上。彈琴獨酌。翛然自適。七年。降爲右正言。九年。仁宗以壽春郡王開府。詔宰相擇耆德方正有學術之士。咸以先生力學有士行。時稱長者。遂命與張士遜並爲王友。改户部員外郎。王讀孝經徹章。以御詩賜之。國史成。拜吏部員外郎。改禮部郎中。充諮議參軍。儲宫建。加吏部兼左諭德。未幾。命使契丹。判司農寺。先生性寡合。喜讀易。嘗云。意有疑則彈琴辨其數。筮易觀其象。無不究也。天禧四年卒。年六十七。仁宗卽位。詔贈工部侍郎。有集二十卷。宋史。

琴箋

世之言琴者。必曰長三尺六寸。象期之日。十三徽。象期之月。居中者。象閏。前世未有辨者。至唐。協律郎劉貺以樂器配諸節候。而謂琴爲夏至之音。至於泛聲。卒無述者。愚嘗病之。因張弓拊案。泛其弦而十三徽聲具焉。況琴瑟之弦乎。是知非所謂象者。蓋天地自然之節耳。又不止夏至之音而已。

夫易有太極。是生兩儀。兩儀者。太極之節也。四時者。兩儀之節也。律吕者。四時之節也。晝夜者。律吕之節也。刻漏者。晝夜之節也。節節相受。自細至大。而歲成焉。既不可使之節。又不可使之不節。氣之自然也。氣既節矣。聲同則應。既不可使之應。亦不可使之不應。數之自然者也。既節且應。則天地之交成。夫文之義也。或任形而著。或假物而彰。日星文乎上。山川理乎下。動物植物花者節者五色具矣。斯任形者也。至於人常有五性而不著。以事觀之。然後著。日常有五色而不見。以水觀之。然後見。氣常有五音而不聞。以弦攷之。然後聞。斯假物者也。是故聖人不能作易。而能知自然之數。不能作琴。而能知自然之節。何則。數本於一而成於三。因而重之。故易六晝而成卦。及其應也。一必於四。二必於五。三必於六焉。氣氣相召。其應也必矣。卦既晝矣。故晝琴焉。始以一弦。泛桐當其節。則清然而號。不當其節。則泯然無聲。豈人力也哉。且徽有十三。而居中者爲一。自中而左。泛有三焉。又右泛有三焉。其聲殺而已。絃盡則聲滅。及其應也。一必於四。二必於五。三必於六焉。節節相召。其應也必矣。易之晝也。偶之爲六。三才之配具焉。萬物由之而出。雖曰六晝。及其數焉。止三而已矣。琴之晝也。偶六而根於一。一者道之所生也。在數爲一。在律爲黄鍾。在音爲宫。在木爲根。在四體爲心。衆徽由之而生。雖曰十三。及其節也。止三而已矣。卦之德方經也。蓍之德圓緯也。故萬物不能逃其象。徽三其節經也。弦五其音緯也。故衆音不能勝其文。先儒謂八音以絲爲君。絲以琴爲君。愚謂琴以中徽爲君。盡矣。夫徽十三者。蓋盡昭昭可聞者也。苟盡絃而考之。乃總有十三徽焉。是一氣也。丈絃具之。尺絃亦具之。豈有長短大小之限哉。是則萬物本於天地。天地本於太極。太極之外以至於萬物。聖人本於道。道本於自然。自然之外以至於無爲。樂本於琴。琴本於中徽。中徽之外以至於無聲。是知作易者考天地之象也。作琴者考天地之聲也。往者藏音而未談。來者專聲而忘理。琴箋之作也。庶乎近之。苟其闕也。請俟君子。

附録

程敏政剡溪野語曰。范文正常問琴理於崔遵度。崔曰。清麗而婉。和潤而遠。琴書是也。

王氏講友

羅先生處約

羅處約字思純。華陽人。太宗時舉進士。形神豐碩。有詞采。初知吴縣。後召置史館。卒年三十三。有文十卷。曰東觀集。姓譜。

羅先生語

六經。易以明人之權。禮以節民之情。樂以和民之心。書以敍九疇之祕。煥二帝之美。春秋以正君臣而敦名教。詩以正風雅而存規戒。

李先生巽

李巽字仲權。光澤人。太平興國中進士。博學能文。與王禹偁善。任江西提刑。明恕第一。遷兩浙轉運使。卒於官。福建通志。

謝先生濤

謝濤字濟之。世居富春。生十一歲。時已如成人。十四歲詣州學。學左氏春秋。略授其說。即爲諸生委曲講論。如其師。稍長。居蘇州。淳化三年。以進士及第。爲梓州榷鹽院判官。累官轉太子賓客。自言吾於天下無一嫌怨。待士君子必盡其心。及在官。臨事見義喜爲。過於勇夫。卒年七十有四。長子絳。以文行繼之。文忠外集。

附録

及冠。居姑蘇郡。時翰林王禹偁。拾遺羅處約。並宰蘇之屬邑。二人相謂曰。與濟之揚摧天人。蓋吾曹敵也。

姚氏講友

文先生道南

文道南。廬江舒人。與姚鉉善。凌策幼時嘗往學焉。晚司教涇邑。遂居於涇。寧國府志。

崔氏同調

處士唐先生異

唐異字子正。餘杭處士也。才藝揭乎清名。西京留臺李建中時謂善畫。爲士大夫之所尚。而先生之筆實左右焉。江東林復神於墨妙。一見而歎曰。唐公之筆老而彌壯。東宮諭德崔遵度時謂善琴。爲士大夫之所重。而先先生之音嘗唱和焉。二妙之外。嗜於風雅。探幽索奇。不知其老之將至云。范文正文集。

高平師承

贊善王先生袞

王袞。其先澶淵人。先生慷慨有英氣。善爲唐律詩。歷著作佐郎。通判彭州。會太守不法。憤而辱之。失官。居長安中。與豪士遊。縱飲浩歌。有嵇阮之風。人特駭之。先生不安其高。復起家就禄。得請監終南山上清太平宫。從吏隱也。時祥符紀號之初。范希文薄遊至。止及先生之門。官至右贊善大夫。范文正文集。

王氏先緒

文正王先生旦

王旦字子明。莘縣人。晉公祜之次子也。幼沈默好學。舉進士。眞宗嘗曰。爲朕致太平者必斯人也。累進工部尚書。同平章事。當國最久。帝益信之。至於契丹借幣。西夏假糧。處之有道。夷人愧服。偉哉宰相才也。卒贈魏國公。謚文正。姓譜。

文正遺訓

謹家譜。爲孝之大。譜圖祖父子孫相傳世系。行名字號。或絶繼。遷徙。俱要開載明白。朝命名。文如誥敕碑記詩歌之類。俱當考録傳後。

墳墓。松楸。祭田。產業。一一考録存下。

祠堂祭器須隨時隨置。不許互相推委。凡借人私用者。是褻瀆祖宗也。以不孝論。子孫出入必告祠堂。朔望必須約齊拜謁。四時有祭。忌辰有奠。此大事不可怠。忘取責。祖宗遺像。衣冠。書箱。器用。皆神靈手澤之所存。務要珍藏得好。方爲至孝。春秋祭掃。須有力者輪流主之。若無力。止清明一祭可也。

子孫無後者。當於行次該繼者繼之。不可以孫爲子。以弟爲兄。有乖名分。若異姓義男。紊亂宗族。此必婦人之見。合族攻之。至戒至戒。

人家要子孫。爲宗祀之重也。如妻不生子。當爲置妾。置婢。再若不生。須以親房姪繼。挨次行之。方無爭訟。

子孫不守士農工商。而惑於僧道。及下流無恥。爲人奴隸。犯姦作盜。致干有司。杖徒以上。卽削去其名。不許登譜。亦不許與祭宴之列。

子孫婚喪嫁娶。貧乏不能自舉者。有力子孫當曲週之。若有被冤等事。力不能申理。代爲申理。卽祖宗在天。亦當鑒照。

冬至一節。宗長領子孫男女。齊到祠堂。擊鼓三聲參拜。四禮供獻酌饌。禮畢。宗長坐於堂東。主婦坐於堂西。子孫男女分立左右。命子弟一人誦家訓曰。爲臣必忠。爲子必孝。爲兄必愛。爲弟必敬。爲妻必順。毋徇私以傷和氣。毋因私故以絶恩義。毋惹閒非以擾門庭。毋耽麯糵以亂德性。有一於此。是悖祖宗教訓。族共責之。衆一揖而退。飲酒分福成禮而散。

冠禮。古人所重。須擇吉請老成人祝之。教之。女子之笄亦然。

男婚女嫁。自有常禮。與其擇富。不如求賢。吾家宛邱舊鄰胡氏巨富。許嫁女錢某。後因錢貧悔之。經訟不休。官府勸諭錢某別娶。後錢爲江淮轉運使。胡女頓貧。一夕恚怨而斃。此可爲鑒戒也。娶婦亦然。貧家更知儉苦。子孫切記予言。

父母之喪。子孫只以哀痛爲主。隨力斂葬。如貧窮不任。族中有力者共樂助之。若不須人助。亦當從實從速。決不可久停在家。近日飲酒作樂。異端惑世。皆當痛戒。

祭禮在記中最爲詳確。只是子孫要至誠。蓋誠則孝。孝則感通。神明可來。況祖宗一氣乎。先賢有穆如恫如之說。極爲可味。又曰。三牲九俎。不如蔬食菜羹。誠與不誠之故也。

宗祠須潔掃鎖閉。要靜安爲上。宗人窮而無依者。酌與衣食。在近祠處居之。令其看守。年幼子孫飲酒面赤者。不可令其入祠堂。恐開諠嚷不敬之漸。

子孫建神佛之宇。不若修其祖廟。餘力及橋梁道路可也。

子孫有讀書守分者。胙肉多分與之。

宗長處分子孫之事。只要均平。便無別説。論語不患貧而患不均。極是處置得法。

子孫入仕。須廉平忠厚。若以理去官。歸來祭享。祖宗食之。卽不入仕。而能耕種生理。心力所致者。祖宗亦必食之。若係嗟來。祖宗不食也。

叔伯尊長當以教養子孫爲務。若子孫不遵教訓。强暴梗戾。輕則縛送祠堂笞責。重則鳴之於官。不可姑息涵容。以致稔惡貽累。

子孫時運蹇薄。理當賙助。若跑馬鬬雞。踢球淫賭。歌唱唬喇等事。此皆狂浪作孽。不知稼穡辛苦。生理艱難。不必資之。以長其姦。

子孫之婦入門。第一要安詳。恭敬恪守婦道。孝親敬夫。以禮待娣姒。以勤治家。以恩撫卑幼。無故不許出門。夜行必先以燭。如有邪盜凶妒。且送還渠父母。令其改省。如有不悛。黜之可也。

諸女未行。當教諭其孝敬等事。若既嫁。不可常接歸家。致渠好閒有倚。便生慝心。妨人家業。

子孫家政斷不可與婦人商量。婦人決不許其得與外事。此老夫灌灌之言。爾等記之。

附録

公事寡嫂謹。與其弟旭相友悌尤篤。任以家事。一無所問。而務以儉約。率勵子弟。使在富貴不知爲驕侈。

眞宗爲皇太子。太子諭德見公。稱太子學書有法。公曰。諭德之職。止於是耶。

公每薦寇萊公準。而寇數短公。一日眞宗謂公曰。卿雖稱準。準不稱卿也。公曰。臣在位久。闕失多。準對陛下無隱。益見其忠直。此臣所以重準耳。上由是益賢公。先是公在中書。寇在密院。中書偶倒用印。密院勾吏行遣。他日密院亦倒用印。中書吏亦呈行遣。公問。汝等且道密院當初行遣是否。曰。不是。公曰。既不是。不要學他不是。

孔氏談苑曰。王文正以清德事眞皇。上特敬重。一日御宴陳設鮮華。公顧視意色不悅。上已覺其如此。至中休。命左右以舊陳設易之矣。

黄東發曰。王文正公静密有謀。遭值眞宗厭兵。國家無事。爲相十年。一意休息。納萬物於大度。包荒之功㈠。天下陰受其賜多矣。使不作天書㈡。斯豈不誠大臣歟。

王魯齋爲王文正像贊曰。鬱鬱三槐。陰覆萬宇。直幹承天。屹然八柱。攀鸞停鵠。蓄雲洩雨。穆如清風。作宋申甫。

王暐道山清話曰。魏公一日至諸子讀書堂。見臥榻枕邊有一劍。公問儀公何用。儀公言夜間以備緩急。公笑曰。使汝果能手刃賊。賊死於此。汝何以處。萬一奪人賊手。汝不得爲完人矣。古人青氊之説。汝不記乎。何至於是也。吾嘗見前輩云。夜行切不可以刃物自隨。吾輩安能害人。徒起惡心。非所以自重也。

無媿先緒

文定趙先生安仁附宋元輿。

趙安仁字樂道。河南人。生而穎悟。十三歲通經傳。雍熙初登進士第。累擢知制誥。翰林學士。景德三年參知政事。大中祥符五年罷。知禮儀院兼宗正卿。改御史中丞。宗正如故。積官至尚書右丞。卒年六十。贈吏部尚書。謚文定。先生七子。各授以一經。居宗族以雍睦稱。雖家人

㈠「功」當爲「内」。

㈡「書」下脱「使」。

未嘗見其喜慍。操履純正。外晦内明。畏愼謙退。無事浮飾。有所獻納。退必焚稟。致身貴顯。無改儉素。尤練達典故。近世衣冠人物。制度沿革。悉能記之。善議論。好誨誘後生。學士大夫以清德宗之。有同學宋元與者。篤學而早卒。先生力賙其後裔。隆平集。

强氏師承

文學陸先生滋

陸滋字元象。杭州人。通毛鄭二詩。易。春秋。既冠。以文詞試鄉舉。一鬻其業而售有司。母且病不行。後三年復在選。察母面有難别色。先生亦絶口不忍出别語。惟一肆其意於書。不復言進取。尤嗜風雅。日哦樹石間。皇祐四年。詔録先朝遺士。府上之朝。得杭州文學。里俗襲吴越僞禮。其甚者至僭惡不可聽。先生爲援典制。家矯而户正之。此敝遂革。平生所著詩賦文論書誌合二十卷。自就學至垂殁。目未嘗去書。若先生可謂好古信道。始終自篤而不變者歟。强祠部集。

戚氏家學

少卿戚先生維

縣令戚先生綸合傳。

戚維字仲本。楚邱人。同文子。以文行知名。舉進士。累官太常少卿。弟綸。字仲言。篤於古學。善訓子弟。雖清顯不改純儉。嘗知太和縣。民險悍。好訟。仲言爲諭民詩五十首。言近而易曉。老幼多傳之。姓譜。

梓材謹案。隆平集稱。眞宗初。置龍圖閣待制。首以任仲言。久之。進樞密直學士。

附録

與兄維友愛甚至。

大中祥符初。祥文薦降歌頌日興。先生恐流俗託朝廷嘉瑞事。詐爲神靈木石之異。幻惑愚衆。如少君欒大者。上疏極論。上嘉納之。出知杭州。發運使胡則李溥惡其修潔。相與捃摭徙揚徐青鄆州。復爲勸農使王遵誨李仲容所誣奏。謂常訕朝廷。降太常少卿分司。卒。以上隆平集。

仲言同調

侍郎杜先生鎬

杜鎬字文周。世仕江南。開寶末。從李煜歸朝。太平興國初。除崇文院檢討。景德初。置龍圖閣待制。先生與戚綸首與其選。久之。除閣學士。積官至禮部侍郎。卒年七十六。先生博學善記問。太宗將祀南郊。彗星見。趙普以問先生。對曰。當祭而日蝕。猶廢祭。況彗乎。普以白。禮遂寢。太祖問。西漢賜予多用黃金。何近時不能也。先生曰。當時佛事未興故耳。眞宗卽位。

有司舉故事。三月上巳金明池習水戲。上以太宗忌月問之。先生據唐憲宗朝奏議。禮有忌日無忌月。遂從之。景德初。駕自澶淵凱旋。遇忌日。疑軍中鼓吹。馳騎問之。先生對曰。武王載木主伐紂。前歌後舞。可據也。上凡得古器異書。必詢之。皆能究其本末。令人檢閲。必某事在某書。幾紙幾行未嘗少差。先生雖高年。四鼓起誦春秋。遲明且數卷。日以爲常。隆平集。

戚氏門人

補 許先生驤父唐。

許驤字允升。父唐。知契丹將擾邊。白其父信曰。不去且爲虜。信以資產富殖。不樂他徙。唐遂潛齎百金而南。未幾。晉祖革命。果以燕薊賂契丹。歸路遂絶。嘗擁貲於汴洛閒。見進士綴行而出。竊歎曰。生子當令如此。因不復行商。卜居睢陽。娶李氏女。生子。風骨秀異。曰。成吾志矣。郡人戚同文。以經術聚徒。遂攜子詣之。且曰。唐頃者不辭父母。死有餘恨。今拜先生卽吾父矣。又自念不學。思教子以興宗緒。此子雖幼。願成之。子十三能屬文。善詞賦。唐不識字。而傾家產爲子交當時秀彥。先生太平興國初。詣貢部。與呂蒙正齊名。太宗尹京頗知之。及廷試。擢甲科。解褐將作監丞。通判益州。歷知鄜州。宣州。昇州。福州。益州。遷御史中丞。改工部侍郎。命知單州。咸平二年卒。年五十七。贈工部尚書。賜其子出身。先生雖無他才略。而人以儒厚長者稱之。宋史。

補 高先生象先

高象先。淳化中爲三司户部副使。少從戚同文學。與宗度。許驤。陳象輿。郭成範。王礪。滕涉齊名。陸渭南文集。

補 屯田王先生礪

王礪字汝堅。南京人。策名起家。歷典八郡。爲性至孝。五子登科。二十孫。自狀元堯臣而下。及第務學者相繼。胡氏孝行録。

梓材謹案。張樂全誌先生子給事墓言。鄉人正素先生戚同文。聚徒講業。學者自遠方至。先生戚之自出。著牒門下。以高業取甲科。仕至屯田郎中。名載國策。實生才子七人。六登進士第。世緒熾昌。遂爲睢陽冠冕云。

梓材又案。劉公是狀參政伯庸云。公祖府君事親以孝聞。其爲政興利除害多陰德。嘗言曰。我世當有顯者。及公生。愛之。曰。此兒庶幾成吾言。是則先生之政績亦可見矣。

雲濠謹案。宋史隱逸傳載。先生太平興國五年進士。子渙。瀆。淵。沖。泳。渙子稷臣。瀆子堯臣。並進士及第。渙子夢臣。進士出身。泳當作淑。蓋登王拱辰榜進士。

補 滕先生涉

梓材謹案。先生與馮元。劉筠。錢易。蔡齊上。劉子望。輔弼名對。見宋史儒林傳。

參軍稆先生適

稆適字利往。睢陽人。戚同文講學。先生王父以先生屬焉。授經通大義。爲門下高業。舉進士第。歷襃信尉。鞏縣石首簿。流溪令。越潁廬三郡掾。卒。性寬和寡言笑。莅官臨事。主於忠恕。不爲虛言奇行以邀聲名。張樂全集。

滕氏同調

助教黄先生敏求

黄敏求。懷安軍鹿鳴山人。祥符五年以爲本軍助教。先生明經。嘗著九經餘義四百九篇。轉運使滕涉以其書上進。帝命學士晁迥等看詳。迥等言。所著撰可采。故特有是命。會要。

韋氏家學

中舍韋先生不伐

韋不伐字次德。祕書丞襃次子也。爲睢陽應天府書院鄉先生。好古學。篤信義。立風節。先生久處師席。晏元獻。宋宣獻。蔡文忠。相繼居守。皆厚爲之禮。尤善與人交。范希文仲淹。石曼卿延年。劉仲方潛。山東豪俊。慕其名。從游者甚多。好急人患難。始終不渝。不戚戚於貧賤。不汲汲於富貴。年餘五十。始以一命爲房州司法參軍。改太子中舍。退居襄陽。年七十四卒張樂全集。

王氏家學

王先生嘉祐

王嘉祐。元之長子。爲館職。時寇萊公問曰。吾尹京。外議云何。對曰。人言丈人且入相。萊公曰。於吾子意如何。則曰。以愚觀之。不若不爲相之善也。相則譽望損矣。自古賢相所以能建功業。澤生民者。其君臣相得。如魚之有水。故言聽計從。而臣主俱榮。今丈人負天下重望。中外有太平之責焉。丈人於明主能若魚之有水乎。萊公大喜。執其手曰。元之雖文章冠天下。至於深識遠慮。或不逮吾子也。惜其官不顯。宋史。

雲濠謹案。萊公問答。涑水紀聞以爲其弟嘉言事。

運使王先生嘉言

王嘉言字仲謨。翰林尚書元之之次子。幼好學。未嘗嬉戲。翰林最愛之。翰林之亡。賜同學究出身。特授鄂州司户參軍。祥符五年。舉進士第。改江都尉。累爲京東轉運使。卒年四十七。其爲御史。所論列必時政大體。未嘗掇拾小過。抉發陰事。平居閲書史。爲辭章。以嗣續前烈爲志。手寫翰林小畜集三十卷。藏於家。獻翊政論十篇。究切世事。卒後三十餘年。以子貴。贈兵部侍郎。劉彭城集。

附録

眞宗覩元之奏章。嗟美切直。因訪其後。宰相以先生聞。召對。擢大理評事。至殿中侍御史。

侍郎王先生汾

詳見元祐黨案。

王氏門人

文元晁先生迥

晁迥字明遠。清豐人。舉進士。爲大理評事。歷殿中丞。眞宗在東宮。諭德楊礪稱其學行。眞宗稱爲好學長者。景祐中。爲翰林學士。時朝廷方修禮文之事。詔令多出其手。以太子少保。工部尚書致仕。年八十一。召燕太清樓。訪以洪範雨暘之應。卒諡文元。先生善吐納養生之術。性樂易寬簡。服道履正。歷官莅事。未嘗挾情害物。所著有翰林集三十卷。道院集十五卷。法藏碎金録十卷。姓譜。

晁文元語

非理外至。當如逢虎。卽時而避。勿恃格虎之勇。非理内起。當如探湯。卽時而亡。勿縱染指之欲。

昭德新編

必然之期。素定之分。謂之命。其理自然。謂之天命。知識此理。謂之知命。委順此理。謂之委命。命與情兩不相制。而於命中起。一切之情徒自苦耳。能不爾者。謂之達人。民之行法。（行音德行之行。）剛柔以合理。勤儉以足用。止於此而備矣。可以爲良民。施之於士。士有百行。亦宜包此。可以爲良士也。

昔向子平讀易。盛稱損益二卦。愚初未詳古人之意。今自讀易至此。而愛其損卦懲忿窒欲。益卦遷善改過。損益之要。其在茲乎。

揚湯止沸。不如徹薪。制心息慮。不如簡緣。

法藏碎金録

古德有言曰。今人看古教。不免心中鬧。欲免心中鬧。但知看古教。予因擬之而言曰。今人學晏坐。不免尋思過。欲免尋思過。但知學晏坐。

人多忙中切於辦閒事。我獨閒中切於辦忙事。此理可以智識及。不可以言說到。

附録

王深寧困學紀聞曰。晁文元公平生不喜術數之説。術者常以三命語之。公曰。自然之分天命也。樂天不憂知命也。推理安常委命也。何必逆計未然乎。

梁先生顥附子固。

梁顥字太素。須城人。幼孤。養於叔父。王元之始與鄉貢。依以爲學。嘗以疑義質於禹偁。元之拒之不答。先生發憤讀書。不期月復有所質。元之大加器賞。雍熙二年舉進士甲科。解褐歷官右司諫。眞宗初。詔羣臣言事。先生時使陝西。途中作聽政箴以獻。官至翰林學士。權知開封。卒年九十二。所著文集十五卷。子固。字仲堅。幼有志節。嘗著漢春秋。先生器賞之。大中祥符元年。舉服勤詞學科。擢甲第。解褐歷户部判官。户部勾院。仲堅氣調俊爽。善與人交。有集十卷。宋史。

雲濠謹案。張樂全誌仲堅墓言。其能言而知好學。讀經史輒自通其義。不待師友講誨切磋之益。故器藝夙成。

孫先生何附弟僅。

孫何字漢公。蔡州人。幼嗜學。爲文必本經。與丁謂同爲王元之所題奬。時謂之孫丁。淳化三年。舉進士。殿試及省闈俱爲第一。累擢起居舍人。知制誥。卒年四十四。性卞急。嘗任京西兩淮轉運使。頗事苛察。然獨喜稱譽後進。有文集四十卷。弟僅。字鄰幾。咸平初。登進士第。兄弟皆冠天下士。學者榮之。鄰幾復舉賢良方正科入等。累擢知制誥。集賢院學士。給事中。卒年四十九。端懿無競。篤於儒學。士大夫高其履尚。有文集五十卷。隆平集。

孔氏先緒

孔先生宜附子延世。

孔宜字不疑。曲阜人。孔子四十四世孫。舉進士。不第。乾德中詣闕上書。述其家世。詔以爲曲阜主簿。歷黄州軍事推官。遷司農寺丞。後以爲南康軍。代還。獻文賦數十篇。太宗覽而嘉之。召見問以孔子世嗣。因下詔曰。素王之道。百代所崇。傳祚襲封。抑存典制。文宣王四十四代孫。司農寺丞宜。服勤素業。砥礪廉隅。亟歷官聯。洽聞政績。聖人之後。世德不衰。俾登朝倫。以光儒胄。可太子右贊善大夫。襲封文宣公。復其家。未幾通判密州。太平興國八年。詔修曲阜孔子廟。宜貢方物爲謝。詔褒之。遷殿中丞。雍熙三年。王師北征。受詔督軍糧。涉拒馬河溺死。年四十六。子延世。字茂先。以父死事。賜學究出身。至道三年。召赴闕。以爲曲阜令。襲封文宣公。賜白金束帛。及太廟御書印九經。咸平三年。詔本道轉運使。本州長史。待以賓禮。仍留三年。卒官。年三十八。宋史。

孔先生勖

孔勖。中丞道輔之父也。進士及第。爲太平州推官。以殿中丞通判廣州。會眞宗東封。躬詣孔子祠。帝問宰相。孔氏今孰爲名者。或言先生有治行。卽召對。以爲太常博士。知曲阜縣。後爲御史臺推直官。累遷祕書監分司。南京管勾祖廟。以尚書工部侍郎致仕。後道輔卒。年八十九。宋史。

梓材謹案。先生之父名仁玉。九歲通春秋。後唐曲阜主簿。襲文宣公。宋史儒林孔宜傳。仁玉四子。長曰宜。次曰憲。知浚儀縣。次曰冕。應城主簿。次曰勖。雍熙中進士及第。是先生宜之季弟也。

姚氏門人

文莊夏子喬竦見下文莊門人。

崔氏門人

文正范希文先生仲淹詳下睢陽所傳。

謝氏家學

謝先生絳別見廬陵學案補遺。

文氏門人

凌先生策

凌策字子奇。涇縣人。登吕蒙正榜進士。官至樞密副使。遷吏部侍郎兼知諫院事。先生學博而敏。超絶一世。眞宗嘗言其治蜀敏而有斷。王文正旦對曰。策性質淳和。臨事强濟。帝深然之。姓譜。

雲濠謹案。一統志言先生幼孤。厲志好學。曾與姚鉉同學於廬州。蓋師文先生道南云。

唐氏門人

文正范希文先生仲淹詳下睢陽所傳。

睢陽所傳

補文正范希文先生仲淹

雲濠謹案。先生封汝南公。後追封楚國公。國朝康熙五十四年從祀。

梓材謹案。曾氏隆平集於杜祁公傳云。范仲淹嘗出彼門下。後數爭事上前。衍無愠色。仲淹益敬服焉。蓋祁公固文正受知師。即以文正爲杜氏講友可也。

梓材又案。師友録本先生年譜。言其師事戚同文。攷同文次子綸。太平興國八年進士。後六年爲端拱二年。而先生始生。必非親受學於同文也。

雲濠謹案。趙松雪爲義學記云。宋時天下有四書院。應天府書院爲首。先是郡人戚同文聚徒講授。士不遠千里而至。文正公亦依之以學云云。是卽史傳所本。然文正與睢陽不同時。但謂其學之所出則可耳。又案。先生與唐處士書云。皇宋文明之運。宜建大雅。東宮故諭德崔公其人。某嘗遊於門下云云。又爲唐異詩序云。高平范仲淹師其絃歌。嘗貽之書曰。崔公既歿。琴不在茲乎。是先生並及崔唐之門矣。

文正文集

性本忠孝者上也。行忠孝者次也。假忠孝而求名者又次也。至若簡賢附勢。反道敗德。不復愛其名者下也。人不愛名。則雖有刑法。不可止其惡也。近名論。

天微四德。天道不行。地微四德。坤儀不寧。人微四德。則無令名。惟聖人體乾而行。後之希聖者。處必親仁。元之基也。動能俟時。亨之始也。進思濟物。利之方也。守誠不回。貞之道也。周旋進退。不離四者之中。則其庶幾乎。四德説。

夫育材之言。莫先勸學。勸學之道。莫尚宗經。宗經則道大。道大則才大。才大則功大。蓋聖人法度之言存乎書。安危之幾存乎易。得失之鑒存乎詩。是非之辨存乎春秋。天下之制存乎禮。萬物之情存乎樂。故俊哲之人入乎六經。則能服法度之言。察安危之幾。陳得失之鑒。析是非之辨。明天下之制。盡萬物之情。使斯人之徒輔成王道。復何求哉。上時相議制舉書。

夫子删書斷自唐虞已下。今之存者五十九篇。惟堯舜二篇爲典。謂二帝之道可爲百代常行之則。其次夏商之書。則有訓誥誓命之文。皆隨事名篇。無復爲典。以其或非帝道。則未足爲百代常行之典。乃知聖人筆削之際。優劣存焉。如詩有國風。雅。頌之别也。與歐靜書。

青春何苦多病。豈不以攝生爲意。門户才起立。宗族未受賜。有文學稱亦未爲國家用。豈肯徇常人之情。輕其身。汩其志哉。與提點書。

京師交遊。慎於高議不同。當言之地。且温習文字。清心潔行。以自樹立。平生之稱。當見大節。不必竊論曲直。取小名招大悔矣。與直講三哥書。

僕觀大過之象。患守常經。九四以陽處陰。越位救時。則王室有棟隆之吉。九三以陽處陽。固位安時。則天下有棟撓之凶。非如艮止之時。思不出位者也。吾儒之職。去先王之經。則茫乎無從矣。又豈暇學人之巧。失其故步。但惟精惟一。死生以之。與胡安定屯田書。

老夫平生屢經風波。惟能忍窮。故得免禍。家書。

士之進退。多言命運。而不言行業。明君在上。固當使人以行業而進。而乃言命運者。是善惡不辨。而歸諸天也。豈國家之美事哉。臣請察其履行無惡。藝業及等者。方得解薦。則國家得人。百姓受賜。答手詔條陳。

嗟夫。予嘗求古仁人之心。或異二者之爲。何哉。不以物喜。不以己悲。居廟堂之高。則憂其民。處江湖之遠。則憂其君。是進亦憂。退亦憂。然則何時而樂耶。其必曰。先天下之憂而憂。後天下之樂而樂歟。噫。微斯人。吾誰與歸。岳陽樓記。

顏魯公唐朝第一等人。而饘粥不繼。非所謂君子固窮者歟。跋乞米帖。

孔子門人七十子之徒。天下皆知其賢者。或爲邑宰。或爲家臣。或不願仕。蓋顯於諸侯者寡矣。然則七十子之徒與孔子語而未嘗及怨。何哉。君子之道。充乎己。加乎人。窮與達外也。彼戰國豪士。不循聖人之道。挾數以進。求行其欲。得與失重也。吾乃知夫由孔子之道者。雖困窮以死。不害其爲賢矣。

君子之道。恥於弗立。立而無所施。命也。君子之命。患於弗知。知而無可奈何。天也。君其斯人之徒歟。以上張道卿墓誌。

四民詩

前王詔多士。咸以德爲先。道從仁義廣。名由忠孝全。美祿報爾功。好爵縻爾賢。黜陟金鑑下。昭昭媸與妍。此道日以疏。善惡何茫然。君子不斥怨。歸諸命與天。術者乘其隙。異端千萬惑。天道入指掌。神心出胸臆。聽幽不聽明。言命不言德。學者忽其本。仕者浮於職。節義爲文言。功名思苟得。天下無所勸。賞罰幾乎息。陰陽有變化。其神固不測。禍福有倚伏。循環亦無極。前聖不敢言。小人爾能憶。裨竈方激揚。孔子甘寂默。六經無光輝。反如日月蝕。大道豈復興。此弊何時抑。末路競馳騁。澆風揚羽翼。昔多松柏心。今皆桃李色。願言造物者。迴此天地力。士。

聖人作耒耜。蒼蒼民乃粒。國俗儉且淳。人足而家給。九載襄陵禍。比户獨安輯。何人變清風。驕奢日相襲。制度非唐虞。賦斂由呼吸。傷哉桑穀人。常怨大弦急。一夫耕幾壠。游惰如雲集。一蠶吐幾絲。羅綺如山入。太平不自存。荒凶亦何及。神農與后稷。有靈應爲泣。農。

先王教百工。作爲天下器。周旦意不朽。刊之考工記。嗟嗟遠聖人。制度日以紛。窈窕阿房宫。萬態横青雲。熒煌甲乙帳。一朝那肯焚。秦漢驕心起。陳隋益其侈。鼓舞天下風。滔滔弗能止。可堪佛老徒。不取慈儉書。竭我百家産。崇爾一室居。四海競如此。金碧照萬里。茅茨帝者榮。今爲庶人恥。宜哉老成言。欲攦般輸指。工。

嘗聞商者云。轉貨賴斯民。遠近日中合。有無天下均。上以利吾國。下以藩吾身。周官有常籍。豈云逐末人。天意亦何事。狼虎生貪秦。經界變阡陌。吾商悲苦辛。四民無常籍。茫茫僞與眞。游者竊吾利。惰者亂吾倫。淳源一以蕩。頹波浩無津。可堪富與貴。侈態日日新。萬里奉綺羅。九陌資埃塵。窮山無遺寶。竭海無遺珍。鬼神爲之勞。天地爲之貧。此弊已千載。千載猶因循。桑柘不成林。荆棘有餘春。吾商則何罪。君子恥爲鄰。上有堯舜主。下有周召臣。琴瑟願更張。使我歌良辰。何日用斯言。皇天豈不仁。商。

文正義莊規矩

一。逐房計口給米。每口一升。並支白米。如支糙米。卽臨時加折。支糙米每斗折白八升。逐月日支每口白米二斗。

一。男女五歲以上入數。

一。女使有兒女。在家及十五年。年五十歲以上。聽給米。

一。冬衣每口一匹。十歲以下。五歲以上。各半匹。

一。每房許給奴婢米一口。卽不支衣。

一。有吉凶。增減口數。晝時上簿。

一。逐房各置請來歷子一道。每月米於掌管人處批請。不得隔跨月。分支請處管人亦置簿拘轄。簿頭録諸房口數爲額。掌管人自行破用。或探支與人。許諸房覺察勒賠塡。

一。嫁女支錢三十貫。再嫁二十貫。原注。謂次女。

一。娶婦與錢二十貫。再娶不支。

一。子弟出宦人。每還家待闕。守選。丁憂。或任川廣福建官。留家鄉里者。並依諸房例請米絹。並吉凶錢數。雖近官。實有故留家者。亦依此例支給。

一。逐房喪葬。尊上有喪。先支一十貫。至葬事。又支一十五貫。次長五貫。葬事支十貫。卑幼十九歲以下。喪葬通支十貫。十五歲以下。支三貫。七歲以下及婢僕皆不支。

一。鄉里外姻親戚。如貧窘中非次急難。或遇年飢不能度日。諸房同共相度端實。卽於義田米内量行濟物。

一。所管逐年米斛。自皇祐二年十月。支給逐月餱糧并冬衣絹。約自皇祐三年以後。每一年豐熟。樁留二年之糧。若遇凶荒。除給餱糧外。一切不支。或二年糧外有餘。均匀支給。或又不給。卽先凶後吉。或凶事同時。卽先尊口後卑口。如尊卑又同。卽以所亡所葬先後支給。如支上件餱糧。吉凶事外。更有羨餘數月。不得糶貨樁充。三年以上糧儲。或慮陳損。卽至秋成日。方得糶貨回換新米樁管。

右仰諸房院依此同共遵守。皇祐二年十月□日。資政殿學士尚書禮部侍郎知杭州事范押。

知開封府襄邑縣范純仁奏。切念臣父仲淹先任資政殿學士日。於蘇州吳長兩縣置田千畝。須其所得租米。自遠祖而下。諸房宗族計其口數供給衣食。及婚嫁喪葬之用。謂之義莊。且於諸房選擇子弟一名勾管。亦遂旋立規矩。令諸房遵守。今諸房子弟有不遵規矩之人。州縣既無敎條。吾家難爲申理。五七年閒漸至廢壞。遂使飢寒無依。伏望朝廷特降指揮下蘇州。應係諸房子弟有違犯規矩之人。許令發司受理。伏候敕旨。右奉聖旨。宜令蘇州依所奏施行。劄付蘇州。准此。治平元年四月十一日。押。

附録

公少有大節。其於富貴貧賤毁譽歡戚不一動其心。而慨然有志於天下。嘗曰。士當先天下之憂而憂。後天下之樂而樂也。其事上遇人一以自信。不擇利害爲趨舍。其所爲必盡其方。曰。爲之自我者。當如是。其成與否有不在我者。雖聖賢不能必。吾豈苟哉。

公處南都學舍。晝夜苦學。五年未嘗解衣就寢。或昏怠。輒以水沃面。往往饘粥不充。日昃始食。同舍生或饋珍膳。皆拒不受。遺事。

公嘗與吕申公論人物。申公曰。吾見人多矣。無有節行者。公曰。天下固有人。但相公不知爾。以此意待天下士。宜乎節行者之不至也。别録。

公言。幕府羣客。須可爲己師者。乃辟之。雖朋友亦不可辟。蓋爲我敬之爲師。則心懷尊奉。每事取法。於我有益耳。遺事。

領浙西時大饑。公設法賑救。仍縱民競渡。太守日出宴湖上。居民空巷出遊。又諭諸佛寺興土木。又新廒倉吏舍。日役千夫。監司劾杭州不恤荒政。傷耗民力。公乃自條敘所以宴遊興造。皆欲發有餘之財。爲貧者貿易飲食工。持服力之人仰食於公私者。日無慮數萬。荒政之施。莫此爲大。是歲惟杭州晏然。民不流徙。公之惠也。

公在桐廬。與晏尚書書略云。罪有餘責。尚叨一麾。敢不盡心。以求疾苦。二浙之俗。躁而無剛。豪者如虎。示之以文。弱者如鼠。示之以化。吞奪之害。稍稍而息。乃延見諸生。以博以約。非某所能。蓋師門之禮訓也。

雲濠謹案。文正言行遺事録載。公以晏元獻薦入館。終身以門生事之。後雖名位相亞。亦不敢少變。慶曆末。晏公守宛丘。文正過南陽。道過特留歡飲數日。其書題門狀。猶稱門生。將别投詩。有曾入黄扉陪國論。却來絳帳受師資之句。聞者皆歎服云。

公嘗言官人之法。人主當知其遲速升降之序。其進退近臣。不宜全委宰相。實録。

公曰。吾遇夜就寢。卽自計一日食飲奉養之費。及所爲之事。果自奉之費與所爲之事相稱。則鼾鼻熟寐。或不然。則終夕不能安眠。明日必求所以稱之者。聞見後録。

公每飲酒後問夫人曰。比未飲時何如。對曰。全無失禮。更覺入謹。公自恨謂加謹處乃是爲酒所動。遂絶飲。

張横渠大順城銘曰。兵久不用。文張武縱。天警我宋。羌蠢爾動。恃地之彊。謂兵之衆。傲侮中原。如撫而弄。天子曰嘻。是不可捨。養姦縱殘。何以令下。講謨於朝。講士於野。錯刑斧誅。選付能者。皇皇范侯。開府於慶。北方之師。坐立以聽。公曰彼羌。地武兵勁。我士未練。宜勿與競。當避其强。徐以計勝。吾視塞口。有田其中。賊騎未迹。卯横午縱。余欲連壁。以禦其衝。保兵儲糧。以俟其窮。將吏掾曹。軍師卒正。交口同辭。樂贊公命。月良日吉。將奮其旅。出卒於營。出器於府。出幣於帑。出糧於庾。公曰戒哉。無敗我舉。汝礪汝戈。汝鋈汝斧。汝干汝誅。汝勤汝與。既戒既言。遂及城所。索木箕土。編繩畚杵。胡虜之來。百十其至。自朝及辰。衆積我倍。公曰無譁。是亦何害。彼姦我乘。及我未備。勢雖不敵。吾有以恃。爰募長弩。其衆累百。依城而陳。以堅以格。戒曰謹之。無鬬以力。去則勿追。往終我役。賊之逼城。傷死無數。謀不我加。因潰而去。公曰可矣。我功汝全。無怠無逸。城之惟堅。勞不累日。池陴以完。深矣如泉。高焉如山。百萬雄師。莫可以前。公曰濟矣。吾議其旋。擇士而守。擇民而遷。書勞賞材。以飫以筵。圖列而上。薦聞於天。天子曰嗟。我嘉汝賢。錫號大順。因名其川。於金於湯。保之萬年。

王魯齋曰。張子此時猶有談兵之意。然篇中辭義高古。而整軍經武之事。實足以見萬全之策。所謂句句是事實。視出車采薇之作。亦庶幾乎。

韓魏公曰。挺然忠義。奮不顧身。師魯之所存也。身安國家可保。明消息盈虛之理。希文之所存也。

又祭之曰。僕始立朝。接公尚疏。道同氣合。千里相符。忝帥於西。乃與公俱。協心畢力。誓翦兇渠。義切王室。情均友于。雖千艱而萬險。仗忠信而如無。僕之望公。公驥僕駑。十駕未逮。敢擬齊驅。人胡不辨。遂速公呼。自顧無有。媿常汗珠。緊公是託。終履夷途。叛羌來附。一節同趨。與公並命。參翊萬樞。凡有大事。爲國遂圖。爭而後已。歡言如初。指之爲黨。果若是乎。道卒與乎。時戾謂公迂而僕愚。相緣補外。謗毀崎嶇。感公之知。謂死不渝。

歐陽兖公論四賢不當罷疏曰。杜衍。韓琦。范仲淹。富弼。天下皆知其可用之賢。而不聞其有可罷之罪。平日閒居。則相稱美之不暇。爲國論事。則公言廷爭而無私。以此而言。四人者。眞得漢時所謂忠臣有不和之節。而小人讒爲朋黨。誣矣。

又曰。范韓二臣之忠勇。其心一也。若以才謀人望。則仲淹出韓琦之右。

又祭之曰。嗚呼公乎。學古居今。持方入圓。丘軻之艱。其道則然。公曰彼惡。公爲好訐。

公曰彼善。公爲樹朋。公所勇爲。公則躁進。公有退讓。公爲近名。讒人之言。其何可聽。先事而斥。羣讒衆排。有事而思。雖仇謂材。毀不吾傷。譽不吾喜。進退有儀。夷行險止。嗚呼公乎。舉世之善。誰非公徒。讒人豈多。公志不舒。善不勝惡。豈其然乎。成難毀易。理又然歟。嗚呼公乎。欲壞其棟。先摧桷榱。傾巢破鷇。披折傍枝。害一損百。人誰不罹。誰爲黨論。是不仁哉。嗚呼公乎。易名謚行。君子之榮。生也何毀。殁也何稱。好死惡生。殆非人情。豈其生有所嫉。而死無所爭。自公云亡。謗不待辨。愈久愈明。由今可見。始屈終伸。公其無恨。寫懷平生。寓此薄奠。

又爲文正神道碑曰。自公坐吕公貶。羣士大夫各持二公曲直。吕公患之。凡直公者皆指爲黨。或坐竄逐。及吕公復相。亦再起被用。於是二公驩然相約。戮力平賊。天下之士。皆以此多二公。然朋黨之論。遂起而不能止。

梅聖俞挽高平公詩曰。文章與功業。有志不能成。嘗以隮高位。終焉屈大名。遺風猶可見。逝水更無情。歸卜青烏隴。韓城苦霧平。

程氏遺書曰。横渠張先生言。有欲爲公買緑野堂。公不肯曰。在唐如晉公者。誰可苟㈠也。一旦取其物而有之。如何得安。寧使耕壞及他人有之。已則不可取也。

㈠「誰可苟」當爲「是可尊」。

蘇文忠序文正文集曰。其於仁義禮樂。忠信孝弟。如飢渴之於飲食。欲須臾忘而不可得。雖弄翰戲語。而作必歸於此。故天下信其誠。爭師尊之。

曾文定隆平集曰。先生事母至孝。以母在時。家甚貧。及既貴。非賓客不食肉。妻孥膳服僅足而已。姑蘇之范。皆疏屬。而置義莊以賙給之。天下想聞其風采。賢士大夫以不獲登其門爲恥。下至里巷。遠及夷狄。皆知其名字。衆莫知其所以然也。

梓材謹案。阮亭居易録引隆平集姜遵傳。爲吏尚嚴。知永興軍。太后詔營浮屠。遵毁漢唐以來碑碣代磚甓。躬督成之。因獲進用。阮亭云。遵能識范希文於微時。而本末無足取如此。

黄涪翁書文正手書道服贊墨蹟後曰。范文正公當時文武第一人。至今文經武略。衣被諸儒。譬如蓍龜。而吉凶成敗不可變更也。故片紙隻字。士大夫家藏之。世以爲寶。至其小楷。筆精而瘦勁。自得古法。未易言也。

晁氏客語曰。少年嘗有文投文正。文正既愛且歎。堯夫問之。文正曰。此人不宜早達。是把孟子做不識字人看底人。

又曰。中立云。范文正有言。作官公罪不可無。私罪不可有。

楊龜山龍川志曰。范文正公篤於忠亮。雖喜功名而不爲朋黨。早歲排吕申公。勇於立事。其徒因之。矯厲過直。公亦不喜也。自饒州還朝。出領西事。恐申公不爲之理。無以成功。乃爲書自咎。解仇而去。故歐陽爲文正神道碑言。二公晚年歡然相得。由此故也。後生不知。皆咎歐陽公。予見張公言之乃信。

許橫塘跋陳君章所藏諸公帖曰。范文正啓齒弄筆。不忘忠義。此帖有終日爲善。以報知己之語。凡爲人不當如是耶。前輩風流日遠。使人歎息。

沈括夢溪筆談曰。范文正嘗言。史稱諸葛亮能用度外人。用人者莫不欲盡天下之才。常患近己之好惡而不自知也。能用度外人。然後能周大事。

汪浮溪記文正祠堂曰。文正范公自未第時已慨然有天下之志。不以死生禍福動其心。逮遭明天子有爲於時。其立朝如史魚汲黯。其憂國如賈誼劉向。其守邊如馬伏波羊叔子。雖庸人孺子莫不知之。獨筮仕之初。有卓然大過人者。公以進士釋褐爲廣德軍司理參軍。日抱獄具與太守爭是非。守數以盛怒臨公。公未嘗少撓。歸必記其往復辯論之語於屏上。比去。至字無所容。貧止一馬。鬻馬徒步而歸。非明於所養者。能如是乎。

朱子曰。宋朝忠義之風。却是自范文正作成起來也。

又曰。天地間氣第一流人物。

又答周益公書曰。范歐二公之心。其終始本末如青天白日。無纖毫之可議。若范公所謂平生無怨惡於一人者。尤足以見其心量之廣大高明。可爲百世之師表。

又語類曰。本朝道學之盛。亦有其漸。自范文正以來。已有好議論。如山東有孫明復。徂徠有石守道。湖州有胡安定。到後來遂有周子程子張子出。故程子不敢忘此數公。

問。本朝如王沂公人品甚高。晚年乃求復相何也。朱子曰。便是前輩都不以此事爲非。所以至范文正方厲廉恥。振作士氣。

吕東萊治體論曰。使慶曆之法盡行。則熙寧元祐之法不變。使文正之言得用。則安石之口可塞。今文正之志不盡行於慶曆。安石之學乃盡用於熙豐。神宗鋭然之志不遇范仲淹。而遇王安石。世道升降之會。治體得失之機。於是乎決矣。

薛艮齋曰。國之鴻儒有若泰山先生横渠先生者。弱冠俱以策略歷干邊帥。得范文正韓魏公一語。退而學道。遂爲當世宗師。

陳止齋温州學田記曰。宋興。士大夫一洗五季之陋。知鄉方矣。而守故蹈常之習未化。范子始與其徒抗之以名節。天下靡然從之。人人恥無以自見也。歐陽子出而議論文章粹然爾雅。軼乎魏晉之上。久而周子出。又落其華。一本於六藝。學者經術遂庶幾乎三代。何其盛哉。

又讀文正神道碑有感佚事詩云。武侯不可致。玄德造其廬。公在衰絰中。乃上時政書。維時君臣定。事與草昧殊。出處千載同。豈必名迹如。行伍拔大將。寒飢得名儒。推轂天下士。百年用其餘。生平慕河汾。未許王魏俱。慇懃八司馬。意獨何區區。自古朋黨論。消復莽無期。誰令羣疑亡。韓富及有爲。惜哉公不見。功名止西陲。

樓攻媿記廣德軍文正祠曰。文正盛德絶識。才兼文武。非贊揚所能盡。然大要立志不苟而已。

劉漫塘論本朝人物曰。南渡前。范文正公合居第一。

呂中曰。先儒論本朝人物。以仲淹爲第一。觀其所學。必忠孝爲本。其所志。則先天下之憂而憂。後天下之樂而樂。其有所爲。必盡其力。曰爲之自我者當如是。其成與否有不在我者。雖聖賢不能必。此諸葛武侯不計成敗利鈍之誠心也。仁宗晚年欲大用之。而范公已即世矣。豈天未欲平治天下歟。

黄東發曰。本朝最多名士。然未有過於范文正者也。而本朝名臣之不遇。亦未有甚於范文正者也。然則豈無任其咎者耶。

熊勉庵曰。文潞公處大事以嚴。韓魏公處大事以膽。范文正公處大事曲盡人情。三公皆社稷臣也。朱文公論本朝人物。范文正公爲第一。

吴履齋文正祠詩曰。仁誼公忠一片心。兵閒招弄更精神。當時老上龍庭種。豈信江南有此人。又曰。長山溪畔蓼莪青。想見當年念母情。顧我遠遊瞥底事。擡頭重感老先生。

潛説友吴郡建祠奉安文正公講義曰。公生我朝盛時。實鍾天地閒氣。光明俊偉。二三百年後。猶使人竦然起敬。況當時乎。考亭朱子論本朝人物。或歎其粗。或議其小。獨於公而稱其傑出之才。夫才而謂之傑出。則必有參天地之化。關盛衰之運者矣。蓋公之於仁義。如飢渴之於飲食。須臾不置。其見於脩身齊家。處宗族。待閭里。居官行事。愛民利物。浩如也。此非富公所謂道大德具者乎。我是以知公之德之立。皆仁義之所充拓。陳宫壼之戒。弭朝廷之憂。腹中甲兵。西賊破膽。而天章一疏。實將振起我宋一代之治。若使盡見施行。則後來者無所用其紛更。而國家蒙福莫之與京矣。此非韓公之所謂大忠偉節者乎。我是以知公之功之立。皆仁義之所成就。公在天聖中。遺宰相書無慮萬言。經濟規模大抵具見。其後爲牧守。爲將帥。爲執政。平生所爲無出於此。蓋言之必可行也。雄文大册。小篇短章。靡不燦然一出於正。此非蘇子所謂有德有言者乎哉。我是以知公之言之立。皆仁義之所布濩。流衍天地。付公以不羣之資。而公能自立。其與天地相爲不朽之事。而富貴利達固不足爲公輕重也。

牟陵陽跋文正書伯夷頌曰。公生平自許忠義。前後緣論諫得罪。至被以誣謗。目以朋黨。擯斥遠外。而公信道之篤。躓而愈奮。老而愈厲。伯夷頌固其中素所蓄積者。

王魯齋爲文正像贊曰。雪壓孤根。斷虀力學。危言正色。謇謇諤諤。靈府兵精。氊裘膽落。先天下憂。後天下樂。

元遺山曰。文正在布衣爲名士。在州縣爲能吏。在邊境爲名將。其材其量其忠。一身而備數器。在朝廷則又孔子所謂大臣者。求之千百年閒。蓋不一二見。非特爲一代宗臣而已。

又跋文正眞蹟曰。以將則視管樂爲不忝。以相則方韓富爲有餘。其忠可以支傾朝而寄末命。其量可以際圓蓋而蟠方輿。朱衣玄冠。佩玉舒徐。見於丹青。英風凛如。古之所謂垂紳正笏。不動聲氣。而措天下於泰山之安者。其表固如是歟。

李子微序湛然居士集曰。古之君子。其文見於簡策。宏深渾厚。言近而旨遠。辭約而義深。非後世以雕篆爲工者所能比。蓋其浩然之氣貫於中也。諸葛孔明曁近代范文正公。懷王佐之才。

有開物成務之略。自任天下之重。初不欲以文名世。然出師一表。可與伊訓説命相表裏。而萬言一書。議者亦比於管仲樂毅二子者。豈嘗學爲如此之文也哉。其忠義之氣形之於文。亦不自知其所以然也。

虞道園送朱德嘉序曰。周子之教學者曰。志伊尹之所志。學顔淵之所學。先儒之言曰。立志以明道。希文自期待明道之學。顔子之學也。希文之志。伊尹之志者乎。

夏立卿文正書院記曰。蓋自六經堙晦。聖人之道不傳。爲治者貿貿焉。罔知適從。以至於公而後開學校。隆師儒。造就士類。作成忠義之風。以致道統之傳。則公之學識於名教豈小補哉。

又范魏公祠詩曰。白雲鄉裹魏公祠。翼翼烝嘗薦奠時。功蓋百年書史載。道求千古聖賢知。山陵虎穴盤風磴。石拔鯨牙插羽旗。更上高亭望城邑。義田秋實正離離。

王忠文議孔子廟廷從祀曰。三代以下。人才莫盛於宋東都。其閒慨然以聖人之道爲己任。而著之行事者。范仲淹而已。其言以爲。士當先天下之憂而憂。後天下之樂而樂。雖伊尹之任。無以尚之。況當其時。天下學術未知所宗尚。而仲淹首以中庸授張載。以爲道學之倡。蓋其爲學本乎六經。而其議論無不主於仁義。雖勳業之就。未究其志。而事功所及。光明正大。實與司馬光相上下。自聖道不行。世儒徒知章句以爲事。而孰知聖人經世之志。固不專在是也。

陳石士師杭州使院范文正祠記曰。范文正公之名德。世之所共仰也。其崇儒術以造士。則固與其功在社稷者並著。蓋孫明復。李泰伯。胡安定。皆其所扶掖而奬厲之者。而授横渠先生以中庸。先生終成鉅儒。與周程並列。後世遂崇祀文正於夫子廟之兩廡。夫守先王之道。以待後之學者。文正之有功於學校。誠無媿於配饗矣。

又記汪均之自訟室曰。均之應京兆試落解後。嘗語余曰。嘗夢登一山。若陟其梯。有人屬講論語義二章。余既講而寤。其二章則曾子所以述顏子。孔子所以答衛靈公也。夫有若無。實若虛。自訟之原也。此顏子所以不貳過乎。軍旅之事。亦學者所宜講習。子路有其學。故夫子許以從政。而今之答問陳也如是。然則范文正之所以語橫渠先生者。固非迂論乎。

忠宣師承

王先生大中

王大中字尊道。滑之胙城人。讀聖賢書。窮之三十年。五經之旨卓然自得。不爲諸儒傳注之所牽。其言行淳質。亦未嘗有繆於道。故滑之學者多歸之。先生乃爲之講解。俾識其所趨向。又作室以延之。而名曰講堂。講堂之北。則其先君之墓也。或者以爲非絃通之地。先生曰。吾聞立身揚名。所以顯親也。吾孜孜於是道。勉其身於君子之途者。是使吾親爲君子之親也。願孰大焉。苟吾親有知。聞吾朝夕講聖人之言於此。顧不樂哉。又況使鄉里之人瞻斯堂。則知吾先君之墓。則吾親之名蓋亦不朽矣。范忠宣集。

安撫師承

馬先生磐

馬磐字子漸。許昌人。進士。爲范氏三世師。五侍郎少時受教。後光禄大卿行繼處席下。先生卒。有二子。貧甚。所居。切鄰曾存之屨欲市之。酬重價。二子藜羹。處窮不欲。曰。先人故廬。兄弟當死此。不願易也。鄉人服之。范氏過庭録。

劉氏先緒

劉先生述

劉述字孝叔。湖州人。舉進士。爲御史臺主簿。知温耀眞三州。提點江西刑獄。累官侍御史。吏部郎中。王荆公參知政事。先生兼判刑部。荆公爭謀殺刑名。先生不以爲是。及敕下。先生封還中書。奏執不已。荆公白帝。詔開封府推官王克臣劾之。於是先生率御史劉琦錢顗共上疏曰。安石執政以來。未踰數月。中外人情囂然胥動。蓋以專肆胸臆。輕易憲度。無忌憚之心故也。又曰。先朝所立制度。自宜世世子孫守而勿失。乃欲事事更張。廢而不用。安石自應舉歷官。尊尚堯舜之道。以倡率學者。故士人之心靡不歸向。謂之爲賢。陛下亦聞而知之。遂正位公府。遭時得君如此之專。乃首建財利之議。務爲容悦。言行乖戾。一至於此。剛狠自任。則又甚於姦詐專權之人。豈宜處之廟堂。以亂國紀。願早罷逐。以慰安天下元元之心。疏上。荆公奏先貶琦顗。

開封獄具。先生三問不承。荆公欲置之獄。司馬温公與范忠宣爭之。乃議貶爲通判。帝不許。以知江州。踰歲。提舉崇禧觀。卒年七十二。紹興初。贈祕閣修撰。宋史。

梓材謹案。汪浮溪爲劉朝散仲高墓志稱。先生熙寧間。知御史雜事。正色立朝。與宰相爭是非。宰相盛怒。至欲逮治之。不爲屈。卒奪御史。司馬温公稱其道勝名立。東坡蘇公爲之賦吴興丈人之詩。一時名士慕而宗之。所謂劉孝叔是也。於是吴興之劉聞天下。

高平講友

舍人尹河南先生洙别見廬陵學案補遺。

正獻吕晦叔先生公著詳范吕諸儒學案。

高平同調

補忠獻韓贛叟先生琦

韓安陽集

承祖宗百年仁政之後。民浸德澤。惟知寬䘏。而未嘗過擾。若但躬行節儉。以先天下。常節浮費。漸汰冗食。自然國用不乏。何必使興利之臣紛紛四出。以致遠近之疑哉。

古今異制。貴於便時。周禮所載有不可施於今者。其事非一。若謂泉府一職。乃太平已試之法。今可施行。此則誣污聖典。蔽惑聰明。老臣得不太息而慟哭耶。

治國之本。當先富强之術。聚財積穀。寓兵於民。則可以鞭笞四夷。盡復故疆。然後制作禮樂。以文太平。今制置司何不將此周公太平已試之法。盡申明而行之。豈可獨舉注疏貸錢取息之利事。以詆天下之公言哉。以上論青苗奏疏。

夫精藝而求仕末也。得仕而行道本也。不由其末。則本不得施。由末而仕。其末不可用。然而本或不存焉。非竊祿何哉。并州新修廟學記。

忠義之心。人皆有之。但勉而不力。執之不固。遂不至於古人。新修晉太尉嵇公廟記。

學然後能修身。身修然後能擇友。無友不如己解。

昔周之衰。仲尼已矣。戰國相圖。惟利之喜。諸子紛紛。乘弊而起。聖道之塞。實生荆枳。其誰闢之。獨我孟氏。堯舜吾吭。仁義吾齒。芟楊翦墨。路平如砥。驅彼先覺。一趨聖軌。惟先文公。盛道其美。存而醇者。孟氏而止。欲觀聖人。必自孟始。較其大功。蓋禹之比。嗚呼賢哉。道孰可擬。孔子之後。一人而已。孟子贊。

今夫學者既得良師友。朝夕講習開益。以進其善。又觀所圖吾里之賢者。隆名偉蹟。卓然不泯之如此。豈不思曰。彼能之。吾反不能哉。亦在乎勉之而已。鄭魏公贊序。

夫善諫者無諷也。無顯也。主於理勝而已矣。故主於諷者。必優柔微婉。廣引譬喻。冀吾説之行。而不知事不明辨。則忽而不聽也。主於顯者。必暴揚激訐。恐以危亡。謂吾言之能動。而不知論或過當。則怒而不信也。夫欲説而必聽。言而必信。苟不以理勝之難矣哉。諫院存稿序。

韓忠獻語王巖叟録。

閲人多矣。久而不變爲難。

以之遇。則可以成功。以之不遇。則可以免禍者。其惟晦乎。

中等以下人。見利則去。是其常情。不須怪也。

人情微處。當深體之。若直用己意以處。則所失多矣。

知其爲小人。便以小人處之。更不須校也。

能平得有己之心。則爲賢矣。人人莫不能道之。及到行時。大是難事。嘗令著意於此。勿以爲意也。

内剛不可屈。而外能處之以和者。所濟多矣。

人能扶人之危。賙人之急。固是美事。能勿自談。則盡善矣。

寡欲則事簡。

附録

公自奉儉約。不改於舊。嘗曰。吾閨門之内。如當日朝官時。無以異也。内外宗族。割俸以養之者。常數十家。嫁諸兄孤女十餘人。教育諸姪皆有成立。所得恩例。常先旁族。交遊之子孫。貧而無託者。

公嘗曰。君子當先處己。至於義足。而後委之命。可以無悔。

公元勳成德如此。而聞人一小善。則曰某不及也。

公之客有被召而請教者。公曰。富貴易得。名節難守。

凡人語及其所不平。則氣必動。色必變。辭必厲。惟公不然。更説到小人忘恩背義。欲傾己處。辭和氣平。如説尋常事也。

公曰。某平生仗孤忠以進。每遇大事。卽以死自處。幸而不死。事皆偶成。實天扶持之。非某所能也。

公惟務容小人。善惡白黑不大分。故小人忌之亦少。如范富歐尹常欲分君子小人。故小人忌怨日至。朋黨亦起。方諸公斥逐。獨公安焉。後扶持諸公復起。皆公力也。公論君子小人之際。當以誠待之。但知其小人。則淺與之接耳。凡人至於小人欺己處。必露其明以破之。公獨不然。明足以照小人之欺。然每受之未嘗形色也。

公因論進退曰。處去就之難者。不可猛而有迹。

公言始學行己。當如金玉。不受微塵之汙方是。及其成德。有所受。亦有所不害者。不然無容矣。

王沂公器德深厚而寡言。當時有得其題品一兩語者。皆以爲榮。公爲諫官時。因納劄子。忽云。近日頻見章疏甚好。只如此可矣。向來如高若訥輩。多是擇利。希文亦未免近名。要須純意於國家事爾。公聞此言。益自信也。公在北門。燕諸漕於後園。有詩云。不羞老圃秋容淡。且看黄花晚節香。公居常謂保初節易。保晚節難。故晚節事事尤著力。

公判京兆日。得姪孫書云。田產多爲鄰近侵佔。不欲經官陳理。公止於書尾題詩一絶云。他人侵我且從伊。子細思量未有時。試上含元殿基看。秋風秋草正離離。

公在政府與歐陽公共事。歐公見人有不中理者。輒峻折之。故人多怨。公則從容諭之以不可之理而已。未嘗峻折之也。

公勤於吏職。簿書文檄莫不躬親。或曰。公位重名高。朝廷賜守鄉郡以安養。可無親小事。公曰。已憚煩勞吏民。當有受弊者。且日俸萬錢。不事事何安哉。

鎮大名時。牒訴甚劇。公事無大小。必親視之。雖疾病亦許就決於臥内。人或勸公委之佐屬。公曰。兩詞在官。人之大事。生死予奪。一言而決。可委人乎。

公識量英偉。臨事喜愠不形於色。自謂才器須足周八面。入粗入細。乃是經綸好手。

公嘗言。使人爲善。須就其性上做。若中所無。强之終不能從。

人有疑公待君子小人均以誠。往往爲小人所欺。奈何。公曰。不然。亦觀其人隨分數放之耳。人謂公待人誠。則皆誠。但有深淺以明濟之也。豈可以爲小人不待以誠耶。皆歎以爲不可及。

趙君錫被召。别公請教。公曰。平日之學。正爲今日。此若不錯。餘不錯矣。終不語及他事。又請曰。若上問某事以何對。公曰。此則在廷評自處。李清臣平日公前多論釋氏貴定力。謂無定則不能主善。公每然之。後朝廷斥異論。李進取頗持兩端。公因書開之。比來臺閣斥逐紛紛。吾親得不少加定力耶。公之善諭人如此。以上魏王遺事。

公孤忠直道。惟范公富公氣類相同。相知最篤。及論事於上前。繫國家利害。則各正色辨論。未嘗以私相符同。退而皆不失懽。三公名重一時。天下稱爲韓范。或韓富。希文嘗遺杜祁公書曰。天下始終不變者。仲淹惟敢保韓富二公而已。魏王家傳。

自序家祭式曰。慶曆初元。始詔文武官。並許依舊式創立家廟。事上禮官裁處。而迄今不聞定議。某自主祭以來。恪謹時薦舉。罄竭誠慤。而常患夏秋之祭闕而不備。從俗之事。未有折中。因得祕閣所有御史鄭正則祠享儀。御史孟説家祭禮。殿中御史范傳正寢堂時饗儀。汝南周元陽祭録。京兆武功尉賈氏家薦儀。金吾衛倉曹參軍徐閏家祭儀。檢校散騎常侍孫日用仲享儀。凡七家。研議累月。粗究大方。於是採前説之可行。酌今俗之難廢者。以人情斷之。成十三篇。名曰韓氏參用古今家祭式。昔鄭御史以年六十三。久疾羸頓。遂著祠享儀以示後。而某年之與病與鄭適同。遂感而爲此。將使子孫奉而行之。非敢傳於外也。

歐陽文忠記相州晝錦堂曰。臨大節。決大事。垂紳正笏。不動聲色。而措天下於泰山之安。可謂社稷之臣矣。

又寄公書曰。公進退之際。從容有餘。德業兩全。讒謗自止。過周公遠矣。又聞所加恩禮。力辭不拜。此尤高出古人。

或問。伊川量可學否。曰。可。學進而識進。識進則量進。曰。如魏公可學否。曰。魏公是閒氣。胡氏傳家録。

蘇文忠祭之曰。天下元聖。必作之配。有神司之。不約而會。既生堯舜。禹稷自至。仁宗龍飛。公舉進士。妙齡秀發。秉筆入侍。公於是時。仲舒賈誼。方將登庸。盜起西夏。四方騷然。帝用不赦。授公鈇鉞。往督西旅。公於是時。方叔召虎。入贊兵政。出殿大邦。恩威並出。春雨秋霜。兵練民安。四夷屈降。公於是時。臨淮汾陽。帝在明堂。欲行王政。羣后奏功。罔底於成。召之北方。付之樞衡。公於是時。蕭曹魏邴。二帝山陵。天下悸恟。呼吸之閒。有雷有風。有存有亡。有兵有戎。公於是時。伊尹周公。功成而退。三鎮偃息。天下嗷然。曷日而復。毕公在外。心在王室。房公且死。征遼是卹。

晁氏客語曰。荆公與魏公議事不合。曰。如此則是俗吏所爲。魏公曰。公不相知。某眞一俗吏也。使爾多財。吾爲爾宰。共財最是難事。

上蔡語録論韓魏公范文正公。皆是天質。不由講學。

朱子語類曰。司馬温公爲諫官。與韓魏公不合。其後作祠堂記。極稱其爲人。豈非自見熙豐之事故也。韓公眞難得廣大沈深。

黄東發曰。國朝盛時。偉人輩出。卓然爲之冠冕者。韓公范公也。二公共西事。功烈相上下。元昊既請和。並召爲兩府。責以期月致太平。革弊衆不悦。而范公卒老於邊守矣。公獨入相。十年定策。立英宗神宗。當危疑艱難。他人無所措手足時。處之安若泰山。國以乂寧。功成身退。三判鄉邦。及王安石行新法。棄地契丹貽禍無窮之初。尚能極口論列。感悟上聽。雖卒爲小人沮抑不行。小人終亦莫之能害。公德業爛然。照耀無極。嗚呼盛哉。古無有也。

李元綱厚德録曰。韓魏公爲丞相。每見文字有攻人隱惡者。卽手自封之。未嘗使人見知。

待制王先生質

王質字子野。大名莘人。文正公旦從子也。慶曆三年。與從弟素皆待制天章閣。先生累世富貴。而操履甚於寒士。性篤孝弟。厚於友朋。范文正仲淹以言事貶饒州。方治黨人甚急。先生獨扶病率子弟餞於東門。留連數日。大臣有以讓之者曰。長者亦爲此乎。何苦自陷朋黨。先生曰。范公天下賢者。若得爲黨人。公之賜質厚矣。聞者爲之縮頸。其爲待制之明年。出守於陝。又明年。小人連搆大獄。坐貶廢者十餘人。皆其素所賢者。聞之悲憤歎息。因數劇飲以卒。年四十有五。歐陽文忠集。

梓材謹案。宋史先生本傳稱。其少謹厚淳約。力學問。師事楊億。億歎以爲英妙。是先生固文公門人也。

附録

公素純孝。每道先君事。則霶然泣下。公弟素。自淮南按察使被召帥涇原。命下之日。公通夕不寐。召諸子謂曰。吾弟母老且病。子至幼。詎可以禦戎窮邊乎。吾無親憂。而汝輩長矣。明日遂上言乞留素而自代。願死節以報國。弗從。又命其子規曰。朝廷不免吾弟之行。吾所憂也。汝其往侍。無怠焉。

范文正誌其墓曰。公生相門。而弗驕弗華。以貧爲寶。文正作舍人時。家甚虚。嘗貸人金以贍昆弟。過期不入。輟所乘馬以償之。公因閲家書而得其券。召家人示之曰。此前人清風。吾輩當奉而不墜。宜祕藏之。又得顔魯公爲尚書時乞米於李大夫墨帖。刻石以模之。遍遺親友閒。其雅尚如此。故終身不貪。所至有冰檗聲。此公之秉德不亦清乎。公充職館殿二十餘年。同舍皆顯官。公介然不動。惟求外補。當國者非戚必舊。公未嘗折顔色。屈語論。以合其意。此公之執行不亦方乎。公爲數郡。皆清心以思治。行己以率下。必首崇學校而風化之。人有犯法。非害於物者。必緩其獄。未始深文焉。求民之疾。雖處幽不遺。去民之梗。雖負勢不避。此仁人之政不亦平乎。故每去一州。則百姓號慟。如赤子之慕慈母也。

黄東發曰。待制王公訟婚無貲者與之俸。爲盜迫寒者與之衣。以術鉤私盜鑄者譏之。使緩其獄。凡犯法非害於物者。皆矜恕之。轉運荆湖。當用兵急財賦時。使一路蒙福。公寬仁人也。從文正公家法來。扶病獨送被謫范希文。願預黨人爲幸。斬斬出鋒稜。此又文正公家法所未有。適不幸小人連興大獄。坐廢羣賢。公竟憤痛劇飲卒。悲夫。豈量之不文正若耶。

尚書石先生待旦

石待旦。新昌人。隱居石溪。首創義塾三區。以上中下爲別。身自督教。衣廩之。所成就多。當代名臣范仲淹。聘爲嵇山書院山長。四方受業者甚衆。後以子貴。贈刑部尚書。於越新編。

梓材謹案。成化新昌志云。文彦博。吕公著。杜衍。韓絳。皆出先生之門。先後人相登顯仕者七十二人。

何先生涉

何涉字濟川。南光人。父祖皆業農。先生始讀書。晝夜刻苦。泛覽博古。上自六經諸子百家。旁及山經地志醫卜之術。無所不學。一過目不復再讀。而終身不忘。人問書傳中事。必指卷第册葉所在。驗之果然。登進士第。調落㊀交主簿。改中部令。范文正仲淹一見奇之。辟彰武軍節度推官。用龐籍奏。遷著作佐郎。管勾鄜延等路經略安撫招討司機宜文字。時元昊擾邊。軍中經畫。先生預有力。元昊納款。籍召爲樞密使。欲與之俱。先生曰。親老矣。非人子自便之時。拜章願得歸養。通判眉州。徙嘉州。用薦召還。既又求歸蜀。知漢州。移合州。累官尚書司封員外郎。

㊀「落」當爲「洛」。

父喪罷歸。卒。詔恤其家。并官其子。先生長厚有操行。事親至孝。平居未嘗談人過惡。所至多建學館。勸誨諸生。從之游者甚衆。雖在軍中。亦常爲諸將講左氏春秋。狄青之徒皆横經以聽。有治道中術。春秋本旨。廬江集六十集。宋史。

附録

范文正送何秀才詩曰。蜀道歸來萬里身。上堂嘉慶動諸鄰。賢良詔下先生起。休向成都問卜人。

劉蕺山人譜曰。司馬温公嘗言。學者讀書。少能自一卷讀至卷末。往往或從中。或從末。隨意讀起。又不能終篇。光性最專。猶常患如此。從來惟見何涉學士。案上惟置一書。讀之自首至尾。至校錯字。未終卷誓不讀他書。此學者所難也。

周先生堯卿

周堯卿字子俞。道州人。天聖二年舉進士。累官至太常博士。歷連衡二州司理參軍。桂州司録。知高安寧化二縣。通判饒州。未行。卒。年五十一。蓋先生孝於其親。友于其兄弟。父母喪與兄弟居倚廬。不飲酒食肉者三年。其言必戚。其哭必哀。除喪而癯然不能勝人事者。蓋久而後復。學長於毛鄭詩。左氏春秋。家貧不事生産。喜聚書。其爲吏。所居皆有能政。有文集二十卷。

歐陽文忠集。

梓材謹案。萬姓統譜言。先生警悟强記。以學行知名。范文正公薦其經行可爲師表。又云。有詩春秋説各三十卷。

梓材又案。曾文定隆平集言。先生字子餘。初名奭。今名及字夢人授之也。五世祖耀文。唐道州刺史。乾寧中。劉建峯將馬霸圖割據湖外。仕者留不敢去。子孫因家焉。既又徙居荆州之南。云字子餘。殆卽東都事略所據歟。

附録

十二喪父。憂戚如成人。見母氏則抑情忍哀。不欲傷其意。執母喪。倚廬三年。席薪枕塊。雖疾病不飲酒食肉。或勉之以禮。曰。禮。老病不止酒肉。意或不勝喪耳。病且未老。忍及此耶。葬之先期。躬自負土。有告之曰。古之貧無以葬者。或然。今子何自苦。泫然流涕曰。過是。雖欲竭力。復可得乎。既葬。慈烏百數。銜土集壠上。人莫不駭矚。以爲孝感所至。

或人以先生居喪比馮元者。孫復聞之曰。元動息求之於禮。其哀思未數數能也。堯卿先盡其哀。而情不遠於禮。其可同日語哉。以上隆平集。

歐陽公表其墓曰。若周君者。事生盡孝。居喪盡哀。而以禮者也。禮之失久矣。喪禮尤廢也。孔子在魯。而魯人不能行三年之喪。其弟子疑以爲問。則非魯而他國可知也。孔子殁。其後世又可知也。

曾文定隆平集曰。先生之學。不惑傳注。問辨思索。以通爲期。其學詩以孔子所謂。詩三百。一言以蔽之曰。思無邪。孟子所謂。説詩者以意逆志。是謂得之。考經指歸而見毛鄭之得失。曰。毛之傳欲簡。或寡於義理。非一言以蔽之者也。箋欲詳。或遠於情性。非以意逆志者也。是可以無去取乎。其學春秋曰。左氏記之詳。得經之所以書者。至三傳之異同。均有所不取。曰。聖人之意豈二致耶。讀莊周孟軻氏之書曰。周善言理。未至於窮理。窮理則好惡不謬於聖人。孟軻是已。孟善言性。未至於盡己之性。能盡己之性。則能盡物之性。而與天地參。其惟聖人乎。天何言哉。性與天道。子貢所以不可得而聞也。昔宰我子貢善爲説辭。冉牛閔子顔淵善言德行。孔子曰。我於辭命則不能也。惟不言。故曰不能而已。蓋言生於不足者也。其講解議論。類皆若是。

王深寧困學紀聞曰。歐陽公爲周君墓表云。篤行君子。孝於其親。友于其兄弟。而集缺其名。周益公考之春陵志。乃周堯卿字子俞。東都事略有傳。其行事與墓志合。字子餘。未知事略據何書而立傳也。

徐先生復

徐復字希顔。莆田人。雲濠案。隆平集字復之。建州人。嘗舉進士。不中。去不復就。博學。於書無所不讀。尤通星曆五行術數之説。康定中。李元昊叛。詔求有文武材可用者。仁宗召見先生於崇政殿。訪以世務。因命講易乾坤既濟未濟。又問今歲值何卦。西兵欲出如何。先生對。歲值小過。

而太一守中宫。兵宜内不宜外。仁宗善其言。欲官之。固辭。迺官其子留。與林瑀同修周易會元紀。賜號沖晦處士。先生久遊吴。因家杭州。范文正公知杭州。數就訪問。甚禮重之。文正嘗言。西兵既起。先生預言罷兵歲月。又斗牛間嘗有星變。先生言。吴當大疫。死者數十萬人。後皆如其言。先生平居以周易太玄授學者。人或勸著書。先生曰。古聖賢書已具。顧學者不能求。吾復何爲以徼名後世哉。晚取其所爲文章盡焚之。卒年七十餘。元豐類稿。

附録

遊江淮閒數年。凡天文地理遁甲占射諸家之説。讀之必得其旨。因聽其鄉人林鴻範説詩之所以用於樂者。忽若有得。遂舉器求樂之本。而曉然知律吕微妙動作之制。時胡瑗作鐘磬。大變古法。先生笑曰。聖人寓器以聲。今不先求其聲。而更其器。是可用耶。卒如其言。隆平集。

郭先生京

郭京。□□人。慶曆初。范文正仲淹過潤州。問徐復。以衍卦占之。今夷狄無動乎。復爲占西邊用兵。日月無少差。其後與先生同被召。賜對問以天時人事。先生好言兵。文正及滕宗諒數薦之。故與復同召焉。隆平集。

待制講友

水先生□

水□先生。王子野待制家舊養學老子也。頗能前知禍福。甚敬信之。子野正食。羅列珍品。先生適至。子野指謂先生曰。何物可下飯乎。先生遍視良久曰。此皆未可。惟飢可下飯耳。范氏過庭録。

劉氏師承

縣令陳先生輔父大雅。

陳輔字安國。象山人。父大雅。天性明敏。工於詩。趙清獻深器重焉。先生幼承庭訓。家貧力學。夜置足水中以警寐。嘉祐進士。歷知武康安吉。先生少受知東明劉温。温使其子槩師焉。後槩試禮部第一。名益重。丞相吕大防范純仁屢薦於朝。以疾卒。寧波府志。

忠獻學侶

著作韓先生璩

韓璩字子徽。於魏公爲同母兄。天聖五年擢進士高第。歷授祕書省著作佐郎。知壽州安豐縣事。少負儁氣。聰穎過人。每讀書必泯絶外慮。雖左右嚻然如不聞。以是經史百家之言。一覽卽能記誦。尤通左氏春秋。爲文敏速。初若不經心。及成。詞壯理備。他人精思有不及者。性純易。襟量夷坦。遇人無賢愚。一以誠接之。曠然不知世路有風波陷穽之虞。有時意樂閒放。與朋友相過從。酣笑杯酒閒。或逾旬。興未盡不止。及刻意於學。則下帷閉户。以墳典自環。雖在寢食。未嘗捨卷。其率眞如此。安陽文集。

忠獻講友

强先生至

强至字幾聖。餘姚人。爲三司户部判官。尚書。祠部郎中。有遺文四十卷。先生少貧。能自謀學。爲進士。材拔出輩類。輒收其科。最爲韓魏公所知。魏公既罷政事。鎮京兆。及徙鎮相魏。常引先生自助。魏公數薦之朝廷。謂宜在館閣。未及用。魏公卒之明年。先生亦卒。元豐類稿。

梓材謹案。先生二子。浚明。淵明。與葉石林爲蔡京死友。定黨籍碑。皆墮其家聲。惜哉。

雲濠謹案。先生祭文學陸先生文云。某始以少年出窮巷。無知而禮之者。先生一見。獨忘其齒之尊。納以爲上客。日規月誘。其後意未有一日而不繼前時者。既而某得薦於鄉。得第於廷。州以掾於獄。縣以令於民。莫不去受先生教而歸。拜先生賜也。據此。則祠部當爲陸氏門人。

祠部文集

諫諍之正。過中則亢。論議之正。過中則泥。容色之正。過中則剛。進退之正。過中則僻。

若是者。正不得中。不足云也。盧君字序。

適千里者在足力之强爾。否則跬步不能到。君子之于遠業。亦曰自强而已矣。吴三班字序。

身末也。心本也。性之于心又本也。性正則心正。心正則其身與事無不正。純甫仙尉正性齋序。

讓者天下之美。道所以息忮心。而長廉節也。今公卿旦受一命焉。暮必讓之至于三四。不聽。則必就。噫。果可讓也。奚三四而遂止。其不可讓也。是率天下以僞也。望忮心之息。廉節之長。難矣。

夫子四十而不惑。孟子四十不動心。是二者。聖賢少時何不能。必待四十而後可。孟子以爲顔淵具體而微。且淵也短命。是未嘗至四十也。苟不至夫子之年已不惑。則過聖人遠已。烏在其微也。若未能無惑。其於聖人之道。有不足者矣。烏在其能具體也。以上試京兆府學生策問。

附録

既得第。恥以賦見稱。乃專力六經。發爲文章。有譽其賦者。輒頸漲面赤。惡其薄己。韓魏公同鎮時。上奏及他書。皆先生屬稿。魏公乞弗散青苗錢。神宗閲之曰。此必强至之文也。因出其疏以示宰臣。新法幾罷。

説書劉退安先生易

劉易。忻州人。性介烈。博學好古。喜談兵。韓魏公知定州。上其所著春秋論。授太學助教。

并州州學説書。不能屈志仕進。寓居于虢之盧氏。習辟穀術。趙清獻抃復薦其行誼。賜號退安處士。先生作詩。魏公每爲書之石。或不可其意。輒滌去。魏公亦再書之。尹師魯帥渭。延致尊禮。狄青代帥。遇之亦厚。治平末。卒。魏公作文祭之云。剛介之性。天下能合者有幾。淵源之學。古人不到者甚多。其敬之如此。宋史。

附録

韓魏公讀先生春秋新解詩曰。有唐名儒陸淳者。始開奥壤窺源泉。我朝又得孫明復。大明聖意疏重淵。劉生新解最後出。了無塞礙成通川。所趣旨義極簡正。掊拄異論牢且堅。事不歸王皆不與。達經之旨所以然，詩三百可一言蔽。曰思無邪而已焉。

文正家學

郎中王先生雍

王雍字子肅。世爲魏人。文正之長子。幼而惇懿。不妄言笑。以文正任爲祕書省校書郎。久之。改大理評事。時年已三十餘。未始從政。蓋文正以清愼訓諸子。而先生亦恬于進取也。文正薨。恩授光禄寺丞。歷遷司封。充兩浙轉運按察使。卒于錢塘之官舍。先生兄弟各得文正之一體。而先生淵然澄泊。議者爲多云。蘇學士集。

懿敏王先生素

王素字仲儀。文正公旦子。仁宗御筆親除四諫官。先生其一也。帝曰。王素眞御史也。時目爲獨擊鶻。出入侍從將帥三十餘年。以工部尚書致仕。謚懿敏。姓譜。

附録

公少感慨有大志。人不敢以貴游子弟遇之。

仁宗嘗命公悉上爲御史諫官時所言事。留觀殿中。

蘇文忠爲眞贊曰。堂堂魏公。配命仁祖。顯允懿敏。維周之虎。魏公在朝。百度維正。懿敏在外。有聞無聲。高明廣大。宜公宜相。如木百圍。宜宮宜堂。天既厚之。又貴富之。如山如河。維安有之。彼窶人子。既陋且寒。終勞永憂。莫知其賢。曷不觀此。佩玉劍履。晉公之孫。魏公之子。

待制王先生質見上高平同調。

尚書王先生軫別見荆公新學略補遺。

文正門人

忠憲韓先生億別見范呂諸儒學案補遺。

文定門人

太常李先生仲偃見下梁氏門人。

仲言家學

殿丞戚楚邱先生舜賓

戚舜賓。楚邱人。同文之孫。綸之子。官奉禮郎。大中祥符二年。應天府言民有曹誠者。即同文舊居廣舍百五十楹。聚書千餘卷。以延學者。眞宗嘉之。賜名曰應天府書院。命先生主之。補誠爲府助教。隆平集。

雲濠謹案。曾氏隆平集于學舍文云。五代學校不修。學者多各從其師。是以廬山有白鹿洞書院。嵩陽嶽麓亦各有書院。國朝各賜以書籍。大中祥符初。應天府民曹誠。卽戚同文舊學之地。造書舍。詔賜額曰。應天書院。命戚綸之子舜賓主之。其後庠序之教興。而所謂書院者。未之或聞矣。

梓材謹案。范文正爲南京書院題名記云。學士之子殿中丞舜賓。時在私庭。俾幹其裕。可以知先生之官秩。又案。文正尺牘。與睢陽戚寺丞者五。其五云。庠序之會。漸有倫次。見講春秋。聽衆四十人。試會亦僅三十人矣。公之志也。敢不恭乎。是在文正掌教之時矣。

戚先生舜臣附兄舜舉。

戚舜臣字世佐。楚邱人。贈司徒綸之少子也。恭謹恂恂。舉措必以禮。擇然後出言。與其兄舜賓舜舉。復以友愛。能帥其家。有先人之法度。先生少以蔭補將作監主簿。至知南安軍。卒於官。元豐類稿。

戚先生師道

戚師道字元魯。知南安軍舜臣之子。爲人孝友忠信。質厚而氣和。好學不倦。能似其先人。一時與之遊者。多天下聞人。以進士爲楚州山陽主簿卒。元豐類稿。

殿丞同調

助教曹先生誠

曹誠者。宋城富人也。首捐私錢建書院城中。前廟後堂。旁列齋舍。凡百餘區。既邀楚邱戚先生主之。戚氏以文學行義爲學者師。及是四方之士爭歸之。曹氏益復買田市書。以待來者。戚先生乃制爲學規。凡課試講肄。勸督懲賞。莫不有法。寧親歸沐。與親戚還往。莫不有時。而皆曲盡人情。故士尤樂從焉。由是書院日以寖盛。事聞京師。有詔賜名應天府書院。其規後傳于時。及建太學。詔取以參定學制。却掃編。

雲濠謹案。范文正公南京書院題名記云。皇宋闢天下。建太平。功揭日月。澤注河漢。金革塵積。絃誦風布。乃有睢陽先生贈禮部侍郎戚公同文。以貲于邱園。教育爲樂。門弟子由文行而進者。自故兵部侍郎許公驤而下。凡若干人。又云。祥符中。鄉人曹氏。請以金三百萬。建學於先生之廬。據是則曹氏之作書院。蓋在睢陽之後。其時掌教者爲王博士瀆。睢陽再傳弟子。則此楚邱戚先生。蓋謂殿丞舜賓也。

仲言門人

肅簡魯先生宗道

魯宗道字貫之。亳州人。少孤。苦學。嘗袖所爲文謁戚仲言綸。綸器賞之。咸平二年。登進士第。徧歷州縣。天禧元年。詔兩省置諫官。六員不兼他職。考所言以爲殿最。先生與劉曄同選。擢爲正言。累官參知政事。天聖七年。卒于位。年六十四。贈兵部尚書。諡肅簡。時太常禮院言禮無廢朝。特輟視朝一日。先生質直。遇事敢言。不爲勢所屈。初爲海鹽令。疏治東南舊港口。導海水至邑下。人以爲利。號魯公浦。在諫垣時。諫章由閤門始得進。而罕嘗賜對。先生請得面論事。而上奏通進司。自是爲故事。因言守宰與民至近。而未見有區別能否。豈朝廷所以爲民之意。昔漢宣帝除刺史守相。必親見而考察之。今命知州通判知縣。雖未暇親見。宜令中書詢以言而察其應對。設以事而問其施爲。才與不才得以進退。縣令則命流内銓。倣此施行。庶幾得良守宰佐宣聖化。眞宗嘉納之。七年居政府。裁抑僥倖。不肯以名器私人。隆平集。

附録

司馬温公訓儉曰。參政魯公爲諫官。眞宗遣使急召之。得于酒家。既入。問其所來。以實對。

上曰。卿爲清望官。奈何飲于酒肆。對曰。臣家貧。客至無器皿肴果。故就酒家觴之。上以無隱益重之。

魯氏同調

文節張先生知白

張知白字用晦。滄州人。雲濠案。姓譜作字晦之。青池人。幼篤學。端拱二年登進士第。累遷龍圖閣待制。御史中丞。大中祥符九年。參知政事。天禧二年。罷爲侍讀學士。知大名府。眞宗賦詩餞之。仁宗卽位。召爲樞密副使。天聖三年。拜相。六年。卒于位。贈太傅中書令。謚文節。景德初。周伯星見。百官稱賀。先生獨以爲人君當修德以應天。星之見伏。何所繫焉。因極陳治道之要。初。先生參知政事。爲宰相王欽若所排。及知南京。欽若謫分司南京。衆謂必報之。而先生待之加厚。其在相位。清約如寒士。愼重名器。人服其公。隆平集。

附録

官河陽節度判官。時西北未寧。中外多言兵事。獨先生奏疏謂當茂農功。省刑罰。及取士之制。眞宗異之。

文節夫人聖節入朝。莊獻太后見其二婢。陋甚。因命夫人爲別置少者。文節見之。指二老婢曰。此皆久在左右。若逐出之。則無所歸矣。若二妹者。今皆未笄。嫁與少年。前程未可量也。若使守一老翁。何益于事。卽日面奏嫁之。

司馬公訓儉曰。文節爲相。自奉養如爲河陽掌書記時。所親或規之曰。公今受俸不少。而自奉若此。外人頗有公孫布被之譏。公歎曰。吾今日之俸。雖舉家錦衣玉食。何患不能。顧人之常情。由儉入奢易。由奢入儉難。吾今日之俸。不能常有。身豈能常存。一旦異于今日。家人習奢已久。不能頓儉。必致失所。豈若吾居位去位。身存身亡。如一日乎。

王氏困學紀聞曰。貴而能貧。張文節司馬公有焉。能賤而有恥。劉道源陳無己有焉。

張氏講友

李先生陟

李陟字元昇。博平人。後徙内黄。先生少以進士舉太學。衆推才高。不妄交游。獨與張文節公友善。淳化中。用甲科補河南府澠池縣尉。歷官通判杭州。召除御史。會母死。哀戚毀甚。未及服除而卒。王臨川文集。

屯田家學

王先生瀆

王瀆字希聖。正素門人礪之第二子也。風調閎邁。凜凜有奇節。嘗慨然曰。士志于道。在得其大者遠者。學而不究于古今之變。究而不識于幾深之用。豈士也乎。景德中。起就賢良舉。文中高選。不時就召。因後中書試。里人于正素舊屋建庠序。虛師席待之。自諸耆舊大生皆執經北面。才經匠手。無不成器。祥符七年。舉服勤詞學科。明年登第。試校書郎。歷倅海陵。改奉常博士。卒。著有文集。備對制策。張樂全文集。

雲濠謹案。范文正南京書院題名記云。故太原奉常博士瀆。時舉賢良。始掌其教。是先生首爲書院山長。當祥符中。曹氏建學之時云。

文公王先生洙附師趙期。

王洙字原叔。屯田郎中礪第七子也。官翰林學士。卒謚曰文。著周易言象外傳十卷。其序曰。學易于處士趙期。論次舊義。附以新説。凡十二篇。以王弼傳爲内。摘其義者。表而正之。故曰外云。直齋書録解題。

雲濠謹案。歐陽公誌先生墓云。至和元年。爲翰林學士。三年。以親嫌改侍讀學士兼侍講學士。嘉祐二年。卒。年六十有一。贈給事中。特賜謚曰文節。則作文者非也。

王氏易説

復初體震。震居少陽。其數七。復則君子道長。因慶之也。慶在乎始。其言速。故稱日。

梓材謹案。是條漢上易七日來復圖説引之云。蓋用褚氏莊氏變月言日者。欲見陽長欲速。大同而小異。

附録

其生始能言。已知爲詩。指物能賦。既長。學問自六經史記百氏之書。至于圖緯陰陽五行律呂星官算法訓故字音。無所不學。學必通達。如其專家。其語言初如不出諸口。已而辨别條理。發其精微。聽者忘倦。決疑請益。人人必得其所欲。

復調富川主簿。未行。臨淄晏公薦其才。留居應天府學教諸生。會詔舉經術士爲學官。京東轉運使舉公應詔。召爲國子監直講。

徙知襄徐亳三州。范文正公富丞相皆言王某學問經術多識故事。宜在朝廷。復召爲檢討。同判太常與侍講。公以文儒進用。能因其所學。爲上開陳。其言緩而不迫。天子常喜其説。意有所欲。必以問之。無不能對。至于朝廷他有司前言故實。皆就以考正。

兩爲天章閣侍講。嘗與胡瑗定樂制。更造鐘磬。而無形制容受之别。既成。卒不可用。

公言昔有一士人。病其家數世未葬。亟出錢買地一方。稍近爽塏者。自祖考及緦麻小功之親。悉以昭穆之次葬之。都無歲月日時。陰陽禁忌。與塋穴之法。人且譏其異。而謂禍福未可知。歲中輒遷官秩。後其家益盛。以此觀之。眞達者也。今之人稽留葬禮。動且踰紀。邀求不信之福于祖先遺骸。眞罪人也。

范文正依韻和襄陽王原叔龍圖見寄曰。高車赴南峴。敝郊主東道。風采喜一見。布素情相好。

屈指四十秋。于今歲寒保。我起爲君壽。善頌復善禱。願盡杯中物。薄言理可到。君子貴有終。功名非必早。朝端卿大夫。所尚賢而老。世慮久乃周。聖門深已造。與君誓許國。無忝于祖考。潔如鳳食竹。樂若魚在藻。安得長相親。時時一絶倒。不忘平生期。明月滿懷抱。

又乞召還及就遷職任事劄子曰。王某文詞精贍。學術通博。國朝典故無不練達。搢紳之中未見其比。以唐之虞世南。先朝之杜鎬方之。不甚過也。

梅聖俞挽之曰。稽古逢堯舜。鏘金侍冕旒。生員尊鄭學。子舍預夔謀。翰苑事猶著。岱宗魂已遊。無情是天地。玉樹掩蒿邱。

原叔同調

掌先生禹錫

掌禹錫字唐卿。郾城人。起布衣。取進士第。補吏州郡。年七十五。由太子賓客遷貳卿。謝事還里中。居二年而卒。少自刻厲。力學以進取。既爲吏。則益持其操檢。故所居以幹練聞。讀書無所擇。藏書萬餘卷。猶患不足。月購歲閲。悉不少怠。嘗謂繙討書傳。最爲樂事。一有會意。如得奇貨。被旨與翰林王原叔洙同撰皇祐方域圖志。既成五十卷。上之。原叔奏略曰。蓋是掌某討論辨證。非臣敢冒均其能。仁宗面加褒語。再命繪圖。置便坐。是後删修地理新書。重纂類篇。補注神農編。撰本草圖經。先生皆在其選。其著述藏于家者。文集二十卷。晉陽刀筆六卷。郡國手鑑一卷。周易雜解十卷。性至兢愼。居常惴惴。恐若有失云。蘇魏公集。

嵇氏家學

學士嵇先生潁

嵇潁字公實。正素弟子參軍適之季子也。早失所怙。力學自立。未冠舉進士。安貧守道。事親至孝。王文正張文節相繼居守。禮待甚至。二公謂其子弟。吾待此君教若曹。此君可以爲人師表者也。睢陽庠序先天下。四方之士集焉。先生以鄉行爲諸生領袖。時范文正富文忠諸公並講習在學。願與先生游。天聖五年登第。試祕書省校書郎。歷遷尚書祠部員外郎。先生在睢陽典學。舉子張堯封從之學文。堯封著業多納先生所。後堯封女入掖庭爲修媛。有寵。其弟造先生求父素業。請編次爲序以獻。先生不答亦不獻。累官兵部員外郎。召入翰林。充學士以卒。年五十五。先生性淳至。有雅量。每與所親論君子之所以爲貴。動容貌斯遠暴慢矣。出辭氣斯遠鄙倍矣。故士不可以不弘毅。以其任重而道遠。先儒有言。君子不失色於人。故其嚴可憚。不失口于人。故其言可信。如是而後。可與立。可以任大節。而不奪其志如此。張樂全集。

中舍門人

文正范希文先生仲淹詳上睢陽所傳。

中允石先生延年

縣令劉先生濳並見廬陵學案補遺。

晁氏家學

文莊晁先生宗慤

晁宗慤字世良。文元子。以父廕爲祕書省校書郎。召試。賜進士及第。康定中。爲翰林學士。一日草將相五制。父子掌誥。褒揚訓戒。人得所宜。歷資政殿學士。工部尚書。謚文莊。姓譜。

附録

在政府。朝廷以金飾胡牀及金汲器賜唃廝羅。先生言。昔仲叔于奚辭邑而請繁纓。孔子曰。不如多與之邑。繁纓。諸侯之馬飾。猶不可輕與。況乘輿之器耶。隆平集。

景迂先生序文林啓秀曰。公以家族保范文正擅遺昊賊書。無他。明劉平石元孫戰歿非降賊。獲褒贈。辨宋莒公鄭文肅葉道卿龍圖直學士吴安道非朋黨。不以罪貶。則公之姿度閎遠。早擅巖廊之望焉者。于是乎稱也。然公于學。則微悉密緻。與癯儒等。又曰。昔嵇叔夜喜音韻學。謝康樂疲于譯梵字。顔魯公老于韻海。皆天下雄偉超傑之資。而謹小德。繩墨不屑也。吾曾大父何疑焉。

梓材謹案。景迂集有偶見夏英公與文莊公書云。秋序始涼。師門尚遠。又一書云。念其出自師門。賜一善地。輒成絶句云。前輩終身知學植。今人得意諱師門。如新幾帖英公字。可但吾家禮數尊。

光禄晁先生宗恪

晁宗恪字世恭。文元弟尚書遘之子。爲人樂易慈恕。寡言笑。不易喜怒之色。以文元蔭補將作監丞。歷知信州光禄卿。所至多修弛廢。督守疆。興學宇。誘引善類。人皆安之。姓譜。

梓材謹案。曾南豐爲先生壻。先生卒。南豐誌其墓。

知州晁先生仲熙

晁仲熙字子政。文元公孫。以蔭授將作監主簿。以才稱。歷太子右贊善。虞部比部員外郎。知均州。判南京國子監。請祠。凡十餘年。杜門蕭散。樵蘇不入。而幾微未嘗見于色。生平忠信坦夷。寛裕不矜伐。君子以爲有文元之風。姓譜。

晁氏門人

元獻晏先生殊

晏殊字同叔。臨川人。七歲善屬文。眞宗召見。與進士並試。仁宗時爲相。善知人。范仲淹。孔道輔。歐陽修。皆出其門。富弼。楊察。皆其壻。卒謚元獻。有文集四十卷。曾孫敦。復。姓譜。

梓材謹案。宋子京亦晏臨淄門下士。

雲濠謹案。曾文定隆平集載。先生有文集二百四十卷。又有臨川集。上州集。二府集。又取梁陳至唐人文章爲一集。劉氏云。王介甫不得專臨川矣。

附録

公生七歲。知學問。爲文章。鄉里號爲神童。故丞相張文節公安撫江西。得公以聞。眞宗召見。既賜出身。後二日又召試詩賦論。公徐啓曰。臣嘗私習此賦。不敢隱。眞宗益嗟異之。因賜以他題。以爲祕書省正字。置之祕閣。使得悉讀祕書。命故僕射陳文僖公視其學。

公父本撫州手力節級。公幼能文。楊大年以聞。時年十三。

及爲館職。時天下無事。許臣僚擇勝宴飲。當時侍從文館士大夫各爲宴集。公時貧甚。不能出。獨家居。與昆弟講習。一日選東宮官。忽自中批除晏殊。執政莫諭所因。次日進覆。上諭曰。近聞館閣臣僚無不嬉遊宴賞。彌日繼夕。惟殊杜門與兄弟讀書。如此謹厚。正可爲東宮官。公既受命。得對上面諭除授之意。公語言質野。對曰。臣非不樂宴遊者。直以貧無可爲之具。上益嘉其誠實。知事君體。

公留守南京。大興學校。以教諸生。自五代以來。天下學廢。興自公始。

眞宗嘗謂輔臣曰。殊少年孤立。力學自奮。加以沈謹。京師賜酺京官。不預會。同輩召出觀。

不答。其弟穎。亦能屬文。朕遣取所業。且戒殊勿爲改竄。弟請潤色。不之省。亦不答其故。周慎如此。信知其稟賦異也。

晁景迂與三泉李奉議書曰。國史稱天下興學自晏公始。晏公之錫乎學者。其恩大矣。本朝來。王元之之後晏公。晏公之後歐陽公。歐陽公之後東坡。皆爲一時之龍門。而門下灑掃應對之士。其後爲公卿將相者。類不可數也。以晏公之儒學懿文。視穿鑿傅會喜新好異之論。廟堂無智名勇功之尊。而觀開邊聚斂。尚刑名。私威福。紛紛貽患。不可救藥之士。相去不知其幾多而遠也。

黄東發曰。晏元獻公爲相。務進賢。與范仲淹韓琦富弼同任。而面斥張耆。平生嚴謹。未嘗爲子弟求恩澤。可謂賢矣。

宣獻宋先生綬別見士劉諸儒學案補遺。

憲成李先生諮

李諮字仲詢。唐趙國公峘之後。峘貶死袁州。因家新喻。遂爲新喻人。先生幼有至性。父出其母。先生日夜號泣。食飲不入口。父憐之而還其母。遂以孝聞。舉進士。眞宗顧左右曰。是能安其親者。擢第三人。除大理評事。通判舒州。召試中書。爲太子中允。累遷左正言。出爲淮南轉運副使。以勞遷尚書禮部員外郎。徙江東轉運副使。爲度支判官。擢知制誥。出知荆南。會翰林學士闕。宰相擬他官。帝曰。不如李諮。遂爲學士。仁宗卽位。超遷本曹郎中。權知開封府。

數月。權三司使。拜右諫議大夫。以疾累請郡。知洪州杭州永興軍。還。勾當三班院。坐舉吏降左諫議大夫。權三司使事。是歲。禁中火。倉卒營造。應辦舉集。進尚書禮部侍郎。拜樞密副使。數月。遭父喪。起復。遷户部侍郎。知諫院事。卒。贈右僕射。謚憲成。先生性明辨。周知世務。其處煩猝。常若閒暇。吏不敢欺。在樞府專務革濫賞。抑僥倖。人以爲稱職。無子。以族子爲後。宋史。

附録

晁景迂答李子能書曰。吾親曾祖憲成公。其志誠。屈體下士者。顧如何哉。公于杭州。每訪林先生于孤山。望林麓而屏導從。步入先生之廬。其視陳蕃與徐孺子下榻如何哉。遇雪命趣飲具。郡僚不無意于歌舞高會也。乃與林先生清談同賞于孤山。又視韋蘇州與秦徵君系宴集郡圃如何哉。不幸先生一日疾不起。公以喪服哭送素棺。拜墓乃歸。吴兒自是恥其風俗之薄也。前日張文潛知潁州。爲東坡喪服。重得罪于廷臣。不赦。不知又如何哉。

雲濠謹案。曾文定隆平集林和靖傳云。李諮始舉進士。未有知者。逋謂人曰。此公輔之器也。逋之卒。諮時知杭州。爲制緦麻服。與其門人哭而葬之。刻臨終一絶納壙中。據此。則先生當稱林氏私淑。

梓材謹案。景迂又答李大同書云。憲成公與元獻晏公宣獻宋公同在西掖。皆吾高祖文元公門下之人也。是文元之門。不獨有晏元獻矣。

安簡王先生舉正父化基。

王舉正字伯中。鎭定人。父化基。參知政事。謚惠獻。善教訓。故其子皆有所立。先生幼嗜學。厚重寡言。惠獻以爲類己。器愛異諸子。以蔭補祕書省校書郎。進士及第。知伊闕任邱縣。累擢知制誥。改龍圖閣待制。復知制誥。爲翰林學士。拜右諫議大夫。參知政事。遷給事中。旋以資政殿學士。尚書禮部侍郎。知許州。徙知應天府。累遷左丞。皇祐初。拜御史中丞。御史唐介坐言事貶春州。先生力言之。介得徙英州。除觀文殿學士。禮部尚書。知河南府。入兼翰林侍讀學士。每進讀及前代治亂之際。必再三諷諭。以太子少傅致仕。卒。贈太子太保。謚安簡。文章雅厚。如其爲人。有平山集。中書制集。内制集五十卷。宋史。

梓材謹案。景迂跋安簡帖云。王安簡公與説之曾祖文莊公特相善。爲書文元公誌銘。實文元門下客云。又案。隆平集作謚文簡。有文集三十卷。中書制書集十卷。

晏氏學侶

文正范希文先生仲淹詳上睢陽所傳。

中丞孔先生道輔

孔道輔字原魯。曲阜人。孔子之四十五世孫也。初以進士釋褐補寧州軍事推官。後直史館。待制龍圖閣。歷知許徐兗鄆泰五州。留守南京。而兗鄆御史中丞皆再至。所至官治。數以爭職不阿。或絀或遷。而先生持一節以終身。蓋未嘗自絀也。寶元二年卒于滑州之韋城驛。年五十四。其後。詔追復郭皇后位號。有爲上言先生明肅太后時事者。特贈尚書工部侍郎。先生廉于財。樂振施。尤不好鬼神機祥事。在寧州。道士治眞武像。有蛇穿其前。數出近人。人傳以爲神。先生舉笏擊殺之。州將以下皆大服。王文公集。

梓材謹案。先生初名延魯。萬姓統譜以爲孔子四十九世孫。且以爲孔宜之孫者。非也。

雲濠謹案。宋景文爲孫僕射行狀云。成就諸儒甚衆。而馮公元孔公道輔尤顯。則先生亦爲孫氏門人。

附録

在憲府。會郭皇后廢。率諫官御史伏閤請對。上令至中書。宰相謂曰。廢后有漢唐故事。先生曰。大臣當導君以堯舜。而漢唐失德。可爲法耶。宰相色沮。明日請對。不得入。遂有泰州之命。隆平集。

公以孟荀揚王韓五子排邪説。翼大道。像設于祖堂西偏。而爲之記。張守益撰後碑。

石徂徠銘公擊蛇笏曰。至正之氣。天地則有。笏惟靈物。笏乃能受。笏之爲物。純剛正直。公唯正人。公乃能得。笏之在公。能破淫妖。公之在朝。讒人乃消。靈氣未極。斯笏不折。正道未忘。斯笏不藏。惟公寶之。烈烈其光。

黄東發曰。孔公自在寧州。嘗笏斷妖蛇。正直聞天下。他日廷列曹利用羅崇勳罪狀。大呼諫廢郭后。至切責宰相呂夷簡。視猶前日妖蛇耳。治馮士元獄。以張士遜故。略全程琳一綫情。卽坐黜。感憤死矣。故夫君子與小人殊途。小人行私無所不至。君子必盡純乎公而後可。

文忠歐陽廬陵先生修詳廬陵學案。

張先生洞

張洞字仲通。祥符人。趙元昊反。以布衣求上方略。因得召試舍人院。擢試將作監主簿。尋舉進士中第。調漣水軍判官。晏元獻知永興軍。奏管勾機宜文字。元獻儒臣。喜客。游其門。而尤深敬之。留守西京。復奏知司録司。當事有官責。持議甚堅。自以不負其知。累轉太常博士。判登聞鼓院。上方嚮儒術。而先生在館閣。數有建明。仁宗以爲知經。會覆考進士崇政殿。因賜飛白善經二字寵之。英宗卽位。轉度支員外郎。差考試開封進士。既罷。進賦題曰。孝慈則忠。時方議濮安懿王稱皇帝事。上曰。張洞意諷朕。宰相韓魏公琦進曰。言之者無罪。聞之者足以戒。上意解。歷江西淮南轉運使。轉工部郎中。卒年四十九。雞肋集。

孔氏同調

顏先生太初

顏太初字醇之。彭城人。顏子四十七世孫。少博學有儁才。慷慨好義。喜爲詩文。譏切時事。天聖中。文宣公孔聖祐卒。無子。除襲封且十年。是時有醫許希以鍼愈仁宗疾。拜賜已。西向拜扁鵲曰。不敢亡師也。帝爲封扁鵲神應侯。立祠城西。先生作許希詩。指聖祐事以諷在位。又致書參知政事蔡齊。齊爲言于上。遂以聖祐弟襲封。山東人范諷石延年劉潛之徒。喜豪放劇飲。不循禮法。後生多慕之。先生作東州逸黨詩。孔道輔深器之。先生中進士。後爲莒縣尉。因事忤轉運使。投劾去。久之。補閬中主簿。時范諷以罪貶。同黨皆坐斥。齊與道輔薦先生。上其嘗所爲詩。召試中書。言者以爲此嘲譏之辭。遂報罷。改臨晉主簿。後至南京國子監説書。卒。著書號洙南子。所居在鳧繹兩山之間。號鳧繹處士。有集十卷。淳曜聯英二十卷。宋史。

梁氏家學

莊肅梁先生適

梁適字仲賢。翰林學士顥子。學士卒時。未及仕。他日。因類其父所爲制詔奏議。并自所爲文上之。眞宗覽而歎曰。梁某有子矣。卽除祕書省正字。歷拜尚書禮部侍郎。同中書門下平章事。集賢殿大學士。知鄭州。并州。河陽。曹州。又徙兗。以太子太保致仕。卒。贈司空兼侍中。謚莊肅。所著文集三十卷。王華陽集。

附録

吕氏學塾廣記曰。文清公尹京。時梁丞相適爲掾屬。公語諸子曰。梁公異日必爲輔相。問何以知之。曰。府掾皆京官。他人方拜于庭下。皆有自歉之色。獨適容貌自若。是以知之。

梁先生彦通

梁彦通字貫之。翰林學士顥之孫。丞相莊肅適之子也。幼警異。無綺紈好。力學博古。尤長于毛鄭詩。從丞相蔭。爲祕書省正字。歷知邢州事。遷右朝議大夫。卒官。居事無大小。必身任之。尤以興庠序勸學爲先。嘗疏新法十事。達于利疚。又奏乞計邊備。講馬政。編役書。皆詳辨。時元豐末年也。教諸子必以學問發身。晚尤薄于進取。名其莊曰平野。名其園曰佚老。有平野雜編二十卷。雞肋集。

梁氏門人

太常李先生仲偃

李仲偃字晉卿。江南國主李璟之孫也。幼即藐孤。伯氏仲儀撫養甚篤。弱冠厲節。游學知名。梁翰林顥。趙文定安仁。咸器其才。召置門下。所與游者。皆當世知名之士。祥符中。得進士丙科。調楚州寶應尉。歷拜侍御史。除淮南提點刑獄司。入爲三司度支判官。尋除兩浙轉運使。除工部郎中。代還。判三司度支勾院。假太常少卿。除刑部郎中。淮南轉運使。移蘇州。以便鄉閈。自初筮以至掛冠。其閒四十年。所得俸禄多給族中之貧者。平生藏書萬餘卷。皆親加校正。多手鈔者。日置齋中。閱古今治亂。前後推轂。拔取寒畯。無慮四百人。文集十卷。胡文恭集。

高平家學

補 主簿范先生純祐

雲濠謹案。富文忠公誌先生墓言。文正愛之甚。日夕以講求道義爲樂。亦不欲其遠去云。又云。年二十二。暴得疾。凡病十九年而卒。則年止四十。史作四十九。誤矣。

附録

公幼有知略。十餘歲時。在洛與富氏家子游。富氏引葬陳設。從葬器用甚盛。觀者如堵。器用蓋錫造者。公在側取一器擘以示衆曰。此錫器。爾等謂何物耶。富氏子大怒。以爲笑己。公徐謂曰。爾何所見。吾正恐愚民致疑。害爾吉塋耳。富氏子服其言。

補 忠宣范堯夫先生純仁

雲濠謹案。先生爲王尊道先生講學記云。予昔先生之青衿也。是先生嘗及王氏之門矣。又先生行狀云。文正仕漸顯。一時知名士多所延揖。如孫復。石介。胡旦。李覯輩。率命公從之游。胡旦或是胡瑗之訛。豈先生亦及周父之門耶。

忠宣尚書解

匹夫不以善鬬服鄰里。王者不以善戰服戎狄。

居上不寬。則刻急而鮮仁。臨下不簡。則叢脞而害政。聞善不懈。則德日新。謂人不己若。則志自滿。

以義制事。則不自任。以禮制心。則無暴慢。屈己取人。則能自得師。

金不成器。由陶冶之不良。民不爲善。由教化之未至。

梓材謹案。先生有經進尚書解序言。臣以史籍浩博。采掇未能遽就。而君臣之際。莫盛于堯舜三代。故取尚書自古君臣相飭戒之言關于治道者。鈔爲三十章。仍于每章之後。輒有解釋。或用孔氏注意。或與孔説不同。但取理當義通。以伸裨補之誠云。

忠宣文集

道不馴致。則有揠苗之患。事欲速成。則有不達之憂。人急求。則才佞進而巧僞生。弊頓革。則人情擾而怨憤作。論求治不可太急疏。

水止則方能鑑物。心清則可以理事。同上。

古之君子言動有法。出處有常。子孫幼而視之。長而習之。不爲外物之所遷。則皆當爲賢子弟。司馬温公詩序。

藜藿之甘。綈布之温。名教之樂。德義之尊。求之孔易。享之常安。錦繡之奢。膏粱之珍。權寵之盛。利慾之繁。若難其得。危辱旋臻。舍難取易。去危就安。至愚且知。士寧不然。顔樂簞瓢。萬世師模。紂居瓊臺。死爲獨夫。君子以儉爲德。小人以侈喪軀。然則斯衾之陋。其可忽諸。布衾銘。

人雖至愚。責人則明。雖有聰明。恕己則昏。戒子弟語。

人有好勝心。當以善勝惡。豈宜執人我。與彼較强弱。所得無毫釐。所失已山嶽。事過徒自悔。駟馬追不及。却臨衰暮年。事尤資審度。如人行遠道。日暮將憩泊。遵途益須愼。勿使趨向錯。逆境是吾師。苦口多良藥。豈止人難欺。將爲鬼所噱。有病在速治。姑以自砭灼。自砭詩。

義莊續定規矩

一。諸位子弟得貢賦大比試者。每人支錢十貫。再貢者減半。並須實赴大比試。乃給。即已給而無故不試者。追納。

一。諸位子弟縱人採取近墳竹木。掌管人申官理斷。

一。諸位子弟內選曾得解或預貢有士行者二人。充諸位教授。月給糙米五石。原注。若遇米價一石及一貫以上。即每石只支一貫文。雖不得解與貢。而文行爲衆所共知者。亦聽選。仍諸位共議。原注。本位無子弟入學者。不得與議。若生徒不及六人。止給三石。及八人。給四石。及十人。全給。原注。諸房量力出錢。以助束脩者聽。

右三項以熙寧六年六月一日。二相公指揮修定。

一。掌管人侵欺及諸位輒假貸義莊錢斛之類。并申官理斷。償納不得以月給米折除。

一。族人不租佃義田。原注。詐立名字同。

一。掌管子弟若年終當年諸位月給米不闕。支糙米二十石。雖闕。而能支及半年以上無侵隱者。給一半。已以並令諸位保明得支。若不可保明。各具不可保明實狀。申文正位。

一。義莊勾當人催租米不足。隨所欠分數。尅除請受。原注。謂如欠米及一分。即只支九分請受之類。至納米足日全給。原注。已尅數更不支。有情弊者更不支。

右四項以元豐六年七月十九日。二相公指揮修定。

一。身不在平江府者。其米絹錢並勿給。

一。兄弟同居。雖衆。其奴婢月米通不得累過五人。原注。謂如七人或八人同居。止共支奴婢米五人之類。

一。未娶不給奴婢米。原注。雖未娶。而有女使生子在家。及十五年。年五十以上者。自依規給米。

一。義莊不得典買族人田土。

右四項以紹聖二年二月初八日。二相公指揮修定。

一。義莊費用雖闕。不得取有利債負。

一。義莊諸事惟聽掌管人依規處置。其族人雖是尊長。不得侵擾干預。違者許掌管人申官理斷。即掌管人有欺弊者。聽諸位具實狀。同申文正位。

右二項以紹聖二年四月二十九日。二相公指揮修定。

附録

公解他山之石可以攻玉云。玉者温潤之物。若將兩塊玉來相磨。必磨不成。須是得粗礪的物方磨得出。譬如君子爲小人侵凌。動心忍性。修省防避。便得道理出來。永州安置時疾失明。聞命怡然就道。或謂近名。公曰。七十之年。兩目俱喪。萬里之行。豈其欲哉。但區區愛君有懷不盡。若避好名之嫌。則無爲善之路矣。

在永州三年。課兒孫讀書。怡然自得。每對客惟論聖賢修身行己及醫案方書。他事一語不出口。

公嘗曰。人材難得。欲隨事有用。則緩急無以應手。七年之病。三年之艾。非儲之以待。則如病者何。故雅以人材爲己任。每有薦引。必先公議。及其至也。内舉有所不避。其不可。則人君所主亦必爭。

鄧忠臣覆謚議曰。謚法曰。慮國忘家曰忠。善聞周達曰宣。按公歷事五朝。堅持一節。視同宗之族。猶葛藟之庇本根。見慢上之人。如鷹鸇之逐鳥雀。文有黄裳之吉而内美。言無白玉之玷而外華。爲國惜賢。徇人忘己。紉蘭澤畔。更甚屈子之悲。占鵩坐隅。已分賈生之死。法座想見其風采。詔書相望于道途。改元二日。以不起聞。天子于是震悼輟朝。賻贈加等。開儀同三司之府。賜世濟忠直之碑。人生哀榮。無以尚此。學訓有獲。阿衡詎專美于商。君違不忘。臧孫將有後于魯。古云遺直。今也則亡。謚曰忠宣。於義爲允。

程子言范公堯夫之寬大也。曰予昔過成都。攝㈠帥。有言公于朝者。朝廷遣中使降香峨眉。實察之也。公一日訪予。款語。予問曰。聞中使在此。公何暇也。公曰。不爾則拘束。已而中使暴怒。以鞭傷傳言者耳。屬官喜謂公曰。此一事足以塞其謗。請聞于朝。公既不折言者之爲非。又不奏中使之過也。其有量如此。

晁氏客語曰。林述中云。范堯夫有言。公事膽大。私事膽小。又言。一部律中。四字可盡。所謂罪疑惟輕。

楊龜山曰。范堯夫最有見識。然亦以資蔭與進士分優劣。謂欲使公卿家子弟讀書耳。此意甚善。但以應舉得官者爲讀書。而加獎勸焉。則彼讀書者應舉得官而止耳。豈眞學道之人。至如韓持國自是經國之才。用爲執政。亦了得。不可以其無出身便廢其執政之才。

周益公題曾無疑所藏帖曰。范忠宣公心正氣和。道醇德備。三復尺牘。如見其人。

樓攻媿序忠宣文集曰。如奏議國論等書。責人如責己。助廉成德之訓。又若避好名之嫌。則無爲善之路等語。皆當終身誦之。

曾敏行獨醒雜志曰。范忠宣在永時。苦目疾。不復觀書。有來謁者。亦時舉諸經大義告之。

㈠「攝」上脱「公時」。

然未嘗以爲己出。每舉一説。終則曰。此先公之訓也。或曰。此翼之先生之語也。此明復先生之語也。公嘗言。學者當有所宗。某自受教于翼之先生。不能有匪僻之心。

劉漫堂忠宣堂記曰。其在江東。賦籌思堂詩有曰。審慮敵權衡。又曰。心虚照自明。虚則無我。平則成物。故在當時曰歐。曰韓。曰富。曰司馬。世所謂君子。公所藉以進者。而意向稍慰。公皆指其非。曰章。曰蔡。曰鄧。世所謂小人。公所坐以退者。而文致稍深。公皆以爲過。其心眞不媿于權衡。而識慮之遠非淺鮮可及。故後之論者。謂使公之言行于熙豐。必無元祐之紛。更使公之言盡信于元祐。必無紹聖之反覆。叟亦謂使公之生。先于漢唐之季。必無朋黨之禍。使公之死。後于建中靖國。則崇觀憸人亦無所容喙矣。人之云亡。邦國殄瘁。尚忍言之。

王偁東都事略傳贊曰。純仁忠厚仁恕。宰平天下。不澄不撓。人莫能窺其際。而其愛君憂國之心。凜然有文正之風。噫。使熙寧用其言。則元祐無更改之患。元祐行其説。則紹聖無黨錮之禍。孟子謂仲尼不爲已甚者。予于純仁見之矣。

黄東發曰。公文正子也。世濟清賢爲孝子。爭新法。爭紹述。以罪去。爲忠臣。然公平恕人也。原其用意。慮反覆耳。及其後終不免反覆。公雖平恕。亦身不免。而使文正在。吾知未必爲忠宣之爲也。孝耶。忠耶。豈易盡者耶。

補 恭獻范先生純禮

義莊參定規矩

一。義莊内族人不得占居會聚。非出納不開。

一。因出外住支月米者。其歸自初五日以前。取諸位保明詰實。聽給當日錢。

一。義宅有疏漏。惟聽住者自修完。即拆移舍屋者。禁之。違者。掌管人申官理斷。若義宅内地自添修者聽之。原注。本位實貧乏無力修完。即屋舍疏漏。實不可居者。聽諸位同視保明詰實。申文正位。量與錢完補。即不得乞添展屋舍。

一。諸位請米歷子。各令諸位簽字周備。方許給。給訖。請人視書交領即去。失歷子者。住給。勒令根尋。候及一年。許諸位即掌管人保明申文正位。候得報。别給歷頭起支。

一。積存月米。呈請者勿給。

一。諸位不得于規矩外妄乞特支。雖得文正位。指揮與支。亦仰諸位及掌管人執守勿給。

一。義莊人力船車器用之類。諸位不得借用。

一。諸位子弟官已昇朝。願不請米絹錢助贍衆者聽。

一。諸位生男女限兩月。其母或所生母姓氏及男女行第小名。報義莊。義莊限當日再取諸位保明訖。注籍。即過限不報。後雖年長。不理爲口數給米。

一。遇有規矩所載不盡事理。掌管人與諸位共議定。保明同申文正位。原注。本位有妨嫌者。不用申。雖已申而未得文正位。報不得止。憑諸位文字施行。

右十項以元符元年六月□日。二相公三右丞五侍郎指揮參定。

一。諸位關報義莊事。雖尊長並于文書内著名。仍不得竹箋及包箋。違者勿受。

右一項以元符二年正月十七日。三右丞指揮修定。

附録

中旨。鞫享澤村民謀逆。公審其故。此民入戲場觀優。歸途見匠者作桶。取而戴于首曰。與劉先主如何。遂爲匠擒。明日入對。徽宗問何以處之。對曰。愚人村野無所知。若以叛逆蔽罪。恐辜好生之德。以不應爲杖之足矣。曰。何以戒後人。曰。正欲外間知陛下刑憲不濫。足以爲訓爾。徽宗從之。

其任江淮荆浙發運使。時過吴謁郡學。因復奏請于朝。得南園隙地。以廣其基。又請給錢修造。建齋宇一百五十餘楹。至今學宫甲於天下。

補安撫范先生純粹

義莊參定規矩

一。義莊遇有人贖田。其價不得支費。限當月内以元錢典賣田土。輒將他用。勒掌管人償納。

右一項以崇寧五年十月十二日。五侍郎指揮修定。

一。諸位輒取外姓以爲己子。冒請月米者。勿給。許諸位覺察報義莊。義莊不爲受理。許諸位徑申文正位。公議移文平江府理斷。原注。其大觀元年七月以前已收養給米者。不得追訟。

右以大觀元年七月初十日。五侍郎二相公指揮參定。

一。諸位在外不檢生子。冒請月米。掌管人及諸位覺察勿給。即不伏掌管人及諸位。申文正位。移文平江府理斷。

右以政和三年正月二十一日。五侍郎指揮修定。

一。族人不得以義莊舍屋私相兑賃質當。

右以政和五年正月二十九日。五侍郎指揮修定。

右仰義莊及諸位遵守施行。内文意前後相妨窒礙者。從後規。若有違犯。仰掌管人或諸位備録治平元年中書劄子所坐聖旨申官理斷。各令知悉。政和七年正月十三日。

附録

文正公謂諸子。純仁得其忠。純禮得其静。純粹得其略。

司理范先生純誠

范純誠字子明。文正公從子。文正置義田。皆先生辨理。因奏爲長洲尉。俾創規法。以貽永久。歷衡州司理。姓譜。

祕丞范先生世京

范世京字延祖。文正公孫。進士。熙寧閒。令海鹽。勸民孝友力田。時新法行。召至京。將用之。以論不合。還治。民歡呼相迎。詔進祕書丞。姓譜。

雲濠謹案。姑蘇志載先生致仕卒。年四十一。所與游最厚者。同郡朱長文也。

忠宣講友

朝請晁先生端仁別見古靈四先生學案補遺。

王先生繪

王繪。永州人。布衣。胡康侯提舉湖南學事。有詔舉遺逸。康侯以先生與鄧璋應詔。二人老不行。康侯請命之官。以勸爲學者。零陵簿稱二人黨人。范純仁客。而流人鄒浩所請託也。蔡京素惡康侯與己異。得簿言大喜。命湖南提刑置獄治。又移湖北再鞫。卒無驗。宋史。

鄧先生璋

鄧璋字德甫。永州人。范忠宣謫永州。先生館門下。教授諸孫。有詔舉遺佚。胡文定以先生應詔。先生過長沙。與故人蔣擴遇。擴以詩送之云。高談耳冷幾經秋。邂逅長沙得少留。莫畏洞庭風浪險。主翁元是濟川舟。後零陵簿李良輔媚蔡京。以擴詩聞于上。擴被貶竄。舉先生者皆譴詘。湖南通志。

王希逸先生伋

王伋字孔章。希逸其號也。江西人。試南宮。偶遺。乃蘊所學以紹箕裘。交遊中有以功名勉之者。則曰。植黨蔽賢。象數已著。吾人苟獲漏網亦幸矣。未幾。王介甫出焉。朝野咸服其明。著書五篇。折衷陰陽。使與儒家不相角立。又有醫書二十四卷。行于世。丹陽叟范堯夫其故人也。范忠宣遺文。

高平門人

補 文忠富彦國先生弼

梓材謹案。范忠宣爲先生行狀云。後應舉京師。我先君文正公方居文館。見公而奇之。與語終日。曰。眞王佐才也。自此深愛重之。親懷其文。以見丞相王沂公御史中丞晏元獻公。晏公世號知人。遂以女妻之。此亦先生嘗及范門之證。

雲濠謹案。東坡爲先生神道碑云。公性至孝。恭儉好禮。與人言。雖幼賤必盡敬。氣色穆然。終身不見喜愠。以單車人不測之虜。廷詰其君臣。折其口而服其心。無一語少屈。所謂大勇者也。又云。其爲文章辨而不華。質而不俚。有文集八十卷。天聖應詔集十一卷。諫垣集三卷。制草五卷。奏議十四卷。表章三十卷。河北安邊策一卷。奉使録四卷。青州振濟策三卷。

雲濠又案。邵氏聞見録云。富韓公之父貧甚。客吕文穆公門下。一日白公曰。某兒子十許歲。欲令入書院事廷評太祝公。許之。其子韓公也。文穆見之驚曰。此兒他日名位與吾相似。亟令諸子同學。供給甚厚。先生父名言。廷評太祝當是文穆之弟蒙休。聞見録又云。天下謂之文富二公者。皆出吕氏之門。蓋文潞公嘗以文靖薦爲殿中侍御史云。

文忠文集

大都作文字。其間有干著説。善惡可以爲勸戒者。必當明白其詞。善惡焕然。使爲惡者稍知戒。爲善者稍知勸。是亦文章之用也。豈當學聖人作春秋。隱奥微婉。使後人傳之注之。尚未能通。又疏之。疏之尚未能盡。以至爲説。爲解。爲訓釋。爲論議。經千餘年而學者至今終不能貫徹曉了。弼謂如春秋者。惟聖人可爲。降聖人而下。皆不可爲。爲之亦不復取信于後矣。學者能得春秋大義。立法立例。善則褒之。惡則貶之。苟有不得已須當避者。稍微其詞可也。不宜使後人千餘年而不知其意也。若善不能勸。惡不能戒。則是文字將何用哉。既書之。而惡者自不戒。善者自不勸。則人之罪也。于文何過哉。弼常病今之人作文字。無所發明。但依違横積㊀而已。人之爲善固不易。有遭讒毁者。有被竄斥者。有窮困寒餓者。甚則誅死族滅。而執筆者但求自便。不與之表顯。誠罪人也。人之爲惡者。必用姦謀巧詐。貨賂朋黨。多方以逃刑戮。況不止刑戮是

㊀「横積」當爲「模稜」。

逃。以至子子孫孫享其餘蔭而不絶。可謂大幸矣。執筆者又隱之不敢書其惡。則惡者愈惡。而善人常沮塞不振矣。君子爲小人所勝。所抑者不過禄位耳。惟有三四寸竹管子向口角頭褒善貶惡。使善人生。惡人死。須是由我始得。不可更有所畏怯。而噤默受不快活也。向作希文墓誌。蓋用此法。但恨有其意而無其詞。亦自謂希文之善稍彰。姦人之惡稍暴矣。今永叔亦云。胸臆有欲道者。誠當無所避。皎然寫之。洩忠義之憤。不亦快哉。則似以弼之説爲是也。然弼之説蓋公是公非。非于惡人有所加諸也。如希文墓誌中所詆姦人。皆指事據實。蓋是天下人聞知者。即非創意爲之。彼家數子。皆有權位。必大起謗議。斷不卹也。與歐陽永叔書。

僕不佞自始讀書爲學。必窮其本原。不到聖賢用心處。輒不止。聖賢之心卽天地之心也。天地生人于其閒。不能自治。必立君長以治之。爲君者不能獨治。必求賢以佐之。聖者君之。賢者臣之。君臣合而共治其人。人既和。天下無事。于是君臣處其位。相與共享天下之樂以爲報也。聖賢不待報。天下之人奉以爲報也。是知古之爲學者。爲人不爲己也。古之得位爲君。與之佐者。亦不爲己而爲人也。與陳都官書。

自古泰而治世少。否而亂世多者。亦止乎小人常勝。君子常不勝之所致也。小人但能亂。不能致治。若小人或能致治。則易更九聖。必不于小人道長之時。謂之爲否也。

夫前車者後車之所望也。古事者今事之所鑒也。仲尼删書。于堯舜大禹皆稱曰。若稽古。傅説戒高宗。亦曰。事不師古。以克永世。匪説攸聞。以上論辨邪正。

附録

公初遊場屋。穆伯長謂之曰。進士不足以盡子之才。當以大科名世。公果禮部試下。公西歸。范文正遣人追公曰。有旨以大科取士。可亟還。

公知青州。會河朔大水。民流入境内。公勸民出粟十五萬斛。益以官廪。隨所在貯之。得公私廬舍十餘萬間。散處其人。官吏待闕者給之禄。使即民所聚。選老弱病瘠者廪之。約爲奏請受賞。率五日輒遣人以酒肉勞之。人人爲盡力。流民死者葬之叢冢。自爲文祭之。明年麥大熟。流民各以遠近受糧而歸。凡活五十餘萬人。募爲兵者萬餘人。上聞之。遣使勞公。即拜禮部侍郎。公辭不受。前此救災者。皆聚民城郭中。煮粥食之。聚爲疾疫及相蹈藉死。或待次數日不食。得粥皆僵仆。名爲救之。而實殺之。自公立法簡便周至。天下傳以爲式。公每自言曰。過于作中書令二十四考矣。

仁皇帝問王懿敏素曰。大僚中孰可命以相事者。懿敏曰。下臣其敢言。帝曰。姑言之。懿敏曰。唯宦官宫妾不知姓名者可充其選。帝憮然有間。曰。惟富弼耳。懿敏下拜曰。陛下得人矣。既告大廷相富公。士大夫皆舉笏相賀。或密以聞。帝益喜曰。吾之舉賢。于夢卜矣。

公雖居家。而朝廷有大利害。知無不言。平生所薦舉甚衆。尤知名者。如王質與其弟素。余靖。張瓌。石介。孫復。吴奎。韓維。陳襄。王鼎。張嵲之。杜杞。陳希亮之流。皆有聞于世。

其祭范文正文曰。某昔初冠。識公海陵。顧我譽我。謂必有成。我稔公德。亦已服膺。自是相知。莫我公比。一氣殊息。同心異體。始未聞道。公實告之。未知學文。公實教之。肇復制舉。我憚大科。公實激之。既舉而仕。政則未諭。公實飭之。公在内廷。我陪密幄。得同四輔之儀。公撫陝西。我撫河北。又分三面之寄。公既罷去。我亦隨逝。從古罪人。以干魑魅。公我明時。咸得善地。自此蠱孽。毁訾如沸。必寘其死。以快其志。公云聖賢。鮮不如是。出處以道。俯仰無愧。彼姦伊何。其若天意。我聞公説。釋然以寧。既而呶呶。果不復行。于是相勗。以忠相勸。以義報主之心。死而後已。

司馬温公涑水紀聞曰。富公爲人温良寬厚。汎與人語。若無所異同者。及其臨大節。正色慷慨。莫之能屈。智識深遠。過人遠甚。而事無巨細。皆反覆熟慮。必萬全無失。然後行之。宰相自唐以來。謂之禮絶百僚。見者無長幼皆拜。宰相平立。少垂手扶之。送客未嘗下階。坐稍久。則吏從旁唱。宰相尊重。客踧踖起退。及公爲相。雖微官及布衣謁見。皆與之抗禮引坐。語從容。送之及門。視其上馬乃還。自是羣公稍稍效之。自公始也。自致仕歸西都。十餘年。常深居不出。晚年賓客請見者亦多。謝以病。所親問其故。公曰。凡待人無貴賤賢愚。禮貌當如一。吾累世居洛。親舊蓋以千百數。若有見有不見。是非均一之道。若人人見之。吾衰疾不能堪也。士大夫亦知其心。無怨也。嘗欲往老子祠。乘小轎過天津橋。會府中徙市于橋側。市人喜公之出。隨觀之。

于是安上門市爲之空。其得民心也如此。及違世。士大夫無遠近識與不識。相見則以言。不相見則以書。更相弔唁。往往垂泣。其得士大夫心也又如此。嗚呼。苟非事君盡忠。愛民盡仁。推惻怛至誠之心。充于内而見于外。能如是乎。

晁景迂九學論曰。口不汲汲于詩書。而詩書之功隨之身。若遺文章。而文章之名歸之冠。劍巍然望之可畏。而不能不愛也。珪璋爛然心欲親。而趨不敢前也。妾婦之無知。而亦幸其爲人如此也。夷狄之慵悷。而知中國之有人也。若斯人者。廊廟之學也。富韓公是已。

又序富文忠奏議集曰。人孰不仰公使虜之功。上乃拜公樞密副使。而公力辭之。不肯拜。至和之末。請立皇嗣之功。彼天下之人或未知聞也。公于褒進司徒。則一命而不辭。使虜之功。公既恥以受賞。且終身未嘗一出諸口。而青州救災之功。則公平居喜爲人道之。慶曆間。石介固以公方夔契矣。公事他人宜何有。而嚴事王沂公。慕歎之至死不衰。公之知人薦士。有至將相者矣。晚于青州得一老儒生劉槩。薦于朝。則歎息欣喜。若平生未嘗得士者。嗚呼。公之所以自處也遠矣。豈觀之所覩而聞者可聽歟。

又曰。唯是晚年道德之學。非性命之理所能名。而出于天人之際者。又何得而稱之。

劉子卿曰。富鄭公未第時讀書。夜枕圓枕。庶睡不能久。欲有所思。冬以冰雪。夏以新水沃面。其勤如此。

周煇清波雜志曰。嘗聞富鄭公辭疾歸第。以俸券還府。府受之。程伊川正叔曰。受之固無足義。還者亦未爲得。留之無請可也。

黄東發曰。富公當英宗被疾。與韓公歐陽公議不合。翩然絶去之。至終其身不通問。然韓公歐陽之賢。待公加厚。既相神宗。雖不幸值王安石得君。公又能見幾而作。卒以功名始終云。

補文定張樂全先生方平

附録

公年十三入應天府學。穎悟絶人。家貧無書。嘗就人借三史。旬日歸之。曰。吾已得其詳矣。凡書皆一閲。終身不再讀。屬文未嘗起草。宋綬蔡齊見之。曰。天下奇才也。共薦之。

梓材謹案。先生始居揚州。王定國狀先生行實云。太夫人嵇氏賢明知書。躬自教誨。年十三。太夫人撫之曰。揚州俗浮薄。睢陽鄉里有庠序。四方學者萃。吾弟爲之領袖。汝方志學。盍往依焉。既至。舅氏器愛之。切磋講習。業大進。先生之舅氏。蓋卽嵇學士公實也。

舉茂才異等。爲校書郎。知崑山縣。又中賢良方正選。遷著作佐郎。通判睦州。嘗召試館職。仁宗曰。是非兩策制科者乎。何試也。命直集賢院。俄知諫院。

上將召用介甫。公言安石言僞而辨。行僞而堅。用之必亂天下。由是介甫深怨之。

先生慷慨有氣節。既告老。論事益切。至于用兵起獄。尤反覆言之。且曰。臣且死。見先帝地下有以藉口矣。

邵氏聞見後録曰。東坡論張文定以一言曰大。世以爲知言。神宗嘗問文定識王安石否。曰。安石視臣大父行也。臣見其大父日。安石髮未丱。衣短褐布。身瘡疥。役灑掃事。一蒼頭耳。故荆公亦畏其大。不敢與之爭辨。日録中盡詆前輩諸公。獨于文定無譏云。

王深寧困學紀聞曰。張文定慶曆中草兩制薦舉敕云。蓋舉類之來舊矣。三代之盛。王其必由之。如聞外之議云。是且啓私謁告請之弊也。予不以是待士大夫。何士大夫自待之淺耶。又察舉守令敕云。夫天下之大。官吏之衆。獨不聞循良尤異者之達予聽。外臺之職。豈非闕歟。抑朝廷未有以導之也。其視守令能以仁政得民。民心愛之。如古循吏然者。宜以名上。予得以褒慰之。亦以使四方之民。知予不專寵健吏。所貴仁者爾。尤延之謂。二詔大哉言乎。簡而盡。直而婉。丁寧惻怛之意。見于言外。至今誦之。盎然如在春風中。豈特公之文足以導上之德意志慮。亦當時善治。足以起其文也。

又曰。文定又行范文正公參政制云。大恩之下難爲報。大名之下難爲處。矧兼二者。可無勉哉。爾尚朝夕以交修。予允迪前人勤教。邦其永享于休。訓辭温雅。可以見太平之象。

黄東發曰。張文定公爲國家謀。有大過人者。辟王介甫于貢院。見其紛更。輒斥之。尤明而果。然公尊嚴者也。務欲天下士視朝廷如雷霆。鬼神不敢議。故斥石守道激烈爲姦邪。而温公亦以姦邪論公。必如公所見。恐頗類秦漢。無復三代氣象爾。蘇公父子之顯。公薦之也。公之墓。東坡蘇公誌之也。以雄文善論。飾奇材壯志。世莫得其閒云。

又讀東坡文集曰。文定公遠識雅量。不動如山。可謂國之重臣矣。而蘇子之銘公。首曰。大道之行。士貴其身。維人求我。匪我求人。然則公之所能不動。非以是哉。有志之士。蓋亦知所用力之地矣。

補 説書李盱江先生覯

梓材謹案。范文正尺牘有與先生書云。此中佳山水。府學中有三十餘人㊀講貫。與監郡諸官議。無如請先生之來。必不奉誤。蓋是時先生掌教潤州。稱之爲秀才。仁弟。則文正固以及門視之矣。

盱江易論

損六五曰。或益之十朋之龜。弗克違。元吉。龜可決疑。喻明智也。以柔居尊而爲損道。明智之士皆樂爲用矣。

未濟九五曰。東鄰殺牛。不如西鄰之禴祭。實受其福。禴。祭之薄者也。謂脩德以祭。雖薄而受福也。

益九五曰。有孚惠心勿問。元吉。有孚惠我德。謂因民所利而利之。惠而不費。則不須疑問。必獲大吉。而物亦以信惠歸于我也。

㊀「人」下有脱文。

屯九五曰。屯其膏。小貞吉。大貞凶。膏謂恩惠也。處屯難之時。居尊位之上。不能博施羣小。而繫應在二。所惠偏狹。於有司之貞則吉。於大人之貞則凶也。

比九五曰。顯比。王用三驅失前禽。邑人不誡。吉。謂伐不加邑。動必討叛。雖得乎顯比之吉。而可以爲上之使。非爲上之道。故象曰。邑人不誡。上使中也。夫執剛莫如體柔。責人莫如自修。尚勝亦已勞矣。

夬九五曰。莧陵夬夬。中行无咎。莧陸。草之柔脆者。謂上六也。夬之時以君子決除小人。而五處尊位。躬自決之。雖其克勝。未足多也。處中而行。足以免咎。夫安非福也。危非禍也。知危而懼。安莫如之。

否九五曰。休否。大人吉。其亡其亡。繫于苞桑。處君子道消之時。已當尊位。能施否于小人。而自戒其將亡。則得苞桑之固也。夫救弊之術。莫大乎通變。然民可與樂成。難與慮始。非斷而行之。不足以有爲矣。

夫治國始于齊家。王化本乎夫婦。百代不易之道也。家人九五曰。王假有家。勿恤。吉。謂居于尊位。而明家道。則下莫不化矣。

井九五曰。井洌寒泉食。謂五居中得正。而體剛直。不食汙穢。必須井潔而寒泉。然後乃食。以喻剛正之主。不納非賢。必須行潔才高。然後乃用也。

兌九五曰。孚于剝。有厲。謂處尊正之位。不説信乎君子。而説信乎小人。則小人道長而國有危也。

剥六五曰。貫魚以宫人寵。无不利。謂施寵小人。但同之于宫人。勿使害正。則終无尤也。然則人君所任。宜得賢才。不可説信小人。雖未能不加以寵。亦當處之散地。無俾乘勢以消君子。

臨六五曰。智臨大君之宜。吉。夫臨剛浸而長。君子道盛之時也。因而納之。委以其事。則不勞而成功矣。任得君子。庸非智乎。

恒六五曰。恒其德。貞婦人吉。夫子凶。謂居得尊位。不能制斷。而係應于二。專從其唱。以此爲恒。則婦人之吉。非夫子之道也。

蹇六二曰。王臣蹇蹇。匪躬之故。謂居位應五。不以五在難中。私身遠害。執心不回。志救王室者也。故象曰。終无咎也。

上九曰。莫益之。或擊之。立心勿恒。凶。謂處益之極。過盈者也。求益無厭。人弗之與。怨者非一。故或擊之也。夫靜以俟時。則無悔。躁而求利。則有恥。不可不慎也。

蠱初六曰。幹父之蠱。有子考。无咎。貞吉。謂幹父之事。不可大小損益一依父命。當量事制宜。以意承考。

家人初九曰。閑有家。悔亡。謂治家之法。及其志之未變而豫防之。則悔亡也。家瀆而後嚴之。則無逮矣。

夫心貴乎公。而量貴乎大。公則視人如一。大則無物不包。視人如一。則惟善是從也。無物不包。則雖愚有處也。

比初六曰。有孚比之。无咎。有孚盈缶。終來有它吉。謂處比之首。應不在一。心無私吝。則莫不比之。故必有它吉也。

蹇初六曰。往蹇來譽。謂處難之始。居止之初。獨見前識。覩險而止。以待其時。故往則遇蹇。來則譽也。

履九五曰。夬履貞厲。謂履道尚謙。不當獨處盈。而五以陽處陽。正當其位。是以危也。

大有九二曰。大車以載。有攸往。无咎。謂健不違中。爲五所任。任重不危。致遠不泥。故可以往而无咎也。

復初九曰。不遠復。无祇悔。元吉。謂最處復初。始復者也。不遠而復。幾悔而反。以此修身。患難遠矣。錯之于事。其始庶幾乎。故元吉也。

漸上九曰。鴻漸于陸。其羽可用爲儀。吉。謂進處高潔。不累于位。無物可以屈其心而亂其志。峩峩清遠。儀可貴也。

先時而動者。妄也。後時而不進者。怠也。妄者過之媒。怠者功之賊也。

八卦之道大矣。有高焉必乘其上。有深焉必載其底。有旁焉必環其外。幽無不貫。微無不徹。惟所用之何如耳。聖人揲蓍。虛一分二。掛一揲四。歸奇再扐。確然有法象。非苟作也。故五十而用四十有九。分于兩手。掛其一。則存者四十八。以四揲之。十二揲之數也。左手滿四。右手亦滿四矣。乃扐其八。而謂之多。左手餘二。右手亦餘二矣。乃扐其四。而謂之少。則扐十二并掛而十三。其存者三十六。爲老陽。以四計之。則九揲也。故九。三多則扐二十四。并掛而二十五。其存者二十四。爲老陰。以四計之。則六揲也。故稱六。一少兩多。則扐二十。并掛而二十一。其存者二十八。爲少陽。以四計之。則七揲也。故稱七。一多兩少。則扐十六并掛而十七。其存者三十二。爲少陰。以四計之。則八揲也。故稱八。所謂七八九六者。蓋取四象之數也。

朱子曰。李氏之説最爲簡易。而分別掛扐爲明白。但其法爲多者一。爲少者三。而不知二變多少之各二。且曰扐十二并掛一爲十三。而不知扐十并掛三爲十三。餘三象同。則是後三變不掛。而不若劉説之爲得也。梓材案。劉説蓋謂劉夢得所云。第一指餘一益三。餘二益二。餘三益一。餘四益四。第二指餘一益二。餘二益一。餘三益四。餘四益三。第三指與第二指同之説。

本乎天謂之命。在乎人謂之性。非聖人則命不行。非教化則性不成。是以制民之法。足民之用。而命行矣。導民以學。節民以禮。而性成矣。則是聖人爲天之所爲也。

盱江禮論

節其和者曰樂。行其怠者曰政。威其不從者曰刑。此禮之三支也。禮之中有温厚而廣愛者曰仁。有斷決而從宜者曰義。有疏達而能謀者曰智。有固守而不變者曰信。此禮之四名也。三支者。譬諸手足。四名者。譬諸筋骸之類。言乎人。則手足筋骸在其中矣。言乎禮。則樂刑政仁義智信在其中矣。

仁義智信者。聖人之性也。禮者。聖人之法制也。性畜于內。法行于外。雖有其性。不可以爲法。則曖昧而不章。

天地陰陽者。禮樂之象也。人事者。禮樂之實也。

周公作六官之典。而并謂之周禮。今之禮記。其創意命篇。有不爲威儀制度者。而總謂之禮記。韓宣子適魯。見易象與魯春秋。曰周禮盡在魯矣。則當時亦謂易象春秋爲禮經也。故知禮者。樂刑政仁義智信之所統也。

夫有諸內者必出于外。有諸外者必由于內。孰謂禮樂刑政之大。不發于心而僞飾云乎。

周禮致太平論

王后之尊而親蠶。則天下女子莫不執懿筐矣。王后之尊而獻種。則天下女子莫不饁南畝矣。王后之尊而勤禮職。則天下女子莫不執婦道矣。內治。

周官掌財者雖不一綱統。所係實專于一司。故天下財貨之入。莫不自太府受之。量入以爲出。亦莫不自左府頒之。是以利權不分而斂散得宜。使不專總于一司。出財者惟以給辦爲先。用財者惟以濟事爲功。而後之不繼不恤也。財如之何不匱。

田皆可耕。桑皆可蠶。財皆可飭。貨皆可通。彼獨以是而致富者。心有所知。力有所勤。夙興夜寐。攻苦食淡。以趨天時。聽上令也。如此之民。反疾惡之。何哉。任之重。求之多。勞必于是。費必于是。富者幾何其不轉而爲貧也。使天下之富者。皆轉而爲貧。爲之君者。利乎否也。以上國用。

先王建官。使世守之。以爲吏之于民。必相知心。然後治也。吏知民心則明。明則政平矣。民知吏心則信。信則令行矣。此豈一朝一夕而可哉。否則吏以治爲傳舍。事或不舉。則曰以待後人。民視官如過客。理或不勝。亦曰以待後人。

先王既使大臣爲鄉老。又取其鄉之人爲吏。所謂使民興賢。出使長之。使民興能。入使治之者也。夫能盡人之情僞。與其土所有。其俗所宜。莫若其鄉之人也。因以爲吏。孰不治乎。以上官人。

先王之教。所以敺民而納之于善也。學校不立。教法不行。將欲求腹心于叢林。訪忠信于十室。不易得矣。

大司樂禁淫過凶慢之聲。大胥掌版籍。以召學舞。取卿大夫諸子有中和祗庸孝友之德者。是聲與人無不正也。聞之見之者。焉得不正乎。

天下之情欲上達。故訓方氏之職設。人主之志欲下通。故撢人之職設。古者居民一體。上下交孚。而無壅遏之患如此。以上教道。

天下之理。由家道正。女色階禍。莫斯之甚。述内治七篇。利用厚生。爲治之本。節以制度。

乃無傷害。述國用十六篇。預備不虞。兵不可闕。先王之制。則得其宜。述軍衛四篇。刑以防姦。古今通義。惟其用之有所不至。述刑禁六篇。綱紀既立。持之在人。天工其代。非賢罔乂。述官人八篇。何以得賢。教學爲先。經世軌俗。能事以畢。述教道九篇終焉。

昔劉子駿鄭康成皆以周禮爲周公致太平之迹。而臨孝存謂末世之書。作十難七論以排之。何休以爲六國陰謀。竊觀六典之文。其用心至悉。非古聰明睿知。孰能及此。其曰周公致太平者信矣。以上自序。

雲濠謹案。王阮亭居易録云。李泰伯文章。皆談經濟。其本領尤在周禮一書。范文正薦之。以爲著書立言。有孟軻揚雄之風。在北宋歐陽曾王間。別成一家。

盱江文集

苟得其心。少康一旅爲有民。苟失其心。商王億兆無民矣。是故聖人簡役而輕賦。喜德而憚刑。善之本在教。教之本在師。師者所以制民命。其可以非其人哉。學校廢。師不命于上。而學者自擇焉。識不至。擇不精。是能言之類。莫不可師也。然則父儒而子墨。朝華而暮戎。不足怪矣。以上潛書。

人主不免乎信讒者。讒似乎諫也。愎諫者。諫似乎讒也。君曰可用。臣曰不可用。不可之辭同。而情則異矣。用君子而小人沮之。是爲讒。用小人而君子抑之。則爲諫。好諫惡讒。而不知諫者非諫。讒者非讒也。嗚呼艱哉。

夫心官于耳目。耳目狹而心廣者。未之有也。耳目有得則感于心。感則思。思則無所不盡矣。衆多欲而聖寡欲。聖寡欲。故能得所欲。衆多欲。以所欲奉他人耳。

善能舉其類。不善亦能舉其類。故責所舉之賢。不若責舉者之賢。舉者賢則所舉賢。舉者不肖則所舉不肖矣。盜不能禍天下。而奸雄以除盜爲名。乃能禍天下。故防奸雄莫若除盜賊。奸雄不得盜賊之資則不敢起。以上慶曆名言。

今代遭聖神爾。幸得賢君。俾爾由庠序踐古人之迹。天下治則擇禮樂以陶吾民。一有不幸。猶當仗大節。爲臣死忠。爲子死孝。使人有所法。且有所賴。是爲朝家教學之意。袁州學記。

工必以般者。爲其材巨木。作寢廟也。彼環堵。則何工不可。御必以良者。爲其策天驥。逐光景也。彼一駑。則何御不可。師必以孔子之徒者。爲其敺善性。入訓典也。彼曲藝。則何師不可。送余疇若南豐掌教序。

士之褐衣革帶。顛倒風塵。時無不扼肘歎曰。我無知己。一旦成大聲。享大位。則復因循自守。鮮能知人。上蘇祠部書。

聖人之備。其于用也交相濟。故得中焉。諸子之偏。其于用也執一而已。故有過與不及也。答黃著作書。

人之患不在乎不及。而在乎過之。不及則下于人。下于人則憤。憤則知進矣。過之則出乎類。

出乎類則矜。矜則不知其反矣。復說。

附録

范文正公進先生書狀曰。臣觀李某。于經術文章實能兼富。今草澤中未見其比。今取到本人所業禮論七篇。明堂定制圖序一篇。平土書三篇。易論十三篇。共二十四篇。編爲十卷。謹繕寫上進。伏望聖慈。當乙夜之勤。一賜御覽。則知斯人之才之學。非常儒也。

又白先生書曰。潤州初建郡學。可能屈節教授。又慮遠來。難爲將家。蘇州掌學胡瑗祕校見明堂圖。亦甚奉仰。或能挈家。必有經畫。請先示音爲幸。

余安道與先生書曰。所云禮論七篇。推進禮經。準的世教。派仁義。贊刑政。明通博辯。稍成一家之言。工古人之未工。導明主之要道。豈止獨步江表。校聲名于後俊哉。

祖學士貽先生書曰。慶曆名言。皆當時之病。眞醫國之書耳。使今相天子宰天下者。聞其言而行之。何憂乎饘粥。何患乎拓跋氏耶。無擇疏賤。不得言于朝。泰伯又俾附寄永叔。卽須良便致之也。

陳次公志其墓曰。先生用則任公卿。司教化。而不用。以夫子之道教授學者。後之覽其遺書。則知其所以然。

程伊川曰。李覯謂。若教管仲身常在。宮内何妨更六人。此語不然。管仲時。桓公之心特未蠹也。若已蠹。雖管仲可奈何。未有心蠹尚能用管仲之理。

朱子語類曰。李泰伯文實得之經中。雖淺。然皆自大處起議論。首卷潛書民言。好如古潛夫論之類。周禮論。好如宰相掌人主飲食男女事。某意如此。今其論皆然。文字氣象。大段好甚。使人愛之。亦可見其時節方興如此好。老蘇父子自史中戰國策得之。故皆自小處起議論。歐公喜之。李不輭貼。不爲所喜。范文正公好處歐不及。

黄東發曰。泰伯亦邁往之士。而尚縱横之學。固宜詆孟子。如云可無王道等語。何其自背于理。以自貽後世之譏。未足攻孟。適以自攻矣。嘗記葉紹翁四朝聞見録。力辨泰伯諸書無一詆孟子。而常語獨詆之。以爲僞書。且考世所傳泰伯不試四科優劣論之年。此年泰伯實不預試。恐泰伯未嘗詆孟子。或如紹翁之云也。特所學正與孟子相反。則攻之亦其情耳。

周密曰。李泰伯著論非孟子。後舉茂才。論題出經正則庶民興。不知出處。曰。吾無書不讀。此必孟子中語也。擲筆而出。余曰。孟子何可非也。泰伯所以非之者。謂不當勸齊梁之君以王耳。昔武王伐紂。舉世不以爲非。而伯夷叔齊獨非之。東萊先生曰。武王憂當世之無君者也。伯夷憂萬世之無君者也。予于泰伯亦然。

雷思齊曰。李泰伯著六論以駁劉長民非是。至謂懼其恚誤學子。壞隳世教。而删其圖之重複。存之者三焉。河圖也。洛書也。八卦也。夫長民之多爲圖畫。固未知其是。而泰伯亦元未識此圖之三。本之則一耳。

李謹思餘干州學記曰。余惟有記以來。吾家泰伯橫絶今古。蓋取范史及儒林舊論。鍛礪而馳騁之。曰。教道之結。人心如此。美則美矣。而未大也。教行于上古。而契爲之初。自契至于湯。迄有天下。自湯至于武丁。伊訓每言師。説命每言學。契之功。以化天下千餘年。殷化爲周。殷士之膚敏者。皆爲周。有教之力耶。余觀周誥多士累云云。猶未定。然則有多于膚敏之士者矣。叩馬于牧野。辟□㊀于朝鮮。意猶未釋然。然則有先于膚敏之士者矣。當時以爲義在焉。弗之可兵焉。洪範在焉。弗之可臣也。歌有采薇。詩有麥秀。一風二賦。與雅頌並行。于是世不爲創見。不爲駭聞。而風俗成矣。豈惟殷之教賴以不墜。周因于殷以植遺教。雖周猶嘉賴之。周轍又東。四代禮樂與魯春秋。逸而之洙泗之上。書王書天。昭王㊁之命討于天下。周其猶天乎。東周之志。無所于酬。而繼周者又捷出。則殷周奚擇焉。顧油油然曰。某也。殷人也。援已墜之殷以同異。烏在其爲魯司寇耶。視乃厥祖。于書曰公。于詩曰客。猶稱微子仲終身焉。將無類是乎。若是惑滋甚。請借漢以明之。漢何以命孔吉爲殷紹嘉侯。嘻乎。其兆見矣。古之人。古之人。知言如齊太史。嘗語人以其故。而孟僖子先得之。吾在萬世如見之。蔽以二言。夫祖契而孔氏其雲礽。夫教。契肇端。至孔門而大備。微契。則人近于禽獸。而禹稷無完功。微孔子。則臣子之無所懼者。

㊀「□」衍。
㊁「王」當爲「天」。

胥爲龍蛇虎豹以厲斯人。而契之功熄。大哉殷道。其以教始終乎。天欲報契也。故以殷郊。欲紓契之傳也。故以魯祠孔子。殷祭器歸周。而郊契猶八百年。孔禮器歸陳。何有哉。而祠于魯。達于天下千五百年而未止。則夫中跲而旁奮。暫寄而永垂。昔也支而今也嫡。以小宗之餘。復自爲宗。世世萬子孫。齊明以祭無窮期。其爲紹嘉孰大焉。殷多先哲。王在天可以囅然而笑矣。吾將復于吾泰伯曰。教道之格天心又如此。

楊升庵曰。小說家載李泰伯不喜孟子事非也。泰伯未嘗不喜孟也。何以知之。曰。攷其集知之。內治論引仁政必自經界始。明堂制引明堂王者之堂。刑禁論引瞽叟殺人。舜竊負而逃。富國策引楊氏爲我。墨氏兼愛。潛書引萬取千焉。千取百焉。廣潛書引男女居室。人之大倫。損欲論引文王以民力爲臺爲沼。而民歡樂之。本仁論引以至仁伐至不仁。延平集序以子思孟軻兼稱。送嚴介序稱章子得罪于父。出妻屏子。而孟子禮貌之。常語引孟子儉于百里之制。又詳說之。由是言之。泰伯蓋深于孟子者也。古詩示兒云。退當事奇偉。夙駕追雄軻。則尊之亦至矣。故詳辨之。

賈先生黯

賈黯字直孺。鄧州穰人。擢進士第一。累官給事中。權御史中丞。嘗合議以濮王爲皇伯。執政弗能會。被疾。以翰林侍讀學士知陳州。未行卒。口占遺奏數百言。猶以濮王議爲請。先生修潔自喜。在朝數言事。人稱其介直。姓譜。

附録

賈内翰以狀元及第歸。范文正誨之曰。君不憂不顯。惟不欺二字。可以終身行之。賈每語人曰。此二字平生用之不盡也。

先生有學。少文修潔。無所阿附。仁宗深重之。嘗知襄州。父疾。請解官歸養。未報。乃棄官而歸。責鄂州。未赴而父卒。服除亦不復責。

既除服。還爲兵部員外郎。知制誥。詔書稱之曰。聞父之疾。委政歸養。孝也。上章自劾。不肯苟免。忠也。

拜給事中。上方親政事。君數見。其言無所避。上嘗謂君曰。朕欲用人而未識其可者。對曰。天下豈嘗乏人耶。在陛下所用爾。乃陳任人之法五事。一曰知人之明。二曰養育以漸。三曰材不求備。四曰以類薦舉。五曰擇取自代。天子嘉納之。

朱先生從道

朱從道。沛國人。南京府學生。文正嘗爲名。述曰。朱生世嚴冠冕。幼苦霜露。憫先構之將墜。忽中陵之見育。天聖紀號之六載。樞密留守侍郎齊郡公特命就學。果知向方。豹以革而有文。鴻亦漸而无咎。公亦嘉其遷善。以從道而名焉。仍命字之。云。在復之六四曰中行。獨復以從道也。言能體中而行。特從于道。以斯而造君子之象。請字曰復之。庶左右于名矣。然則道者何。率性之謂也。從者何。由道之謂也。臣則由乎忠。子則由乎孝。行己由于禮。制事由于義。保民由于信。待物由乎仁。此道之端也。子將總之乎。然後可以言國。可以言家。可以言民。可以言物。豈不大哉。若乃誠而明之。中而和之。揖讓乎聖賢。蟠極乎天地。此道之致也。必大成于心。而後可言焉。朱生其拜公之命。勉之哉。抑文與學者。道之器也。以君子乘之。則積而不敗。不以君子乘之。則滿而致覆。朱生其拜公之命。愼之哉。文正文集。

朝議賈先生蕃

賈蕃字仲通。開封人。尚書昌齡子。以尚書遺恩爲郊社齋郎。調開封縣主簿。累改虞部比部二員外郎。知青州臨朐縣事。遷駕部。知渠州。韓持國知開封府。薦爲東明縣。會行役法初下。民有以令爲弗便。而自訴于朝者。或曰。止之。不止得罪。則曰。吾非能使民訴。亦弗止也。行法者果怒。諷監司微察其罪過。既不得。遂中以他法。謫監順安軍酒税。改虞部郎中。通判江州。判南京國子監官。制行。改朝奉大夫。知筠州。有使江西行監法者。官吏畏。衆强售民以自免。先生曰。吾老矣。不能爲也。即日稱疾。遂致仕。進朝議大夫。居于家。卒年七十。先生爲人好學。慨然有志。温厚質直。甚介且廉。富平人穿地得泉。以聖爲號。曰聖泉。遠近爭取而調之。日數百人。先生時爲令。不信曰。昔有聖人。今又有聖泉。巫皆妖也。遂塞之。畢西臺集。

雲濠謹案。先生墓誌。西臺爲范忠宣代作。故云。始娶范氏。封崇德縣君。文正公之女。又。某于崇德縣君。弟也。與公遊。知公云云。

梓材謹案。先生文正之壻也。謝山書周中大夫傳後言。賈東明蕃以不附新法忤荆公。

章敏滕先生元發詳見安定學案。

龍武陵先生昌期

龍昌期字起之。仁壽人。祥符中。注易。詩。書。論語。孝經。陰符道德篇。韓魏公使蜀。奏授試國子四門博士。慶曆中。文潞公奏授校書郎。太子洗馬。著古論。帝王心鑑。八卦圖。精義入神。絶筆書。河圖。照心寶鑑。春秋復道。三教圖通。天保正名等論。行軒小集。然常羽翼先儒。時論譽之。姓譜。

梓材謹案。宋文鑑晏元獻答樞密范給事書。有惠貺與侍講孫公書。述岷山人武林昌期。博貫諸經。召寘門下。樞鉉之隙。與之論議。且欲出其譔述。質于大儒。辨正臧否。以明公共齋盥披讀。載欣以抃云云。是先生爲文正門人。

雲濠謹案。陳氏書録解題謂。其學迂僻。專非周公。宋史亦載。歐陽公言其異端害道。不當推奬。奪所賜服云。金華徵獻略胡則傳云。在福州。時前守陳絳嘗延蜀人龍昌期爲郡人講易。賚以官錢十萬。絳既坐事。遂自成都械昌期。至則待以賓禮。出俸錢代償之。據此。則先生之所遭亦蹇矣。

武陵先生語

六經無皇道。

附録

晁景迂儒言曰。先民之經皆科斗文字。如顔閔不死。游夏更生。則不復識今世之文字矣。或以李斯之六書爲一説。自謂得聖人之意。且有言曰。殊方異音。譯而通之。其義一也。君子謂是義之説也。非字之義也。武陵先生患漢以降。學士互相增添。字倍于古。其所感深矣。

王先生凝

王凝。安鄉人。從范文正公學。擢第。授岳州司理。遷屯田郎中。出爲江源令。有賢名。湖廣通志。

縣令張先生問

張問字道卿。陳留人。天聖七年秋。廣文館開封府所薦士。有與主試官親嫌者別試。太常寺范希文在祕閣。命往尸之。得其策論。有漢儒風采。乃薦以高等。明年不利于春官。退居景陵郡。研經講道。絃歌終日。遠近學者多歸之。既而獻文論百首。應茂才異等科第一人。召。會丁家難。不赴。寶元初。西羌犯延安。先生慨然有憂邊之意。述平戎策以進。慶曆初。尚書范雍言其著萬機濟理書十篇。皆國之大議。朝廷召試學士院。初命試將作監主簿。未調而歸。搢紳惜其不稱。時希文經略陝西。因表薦之。除試祕書省校書郎。知耀州華原縣。決滯訟數十。吏民服其明。鄜延路經略使龐籍思廣議論之助。權署先生幕中。仍主州庠。以教育人材。未幾卒。年五十二。希文誌其墓云。君子力于學。志于道。直言直行。自信而不惑。有孔子門人之業。而不挾戰國豪士之數。雖命與道違。又何愧哉。范文正集。

武襄狄先生青

狄青字漢臣。西河人。善騎射。初隸騎御馬直。選爲散直。趙元昊反。詔擇衛士從邊。常爲先鋒。臨敵被髮。帶銅面具。出入賊中。皆披靡莫敢當。尹師魯洙爲經略判官。與談兵。善之。薦于經略使韓忠獻琦。范文正仲淹。曰。此良將材也。二公一見奇之。待遇甚厚。文正以左氏春秋授之曰。將不知古今。匹夫勇爾。遂折節讀書。悉通秦漢以來將帥兵法。由是益知兵㊀。以功累遷護國軍節度使。河中尹。還至京師。帝嘉其功。拜樞密使。賜第敦教坊。嘉祐中。罷爲同中書門下平章事。出判陳州。卒。贈中書令。謚武襄。其爲人愼密寡言。其計事必審中機會而後發。行師先正部伍。明賞罰。與士同飢寒勞苦。雖敵猝犯之。無一士敢後先者。故其出常有功。尤喜推功與將佐。尹師魯以貶死。能悉力賙其家事。宋史。

㊀「兵」當爲「名」。

附録

公事親孝。遭父喪。雖衽金革之事。而哀戚過人。養母尤篤。征南之日。懼遺其憂。戒内外不以治兵事聞。第云奉使江表而已。神道碑。

公爲韓范所知。後位樞密。或告以當推狄梁公爲祖。公愧謝曰。青出田家。少爲兵。安敢祖狄梁公哉。聞見録。

雲濠謹案。筆談言。公爲樞密使。有狄梁公之後。持梁公畫像及告身十餘通。詣公獻之。以謂公之遠祖。謝之曰。一時遭際。安敢自附梁公。厚贈而還之。比之郭崇韜哭子儀墓。公所得爲多矣。與聞見録可互參。然王華陽爲武襄神道碑云。狄至梁文惠公乃大顯于有唐。其子孫或徙汾晉閒。公實西河人。猶若合而爲一矣。

公作眞定副帥。嘗宴魏公。惟劉易先生與焉。易性素疏迂。時優人以儒爲戲。易勃然。謂黥卒敢如此。詬詈公不絶口。至擲樽俎以起。公氣殊自若。不少動。笑語益温。次日。公首造劉易謝。魏公于是時已知其有量。別録。

周煇清波雜志曰。狄武襄受范忠獻之知。每至范氏。必拜于家廟。入拜夫人甚恭。以郎君之禮事其子弟。狄乃武將。能知義不忘恩。可書也。

梓材謹案。范忠獻蓋韓忠獻。傳寫之訛。聞見録明言韓公家云。

節度郭先生逵

郭逵字仲通。其先自邢徙洛。康定中。兄遵死于敵。録爲三班奉職。隸陝西范文正仲淹麾下。文正勉以問學。累遷容州觀察使。治平二年。以檢校太保同簽書樞密院。旋出領陝西宣撫使。判渭州。神宗卽位。遷靜難軍留後。召還。改宣徽南院使。判鄆州。至鄆七日。徙鎭鄜延。加檢校太尉。雄武軍留後。召還。明年。慶州亂。出判永興。徙泰州潞州太原。召爲安南行營經略招討使。兼荆湖廣南宣撫使。坐貶屏處十年。哲宗立。起知潞州。進廣州觀察使。知河中。辭歸洛。提舉崇福宮。卒。贈雄武軍節度使。宋史。

龔先生中元

龔中元字會□㊀。吴人。登天聖五年第。主杭州仁和簿。范文正爲帥。改容禮之曰。公器業清修。他日必爲令器。謹勿因人以進。先生敬服其訓。中吴紀聞。

運判周先生師厚詳見士劉諸儒學案。

朱先生寀

朱寀。南都人。范文正公與其父相善。其父且病。公視之。謂公曰。某常遇異人。得變水銀

㊀「□」當作「之」。

爲白金術。吾子幼。不足傳。今以傳君。遂以其方并藥贈公。公不納。强之乃受。未嘗啓封。後先生長。公教之。義均子弟。及先生登第。乃以所封藥并其術還之。范文正言行拾遺事録。

文忠講友

宣簡田先生況

田況字元均。其先冀州人。晉亂。祖没于契丹。父延齡。景德中脱身南歸。性沈鷙。教子甚嚴。累官至太子率府率。先生少卓犖有大志。好讀書。舉進士甲科。歷遷祕書省著作佐郎。舉賢良方正。及還右正言。遂知制誥。嘗面奏事。論及政體。帝頗以好名爲非。意在遵守故常。先生退而著論上之。其略曰。名者由實而生。非徒好而自至也。抑又聖賢之道曰名教。忠誼之訓曰名節。羣臣諸儒所以專㊀輔朝廷。紀綱人倫之大本也。有奏議二十卷。宋史。

梓材謹案。先生以太子太保致仕。卒。謚宣簡。贈太子太傅。范忠宣公爲神道碑銘云。與富文忠公少相友善。夫人卽文忠公女弟也。追公爲樞密使。而文忠公實爲上相。同時道行。位冠百僚。搢紳不以爲二公榮而相賀。以爲天下福也。可以知二公之交矣。

儒林公議

張知白清儉好學。居相位。如在布素時。其心逸如也。及病革。上幸其家。夫人惡衣以見。

㊀「專」當爲「尊」。

及臨知白寢。所見其敝氊縑被。帳幬質素。嗟美久之。亟命輦帳具服物以賜。後之稱清白者。皆以知白爲師。丁謂貪權怙寵。斂蓄無厭。南遷日。籍没其貲。奇賂異翫。陳鬻于市。死之日。家益困。諸子相繼夭。朝廷以其第賜太后弟景宗。後之言侈敗者。皆以謂爲誡。議者曰。夫物儉則常足。常足則樂而得美名。禍咎遠矣。侈則常不足。常不足則憂而得訾惡。禍㊀亦遠矣。世有舍樂美而寧趨憂訾者。信乎爲惑也矣。

正獻范華陽先生祖禹詳華陽學案。

劉先生槩

梓材謹案。先生師陳安國。而先富鄭公。

段先生希元

魏先生升平附子宜。合傳。

段希元。魏升平。河南人。富韓公與之同場屋。相善。至和間。韓公當國。立一舉三十年推恩之法。二人俱該此恩。希元官至太子中舍。致仕。轉殿中丞。升平官至大理寺丞。升平卒。韓公念之。不忘招其子宜。與子孫講學。英宗卽位。宜已遷左相。故用韓公爲樞密相。韓公薨。宜

㊀「禍」當爲「福」。

亦老。猶居門下。至崇寧間。立試門客法。宜不爲新學。始求去云。邵氏聞見録。

文定講友

康靖趙先生槩

趙槩字叔平。其先河朔人。徙于宋之虞城。先生七歲而孤。篤學自力。年十七舉進士。當時聞人劉筠。戚綸。黄宗旦。皆稱其文詞必顯于時。而其器識宏遠。則皆自以爲不及。天聖五年。擢進士第三人。通判海州。累官觀文殿學士。吏部尚書。知徐州。以太子少師致仕。居睢陽十五年。猶以讀書著文憂國愛民爲事。集古今諫諍。爲諫林一百二十卷。奏之。上甚喜。賜詔曰。大夫請老而去者。皆以聲迹不至朝廷爲高。得卿所奏書。知有志愛君之士。雖退休山林。未嘗一日忘也。當置座右。以時省閲。元豐六年卒。年八十八。贈太師。謚康靖。前作遺範以戒子孫。纖悉必具。平生與人實無所怨怒。始歐陽兖公躐㊀爲知制誥。人意先生不能平。及兖公坐累對詔獄。人莫敢爲言。先生獨抗章言其無罪。爲仇人所中傷。陛下不可以天下法爲人報仇。兖公以故得全。先生既老。兖公亦退居汝南。先生自睢陽往從之游。樂飲旬日。東坡後集。

梓材謹案。先生墓誌。東坡代張文定爲之。云。余于公爲里人。少相善也。退而老于鄉。日從公游。是先生固文定舊游也。

㊀「躐」下脱「公」。

雲濠謹案。王華陽誌先生墓言。其初名公裡。夢神人持名簿。視其上有金書趙槩字。遂更今名。後又夢通判汝州。既釋褐。乃得海州。蓋篆文汝與海相近云。

附録

徐敦立却掃編曰。趙康靖公既休致。居鄉里。宴居之室。必寘三器几上。一貯黄豆。一貯黑豆。一空。又閒投數豆空器中。人莫喻其意。所親問之。曰。吾平日興一善念。則投一黄豆。興一惡念。則投一黑豆。用以自警。始則黑多于黄。中則黄多于黑。近者二念俱忘。亦不復投矣。

盱江講友

鄧先生立

鄧立字公儀。南城人。舉進士。年三十二。卒。先生生數歲。善記誦。長而學成。事父母孝謹。撫其弟愛而有法。服義疾惡。厭浮屠説。不使汙其門。見事不可。雖在親戚。多引繩墨彈直。李泰伯自始學善之。志合道一云。盱江文集。

進士傅先生代言

傅代言字□□。與盱江生同鄉。長同學。心純行潔。而外不亢激。見人善卑之。若臣僕。聞人過弗敢言。其在己則改不待頃。好學有辭。以進士試。兩舉不利。歸而疾。卒。年四十五。盱江文集。

梓材謹案。盱江爲先生墓表。乃其同學友。盱江門人録以爲學于盱江。非也。

盱江同調

馮先生休

馮休字□□。□□人。觀孟子書。時有叛違經者。疑孟子没後門人妄有附益。删去之。著書十七篇。以明其意。前乎先生而非孟者荀卿。刺孟者王充。後乎先生而疑孟者温公。與孟辨者東坡。然不若先生之詳也。晁氏讀書志。

都官宋先生咸

宋咸字貫之。建陽人。天聖二年進士。累官知邵武軍。立學置田以養士。移守韶州。狄青經制廣西。先生爲漕。以功轉職方員外郎。奏乞于瓊山立學。賜經史以變夷風。官至都官郎中。所著有易訓。毛詩正。記外義。論語增注。揚子法言注。朝制要覽諸書。姓譜。

梓材謹案。直齋書録解題言。先生嘗撰易明凡一百九十三條。以正亡誤。及得郭京舉正于歐陽公。遂參驗爲易補注十卷。皇祐五年表上之。别有易訓未見。易辨凡二十篇。爲一卷。劉牧之學。大抵求異先儒。穿鑿破碎。故李宋或删之。或辨之。李卽盱江李先生也。閩書云。所注易大爲歐陽文忠所稱賞。

楊先生傑别見泰山學案補遺。

附傳

葉先生昌齡

葉昌齡字子長。錢塘人。治平中。職方員外㈠。有周易圖義二卷。以劉牧鈎隱圖之失。遂著此書。凡四十五門。經義考。

龍氏同調

忠獻范先生雍

范雍字伯純。其先太原人。後從孟氏入蜀。先生十歲而孤。家甚貧。母韓氏。遣之就學。常質衣以爲資。舉進士。補洛陽主簿。歷知端州。獻所著文二十卷。進太常博士。寇萊公辟貳留守司。明道二年。以户部侍郎知陜州。踰月移京兆府。入覲。陳安邊六策。進吏部侍郎。出守西京。既而西戎叛。授振武軍節度使。鎮延安。左遷户部侍郎。知安州。起吏部侍郎。知河中府。未行。改京兆府。加資政殿學士。以撫安關輔之勞。改尚書左丞。進大學士。拜禮部尚書。卒。贈太子太傅。謚曰忠獻。先生性恭和。藏書萬卷。惟小書五經則常提攜左右。與岷山處士龍昌期論易。深達微旨。著明道集三十卷。後集十卷。彌綸集十卷。范文正集。

㈠「外」下脱「郎」。

韓氏家學

補 僕射韓先生忠彦

梓材謹案。先生謚文定。見清江學案韓貫道傳。徐敦立却掃編云。吕惠穆之壻。爲韓文定忠彦。

附録

畢西臺狀其行曰。蓋能用而不能舍。能顯而不能晦。能處安樂而不能處患難。皆非成德也。能用能藏。能顯能晦。能處安樂。且能處患難。然後爲成德。始可言大矣。故曰。公有大焉者。此也。

晁氏客語曰。韓師朴拜相。誥詞云。使天下皆知忠獻之有子。則朕亦可謂得人。

少卿韓先生治

韓治。忠彦子。徽宗時爲太僕少卿。出知相州。以疾丐祠。宋史附傳。

附録

晁氏客語曰。韓治與同僚處。一日。有卒悍厲。衆皆怒之。惟韓不顧。凝如平時。徐言曰。無忿疾于頑。惟頑能致人忿故也。謂其有家學。蓋魏公之後。

韓氏門人

補徽猷趙無媿先生君錫

梓材謹案。先生事父良規至孝。絶類徐仲車。故朱子周禮三德説云。孝德以知逆惡。趙無媿徐仲車之徒是已。

雲濠謹案。宋史列傳言。先生初稱東坡之賢。遇賈易刻㊀東坡題詩。怒謗卽繼。言其負恩懷逆。宜宣仁后以爲全無執守也。

文公蘇老泉先生洵詳蘇氏蜀學略。

王先生荀龍別見范呂諸儒學案補遺。

文忠蘇東坡先生軾詳蘇氏蜀學略。

王先生巖叟詳見范呂諸儒學案。

黎先生淳附兄洵。

黎淳梓材案。邵氏讀書志作黎錞。字希聲。渠江人。幼務學。既冠。與仲兄洵遊京師。當時儒宗石守道。孫明復。皆美其才。韓忠獻召置門下。譽望益顯。第慶曆六年進士。調利州節度推官。累

㊀「刻」當爲「劾」。

遷太常博士。屯田員外郎。歐陽文忠吴長文薦爲學官。得國子監直講。是時太學生凡千數。諸博士講解先自撰口義。升座徐讀而退。無復辨析旨要。先生獨不然。置經于前。按文釋義。聽者樂聞其説。咸宗向之。凡守雅蜀眉簡四郡。皆先德後刑。務存治體。不汲汲簿書期會。君子喜其勸。小人畏其懲。有古循吏之風。元豐七年。以朝請大夫致仕。哲宗卽位。加朝議。元祐八年卒。年七十九。先生專經而信道。常謂春秋録舊史之文。假聖師之筆。行王者之事。其文坦易。其法簡嚴。思之不必太深。求之不必太過。則有得乃探索藴奥。敷暢厥旨。著春秋經解十卷。大率以經爲主。不汩于異家曲説之紛紜。熙寧初。魏公上其書于朝。謂可置文館。會貢舉更制。春秋不爲科。議乃寢。先生亦浩然有歸意。遂老于蜀。吕淨德集。

附録

邵㊀氏郡齋讀書志曰。黎氏春秋經解十二卷。希聲。歐陽公之客。名其書爲經解者。言以經解經也。其後又爲統論附焉。

吴薦宋賢贊曰。三傳融心。六一攸契。經術揚庭。結知英帝。學仕兼優。暫留斯致。賤簡遺言。百事爭媢。

㊀「邵」當爲「晁」。

尹先生朴

尹朴字處厚。河南人。師魯之長子也。幼博學能文。通春秋。知古今。議論根蒂經史。明白是非。雖先達父友皆竦然屈服。不敢以齒少遇之。嘗一舉進士。誤爲有司所絀。反笑曰。是豈足以盡吾才耶。師魯勉以應制舉。于是所記益廣。所學益深。師魯每歎曰。吾道之克傳。吾門之所寄。在此兒也。不幸年二十五而卒。韓安陽集。

附録

邵氏聞見録曰。尹師魯以貶死。其子朴方襁褓。既長。韓魏公聞于朝。命官。魏公至北京。薦爲屬。教育之如子弟。朴少年有才。所爲或過舉。魏公掛師魯之像哭之。烏乎。魏公者。可以謂之君子矣。

通判張先生唐卿

張唐卿字希元。青州人。景祐元年賜第一人及第。釋褐授將作監丞。通判陝府事。未數月。治聲四出。四年春。丁父憂去職。先生天性純孝。自訃至。晝夜號慟不絶聲。踰月得疾。嘔血而卒。年二十八。先生幼聰悟。喜讀書。不與諸兒相喜狎。及長。耽經史。殆忘寢食。與石守道游。最相知。守道嘗有書遺之曰。他日主吾道者。希元也。韓安陽集。

梓材謹案。隆平集亦作張唐卿。宋史誤孫唐卿。其云少有學行。年十七以書謁韓魏公。公甚器之。與黄庠楊寘。自景祐以來。俱以進士爲舉首。有名一時。自得稱韓氏門人也。

附録

陜州民。母再適人而死。及葬。其子資以歸。與父同葬。有司請論如法。先生權郡事。曰。是知有孝。不知有法耳。釋之。而聞于上。聞者莫不嘉之。

祕校曾先生宏

曾宏。魏公門人。官祕校。登第而歸。魏公詩以送之曰。十載辭鄉志。登科一旦伸。青綸歸養客。白髮倚門人。家釀難禁蟹。江艫正得蓴。之官如自立。吾館有賢賓。韓安陽集。

楊先生□

楊□者。魏公門人。魏公敘其考令公遺事。遣之奉書于尹龍圖請銘云。安陽文集。

待制家學

王先生端

王端。子野幼弟。力學勤官十餘年。未出州縣。子野當遷官。拜章乞召試。遂賜進士出身。蘇子美文集。

王先生元

王元字舜弼。待制質之從子。任爲郊社齋郎。累以朝請郎知澤州事。會歲旱。躬禱于桑林。既還即雨。而犯暑得疾。遂卒。初罷清豐。即求筦庠閒局。蓋家居二十年不外遷。或勞之。則曰。吾以華髮奉親膝。樂甚。去此九遷不願也。其侍親疾。晝夜不解帶。有家集十卷。雞肋集。

待制門人

龍學祖先生無擇詳見泰山學案。

石氏門人

正獻杜先生衍

杜衍字世昌。山陰人。厲操篤學。擢第。補揚州觀察推官。改著作佐郎。知乾州。聽訟明敏。屢決疑獄。人以爲神。簿書出納。推析毫髮。至爲條目。使吏不奸。及其施于民者。則簡而易行。未滿歲。以薦移鳳翔。二邦之民争于境上。一曰此吾公也。汝奪之。一曰今我公也。汝何有焉。累官知天雄軍。爲治謹密。不以威刑督下。吏民咸憚其清整。仁宗親政。召爲御史中丞。先生言中書樞密古之三事。大臣坐而論道者。今止隻日對前殿。何以盡天下之事。宜迭召見。賜坐便殿。以極獻替。又論常平法。請量州郡遠近。户口多寡。嚴賞罰。課官吏。出納無壅。增損有宜。州郡闕母錢。願出官帑以助之。遷工部侍郎。知永興軍。召還。權知開封府。遠近聞其名。莫敢干以私。拜同知樞密事。出爲河東宣撫使。拜吏部侍郎。樞密使。每内降恩澤。率寢格不行。積詔旨至十數。輒納帝前。帝語諫官歐陽修曰。外人徒知杜衍封還内除。不知凡有求于朕。告以杜衍不可而止者。更多于所封也。拜同平章事。好薦引賢士。推獎後進。一時知名之士。多出其門。阻止僥倖。小人多不悦。言者攻范仲淹富弼。常欲罷其政事。先生常左右之。御史劾其壻蘇舜欽。及所知王益柔。因以傾之。罷爲尚書右丞。出知兖州。慶曆七年。以太子少師致仕。屢進太子太師。封祁國公。卒。贈司徒兼侍中。謚正獻。宋史。

祁公語録

公嘗謂門生曰。凡士君子作事行己。當履中道。不宜矯飾。矯飾過實。則近乎僞。又曰。今之在上。多擿發下位小節。是誠不恕也。

有門生爲縣令。公戒之曰。子之才器。一縣令不足施。然切當韜晦。無露圭角。毁方瓦合。求合于中可也。不然無益于事。徒取禍爾。

嘗謂門生曰。作官第一清畏。無求人知。苟欲人知。同列不愼者。衆必譖己。爲上者又不加明察。適足取禍耳。但優游于其間。默而行之。無媿于心可也。

又嘗戒門生曰。天下惟浙人褊急易動。柔懦少立。衍自在幕府。至于監司。人尚不信。及爲三司副使。累于上前執奏不移。人始信之。反曰杜衍如是。莫非兩浙生否。其輕吾黨也如此。觀子識慮高遠。志尚端慤。他日植立。當爲鄉曲之顯。謹勿少枉。爲時所上下也。

附録

公自布衣至爲相。衣服飲食無所加。雖妻子亦有常節。家故饒材。諸父分產。公以所得。悉與昆弟之貧者。俸禄所入。分給宗族。賙人急難。至其歸老。無屋以居。寓于南京驛舍者久之。

公在相位。未期年而出。嘗謂門人曰。衍以非才。久妨賢路。遽得解去。深遂乃心。獨有一恨爾。門人曰。何也。公曰。衍平生聞某人賢可某任。某人才可某用。未能悉薦。此所恨也。

臨終作遺疏千餘言。其略云。勿以久安忽邊防之戒。勿以既富輕國用之原。又請早建儲副。以安天下心。

歐陽公祭之曰。嗚呼。進不知富貴之爲樂。退不忘天下以爲心。故行于己者老益篤。而信于人者久愈深。人之愛公。寧有厭已。壽胡不多。八十而止。

梅聖俞挽之曰。言爲當代法。行不古人慙。天子貴元老。史官傳美談。名高漢亞相。學嗣晉征南。有子卽家學。未嘗金玉貪。

李梁溪書祁公事曰。彭器資尚書初擢第。爲天下第一。東歸道南郡。謁杜祁公。語既久。祁公教之治生事。器資退而思之。不曉其意。來日復見。問其故。祁公徐曰。無他。觀公志節。欲立名節。夫欲立名節者。非有生事。使無顧念妻孥之憂。則不可于是。器資深服其言。噫。中世士大夫以仕宦爲家。不治生事者。十常六七。位朝廷任言責者。雖有可言之資。往往退顧無所歸爲妻子計。鉗口結舌者多矣。閒有不恤此者。言出身貶。妻孥流離。困餓無以餬其口于四方。至使流俗指之以爲戒。可不悲哉。觀祁公之言。乃知前輩思深慮遠。後進之士不可不知也。

項平甫曰。杜祁公聽獄訟。雖明敏而攷覈愈精。又曰。杜祁公爲人潔廉。自克勤靜纖謹而有法。至攷其大節。偉如也。

王深寧困學紀聞曰。杜正獻公詩。因念古聖賢。名爲千古垂。何嘗廣居室。儉爲後人師。亞聖樂簞食。寢邱無立錐。文終防勢奪。景威恥家爲。文園四壁立。鄭公小殿移。陳正獻公詩。遺汝子孫清白在。不須廈屋太渠渠。二賢相之清風。可以媿木妖之習。

黃東發曰。杜正獻公治京師。權要不敢干。居審官。銓吏不得與。爲宰相。封還内降。至人主藉以杜私謁。而戒門生小吏。乃使無露圭角。惟默而行之。無媿于心。此意豈淺丈夫可識哉。方議大舉伐夏。雖韓公亦不疑。獨公以爲必不可。契丹與夏戰河外。雖范公亦以兵從。獨公以爲必不來。可謂有大過人之識。公清苦自律。而均給下僚。歷知州提轉安撫。未嘗劾一官。此又大臣之德量然也。

正獻呂先生公著詳范呂諸儒學案。

忠烈文先生彦博詳見元祐黨案。

獻肅韓先生絳別見范吕諸儒學案補遺。

杜氏講友

文正范先生仲淹詳上睢陽所傳。

侍郎郎先生簡

郎簡字□□[一]。錢唐人。官侍郎。慶曆間能吏。與杜祁公極相厚善。先生長祁公十餘年。祁公以兄事之。既老謝。與居里中。築别館徑山下。善服食。得養生之術。即徑山澗旁種菖蒲數畝。歲採以自餌。山中人目之菖蒲田。時祁公亦以老。就第居宋。先生數以書招祁公同處。不果往。然書問與詩往來無虚月。范文正公知錢唐。亦重其爲人。會皇祐大饗明堂。亟請召祁公爲三老。以任參政。布及先生爲五更。不報。先生猶後祁公三四年卒。幾九十。雖無甚顯績。然能善其身終始。祁公未嘗輕與人。獨重先生。爲契友。亦必有以取矣。巖下放言。

[一]「□□」當作「叔廉」。

何氏門人

武襄狄先生青見上高平門人。

周氏家學

著作周先生喻

周喻字彦博。道州人。博士堯卿子。幼而敏慧。讀書作文章。浸浸有立。既冠。則能從進士舉。有司以冠諸生。會以博士憂去。執喪哀戚甚。家至貧。奉母養諸弟謹備。而葬禮無違。鄉里稱之。既免喪。益務廣學。刻苦自强。其于五經。春秋爲最深。著而爲説。其接交朋□。儀貌嚴整。就之則温然有容。講論誨切。條理次序。人皆畏而愛之。稱爲先生長者。皇祐五年以進士登科。調鼎州司理參軍。累改著作佐郎。知新淦縣事。卒年四十。生三子。先生與諸弟居友愛。教飭備至。至其子就學。則未嘗有所問。黄夫人問之。曰。視吾所以爲諸弟。則所教者多矣。識者以爲善教。有文集十卷。藏于家。劉彭城集。

懿敏家學

宗丞王先生鞏詳見蘇氏蜀學略。

懿敏門人

文簡馮先生京見下文忠門人。

文公王先生珪別見元祐黨案補遺。

魯氏家學

魯先生有開

魯有開字元翰。參政宗道從子也。好禮。學通左氏春秋。用參政蔭。知韋城縣。曹濮劇盜横行旁縣閒。聞其名。不敢入境。知確山縣。興廢陂。溉民田數千頃。富鄭公守蔡。薦之。以爲有古循吏風。知南康軍。代還。熙寧行新法。王荆公問江南如何。曰。新法行。未見其患。當在異日也。以所對乖異。出通判杭州。知衛州。召爲膳部郎中。官至中大夫。卒。宋史。

杜氏續傳

杜先生杞

杜杞字偉長。世爲金陵人。北遷開封。先生以蔭補將作監主簿。累官至尚書兵部員外郎。拜天章閣待制。知慶州。卒。杜氏自其祖禮部侍郎鎬。以博學爲世儒宗。故其子孫皆守儒學。而多聞人。先生尤博學强記。其爲文章。多論當世利害。甚辨。有文集十卷。奏議集十二卷。其居官以精敏明辨。所至有聲。歐陽文忠集。

梓材謹案。隆平集以先生爲侍郎鎬之子。蓋誤。又以先生之子炤爲劭。亦誤。蓋未知其世以五行爲名旁。且取其相生耳。

博士家學

文安王伯庸先生堯臣

王堯臣字伯庸。應天府人。天聖五年登進士第。累擢知制誥。翰林學士。權三司使兼端明殿大學士。加承旨羣牧使。皇祐三年。樞密副使。嘉祐元年。參知政事。上知。除樞密使。爲當制胡宿所抑止。進吏部侍郎。卒。年五十六。贈左僕射。謚文安。先生典内外制十餘年。文詞温潤。得王言體。有文集五十卷。垂絶遺奏。勸上蚤擇宗室之賢者爲皇嗣云。姓譜。

梓材謹案。歐陽子誌先生墓言。其爲人純質。雖貴顯不忘儉約。與其弟純臣相友愛。世稱孝弟歸之。

附録

罷副使判官不可用者十五人。更薦用才且賢者。期年。民不加賦而自足。

好水川失利。韓琦降知秦州。范仲淹以擅答元昊書。降知耀州。公言二人者皆忠義可任。不當置之散地。又薦种世衡狄青有將帥才。隆平集。

邵氏聞見録曰。熙寧閒上書言。秦州閒田萬餘頃。賦民耕之。歲可得穀三萬石。因籍所賦者爲弓箭手。並邊有積年滯鈔不用。用之以遷百貨。而鬻于邊州官。于古渭砦置市易務。因之可以開河湟。復故土。斷匈奴右臂。宰相力行其議。知秦州事李師中極言其不可。乃命開封府推官王堯臣同内侍押班李若愚按其實。堯臣還奏曰。臣按所謂閒田者皆無之。且興貨以積境上。實啓戎心。開邊隙。爲害甚大。臣竊以爲不可也。聞者以其言爲難。伯温曰。上書者。王韶也。宰相力行者。王介甫也。知秦州李師中者。鄆州名臣李誠之待制也。介甫王韶之説爲熙河之役。天下之士無敢言其不可者。王公獨能言之。難哉。

黄東發曰。王文安堯臣體量西事。凡山川要害人物臧否。後率如其言。爲三司推見本末。一爲條目。轉耗弊成厚積。爲副樞六年。恩倖悉從裁抑。賴上深知免禍云。

文節家學

待制王仲至先生欽臣詳見元祐黨案。

文節門人

侍讀劉公是先生敞

舍人劉公非先生攽並詳廬陵學案。

學士門人

文定張樂全先生方平詳上高平門人。

景思張先生堯封別見泰山學案補遺。

文莊家學

朝散晁先生仲衍

晁仲衍字子長。文莊之子。資識敏悟。方總角時。已自如成人。召試西掖。賜進士第。後召試禁林。充祕閣校理。先生既久官中都。乞補于外。乃抗疏得懷守。州俗素樸。不喜儒。先生一日視學宮。闃然若無人焉者。因歎曰。郡去京師不遠。幸得漸風化之厚。而學墮不觀。是豈不足教耶。乃移書抵諸生。躬自教敕。朝夕使聞絃誦。由是翕然鄉風。就除京東提點刑獄。累階朝散大夫。先生爲人端粹。性嗜學。未嘗一日去書。故博識無不該貫。著文集二十卷。爲汴陽雜説一卷。其言切于規喻。又唐白傳所撰事類集傳者寖舛。乃參攷經史所刊是正之。仍據舊目補舊摭新。別爲三十卷。曰事類後集。又爲兩晉文類五十卷。又觀司馬遷班固范蔚宗所論。其中或有可疑者。因摘其失。折衷其義。作史論三卷。家居甚于寒素。感疾比劇。中固不亂。謂其子端彦曰。夫脩短窮達。不有命耶。言訖而逝王華陽集。

文莊門人

文莊夏子喬竦

夏竦字子喬。德安人。資性明敏。好學。自經史百官陰陽律曆。外至佛老之書。無不通曉。爲文章典雅藻麗。舉賢良方正。擢光禄寺丞。通判台州。累遷禮部郎中。左遷職方員外郎。知黄州。徙鄧州。又徙襄州。屬歲饑。大發公廩。不足。又勸率州大姓。使出粟得二萬斛。用全活者四十餘萬人。仁宗卽位。遷户部郎中。徙壽安洪三州。子喬才術過人。急于進取。喜交結。任數術。傾側反覆。世以爲姦邪。當太后臨朝。嘗上疏乞與修眞宗實録。不報。旣而丁母憂。潛至京師。依中人張懷德爲内助。宰相王欽若左右之。遂起復。知制誥。歷遷諫議大夫。爲樞密副使。遷給事中。改參知政事。與宰相吕夷簡不相能。復爲樞密副使。遷刑部侍郎。史成。進兵部。尋進尚書左丞。太后崩。罷爲禮部尚書。知襄州。潁州。青州。徙應天府。寶元初。以户部尚書入爲三司使。趙元昊反。拜奉寧軍節度使。知永興軍。徙忠武軍節度使。知涇州。還判承興軍。兼陝西經略。安撫。招討。進宣徽南院使。與陳執中論兵事不合。詔徙屯鄜州。數請解兵柄。改判河中府。徙蔡州。慶曆中。召爲樞密使。諫官御史交章論之。會已至國門。言者論不已。請不令入見。諫官余靖又言。竦累表引疾。及聞召用。卽兼驛而馳。若不早決。竦必堅求面對。敘恩感泣。復有左右爲之地。則聖聽惑矣。章累上。卽日詔歸鎮。徙知亳州。改授吏部尚書。歲中加資政殿學士。復拜宣徽南院使。河陽三城節度使。判并州。明年拜同中書門下平章事。判大名府。又明年召入爲宰相。制下而諫官御史復言。大臣和則政事修。竦前在關中。與執中論議不合。不可使共事。遂改樞密使。封英國公。會京師同日無雲而震者五。帝方坐便殿。趣召翰林學士張方平至。謂曰。夏竦姦邪。以致天變如此。宜出之。罷知河南府。未幾赴本鎮。加兼侍中。饗明堂。徙武寧軍節度使。進鄭國公。尋以病歸。卒。贈太師中書令。賜謚文正。劉敞言。世謂竦姦邪而謚文正。不可。改謚文莊。子喬以文學起家。有名一時。朝廷大典策屢以屬之。多識古文學奇字。至夜以指畫膚。文集一百卷。性貪。積家財累鉅萬。自奉尤侈。宋史。

附録

幼學于姚鉉。使爲水賦。限以萬字。子喬作三千字以示鉉。鉉怒不視。曰。汝何不于水之前後左右廣言之。則多矣。子喬又益之。凡得六千字。以示鉉。鉉喜曰。可教矣。

仁宗封慶國公。初選文學之士。以傳道經義。宰臣旦屢以公言于眞宗。遂命勸學資善堂。神道碑。

知洪州。其俗信巫。有疾輒屏去親屬。飲食衣藥悉聽于神。死者甚衆。竦索部中得巫一千九百餘家。毀其淫祠以聞。隆平集。

梓材謹案。四庫全書著録古文四聲韻五卷。提要云。據吾衍學古編稱。夏竦古文四聲韻五卷。前有序併全銜者好。別有僧翻本。不可用。又據全氏鮚埼亭集有是書。跋稱借鈔于范氏天一閣。爲紹興乙丑浮屠寶達重刊。蓋卽吾衍所謂僧翻本也。又云。其書以四聲分隸古篆。全氏跋稱。所引遺書增減異同。雖不作可也。其說固是。然汗簡以偏旁分部。而偏旁又全用古文。不從隸體。猝不易尋。此書以韻分字。而以隸領篆。較易于檢閱。此如既有說文而徐鍇復作篆韻譜。相輔而行。固未可廢其一也。

晏氏門人

景文宋先生祁別見范呂諸儒學案補遺。

文忠富先生弼詳上高平門人。

宣懿楊先生察附弟寘。

楊察字隱甫。合肥人。舉進士。累官至户部侍郎。充三司使。先生敏于爲文。其爲制誥。若不用意。及稿成。皆雅練有體。遇事明決。勤于吏職。卒。贈禮部尚書。謚宣懿。弟寘。字審賢。舉進士第一。通判潁州。以母憂不赴。毀瘠而卒。時人傷之。姓譜。

孔氏家學

孔先生宗翰

孔宗翰。道輔之子。官刑部侍郎。元祐中。上元。駕幸凝祥池。宴從臣。教坊伶人以先聖爲戲。先生奏。唐文宗時嘗有爲此戲者。詔斥去之。今豈宜尚有此。詔付伶官于理。或曰。此細事。何足言者。先生曰。非爾所知。天子春秋鼎盛。方且尊德樂道。而賤工乃爾褻慢。縱而不治。豈不累聖德乎。聞者歎服。澠水燕談録。

孔先生傳

孔傳。原名若古。字世文。道輔孫。博極羣書。尤精易學。操行介潔。不爲利誘勢怵。宋建炎中。隨宗子端友南渡。居于衢。紹興二年。知邠州。鋤强扶貪㊀。民咸畏服。移知陝州。以平鼎澧寇功進秩。改撫州。會建昌卒閧。先生單車馳至。諭以禍福。一軍帖然。進續白氏六帖。文樞要記書。送祕省。晚號杉溪。有杉溪集及孔子編年。東家雜記等書。官至中散大夫。贈中大夫。年七十五卒。闕里文獻考。

顔氏家學

顔先生復

顔復字長道。彭城人。太初子。嘉祐中。詔郡國敦訪遺逸。京東以先生言。凡試于中書者二十有二人。考官歐陽公奏先生第一。賜進士。爲校書郎。熙寧中爲國子直講。王安石更學法。取

㊀「貪」當爲「貧」。

士率以己意。使常秩等校諸直講所出題及所考卷。定其優劣。先生等五人皆罷。元祐初。召爲太常博士。建言。士民禮制不立。下無矜式。請令禮官會萃古今典範。爲五禮書。又請攷正祀典。遷禮部員外郎。孔宗翰請尊奉孔子祠。先生因上五議。欲專其祠饗。優其田禄。蠲其廟幹。司其法則。訓其子孫。朝廷多從之。累轉起居郎。請擇經行之儒。補諸縣教官。凡學者攷其志業。不由教官薦。不得與貢。二年升太學。拜中書舍人兼國子祭酒。言太學諸生有誘進之法。獨教官未嘗旌别。似非嚴師勸士之道。未踰年。以疾改天章閣待制。未拜而卒。年五十七。宋史。

附録

陳后山序其詩曰。夫子之詩。仁不至于不怨。義不至于多怨。豈惟才焉。又天下之有德者也。

侍郎顔夷仲岐詳見滎陽學案。

忠宣家學

補縣尉范先生正平

雲濠謹案。畢西臺祭范子夷文云。忠宣之道。吾道是明。子夷爲子。夙有賢聲。我事忠宣。義陽之城。子夷一見。兩蓋俱傾。義雖友生。恩若弟兄。若西臺及忠宣之門。而先生又爲西臺門人者。

其後。宰相徐處仁問公之爲人于王實仲弓。仲弓作卓行一篇以對。大略謂。公力學爲文。通古今論議。出人意表。爲宰相子。有聲譽。不朋比爲進取資。不可以勢屈。不可以利誘。質之神明而不疑。行之屋漏而無媿云。

范先生正民

范正民字子政。父祖皆名世士。黄涪翁書其文集後曰。子政余不及友也。於余親友聞其人。又得其言。皆可傳。後問其所與游。則司馬温公愛之。問其爲吏。則年三十試吏單父。方使者剥膚椎髓。取于民以自爲功。子政以饑歲獨捨單父民賦十九。雖蚤世。可以不朽矣。黄豫章集。

忠宣門人

補朝請李姑溪先生之儀

雲濠謹案。先生與蘇黄門子由書云。久不獲脩記師門。雖窮在途。然竊借餘光。不忘自振。又與龔侍郎深之書云。瞻望門牆。僅隔一水。然聲聞不乏。而歲時殷勤。所當展盡于師仰者。不應疏簡如是。又與彭學士書云。久別教席。仰詠不能已。五書有久不承師誨云云。彭學士當即器資尚書。是先生嘗遊三先生之門矣。

姑溪居士集

惡圓喜方。乃士之常。隨方而圓。以救其偏。方圓以時。有矩有規。不失吾中。則方有時而不通。因以濟用。則圓有時而爲重。故君子方以守之。圓以行之。本末相權。而自達于規矩之外。韋深道硯銘。

處己莫辭三徑陋。讀書須及五車多。成吾宅相非吾志。直欲吾門備四科。題虞氏外孫扇。

附録

姑溪自贊曰。蒿目以游于世。鐵心以踐其志。有時端委以卽事。忽爾賣鍼而買醉。豈所謂達行順行莫測者歟。蓋得之自是。不得自是。以聽天命而已。

畢先生仲游詳見元祐黨案。

文昭曾先生肇詳見廬陵學案。

邵先生伯温詳見百源學案。

劉先生顯

劉顯字晦升。忠宣門人。忠宣捐館許下。服中光禄卒。子弟閉户未嘗出。或至所居宅後門。

見賣豆者買食之。先生子民則偶見。歸告先生。卽以束抵某云。顥昨暮聞公家子弟有在門首嬉遊者。丞相墳土未乾。未應爾爾。顥門下生有所知。不敢不告。某慚謝先生。諸子皆被責辱。范氏過庭録。

縣令司馬先生宏詳見涑水學案。

文忠家學

富先生紹庭

富紹庭。文忠子。性靖重。能守家法。建中靖國初。除河北常平。官至祠部員外郎。知宿州。姓譜。

富先生直柔

富直柔。文忠孫。少敏悟。有才名。靖康初。召賜同進士。建炎中。爲御史中丞。多所建明。累遷端明殿學士。同知樞密院事。姓譜。

文忠門人

文簡馮先生京

馮京字當世。江夏人。舉進士。自鄉試至廷對。俱策名第一。爲將作監丞。通判荆南。富鄭公粥。先生婦翁也。及拜翰林學士。知開封府。韓魏公爲相。先生數月不一見之。魏公謂其傲。以語鄭公。鄭公使往見之。先生謂魏公曰。公爲宰相。而京不妄詣公者。乃所以重公也。豈曰傲哉。論王荆公爲政更張。被謫。後以太子少卿致仕。卒謚文簡。姓譜。

雲濠謹案。王丞相珪爲王懿敏素墓誌云。余與參知政事馮公當世。少從公游。

附録

周益公跋馮文簡與朱謂右丞家書曰。按熙寧間。馮公與王介甫同在政路。能使介甫有所畏憚。至爲無使齊年知之語。其正可知矣。翰墨自應傳遠。況家問乎。

文忠蘇東坡先生軾詳蘇氏蜀學略。

邵先生伯温詳見百源學案。

田先生棐

雲濠謹案。先生富文忠門下士也。官大卿時。文忠初入相。謂之曰。爲我問邵堯夫。可出。當以官聘起之。不卽命。爲處士以遂隱居之志云云。見言行録。

集賢趙先生宗道

趙宗道字子淵。封邱人。幼警拔自立。力學能文。屢舉進士不利。始從父任補將作監主簿。

監舒州鹽酒稅。汝州稻田務。召試學士院。得館閣校勘。改集賢校理。累官同知太常禮院。出知宣州。改太常丞。先生爲政知所先後。下車首興學校。招廣生員。起市橋屋。取資以充其用。又選良師以講勸之。人人樂于爲善。又自博士四遷爲尚書祠部郎中。知蔡州。卒年七十三。韓安陽集。

雲濠謹案。先生早出富韓公門下。見邵氏聞見録。

文定家學

寺丞張先生恕別見元祐黨案補遺。

文定門人

文公蘇老泉先生洵詳蘇氏蜀學略。

王先生鞏詳見蘇氏蜀學略。

常先生珙父禧。

常珙字君璧。成都人。父禧。好事喜儒。善擇師友以教子。先生性穎悟。好周官戴氏禮。凡先儒注釋。異同微顯。錯出互見。悉能通之。尤精于名數制度。以至圭幣冠服。車符樂舞。牢鼎齍尊之類。用于禮者。其規範之巨狹。容色之丹黝。先後之序。繁簡之差。皆能條別指數。聽其言。如視諸圖。作爲聲律。曲折中度。慶曆六年。南宮試進士。孫文懿夢得與張少保安道實司文柄。以獨日祀祊爲題。其辭章詳實華潤。考爲第一。二公于是勉之。以遠到士人。始知其力學而文。既擢第。調合州軍事推官。歷知公安三泉縣。通判忻州。漢遂二州。移知資州。梁州。邛州。卒。年六十一。吕淨德集。

盱江家學

李先生參魯

李參魯。盱江之子。盱江以詩喻之曰。孔門有高第。曾子以孝著。求諸聖人言。尚曰參也魯。才敏誰不願。顧恐難荷負。苟無德將之。何資于父母。又曰。計慮勿尚巧。合義乃可處。持重尚寡過。摧剛庶無懼。内以保家族。久以揚名譽。高山在所仰。今人豈殊古。參魯爲汝名。其字曰孝孺。盱江文集。

知州李先生山甫

李山甫字明叟。避高魯王諱。以字行。更字公晦。盱江之族子也。少學于盱江。登皇祐元年第。官至西京作坊使。知澧州。號龍溪釣叟。盱江門人録。

盱江門人

補書記孫介夫先生立節

雲濠謹案。贛州府志言。先生判桂州。著春秋三傳例論。

縣尉傅先生野

傅野字亨甫。南城人。學于盱江。蚤有立。操與陳次公俱爲門人稱首。熙寧中。郡以高材淹滯聞。賜粟帛。充軍學教授。歷明州定海尉。歸隱于沙溪之東巖。有文集名通稿。盱江門人録。

梓材謹案。先生嘗編泰伯後集六卷。見直齋書録解題。

附録

述常語曰。孟子誠學孔子者也。其有背而違之者。常語討之甚明。揚與韓。賢人也。其所以推尊孟子。皆著于其書。二子之尊孟處。常語亦尊之矣。所繆者。教諸侯以叛天子。以爲非孔子之志也。又以盡信書不如無書之説爲今之害。故今之儒者往往由此言而破六經。常語可不作邪。

縣令傅甘圃先生翼

傅翼字翼之。南城人。學于盱江。文行俱高。熙寧六年乙科。終永豐令。號甘圃。有甘圃集。盱江門人録。

陳先生漢公

陳漢公字伯英。潁川人。少從盱江遊。俊健有智。數應進士舉。不舉。放失繩墨。衆非之。終克自反。于親勤。于家儉。于人恭。摩垢出光。清議始變。年四十卒。弟次公。次山。皆有學行。盱江文集。

陳先生次公

進士陳先生次山合傳。

陳次公字漢傑。雲濠案。江西通志字仲父。葉氏四朝聞見録以其名爲次翁。南城人。與兄漢公。弟次山。俱學于盱江。先生舉茂才異等。不中。歸隱谷口著書。與盱江往還者二十年。盱江臨終。執其手。託以遺文。次山登皇祐五年第。盱江門人録。

附録

盱江嘗以詩美次公。有之子出蒿萊。行潔業且精之句。次公述常語曰。常語之作。其不獲已。傷昔之人。以其言叛天子。今之人。又以其言叛六經。故曰天下無孟子則可。不可以無六經。無王道則可。不可以無天子。是有大功于名教。非苟言焉。

廣文陳先生君平

陳君平。建昌人。初以童子學于盱江。齒少而智老。居今而好古。既冠。游京師。用進士入廣文館。升于禮部。試下第。歸而卒。年二十四。病日革。尚不舍棄。或導以博弈解愁優。則曰。我爲此亦不樂。拳拳文字間以卽死。盱江文集。

通判陳有爲先生光道

陳先生光遠合傳。

陳光道字公亮。南城人。與兄光遠。俱學于盱江。先生剛果廉辨。多智數。登嘉祐四年第。仕至撫州通判。號有爲子。光遠登元豐八年第。盱江門人録。

進士廖先生平

廖平。南劍人。父夷清。徙居南城。先生十二歲而孤。能自立。學于盱江。登治平二年第。盱江門人録。

縣令陳先生汝器

陳汝器字適用。南城人。學于盱江。能詩。元祐中。爲廬陵宰。山谷亟稱之。盱江門人録。

進士黄先生曦

黄曦字耀卿。南城人。學于盱江。文章典麗。曾南豐亟稱之。元符三年乙科。盱江門人録。

余先生疇若

余疇若字堯輔。南城人。學于盱江。慶曆二年。大理寺丞周燮知南豐。聞其賢。請主學事。盱江以詩送之。盱江門人録。

陳谷口先生瓔

陳瓔字天貺。南城人。學于盱江。出諸生右。晚自肆山水。號谷口耕叟。盱江門人録。

陳先生公燮

陳公燮。初字思道。以避耆舊諱。請改焉。李盱江命之曰中道。而爲之序。稱其自閩來學。志厲而材美。庶乎其有成焉。盱江文集。

進士鄧先生佑甫

遺逸鄧和靖先生仲甫合傳。

鄧佑甫。建昌人。登熙寧三年第。與兄潤甫。弟仲甫。俱學于盱江。仲甫高尚不仕。元祐中舉遺逸。賜號和靖先生。盱江門人録。

安惠鄧聖求潤甫

鄧潤甫字温伯。以字行。别字聖求。建昌人。李盱江高第也。舉進士。眞宗時知諫院。嘗極諫中人將兵及禁民耕墾前代陵寢。官端明殿學士。盛有文名。哲宗初。進尚書左丞。卒謚安惠。姓譜。

賈氏家學

賈先生士彦

賈士彦字升之。穰人。御史中丞贈禮部侍郎黯之子。以蔭補祕書省正字。三遷爲大理評事。始禮部。疾革。自爲奏論時政得失而卒。不及其私。天子哀之。詔録其嗣子。先生按籍當遷。而推以與叔父黼。免喪起監鄧州酒務。累改京西南路提點刑獄司檢法。司農召爲主簿。未領以疾卒。先生性博寬。好學問强記。無所疑于物。其與人交。柔易人也。至于操事論則凜然。雖强者爲之下云。長興集。

郭氏家學

郭兼山先生忠孝詳兼山學案。

宋氏家學

宋先生億

宋億。貫之之子。貫之自序易訓曰。予既以補注易奏御。而男億請餘義凡百餘篇。因以易訓名之。蓋言不敢以傳世。特教其子而已。經義考。

杜氏門人

校理蘇先生舜欽別見百源學案補遺。

偉長家學

杜先生炤

杜炤字自明。待制杞之子。以父任累官祕書省校書郎。轉朝奉郎。先生少與王雱友。相得驩甚。自其父荆公更祖宗法。尚新經。天下士翕然歸之。先生時調官京師。足未嘗跡相府。聲聞亦不復與雱接。好古能文。尤長于詩。崇寧四年。卒于京師。姓譜。

杜先生圯

杜圯字受言。炤次子。以父任官至朝請大夫。提舉江南西路茶鹽常平事。事母以孝聞。築室邵武。自儀眞徙居之。先生常師事時相。紹興閒。以祠官家居者十六年。嘗戒子孫曰。仕宦當審取舍。汝等勉之。所著有碱砆集十二卷。姓譜。

杜先生鐸

杜鐸字文振。圯次子。官至右通直郎。兩宰劇邑。所去人思之。贈中大夫。所著有文集。先生爲人清介自勵。爲時所敬。與韓南澗友善。及卒。爲作墓銘。姓譜。

雲濠謹案。南澗甲乙稿載先生墓誌。稱其少礱禮義。而天資孝友。矻矻就學問。爲人忠信不欺。居官以廉稱。遇事介然有立云。

晁氏續傳

縣令晁先生端稟

晁端稟字大受。文莊之孫。號寂默居士。爲文捷敏。早有名譽。第進士。歷知堯山縣。其爲令。與邑子講習經藝。翕然宗仰之。然不樂仕進。晚尤自放于酒。所著雜文數千言。極古今得失之辨。郊島不能逮也。姓譜。

附録

濟北表其墓曰。寂默云者。蓋嘗以此自名。而未嘗以此語人。補之曰。道隱于小成。言隱于榮華。道之不明也。言之不行也。以夫小成榮華者。隱之也。寂默而道與言顯矣。無成與虧。故昭氏之不鼓琴也。居士曰。吾琴故未嘗鼓。吾何虧。其族人之知居士。與其交游而厚者。則皆相勸號之以寂默。其實居士嘗有志于時。不遭而爲此也。

祕監晁先生端彥

晁端彥字美叔。寂默居士之弟。景迂生以道之父也。與章子厚生同乙亥。同榜及第。又同爲館職。常以三同相呼。紹聖初。子厚入相。先生見其施設。大與在金山時所言背。因進竭力諫之。子厚怒黜爲陝守。先生謂所親曰。三同今百不同矣。歷祕書少監開府儀同三司。文章字法。朝野宗尚。姓譜。

晁先生端仁別見古靈四先生學案補遺。

晁先生端友

晁端友字君成。文元弟迪之曾孫。事親孝恭。人不閒于其兄弟之言。與人交。其不崖異。可親。其有所不爲。可畏。生二十五年。乃舉進士。得官從仕二十三年。然後得著作佐郎。四十七以卒。少時以文謁宋景文公。景文稱愛之。晚獨好詩。蘇子瞻論其詩曰。清厚深靜。如其爲人。杜孝錫狀曰。哭君成者。無不盡哀。皆知名長者也。黄豫章集。

附録

晁無咎與魯在求撰先君墓誌書曰。嘗道呂梁。涸不通。留閱月。補之問津無虚日。客南來者必從之曰。吾舟下徐無難乎。一人曰。不可。補之有愠色。一人曰。可。補之愉然而喜。先君笑之曰。夫行者之于道路。不中休。不却行而已。問則惑焉。既間㈠之。又從而喜愠之。惑已甚矣。

㈠「間」當爲「問」。

若欲修身之欲速者乎。亦猶是也。作問津説以示補之。

待制晁景迂先生説之詳景迂學案。

大中晁先生詠之别見景迂學案補遺。

知州晁先生補之詳見蘇氏蜀學略。

晁具茨先生沖之别見廬陵學案補遺。

朝散晁先生載之

晁載之字伯羽。文莊曾孫。登進士。黄魯直嘗薦之于蘇子瞻云。晁伯羽謹厚。守文元家法。從遊多長者。後官封邱丞朝散大夫。姓譜。

縣令晁先生公謂

晁公謂字□□。文元之從六世孫也。資性穎異。少能克紹家訓。篤于孝友。嘗刲股以起母。以叔謙之恩補將仕郎。歷廣昌令。先生宦情素薄。臨事不苟。守正不撓。爲時所稱。姓譜。

晏氏續傳

晏先生溥

晏溥字慧開。丞相元獻公之孫。叔原之子。豪傑不羈之士也。好古文。邃于籒學。作晏氏鼎彝譜一卷。載所親見三代鼎彝及器款。靖康初。官河北。散家財。募兵捍賊。與妻玉牒趙氏戎服。率義士力戰而死。籀史。

縣丞晏先生防詳見荆公新學略。

侍郎晏先生敦復詳見劉李諸儒學案。

長道門人

陳后山先生師道詳見廬陵學案。

高平私淑

文忠蘇東坡先生軾詳蘇氏蜀學略。

知州季先生復别見滎陽學案補遺。

文定胡武夷先生安國詳武夷學案。

莊敏汪先生澈附兄沆。

汪澈字明遠。浮梁人。曾祖仲宣。祖叔保。父進修。三世皆以詩書訓子弟。先生穎異。幼從伯兄沆學。博覽羣書。尤長于春秋。登紹興八年進士第。主新喻簿。改吉州教授。遷校書郎兼國史院編修官。安分無求。視同舍郎數遷。殊不介意。輪對。論立國二道曰。文與武宜令帥臣監司舉所部大小使臣。智謀深遠。可備鎮防。武藝超絶。可帥士卒者。在内則侍從臺諫各薦所知。務得其實。實則精。不必求多。多則泛。毋問小疵。毋拘常制。高宗嘉納。即詔内外薦舉武臣。而擢先生監察御史。尋進殿中侍御史。申言選將帥爲兵備。遷侍御史中丞。遣大將成閔提禁旅五萬屯荆襄。而先生遂爲宣諭使。入對。拜參知政事。壽皇御極。鋭意恢復。命督視荆襄軍馬。李顯忠師潰。先生道乞奉祠。除資政殿學士。提舉崇霄宫。言者隨攻之落職。台州居住。復端明殿學士。知建康府。乾道元年。召知樞密院使。遂升樞密使。上嘗密訪人才。先生舉所知百餘人。第其才器。復于上。引疾。以觀文殿學士再領洞霄。起知鄂州兼管内安撫使。移知寧國府。改福州兼本路安撫使。得末疾。再請洞霄。遂告老。卒。年六十有三。有文集二十卷。奏議十二卷。辭章簡重。如其爲人。本朝言文武兼資。可爲後世法。推范文正公以爲首。先生以文正嘗守鄱陽帥。慕其爲人。故出處本末。大略近文正云。周益公集。

忠定趙先生汝愚詳見玉山學案。

劉靜春先生清之詳清江學案。

孫先生椿年别見水心學案補遺。

朝奉孫先生逢辰附子鑰。鋐。

孫逢辰字會之。吉之龍泉人。兄弟三人稱三傑。長吏部侍郎逢吉。號賢侍從。次逢年。筆力高古。止南安軍上猶令。先生登乾道二年進士第。尉潭之衡山。累選知袁州。未上。轉朝奉郎。卒。年四十七。子鑰。爲從事郎。靖州軍事判官。與其季鋐。俱能世其家。先生資性高明。博觀載籍。善爲文辭。待交游誠信。輕財重義。遇歲歉出粟爲之倡。常慕范文正公置義莊。贍宗族。買田北鄉。以歲入給貧者伏臘吉凶費。市藥療病。買棺送死。衣寒食飢。旁及鄉黨。二子繼其志。且存規約。先生幼師李栖梧司法。李没。子瞽。女未有歸。極力濟之。平生著述有養晦巖稿三十卷。周益公集。

附録

淳熙中。茶寇轉掠江西。先生以贛縣丞督餉。乃隨所至易米。省饋運十之七八。後又上計漕司。將袁贛兩州所納油麻。隨升斗而折之。所少之數。悉與蠲免。漕奏請得旨。兩郡悉蒙其利。

靖君劉先生愚詳見水心學案。

忠獻私淑

知州季先生復别見滎陽學案補遺。

文定胡武夷先生安國詳武夷學案。

陳先生琦

陳琦字元老。四明人。蓋慕忠獻韓公之忠于國而其德在生人也。曰。非曰能之。願學焉。其故人游藝。則因以元老字之。晁无咎請字曰伯比。雞肋集。

忠定趙先生汝愚詳見玉山學案。

子夷門人

劉先生嵩附兄崧。

劉嵩字仲高。吴興人。熙寧御史述之曾孫也。少以文學名。端方厚重。不妄交游。范忠宣之子正平。凜然有二父風。先生從之數年。盡得其學。由是操修益進。賢于人益遠。爲鄉里所尊。擢政和五年上舍高第。除陳州教授。調監尉氏税。非其好也。遷宣教郎。睦親廣親南北宅大教授。歷提點福建路刑獄。丐祠。卒。年六十二。積官至左朝散大夫。直徽猷閣。先生同産三人。長崧伯高。季侍郎岑季高也。先生事伯高如父。而季高又以先生之所以事伯高者事焉。伯高少曠達。不以世務經心。其父早世。母夫人嫠居而貧。先生于内外幹蠱之責。與其妻分任之。而遂伯高于閒適。以寬母憂。及伯高疾廢。藥必親嘗。飲食必親饋。以終其身。汪浮溪集。

附傳

胡先生景裕

胡景裕。湘潭人。進士。好問博學。惇信義。舊與高平范公之父相識京邑。范避地至潭。行裝垂罄。先生亦困居。乃以千錢爲贈。曰某雖貧。里中有所貸。公今流落途窮。少助行色。范謝其意而却之。過庭録。

李氏門人

補徵君韋獨樂先生許

附録

黄涪翁爲先生字説曰。許而字邦任。不甚中理。輒奉字曰深道。古人有大功于世者。深于道者也。不深于道。而能追配古人。未之有也。自許以深于道。古人之學也。

游廣平題韋深道寄傲軒詩曰。早賦閒身老故鄉。青松成徑菊成行。搘頤獨坐心遺念。坦腹高吟興欲狂。甕下却應嗤畢卓。籬根遥想對羲皇。乘風破浪門前客。試問浮家有底忙。

梓材謹案。吕紫微亦有寄傲軒詩曰。自嗟踽踽復涼涼。餬口安能仰四方。目送歸鴻心自遠。門堪羅雀日偏長。家徒四壁樽仍緑。侯户千頭橘又黄。我醉欲眠君且去。肯陪俗客話羲皇。與此大略相同。特其題未舉深道耳。

又韋氏獨樂堂詩曰。林下徜徉得至遊。高情不與世情謀。羲和叱馭日逾永。猿鶴尋盟山更幽。踽踽涼涼還自哂。休休莫莫復何求。應門穉子非無意。客至蕭蕭已百憂。

周竹坡先生紫芝

周紫芝字少隱。宣城人。少居陵陽山南。兩以鄉貢赴禮部。下第。家貧。并日而炊。里人嗤之。不顧。嗜學益苦。年六十一。始以廷對第三人出身。歷右司員外郎。出知興國軍。爲政簡靜不擾。而事亦治。秩滿奉祠歸。入廬山終焉。姓譜。

雲濠謹案。安徽通志載。先生自號竹坡居士。所著有太倉稊米集。竹坡詩話。初。秦檜愛其詩。頗厚遇焉。後和御製詩云。已通灌玉親祠事。更有何人敢告猷。檜怒其諷己。出之。

毛詩講義自序

孔子聖人。明乎詩之道者也。子夏子貢則學乎孔子。而明乎詩之義者也。孟子則與孔子同道。而明乎詩之志者也。孟子曰。説詩者不以文害辭。不以辭害志。以意逆志。是爲得之。觀周餘黎民。靡有孑遺之詩。則知詩人之意在憫旱魃爲虐而已。果黎民之無遺也哉。非略其辭以求其志。則未有不以辭害志者。故曰惟孟子爲能知詩之志也。

忠宣私淑

張先生紆

張紆字公飾。零陵人。紹興戊寅。弋陽方耕道。廣漢張敬夫。酌餞東平劉子駒于永之東山。置酒于僧寺之西軒。時先生預焉。喟然歎曰。噫嘻。此范公忠宣之故居也。公居此時。某始年十三四。某之先人辱爲公客。故某亦得侍公云。張南軒文集。

趙氏家學

趙先生濟別見王張諸儒學案補遺。

孫氏門人

補 教授胡環中先生埜

梓材謹案。金華徵獻略忠義傳。以先生爲金華人。事親以孝聞。應八行舉。又載先生于來宦傳。則仍非婺人也。

嵇氏續傳

嵇先生琬

嵇琬字大珪。居上虞。上世爲應天府宋城人。翰林穎之曾孫。紹興八年進士。調上饒尉。後通判衡州。奉祠歸。屬病命子書五福二字。曰。吾無憾矣。誦皇極終篇而逝。上虞縣志。

君成門人

楊先生節之

楊節之。佚其名。任城人。以其外祖父恩任郊社齋郎。屢舉進士。不第。盡屏其少所學。益治經考古。再知陽穀縣。擢通判河中府。未行。卒。年五十一。好書。多所觀覽。而尤善易。于文喜韓愈。嘗以童稚從晁君成。君成言其少成云。雞肋集。

劉氏家學

劉先生岑

劉岑字季高。吴興人。遷居溧陽。博學愛士。有古君子風。登進士第。累官户部侍郎。以徽猷待制致仕。姓譜。

范氏續傳

范先生公偁

范公偁字□□。文正玄孫。著有過庭録一卷。其書多述祖德。皆紹興丁卯戊辰閒聞之其父。故命曰過庭語。不溢美。猶有淳實之風。四庫書目提要。

清憲范先生之柔

范之柔字叔剛。文正五世孫。舉進士。歷刑禮二部尚書。太子詹事。事君奉親。一以文正爲法。知止畏盈。每有山林之志。謚清憲。姓譜。

范先生文英

范文英字彦材。文正八世孫。幼孤力學。强識絶人。元至元間。薦署廣信書院山長。改獨峯書院。再改安定書院。尋以將仕佐郎平江路學教授致仕。以祖規當主奉大宗祠祀事。申明先矩。致良師。教養具備。又請于朝。即祠建學。改爲文正書院。姑蘇志。

山長范先生子方

范子方。吳人。夏立卿送之掌教云。江南喬木幾家存。魏公猶多賢子孫。根株久浸詩書澤。萌枿長承雨露恩。美化山長尤秀出。翩其令儀如玉温。觀光帝都富述作。傳經親闈加討論。一官不厭客氊冷。暫爾定省違朝昏。側身霄漢度林嶺。照眼井絡逢人村。東風吹衣晝襲襲。北斗横屋夜暾暾。公侯復始自今日。浩蕩恩波白獸尊。正思齋集。

高平續傳

張先生宗湜附從父鎬。

張宗湜字持甫。金壇人。官從政郎。先是大參文簡公。以其所居之地曰希墟。環而居者皆其族。地犬牙相入。慮其逼也。終身不廣置田宅。延賞徧羣從。兄亡弟及。曰。不爾是。家猶白屋也。故範㊀雖未立。而義概凜然。已高出一世。其後有以范文正公事爲言者。率以從官未暇比。先生倦游而歸。不謀于人。不告于家。卽捐所置義興良田四百畝。别而爲之。其叔父太府寺丞鎬。嘗病其居之僻。聞見之隘。建學立師。以訓其族之子弟。名曰申義書院。先生續而成之。義莊甫立。復爲舟以濟涉。行道歌舞之云。劉漫堂集。

承務詹静勝先生庭堅别見伊川學案補遺。

縣尉謝先生敷經别見上蔡學案補遺。

安撫趙先生希瀞

趙希瀞字無垢。西安人。燕懿王八世孫。少苦學强記。登嘉定丁丑第。歷永豐尉。邵武軍司

㊀「範」當爲「莊」。

户。興國軍司理。官至福建安撫。除右文殿修撰。卒。年五十八。性孝友。倣文正范公遺意。買田爲義莊。命僧出納以稟。先贍族。病中書規納之。末戒子孫謹守勿墜。其持身清苦。服用樸素。飲膳菲薄。門無苞苴。室無粉黛。劉後村集。

朝請王先生必大附兄必學。必讓。

王必大。尤溪人。性至孝。紹定初。除漳州通判。累官至朝請大夫。尚濮安懿王女。事父母一飯必躬親。與其兄必學必讓極友愛。嘗倣文正公例。以郊外田五百餘畝創義莊。以資族人冠婚喪葬之費。又設義塾。延師以訓族里子弟。子四人。皆登進士。姓譜。

陳先生德高

陳德高。東陽人。慕范文正公之義。割腴田千畝。立義莊。以贍宗族。又設義學。以教里中之子弟。族人婚宦死葬皆有助。遇遭困阨。貧不能立者。袖金予之。不令人知。有貧而鬻產于先生者。如其請畀之。積其入之數及原直。則舉而還之。陸放翁爲撰義莊記。兩浙名賢録。

直閣金先生文剛詳見西山眞氏學案。

麋先生弇

麋弇字仲昭。吴人。金紫鍇之曾孫。師旦之孫也。以父恩入仕。歷知建昌軍。所至皆有賢名。差兼權右司。時丁大全已陰奪政柄。先生守正不阿。于都曹惟法是視。後知吉州兼提舉江西路常平茶鹽事。卒。平生以人物爲己任。以民命國脈爲己憂。齊家以嚴。而與宗族睦。貧者餽之粟。幼者立之師。女失怙恃者。長育之至遣嫁。大略倣范文正義莊云。黄東發文集。

少監鄭先生璹

鄭璹字伯壽。壽昌人。嘉興守志齋穎之子。官至軍器少監。倣范文正公義田。置仁壽莊。以周宗族。嚴陵志。

李先生用庚

李用庚字季簡。平江人。咸淳七年進士。天姿高邁。生平以范文正仲淹魏文靖了翁自勵。登第。時同榜毛士宜客死臨安。先生爲經紀其喪。且護之歸。初授潭州教授。務以禮義養人心。用汪立信薦。知潭州。尋致仕。平江縣志。

隱君應先生本仁

應本仁字本立。鄞人。以家世爲宋臣。義不仕元。隱居城南。博學好禮。常慕范文正公爲人。建義莊五百餘間。割腴田五百餘畝。收其歲入。以濟人困乏及婚嫁喪葬之不能舉者。又即其中爲義塾。延名師以訓宗族鄉黨之子弟。供膳服用。悉有常制。時其出納定爲條約。使後裔世守之。翰林學士黄溍紀其事于石。鄞縣志。

黄先生眞元

黄眞元。一名友仁。黟人。講學力行。念祖宗先澤不忍没。效范文正法。買田六百三十餘畝。曰厚本莊。建祠祀其先人。延致碩師訓其子弟。規式凡目。具有條理。尚書汪澤民記之。黟縣志。

司户黄先生裳

黄裳字元佐。浦江人。嘗讀范文正公義田記。感而捐常稔田二百畝。儲租以濟疏族鄰里之急者。名之曰希范。晚第進士。調三衢司户。分省人物志。

韓先生元善

韓元善字大雅。汴梁之太康人。由國子監生積分中程。釋褐。除新州判官。歷召拜中書左丞。同知經筵事。先生性純正。明達政體。敭歷臺閣二十餘年。遂躋丞轄。以文學治才。羽翼廟謨。論議之際。秉義陳法。不徇鄉上官。國是所在。倚之以爲重。嘗以謁告侍親居家。效范文正公遺規。置田百畝爲義莊。以周貧族。至正交鈔初行。賜近臣各三百錠。先生復以置田六百畝。爲義塾。延名士。以教族人子弟云。元史。

蓋先生苗

蓋苗字耘夫。元城人。幼聰敏好學。善記誦。及弱冠。游學四方。藝業大進。延祐五年登進士第。授濟寧路單州判官。累擢江南行臺監察御史。入爲監察御史。後至元元年用薦者知亳州。

修學宫。完州廨。歷遷陝西行御史臺中丞。即上疏乞骸骨。還鄉里。卒年五十八。追封魏國公。謚文獻。先生學術淳正。性孝友。喜施與。置義田以贍宗族。平居恂恂謙謹。及至遇事。張目敢言。雖經剉折。無少回撓。有古遺直之風焉。元史。

莊簡陸義齋先生垕

陸垕字仁仲。江陰人。資性英悟。學問絶人。有經世之才。自初筮仕。凡七拜宣命。四握憲節。持身廉介。遇事果斷。洗冤澤物。興利除害。不可殫舉。性至孝。三仕皆就養去職。諸子纔勝衣者。即使就學。招明師訓之。身自程督。嚴甚。治家整而有法。喪祭一用朱子家禮。扁所居齋曰義。嘗曰。吾平生受用義字不盡。待宗族尤有恩。捐私租。倣范文正公立義莊法。計口而散之。婚娶喪葬皆有助。農隙。則聚里中子弟。設塾而教之。尤愛敬士類。迎門倒屣。討論經史。娓娓不倦。卒年五十。謚莊簡。牆東類稿。

梓材謹案。陸子方有挽陸義齋詩二首。

陸氏同調

朱先生申

朱申字南伯。長壽鎮人。幼性敏悟。天才脱穎。伯叔父咸奇之。既壯。問學大進。文思泉湧。憲使陸公招致館下。誨諸生。主賓相得甚歡。偕入京師。歸復侵疆。職業修舉。確齋苟公忍齋申屠公廉按淮東西。二公中原名儒。不妄許可。咸薦其才可掌胄監。不報。秩滿。授將仕佐郎。慶元路鄞縣簿。居官以廉能稱。調司獄。丁内艱。服闋。補浦江簿。丁外艱。再調縉雲簿。命下卒。年五十有九。著作數百篇。號淡圃集。牆東類稿。

麋氏門人

黄先生震詳東發學案。

韓氏續傳

隱君韓先生奕

韓奕字公望。其先安陽人。忠獻十一世孫。南渡。徙蘇。先生潛心理學。尤精醫道。洪武初。累薦不起。著有韓山人集。姓譜。

宋元學案補遺卷四目録

宋元學案補遺卷四

後學鄞王梓材 慈谿馮雲濠 同輯

廬陵學案補遺

廬陵先緒

崇公歐陽先生觀

歐陽觀字仲賓。廬陵人。文忠公修之父也。少孤力學。舉進士。歷泗綿二州推官。先生天性仁孝。歲時祭祀。必涕泣曰。祭而豐不如養之薄也。常夜燭治官書。屢廢而歎。妻問之。曰。此死獄也。我求其生不得耳。後以文忠貴。贈崇國公。姓譜。

附録

歐陽公瀧岡阡表曰。太夫人告之曰。汝父爲吏廉。而好施與。喜賓客。其俸禄雖薄。常不使有餘。曰。毋以是爲我累。

廬陵師承

胥先生偃

胥偃字安道。世爲潭州人。官至工部郎中。翰林學士。先生以文章取高第。以清節爲時名臣。爲人沈厚周密。其居家。雖燕必嚴。不少懈。每端坐堂上。四顧終日如無人。雖其嬰兒女子。無一敢妄舉足發聲。其飲食衣服。少長貴賤皆有常數。歐陽公年二十餘。以其所爲文見先生于漢陽。先生一見奇之。留置門下。與之偕至京師。爲之稱譽于諸公之間。後遂妻以女。歐陽文忠外集。

附録

少力學。河東柳開見其所爲文。曰。異日必得名天下。其家初有田數十頃。先生既貴。遂以予族人。

嘗與謝絳試中書吏。大臣有私屬者。先生不發視其緘牘而焚之。曰。發而言之。不亦傷刻薄乎。並隆平集。

胥氏同調

制誥謝先生絳

謝絳字希深。賓客濤之子。年十五起家。試祕書省校書郎。復舉進士。中甲科。知汝陰縣。

遷光禄寺丞。上書論四民失業。楊文公薦其材。再遷太常丞。通判常州。丁母憂。服除。遷太常博士。用鄭氏經唐故事。議昭武皇帝非受命祖。不宜配享感生帝。天聖中。天下水旱而蝗。河決壞滑州。又上書用洪範五行京房傳推災異所以爲天譴告之意。極陳時所闕失。無所諱。與修眞宗國史。遷祠部員外郎。通判河南府。移書丞相。言歲凶。嵩山宮宜罷勿治。又上書論妖人方術士不宜出入禁中。請追所賜先生處士號。再遷兵部員外郎。丁父憂。服除。召試知制誥。判流内銓。議者言李照新定樂不可用。下其議。議者久不決。先生爲兩議。曰。宋樂用三世㊀。照之法不合古。吾從舊。乃署其一議。曰。從新樂者異署。議者皆從先生署。官至尚書兵部員外郎。知制誥。知鄧州。寶元二年卒。年四十有五。先生爲人肅然自修。平居温温。不妄喜怒。及其臨事敢言。皆傅經據古。切中時病。爲政無所不達。修國子學。教諸生。自遠而至者百餘人。舉而中第者十八九。河南人聞其喪。皆出涕。諸生畫像于學而祠之。知鄧州。以水㊁大興學舍。未㊂就而卒。始食其廩者四十餘人。及其喪。爲之制服。文忠文集。

雲濠謹案。王臨川狀其行云。公以文章貴朝廷。藏于家。凡八十卷。其葬也。歐陽公銘其墓。尤歎其不壽。用不極其材云。

㊀「世」下脱「矣」。
㊁「水」下脱「與民」。
㊂「未」上脱「皆」。

附録

天聖初。言號令數變則虧體。利害偏聽則惑聰。清者務于必行。守者患于不一。願罷内降。凡詔令皆由中書密院。然後施行。因進聖治箴曰。紹聖。馭臣。内戒。愼令。警變。凡五篇。

梅聖俞和希深遊府學詩曰。東府尊儒日。中州進學初。牲牢奠商後。典籍講秦餘。大法存無外。羣英樂自如。時暫遊聖末。來駕折轅車。

劉氏先緒

劉先生式

劉式字叔度。清江人。明春秋公穀之學。累官三司都磨勘司。淳化中。持命諭三韓酋長歸化。官至刑部郎中。子立本。立言。立之。立禮。立德。俱有名。姓譜。

梓材謹案。先生爲靜春先生清之五世祖。所謂磨勘工部府君者也。朱子記劉氏墨莊述靜春之言。稱其仕太宗朝。佐邦計者十餘年。既死。而家無餘貲。獨有圖書數千卷。夫人陳氏指以語諸子曰。此乃父所謂墨莊者也。海陵胡先生聞而賢之。爲記其事。其後諸子及孫。比三世。果皆以文章器業爲時聞人云。

附録

淳化中。高麗絶契丹自歸。天子方事取幽州。嘉其識去就。厚答其使。因欲結其心。斷敵肩臂。使叔度往諭指。王以下郊迎。叔度美秀明辨。進退有規矩。望見者皆心服。先是高麗大旱。及使者授館。澍雨尺餘。國中大喜。事漢使愈謹。自陳國小齒下。願執弟子禮。叔度不許。然所賂遺甚厚。叔度亦爲之納。還朝封上。天子善之。

劉先生立言

劉立言字禹昌。臨江人。磨勘之子。少孤。知自立學問。舉進士。天禧二年及第。爲福州懷安尉。歷都官職方郎中。知廣德軍。凡九居官。皆以治行聞。其爲人樂易簡直。無内外之異。不汲汲于進取。西溪文集。

初。太宗好書。集祕府古書。模其筆跡。自倉頡史籀。下至隋唐君臣以書名世者。爲古今法帖。朝廷宿儒鉅賢。輒以賜之。非其人。雖宰相終不得而賜。叔度獨六十軸。當世以爲榮。並家傳。

劉先生立之附弟立禮。

劉立之字斯立。磨勘中子。主客郎中。有賢名。實生集賢舍人兄弟。先生弟立禮。祕書監。資簡嚴。識大體。靜春之父。即其曾孫也。朱子文集。

雲濠謹案。歐陽公誌主客墓。言其仕宦四十年。不營產業。自復爲司勳員外郎。遂不復求磨勘。凡三遷。皆爲知者所薦。爲人沈敏少言笑。與人寡合而喜薦士。士由之薦者多爲聞人。天章閣待制杜杞田瑜是也。

附録

嘗權績溪。績溪在深山中。民好訟多事。而無學者。公患之。爲立小學。請師于旁縣。及公去。有讀書者。其後有舉進士者。

曾氏先緒

曾先生致堯

曾致堯字正臣。南豐人。少知名江南。當李氏時。不就鄉里之舉。李氏亡。太平興國八年。舉進士及第。累遷祕書丞。爲兩浙轉運使。魏庠知蘇州。恃舊恩。多不法。吏莫敢近。先生劾其狀以聞。太宗驚曰。是敢治魏庠。可畏也。卒爲之罷庠。徙知壽州。諸豪歛手。莫敢犯其法。先生于壽尤有惠愛。既去。過他州。壽人猶有追之者。遷户部郎中。卒。年六十有六。遺戒無以佛汙我。家人如其言。歐陽文忠集。

雲濠謹案。王荆公誌先生墓云。所著仙鳬羽翼三十卷。廣中台志八十卷。清邊前要五十卷。西陲要紀十卷。爲臣要紀十卷。直言集五卷。文集十卷。宋史本傳言其性剛率。前後屢上章奏。辭多激訐云。

博士曾先生易占

曾易占字不疑。南豐人。贈諫議大夫致堯之子。少以蔭補太廟齋郎。累遷太子中允。太常丞。

博士。知如皋玉山二縣。知信州錢仙芝者。有所丐于玉山。不與。卽誣之。仙芝坐誣抵罪。而先生亦卒失博士。歸。不仕者十二年。卒。子六人。暈。翬。牟。宰。布。肇。先生始以文章有名。及試于事。又愈以有名。如皋歲大飢。固請于州。而越海以糴。所活數萬人。又作孔子廟。諷縣人興于學。旣仕不合。卽自放。爲文章十餘萬言。而時議十卷。尤行于世。王臨川集。

高平同調

補文忠歐陽永叔先生修

雲濠謹案。先生明嘉靖九年從祀。

文忠詩説

孟子去詩世近。最善言詩。推其所説詩義。與序文意多同。故後時異説爲詩害者。嘗賴序文以爲證。

删詩云者。非止全篇删去也。或篇删其章。或章删其句。或句删其字。如唐棣之華。偏其反而。豈不爾思。室是遠而。此小雅唐棣之詩也。夫子謂其以室爲遠。害于兄弟之義。故篇删其章也。衣錦尚絅。文之著也。邶鄘風君子偕老之詩也。君子謂其盡飾之過。恐其流而不返。故章删其句也。誰能秉國成。不自爲政。卒勞百姓。此小雅節南山之詩也。夫子以能之一字爲意之害。

故句删其字也。

詩本義

先儒辨雎鳩者甚衆。皆不離于水鳥。惟毛公得之。曰鳥摯而有别。謂水上之鳥捕魚而食。鳥之猛摯者也。而鄭氏轉釋摯爲至。謂雌雄情意至者。非也。鳥獸雌雄皆有情意。孰知雎鳩之情獨至也哉。關雎辨。

我心匪鑒。故不可茹。文理甚明。而毛鄭反其義。以爲鑒不可茹。而我心可茹者。其失在于以茹爲度也。詩曰。剛亦不吐。柔亦不茹。茹納也。傳曰。火日外景。金水内景。蓋鑒之于物。納景在内。凡物不擇妍媸。皆納其景。詩人謂衛之仁人。其心匪鑒。不能善惡皆納。是以見嫉于羣小。而獨不遇也。柏舟。

其卒章云。無不爾或承者。謂上六章之所陳者。使我君皆承之也。大抵此詩六章。文意重複。以見愛其上深至如此爾。恆。常也。詩人爾其君者。蓋稱天以爲言。天保。

后稷之生。毛能不信履跡之怪。善矣。然直謂姜嫄從高辛祠于郊禖而生子。則是以人道而生矣。且有所禱而夫婦生子。乃古今人之常事。有何爲異。欲顯其靈。而以天子之子。棄之牛羊之徑及林閒冰上乎。此不近人情者也。其傳商頌亦言。高辛次妃簡狄。以玄鳥至之日。祀高禖而生契。與姜嫄生后稷事正同。其先生契也。未嘗以爲異。其後生后稷。特駭而異之乎。此又理之不通矣。至如鄭説。是無人道以生子。與天自感于人而生之。在于人理。皆必無事。可謂誣天也。附毛説者。謂后稷是帝嚳遺腹子。附鄭説者。謂是蒼帝靈威仰之子。其乖妄至于如此。生民。

作。起也。荒。奄也。彼。太王也。謂天起高山。太王奄有之。太王起于此。而文王安之。彼徂矣。岐有夷之行者。徂。往也。謂太王自豳往遷岐。夷其險阻而行。言艱難也。故其下戒子孫保之也。毛鄭之説多非。天作。

苞有三櫱。莫遂莫達。九有有截。韋顧既伐。昆吾夏桀。毛以苞爲本。櫱爲餘。訓詁是矣。鄭何據而爲三王之後乎。考文求義。謂一本而生三櫱也。然則大者爲本。小而附者爲櫱。夏。所謂本也。韋也。顧也。昆吾也。所謂三櫱也。達。生長也。謂此三櫱莫能遂達其惡。皆伐而去之。并拔其本也。其曰九有有截者。蓋湯已爲天下所歸。用此九有之師。以伐三櫱。并其本而去之也。長發。

南山有臺。鄭謂山有草木。以自覆蓋。成其高大。喻人君有賢臣。以自尊顯。非也。攷詩之義。本謂高山多草木。如周大國多賢才爾。且山以其高大。故草木託以生也。豈由草木覆蓋。然後成其高大哉。南山有臺。

人之材性不一。故善育材者。各因其性而養成之。或教于學。或命以官。勸以爵禄。勵以名節。使人人各極其所能。然則君子長育之道。亦非一也。而鄭氏則多以衍説害義。菁菁者莪。

芑。苦菜也。人所常食。易得之物。于新田亦得之。于菑畝亦得之。如宣王征伐四夷。所往必獲也。其言采芑。猶今人云拾芥也。毛鄭于此篇車服物名訓詁尤多。其學博矣。獨于采芑之義失之。采芑。

風生于文王。而雅頌雜于武王之閒。風之變自夷懿始。雅之變自厲幽始。霸者興。變風息焉。王道廢。詩不作焉。秦漢而後。何其滅然也。王通謂諸侯不貢詩。天子不採風。樂官不達雅。國史不明變。非民之不作也。詩出于民之情性。情性其能無哉。職詩者之罪也。通之言其幾于聖人之心矣。定風雅頌解。

昊天有成命。二后受之。成王不敢康。所謂二后者。文武也。則成王者成王也。當時㈠康王以後之詩。執競。不顯成康。所謂成康者。成王康王也。當是昭王以後之詩。噫嘻曰噫嘻成王者。亦成王也。時世論。

梓材謹案。四庫全書著録毛詩本義十六卷。提要云。是書凡爲說一百十有四篇。統解十篇。時世本末二論。豳魯序三問。而補亡鄭譜及詩圖總序附于卷末。歐陽公文章名一世。而經術亦復湛深。王宏撰山志。記嘉靖時欲以公從祀孔子廟。衆論靡定。世宗諭大學士楊一清曰。朕閲書武成篇。有引用歐陽修語。豈得謂其于六經無羽翼。于聖門無功乎。一清對以修之論說見于武成。蓋僅有者耳。其從祀一節。未敢輕議云云。蓋均不知其有此書也。自唐以來說詩者莫敢議毛鄭。雖老師宿儒亦謹守小序。至宋而新義日增。舊說俱廢。推原所始。實發于公。然公之言曰。後之學者。因迹先世之所傳而較得失。或有之矣。使徒抱焚餘殘脱之經。倀倀于去聖人千百年後。不見先儒中閒之說。而欲特立一家之學者。果有能哉。吾未之信也。

㈠「時」當爲「是」。

又曰。先儒于經不能無失。而所得固已多矣。盡其説而理有不通。然後以論正之。是公作是書。本出于和氣平心。以意逆志。故其立論未嘗輕議二家。而亦不曲徇二家。其所訓釋。往往得詩人之本志。後之學者。或務立新奇。自矜神解。至于王魯齋之流。乃併疑及聖經。使周南召南俱遭删竄。則變本加厲之過。固不得以濫觴之始歸咎于公矣。

文忠語要

六經之法。所以法不法。正不正。由不法與不正。然後聖人者出。而六經之書作焉。仲尼之業垂之六經。其道閎博。君人治物。百王之用。微是無以爲法。

妙論精言。不以多爲貴。余嘗聽人讀佛書。其數十萬言。謂可數言而盡。乃溺其説者。以謂欲曉愚下人。故如此爾。然則六經簡要。愚下人獨不得曉耶。

善治病者。必醫其受病之處。善救弊者。必塞其起弊之源。

凡人材性不一。用其所長。事無不舉。强其所短。勢必不逮。吾亦任吾所長耳。

鬼谷子馳説諸侯。必因其喜怒哀樂而捭闔之。故天下諸侯無不在其術中者。惟不見其所好者。則不可得而説也。蘇秦張儀得其學而爲縱横。

士大夫不明氏族。與禽獸無異。

梓材謹案。此語袁清容跋米元章書引之。

歐公試筆

藏精于晦則明。養神以靜則安。晦所以畜用。靜所以應動。善畜者不竭。善應者無窮。此君子修身治人之術。然性近者得之易也。

梓材謹案。此文忠書以教叔弼語。見畢西臺集。惟此君子句作雖學則可至五字。

文忠文集

自漢以來。史官所記事物名數。降登揖讓。拜俛伏興之節。皆有司之事爾。所謂禮之末節也。梁以來。始以其當時所行。傅于周官五禮之名。各立一家之學。唐初卽用隋禮。至太宗時。中書令房玄齡等因隋之禮。增以天子上陵。朝廟養老。大射講武。讀時令。納皇后。皇太子入學。太常行陵。合朔。陳兵。大社等。爲吉禮六十一篇。賓禮四篇。軍禮二十篇。嘉禮四十二篇。凶禮十一篇。是爲貞觀禮。高宗又詔太尉長孫無忌等增之爲一百三十卷。是爲顯慶禮。其文雜以式令。而義府敬宗方得幸。多希旨傅會。事既施行。議者皆以爲非。上元三年。詔復用貞觀禮。由是終高宗世。貞觀顯慶二禮兼行。而有司臨時遠引古義與二禮參考增損之。無復定制。開元十年。以國子司業韋縚爲禮儀使。以掌五禮。十四年。通事舍人王嵒上疏。請删去禮記舊文。而益以今事。詔付集賢院議。學士張説以爲禮記不刊之書。去聖久遠。不可改易。而唐貞觀顯慶禮儀注。前後不同。宜加折衷以爲唐禮。乃詔集賢院學士右散騎常侍徐堅等。撰定爲一百五十卷。是爲大唐開元禮。由是唐之五禮之文始備。

貞元中。太常禮院修撰王涇考次歷代郊廟沿革之制。及其工歌祝號。而圖其壇屋陟降之序。爲郊祀録十卷。元和十一年。祕書郎修撰韋公肅又録開元以後禮文。損益爲禮閣新儀三十卷。十三年。太常博士王彦威爲曲臺新禮三十卷。又採元和以來王公士民昏祭喪葬之禮。爲續曲臺禮三十卷。

由三代而上。治出于一。而禮樂達于天下。由三代而下。治出于二。而禮樂爲虚名。古者宫室車輿以爲居。衣裳冠冕以爲服。尊爵俎豆以爲器。金石絲竹以爲樂。以適郊廟。以臨朝廷。以事神而治民。其歲時聚會。以爲朝覲聘問。懽忻交接。以爲射鄉食饗。合衆興事。以爲師田學校。下至里閭田畝吉凶哀樂。凡民之事。莫不一出于禮。由之以教其民。爲孝慈友悌忠信仁義者。常不出于居處動作衣服飲食之閒。蓋其朝夕從事者。無非乎此也。此所謂治出于一而禮樂達于天下。使天下安習而行之。不知所以遷善遠罪而成俗也。及三代已亡。遭秦變古。後之有天下者。自天子百官。名號位序。國家制度。宫車服器。一切用秦舊。其閒雖有欲治之主。思所改作。不能超然遠復三代之上。而牽其時俗。稍卽以損益。大抵安于苟簡而已。其朝夕從事。則以簿書獄訟兵食爲急。曰。此爲政也。所以治民。至于三代禮樂。具有名物。而藏于有司。時出而用之郊廟朝廷。曰。此爲禮也。所以教民。此所謂治出于二。而禮樂爲虚名。故自漢以來。史官所記事物名數。降登揖讓。拜俛伏興之節。皆有司之事爾。所謂禮之末節也。然用之郊廟朝廷。自縉紳大夫從事其間者。皆莫能曉習。而天下之人。至于老死。未嘗見也。況欲識禮樂之盛。曉然喻其意。而被其化。以成俗乎。以上新唐書禮樂志論。

憂勞可以興國。逸豫可以亡身。

禍患常積于忽微。智勇多困于所溺。以上五代史伶官傳論。

天下之事有本末。其爲治者有先後。堯舜之書略矣。後世之治天下。未嘗不取法于三代者。以其推本末而知所先後也。三王之爲治也。以理數均天下。以爵地等邦國。以井田域民。以職事任官。天下有定數。邦國有定制。民有定業。官有定職。使下之共上。勤而不困。上之治下。簡而不勞。財足于用。而可以備天災也。兵足以禦患。而不至于爲患也。凡此具矣。然後飾禮樂。興仁義。以教道之。是以其政易行。其民易使。風俗淳厚。而王道成矣。雖有荒子孱孫。繼之猶七八百歲而後已。夫三王之爲治。豈有異于人哉。財必取于民。官必養于禄。禁暴必以兵。防民必以刑。與後世之治者。大抵同也。然後世常多亂敗。而三王獨能安全者。何也。三王善推本末。知所先後。而爲之有條理。後之有天下者。孰不欲安且治乎。用心益勞。而政益不就。諰諰然常恐亂敗及之。而輒以至焉者。何也。以其不推本末。不知先後。而于今之務衆矣。所當先者五也。其二者有司之所知。其三者則未之思也。足天下之用。莫先乎財。繫天下之安危。莫先乎兵。此有司之所知也。然財豐矣。取之無限。而用之無度。則下益屈而上益勞。兵强矣。而不知所以用之。則兵驕而生禍。所以節財用兵者。莫先乎立制。制已具備。兵已可使。財已足用。所以共守之者。莫先乎任人。是故均財而節兵。立法以制之。任賢以守法。尊名以厲賢。此五者相爲用。有天下者之常務。當今之世所先。而執事者之所忽也。今四海之内。非有亂也。上之政令。非有暴也。天時水旱。非有大故也。君臣上下。非不和也。以晏然至廣之天下。無一間隙之端。而南夷敢殺天子之命吏。西夷敢有崛彊之王。北夷敢有抗禮之帝者。何也。生齒之數日益衆。土地之產日益廣。公家之用日益急。四夷不服。中國不尊。天下不寔者何也。以五者之不備故也。本論上。

小人之所好者利禄也。所貪者貨財也。當其同利之時。暫相黨引。以爲朋者。僞也。君子則不然。所守者道義。所行者忠信。所惜者名節。以之修身。則同道而相益。以之事國。則同心而共濟。此君子之朋也。故爲人君者。但當退小人之僞朋。用君子之眞朋。則天下治矣。朋黨論。

夫所謂名節之士者。知廉恥。修禮讓。不利于苟得。不牽于苟隨。而惟義之所處。其進退舉止。皆可以爲天下法也。故爲士者常貴名節。以自重其身。

有所不取之謂廉。有所不爲之謂恥。

心者。藏于中而人所不見。迹者。示于外而天下所瞻。今欲自信其不見之心。而外掩天下之迹。人誰信之。以上論包拯除三司使。

士不忘身不爲忠。言不逆耳不爲諫。論杜韓范富。

出于天性之謂親。因于人情之謂禮。雖以禮制事。因時適宜。而親必主于恩。禮不忘其本。

此古今不易之常道。請議濮王典禮。

前世英君未有不以崇儒嚮學爲先務。方今取士之失。患在先材能而後儒學。貴吏事而賤文章。請補館職。

今之學者。莫不慕古聖賢之不朽。而勤一世以盡心于文字間者。皆可悲也。送徐無黨南歸序。

今鄭之詩次。比考于舊文。先後不同。周召王豳皆出于周。邶鄘合于衛。檜魏衛晉曹鄭陳。此變風之先後也。周召邶鄘衛王鄭齊豳秦魏唐陳檜曹。此孔子未删詩之前。季札所聽周樂次第也。周召邶鄘衛王鄭齊魏唐秦檜曹豳。此今詩之次第也。考其得封之先後。而國之大小。與其作詩之時。皆失其次。説之莫能究焉。詩圖説序。

學校。王政之本也。古者政治之盛衰。視其學之興廢。

教學之法。本于人性。磨揉遷革。使趨于善。其勉于人㊀勤。其入于人者漸。善教者以不倦之意。須遲久之功。至于禮讓興行。而風俗純美。然後爲學之成。以上吉州新學記。

荀卿子曰。仲尼。聖人之不得勢者也。然使其得勢。則爲堯舜矣。不幸無時而没。特以學者之故。享弟子春秋之禮。而後之人。不推所謂釋奠者。徒見官爲立祠。而州縣莫不祭之。則以爲夫子之尊。由此爲盛甚者。乃謂生雖不得位。而没有所享。以爲夫子榮。謂有德之報。雖堯舜莫

㊀「人」下脱「者」。

若。何其謬論者歟。襄州穀城縣夫子廟記。

昔孔子老而歸魯。六經之作。數年之頃爾。然讀易者如無春秋。讀書者如無詩。何其用功少而能極其至如是也。聖人之文。雖不可及。然大抵道勝者。文不難而自至也。故孟子皇皇不暇著書。荀卿蓋亦晚而有作。若子雲仲淹。方勉焉以模言語。此道未足而彊言者也。答吴充秀才書。

附録

公少時從里閭借書讀。或鈔之。鈔之未畢。而已成誦矣。行狀。

比成人。將舉進士。爲一時偶儷之文。已絶出倫輩。翰林學士胥公時在漢陽。見而奇之。曰。子必有名于世。館之門下。神道碑。

公在翰林。仁宗一日乘閒見御閣春帖子。讀而愛之。問左右。曰。歐陽修之辭也。乃悉取宫中所帖閱之。見其篇篇有意。歎曰。舉筆不忘規諫。眞侍從之臣也。

公在翰林。日建言讖緯之書淺俗誣怪。悖經妨道。凡諸書及傳疏所引。請一切削去之。以無誤後學。仁宗命國子學官。取諸經正義所引讖緯之説。逐旋寫録奏上。時執政者不甚主之。竟不行。吕氏家塾記。

公嘗語人曰。治民如治病。彼富醫之至人家也。僕馬鮮明。進退有禮。爲人診脈。按醫書述病證。口辨如傾。聽之可愛。然病兒服藥云無效。則不如貧醫。貧醫無僕馬。舉止生疏。爲人證脈。不能應對。病兒服藥云疾已愈矣。則便是良醫。凡治人者不問吏才能否。設施何如。但民稱便。即是良吏。故公爲數郡。不見治迹。不求聲譽。以寬簡不擾爲意。故所至民便。既去民思。或問。公爲政寬簡而事不弛廢者。何也。曰。以縱爲寬。以略爲簡。則弛廢而民受其弊。吾所謂寬者不爲苛急耳。所謂簡者不爲繁碎耳。識者以爲知言。遺事。

公平生少有所好。獨好收畜古文圖書。三代以來金石刻爲一千卷。以校正史傳百家訛謬之説爲多。晚年自號六一居士。曰。吾集古録一千卷。藏書一萬卷。琴一張。棋一局。常置酒一壺。吾老其閒。是爲六一。行狀。

公于經術務究大本。所發明簡易明白。論詩曰。察其美刺。知其善惡。以爲勸戒。所謂聖人之志者。本也。因其失傳。妄自爲之説者。經師之末也。今學者得其本而通其末。斯善矣。得其本不通其末。闕其所疑可也。不求異于諸儒。嘗曰。先儒于經不能無失。而所得者固多矣。盡其説而理有不通。然後得以論正。予非好爲異論也。其于詩易多所發明。爲詩本義。所改百餘篇。其餘則曰毛鄭之説是矣。復云乎。

初召撰唐書。又自撰五代史。其爲紀一用春秋法。于唐禮樂志。明前世禮樂之本出于一。而後世禮樂爲空名。五行志不盡事。應破漢儒災異附會之説。其論著類此。五代史辭約而事備。及正前史之失爲尤多。行狀。

公修五代史記。褒貶善惡。其法甚精。發論必以嗚呼。曰。此亂世之書也。吾用春秋之法。

師其意。不襲其文。其論曰。昔孔子作春秋。因亂世而立治法。余述本紀。以治法而正亂君。此其志也。書滅舊史之半。而事迹比舊史添數倍。議者以爲功不下司馬遷。又謂筆力馳騁相上下。而無駁雜之説。于紀例精密。則遷不及也。遺事。

公篤于朋友。不以貴賤生死易意。尹師魯。石守道。孫明復。梅聖俞既没。皆經理其家。或言之朝廷。官其子弟。

公代包孝肅知開封。包以威嚴御下。而公簡易循理。不求赫赫名。有以包之政勵公者。公曰。凡人材性不同。用其所長。事無不舉。强其所短。勢必不逮。吾亦任吾所長耳。聞者稱善。

韓魏公誌其墓曰。自唐室之衰。文體隳而不振。陵夷至于五代。氣益卑弱。國初。柳公仲塗一時大儒。以古道興起之。學者卒不從。景祐初。公與尹師魯專以古文相尚。而公得之自然。非學所至。超然獨騖。衆莫能及。譬夫天地之妙。造化萬物。動者植者。無細與大。不見痕跡。自極其工。于是文風一變。時人競爲模範。自漢司馬遷没幾千年。而唐韓愈出。愈之後又數百年。而公始繼之。氣燄相薄。莫較高下。何其盛哉。所治經術。務究大本。嘗以先儒于經術所得多矣。而不能無失。唯其説或有未通。公始爲辨正。不過求聖人之意。以立異論。嘉祐初。權知貢舉。時舉者務爲險怪之語。號太學體。公一切黜去。取其平澹造理者。即預奏名。初雖怨讟紛紜。而文格終以復古者。公之力也。

蘇魏公哀之曰。道繼三千子。文高二百年。朝廷得王作。經術有師傳。筆削書纔就。彌綸志未宜。平生思潁事。倏忽啓新阡。

王荆公祭之曰。如公器質之深厚。智識之高遠。而輔以學術之精微。故充于文章。見于議論。豪健俊偉。怪巧瑰琦。其積于中者。浩如江河之渟蓄。其發于外者。爛如日星之光輝。其清音幽韻。淒如飄風急雨之驟至。其雄辭閎辨。快如輕車駿馬之奔馳。世之學者。無問乎識與不識。而讀其文。則其人可知。

蘇文忠祭之曰。公之生于世。六十有六年。民有父母。國有蓍龜。斯文有傳。學者有師。君子有所恃而無恐。小人有所畏而不爲。譬如大川喬嶽。不見其運動。而功利之及于物者。蓋不可以數計而周知。

又序公文曰。自漢以來。道術不出于孔氏。而亂天下者多矣。晉以老莊敗。梁以佛亡。莫或正之。五百餘年而後得韓愈。學者以配孟氏。蓋庶幾焉。愈又後三百有餘年。而後得歐陽子。其學推韓愈孟子。以達于孔氏。其言簡而明。信而通。引物連類。折之于至理。以服人心。故天下翕然師尊之。曰。歐陽子。今之韓愈也。宋興七十餘年。民不知兵。富而教之。至天聖景祐極矣。而斯文終有愧于古。士亦因陋守舊。論卑而氣弱。自歐陽氏一出。天下爭自濯磨。以通經學古爲高。以救時行道爲賢。以犯顔納諫爲忠。長育成就。至嘉祐末。號稱多士。歐陽子之功爲多。

王得臣麈史曰。歐陽文忠公答李翺論性書。性非學者之所急。而聖人之所罕言。或因而及焉。非爲性而言也。文忠雖有是説。然大約慎所習與所感。及率之者以孟荀揚之説皆爲不悖。此其略也。臨岐㊀計都官用章謂予曰。性。學者之所當先。聖人之欲㊁言。吾知永叔□□㊂後世之誚者。其在此書矣。

或問。韓子歐陽子何人也。楊龜山曰。聖人之徒也。何以知之。曰。孟子曰。能言距楊墨者。聖人之徒也。孟子能言距楊墨者也。韓子歐陽子能言距釋老者也。能言距楊墨者爲聖人之徒。能言距釋老者非聖人之徒乎。然則或謂。二子未知道也。信乎。曰。二子之未知道。其未知君臣父子仁義禮樂之道乎。抑亦未知清淨寂滅虚空空無之道乎。不知乎前。二子焉得爲聖人之徒。不知乎後。二子焉得爲非聖人之徒。

晁景迂文忠畫贊曰。惟我昭陵。公乃得升。天下無朋。國有魏公。公乃得容。不朋以忠。風波既散。高山獨見。小人是歎。昔賢在是。寧論厥似。聞其百世。

黄涪翁跋劉侍讀帖曰。劉侍讀君敞。文忠公門人也。而此帖云。文忠公文字畔經術。背聖人意。流俗亦多信然。曾不知文忠公著文立論。及平生所施設。無一不與經術合也。至近世俗子亦多謗東坡師縱横説。而不考其行事果與縱横合耶。其亦異也。蓋數十年前已有如此等語。今人又百倍于劉。此予不得不辨也。

㊀「岐」當爲「邛」。
㊁「欲」當爲「所致」。
㊂「□□」當作「卒貽」。

李濟南師友法言曰。歐陽公五代史最得春秋之法。蓋文忠公學春秋于胡瑗孫復。故褒貶謹嚴。雖司馬子長無以復加。

葉夢得避暑録話曰。王荆公初未識歐陽文忠公。曾子固力薦之。公願得遊其門。而荆公終不肯自通。至和中。爲郡牧判官。文忠還朝始見知。遂有翰林風月三千首。吏部文章二百年之句。然荆公猶以爲非知己也。故酬之曰。他日倘能窺孟子。此身安敢望韓公。自期以孟子。處公以韓愈。公亦不以爲嫌。及在政府。薦可以爲宰相者三人。同一劄子。吕司空晦叔。司馬温公與荆公也。吕申公本嫉公。爲范文正黨。滁州之謫。實有力。温公議濮廟不同。力排公而佐吕獻可。荆公又以經術自任而不從公。然公于晦叔則忘其嫌隙。于温公則忘其議論。于荆公則忘其學術。不如是。安薦三公之爲宰相耶。世不高公能薦人。而服其能知人。苟一毫有蔽于中。雖欲薦之亦不能知也。

周煇清波雜志曰。爲學三多。士皆知其説。孫莘老嘗請益于歐陽公。公曰。此無他。惟勤讀書。而多爲之。自工。世人患作文字少。又懶讀書。每一書出必求過人。如此少有至者。疵病不必待人指摘。多作自見之。孫書于座右。

李忠定跋歐公書曰。文忠書清勁。自成一家。公嘗言。學書如逆風行舟。用盡氣力。不離本處。蓋不以書自許。士夫室藏其蹟。豈非以名節可貴故耶。

胡邦衡序逍遥公易解曰。孔子既没。易道微矣。自漢魏迄今。學易者不知幾人。歐陽子獨稱王弼。何也。余嘗考東坡橫渠伊川學。以求其説。又嘗聞龜山文定紫巖寂照了翁漢上諸老先生謦欬。然後知歐陽子之學蓋本于弼。弼不解繫辭。止解大衍四十有九。歐陽子亦謂繫辭龐雜。七八九六無老少。乾坤無定策。且曰。易無王弼。其淪于異端之説乎。

王梅溪贊曰。賢哉文忠。直道大節。知進知退。既明且哲。陸贄議論。韓愈文章。李杜歌詩。公無不長。當世大儒。邦家之光。

楊誠齋沙溪六一先生祠堂記曰。大抵賢人君子没而見祠者。或生而不遇者也。先生其道行於時。其學行于天下。後世雖不祠之。天下獨不知有先生乎。生而無不知。没而見祠。此賢人君子之盛也。獨先生之幸也乎。古者鄉先生没則祭于社。非尊夫鄉先生也。尊鄉先生所以儀後之人也。若先生者。天下後世之師也。寧惟廬陵之鄉先生也。天下師之。而廬陵不祠之可乎。

朱子讀唐志曰。歐陽子曰。三代而上。治出于一。而禮樂達于天下。三代而下。治出于二。而禮樂爲虚名。此古今不易之至論也。然彼知政事禮樂之不可不出于一。而未知道德文章之尤不可使出于二也。孟軻氏没。聖學失傳。天下之士背本趨末。不求知道養德以充其内。而汲汲乎徒以文章爲事業。然在戰國之時。若申商孫吳之術。蘇張范蔡之辨。列禦寇莊周荀況之言。屈平之賦。以至秦漢之閒韓非李斯陸生賈傅董相史遷劉向班固。下至嚴安徐樂之流。猶皆先有其實。而後託之于言。惟其無本。而不能一出于道。是以君子猶或羞之。及至宋玉相如王褒揚雄之徒。則一以浮華爲尚。而無實之可言矣。雄之太玄法言。蓋亦長楊校獵之流。而粗變其音節。初非實爲明道講學而作也。東京以降。訖于隋唐。數百年閒。愈下愈衰。則其去道益遠。而無實之文。亦無足論。韓愈氏出。始覺其陋。慨然號于一世。欲去陳言。以追詩書六藝之作。而其弊精神。糜歲月。又有甚于前世諸人之所爲者。然猶幸其略知不根無實之不足恃。因是頗泝其源而適有會焉。于是原道諸篇始作。而其言曰。根之茂者其實遂。膏之沃者其光曄。仁義之人其言藹如也。其徒和之。亦曰。未有不深于道而能文者。則亦庶幾其賢矣。然今讀其書。則其出于諂諛戲豫放浪而無實者。自不爲少。若夫所原之道。則亦徒能言其大體。而未見其有探討服行之效。使其言之爲文者。皆必由是以出也。故其論古人。則又直以屈原孟軻馬遷相如揚雄爲一等。而猶不及于董賈。其論當世之弊。則但以詞不己出。遂有神徂聖伏之歎。至于其徒之論。亦但以剽掠僭竊爲文之病。大振頹風。教人自爲爲韓之功。則其師生之閒。傳受之際。蓋未免裂道與文以爲兩物。而于其輕重緩急本末賓主之分。又未免于倒懸而逆置之也。自是以來。又復衰歇數十百年。而後歐陽子出。其文之妙。蓋已不愧于韓氏。而其曰治出于一云者。則自荀揚以下。皆不能及。而韓亦未有聞焉。則疑若幾于道矣。然考其終身之言與其行事之實。則恐其亦未免于韓氏之病也。抑又嘗以其徒之說考之。則誦其言者既曰。吾老將休。付子斯文矣。而又必曰。我所謂文必與道俱。其推尊之也。既曰今之韓愈矣。而又必引夫文不在茲者。以張其說。由前之說。則道之與文吾不知其果爲一耶。爲二耶。由後之說。則文王孔子之文吾又不知其與韓歐之文果若是其班乎否也。嗚呼。學之不講久矣。習俗之謬。其可勝言也哉。

又答汪尚書曰。司馬歐陽之學。其于聖賢之高致。固非末學所敢議者。然其所存所守。皆不失儒者之舊。特恐有所未盡耳。

又答周益公書曰。歐公之學。雖于道體猶有欠闕。然其用力于文字之閒。而泝其波流。以求聖賢之意。則于易。于詩。于周禮。于春秋。皆嘗反覆窮究。以訂先儒之謬。而本論三篇。推明性善之説。以爲息邪距詖之本。其賢于當世之欲爲宗工巨儒而不免于祖尚浮虚信惑妖妄者。又遠甚。其于史記善善惡惡。如唐六臣傳之屬。又能深究國家所以廢興存亡之幾。而爲天下後世深切著明之永鑒者。固非一端。其他文説。雖或出于遊戲翰墨之餘。然亦隨事多所發明。而詞氣藹然。寬平深厚。精切的當。眞韓公所謂仁義之人者。恐未可謂其全不學道。而直以燕許楊劉之等期之也。

又白鹿書堂策問曰。本朝儒學最盛。自歐陽氏王氏蘇氏皆以其學行于朝廷。而胡氏程氏亦以其學傳之學者。然王蘇本出于歐陽。而其末有大不同者。胡氏孫氏亦不相容于當時。而程氏尤不合于王與蘇也。是其于孔子之道。孰得孰失。豈亦無有可論者耶。

又語類曰。老氏欲保全其身底意思多。釋氏又全不以其身爲事。自謂别有一物。不生不滅。歐公嘗言老氏貪生。釋氏畏死。其説亦好。氣聚則生。氣散則死。順之而已。釋老則皆悖之者也。

又曰。安定泰山徂徠廬陵諸公以來。皆無今日之術數。老蘇有九分來許罪。

又因言歐陽永叔本義而曰。理義大本復明于世。固自周程。然先此諸儒。亦多有助。舊來儒者不越注疏而已。至永叔原父孫明復諸公。始自出議論。如李泰伯文字亦自好。此是運數將開。理義漸欲復明于世故也。蘇明允説歐陽之文處。形容得極好。近見其奏議文字如回謝等劄子。皆説得盡誠。如老蘇所言。便如詩本義中辨毛鄭處。文辭舒緩。而其説直到底不可移易。

樓攻媿曰。由漢以至本朝。千餘年閒。號爲通經者。不過徑述毛鄭。莫詳于孔穎達之疏。不敢以一語違忤二家。自不相侔者。皆曲爲説以通之。韓文公。大儒也。其上書所引菁菁者莪。猶規規然守其説。惟歐陽公本義之作。始有以開百世之惑。曾不輕議二家之短長。而能指其本然。以深持詩人之意。其後王文公蘇文定公伊川程先生各著其説。更相發明。愈益昭著。其實自歐陽氏發之。

林鬳齋學記曰。和靜曰。歐公文字一時宗師。只爲不見道。故有憾于晁文元。又曰。作小詞語不擇。爲人所慕。賦題通變。使民不倦。爲人所譏。此皆程門之論。

文文山跋歐陽公與子綿衣帖曰。東坡跋歐陽公與其姪通理書云。凡人勉强于外。何所不至。惟考之其私。乃見眞僞。今觀此帖。綿衣之外。一語不及其私。以此見前輩心事。未有不可對人言者。

黄東發曰。歐陽公起十歲孤童。得韓文公遺文六卷于李氏弊簏。酷好而疾趨之。能使古文粲然復興。蘇文忠公繼生。是時公實奬掖而與之俱。歐陽公之模寫事情。使人宛然如見。蘇公之開陳治道。使人惻然動心。皆前無古人。然蘇公以繼韓文公。上達孔孟。謂卽孔子之所謂斯文。此則其一門之授受所見然耳。求義理者必于伊洛。言文章者必于歐蘇。我朝諸儒輩出。學者惟其所之。特不必指此爲彼爾。

又曰。歐陽公之爲五代史。既分國爲之傳。又傳死節。又傳死事。又傳一行。其汲汲于賢人君子。如陶金于沙。搜擇無所不至。其存心亦甚厚。其用心亦甚勤矣。

又曰。歐陽公論春秋。謂學者不信經而信傳。不信孔子而信三子。隱公非攝。趙盾非弑。許世子止非不嘗藥。亂之者三子也。起隱公止獲麟。皆因舊史而修之。義不在此也。卓哉之見。讀春秋者可以三隅反矣。

又讀東坡文集曰。謂六一翁均五物爲一。歐陽子不免寓情于物。然亦人之情。蘇子廣之以齊物之説。則莊老之學。未必歐陽命名之本心也。

又讀晦翁文集曰。考歐陽公事蹟。其要者三事。其一云。學道三十年。所得者平日無怨惡耳。其二。保州軍變。富公出爲宣撫。欲殺其已招安不叛者二千餘人。公力爭。且云。某至鎮州。必不受命。二千人賴以免。其三。妖尼喚二牛皆能稱前世姓名。公言聰明聖知皆不能自知其前世。而有罪爲牛者。乃知之乎。又晚年守青州。日論執青苗一事更六人。越百年。惟洪景盧作四朝史傳。乃盡言之。士之制行。不苟合于當時。而有待于後世者。豈不難哉。故公之言曰。後世苟不公。至今無聖賢。

王魯齋爲歐陽像贊曰。學授孟母。一代文宗。追琢大雅。劃滌澆蹤。諫疏直筆。雷聲霜松。

全節蚤退。潁水清風。

又書疑自序曰。歐陽公曰。經非一世之書也。傳之謬非一日之失也。刊正補輯非一人之能也。使學者各極其所見。而明者擇焉。以俟聖人之復生也。予深有感於斯言云。

姚牧庵送暢純甫序曰。文章以道輕重。道以文章輕重。世復有班孟堅者出。表古今人物。九品之中。必以一等置歐陽子。則爲去聖賢也有級而不遠。其文雖無謝尹之知。不害于行。後豈有一言幾乎古。而不聞之將來乎。

虞道園序劉桂隱存稿曰。昔者。廬陵歐陽公秉粹美之質。生熙洽之朝。涵淳茹和。作爲文章。上接孟韓。發揮一代之盛。英華醲郁。前後千百年。人與世相期。未有如此者也。蘇子瞻以不世之才。起于西蜀。英邁雄傑。亦前世之所未有。南豐曾子固博考經傳。知道修己。伊洛之學未顯于世。而道説古今。反覆世變。已不失其正。亦孰能及之哉。然蘇氏之于歐公也。則曰。我老歸休。付子斯文。雖無以報。不辱其門。子固之言曰。今未知公之難遇也。後千百世。思欲見公而不可得。然後知公之難遇也。然則二君子之所以心悦誠服于公者。返而觀其所存。至于歐公。則闇然而無迹。淵然而有容。挹之而無盡者乎。三公之迹熄。而宋亦南渡矣。

王忠文議孔子廟廷從祀曰。歐陽修與仲淹同時。實倡明聖賢之學。而著之文章。其易春秋諸説。詩本義等書。發揮經學爲精。至其欲删諸經正義讖緯之説。一歸于正。尤有功于聖道。其爲言根乎仁義。而達之政理。所以羽翼六經。而載之于萬世。至于本論等篇。比之韓愈之原道。夫復何愧。而世之淺者。每目之爲文人。夫文以載道。道因文而乃著。雖經天緯地者。亦謂之文而顧可少之哉。

劉蕺山人譜曰。歐陽永叔爲一代文宗。于後進有片言隻字可采者。必加稱揚。又盡録之別爲一册。名曰文林。

雲濠謹案。王阮亭居易録謂。歐陽永叔致仕。乞居潁。終其身。不歸廬陵。前人議者不一。洪文敏二筆駁之尤詳云。

王氏先緒

王先生□

王□。侯官人。深父兄弟之父也。自舉進士。時已能力學自立。以經術游于江淮之南。爲學者所歸。累官以尚書都官員外郎通判荆南府。爲侍御史。卒。年六十三。王臨川集。

于氏先緒

留守于先生房父矞。

于房。浦江人。父矞。有學行。尤長于文辭。會五季之亂。抗志不仕。以布衣終。先生爲文有父風。而精簡過之。遠邇學徒咸從之游。嘉祐四年進士。官至尚書屯田員外郎。通判應天府。南京留守司。諸子世封。正封。浦陽人物記。

廬陵講友

孫泰山先生復詳泰山學案。

石徂徠先生介詳見泰山學案。

補舍人尹河南先生洙附兄源。

雲濠謹案。直齋書録解題于穆參軍集言。先生兄弟從之學古文。且傳其春秋學。

河南教學議

今太學生徒博士授經發明章句。究極義訓。亦志于禄仕而已。及其與郡國所貢士並校其術。顧所得經義。訖不一施。反不若閭里誦習者。則師道之不行宜矣。若俾肄業太學者。異其科試。惟以明經爲上第。則承學之士。孰不從事于師氏哉。議者欲郡設學校。誠甚高論。然天下業經以萬數。而傳師學者百不一二。不澄其源。雖置之無益也。又卿大夫家階賞典得仕者。其年及程止。校以章句。爲中格。悉用補吏。非志學者不能自勉。故門選益衰。世德罕嗣。廢學故也。周官師氏掌教國子。蓋公卿大夫子也。今祭酒實其任。謂由門調者。宜籍于師氏。策以經義。始得補吏。優其高第。勗其未至。則學者益勸。仕者能世其家矣。

附録

公天性慈仁。内剛外和。凡事有小而可矜者。必惻然不忍。發見顔色。及臨大節。斷大事。則心如金石。雖鼎鑊不可變也。

范文正公忠亮讜直。言無回避。左右不便。因言文正離閒大臣。貶知饒州。余靖上疏論救。以朋黨坐貶。尹師魯上言靖與仲淹交淺。臣于仲淹義兼師友。當從坐貶。監郢州税。歐陽文忠貽書責司諫高若訥不能辨其非辜。若訥大怒。繳奏其言。降授夷陵令。時蔡襄作四賢一不肖詩以歌之。

初。集賢院上疏曰。夫命令者。人君所以垂信于天下。異時民聞朝廷降一命令。皆竦觀之。今則不然。相與竊語。以爲不久當更。既而信爾。此命令自輕于下也。命令輕則朝廷不尊矣。又聞羣臣有獻忠謀者。陛下始更聽焉。後復一人沮之。則意移矣。忠言者以信之不能終。頗自詘其謀。以爲無益。此命令數更之弊也。

歐陽文忠祭先生文曰。方其奔顛斥逐。困扼艱屯。舉世皆冤。而語言未嘗以自及。以窮至死。而妻子不見其悲忻用捨進退屈仲語默。夫何能然。乃學之力。至其握手爲訣。隱几待終。顔色不變。笑言從容。死生之閒。既已能通于性命。憂患之至。宜其不累于心胸。

梅聖俞哭之曰。謫死古來有。無如君甚冤。文章不世用。器業欲誰論。野鳥哭王傅。招詞些屈原。平生洛陽友。零落幾人存。

富鄭公哭先生詞曰。嗚呼。人皆貴君。實悴焉。人皆富君。實窶焉。人皆老君。實夭焉。吾知君爲深。是三者。舉非君之志。不吾焉哭。哭必義。始君作文。世重淫麗。諸家舛殊。大道破碎。漫漶費詞。不立根柢。號類嘯朋。爭相教甚。上翔公卿。下典書制。君子厥時。了不爲意。獨倡古道。以救其敝。時俊化之。識文之詣。今則亡矣。使斯文不能救其源而極其致。吾是以哭之。始君爲學。遭世乖離。掠取章句。屬爲文詞。經有仁義。曾非所治。史有褒貶。亦弗以思。君顧而歎。嫉時之爲。鈎抉六籍。潛心以稽。上下百世。指掌而窺。功不苟進。習無匪彝。今則亡矣。使所學不能信于人而用于時。吾是以哭之。惟文與學。二事既隆。充用而衷。豐于時窮。純深藴積。資而爲德。行乎己而己必裕。行乎家而家必克。今則亡矣。使賢者之行不能移人心而化大國。吾是以哭之。積德既成。道隨而生。謀罔不究。動必有經。列于庭。則以謇諤見黜。□㊀于邊。則以威懷取寧。才望既出。讒嫉以興。酷罰嗣降。愠色不形。今則亡矣。使君子之道不能被天下而致太平。吾是以哭之。

韓魏公爲先生墓表曰。嗚呼。自古聖賢。必推性命。如公之文武傑立。而貫以忠義兮。此天之性。位不大顯。遭讒而跌。且不壽兮。此公之命。雖孔孟不能以兼適兮。尚一歸于默定。昧者

㊀「□」當作「用」。

不思而妄求兮。徒自奔于邪徑。故公臨禍福生死。而曾不少變兮。是能安性命而歸正。惟大名赫然。日月之光兮。亘萬古而增瑩。吾聞善人者。天必報其後兮。宜嗣人之蒙慶。

又曰。希文常勸以身安而後國家可保。師魯以謂不然。直謂臨國家不當更顧身。公雖重希文之説。然性之所喜。以師魯爲愜爾。

范文正序河南集曰。師魯少有高識。不逐時輩。從穆伯長遊。力爲古文。而師魯深于春秋。故其文謹嚴。辭約而理精。章奏疏議。大見風采。士林方聳慕焉。遽得歐陽永叔。從而大振之。由是天下之文一變。其深有功于道歟。

孫之翰曰。洙謂平生好善之心過于嫉惡。甫謂信然。

邵子觀物外篇曰。某人受春秋于尹師魯。師魯受于穆伯長。某人後復攻伯長曰。春秋無褒。皆是貶也。田述古曰。孫復亦云。春秋有貶而無褒。曰。春秋禮法。廢君。臣亂其間。有能爲小善者。安得不進之也。治春秋者。不辨名實。不定五霸之功過。則未可言治春秋。先定五霸之功過。而治春秋。則大意立。若事事求之。則無緒矣。

邵氏聞見録曰。歐公誌師魯墓。論其文曰。簡而有法。且謂人曰。在孔子六經中。惟春秋可當。則歐公于師魯不薄矣。崇寧閒。改修神宗正史。歐公傳乃云。同時有尹洙者。亦爲古文。洙才不足以望修云。蓋史官皆晚學小生。不知前輩文章淵源。自有次第也。

林鬳齋學記曰。范文正公祭尹師魯文云。爲學之初。時文方麗。子師何人。獨有古意。衆莫子知。子特弗移。是非乃定。英俊乃隨。聖朝之文。與唐等夷。緊子之功。多士所推。而歐公誌師魯。卻不及此意。何也。

黄東發曰。尹公論郭后事。四賢之一也。其後始終西師。五六歲效謀居多。議訓士兵代戍卒。以減邊費。此國家至計。豈特西師宜然。然而從事西師者。屈鬱莫公爲甚。涇原宜援也。夏竦以專罪之。洛水城不當築也。鄭戩以沮格罪之。孫用借俸錢。已還無欠也。劉湜承時宰意。鞫置獄。以盜賊幾殺之。嗚呼。豈特公之不幸。人各爲説。賞罪不明。此西師所以久無功。而狄武襄目擊其弊。反其政以用之。所能一舉平嶺南也。若公文行節義。則自有韓范歐陽公公論在。紛紛者何能疵。

黄晉卿跋范文正公與先生帖曰。尹公自謂與范公義兼師友。而其言談罕及于性命。至尹公處死生之變。尤人所難能。非知道者。不足以與于此。蓋是時風俗醇厚。士大夫多不言而躬行。未至立名字以相高。此宋三百年極盛之時也。

忠文范景仁先生鎮詳范吕諸儒學案。

州判姚先生闢

姚闢字子張。□□人。贍辭博學。授項城令。通州判。所至有聲。黜去詞華。究心經術。歐陽文忠王荆公皆與交遊。著有太常因革禮一百卷。姓譜。

梓材謹案。晁景迂集九學論後云。姚子張非禮官之學也耶。蓋謂先生。又案。經義考。姚氏子張中庸説佚。朱氏云。子張未詳其名。晁以道輯中庸傳所取十三家之説。子張與焉。其于至誠之道可以前知一節。子張疑之。不知其即先生也。

校理蘇先生舜欽別見百源學案補遺。

補員外梅先生堯臣

雲濠謹案。郭祥正青山集哭梅直講詩有云。篇篇被許可。當友不當師。原注。予嘗以師禮見聖俞。聖俞不予當也。

宛陵集

聖人于詩言。曾不專其中。因事有所激。因物興以通。邇來道頗喪。有作皆言空。煙雲寫形象。葩卉詠青紅。人事極諛諂。引古稱辨雄。遂使世上人。只曰一藝充。答韓子華昆季。

寒燈不照遠。光止一室明。小人不慮遠。義止目前榮。燈既無久焰。人亦無久情。誰言結明月。明月豈長盈。寓言。

吾聞聖賢心。不限親與疏。義殊目前乖。道同異代俱。堯舜及周孔。千載趨一途。盜跖誚孔氏。弟子將黨歟。蹠自驅其衆。日念殺不辜。河濱捧土人。海畔逐臭夫。塞川豈量力。同趣即爾徒。爾既不自過。反以此爲紂。異同。

生甘類原憲。死不學陶朱。但樂詩書在。未憂鐘鼎無。恥隨波上下。難免鬼覷覦。陋巷曲肱者。終朝還似愚。貧。

其衣乃儒服。其説乃墨夷。天生物一本。今爾二本爲。爾忍不葬親。委以飽狐貍。吾心則孟子。不聽爾矢辭。盜儒。

西方有鳥鼠。生死同穴居。物理固不測。孰言飛走殊。雄雌豈相匹。飲啄豈相須。一爲枝上鳴。一爲莽下趨。苟合而異嚮。世道當何如。詠懷。

附録

先生賜書善經二字詩曰。選來金殿盡英豪。帝筆親承始是遭。就裏少年唯賈誼。其閒蜀客乃王褒。善經有意尊儒術。推擇方知待士高。歸付子孫傳百世。深堂閒挂亦蕭騷。

蘇子瞻上梅直講書曰。軾七八歲時始知讀書。聞今天下有歐陽公者。其爲人如古孟軻韓愈之徒。而又有梅公者從之遊。而與上下其議論。其後益壯。始能讀其文詞。想見其爲人。意其飄然脱去世俗之樂。而自樂其樂也。

歐陽公誌其墓曰。余嘗論其詩曰。世謂詩人少達而多窮。蓋非詩能窮人。殆窮者而後工也。聖俞以爲知言。

司馬温公題其詩曰。我得聖俞詩。於身亦何有。名字託文編。他年知不朽。我得聖俞詩。於身果何如。留爲子孫寶。勝有千金珠。

文文山祭之曰。視我廬陵夫子歐陽。彰韓癉崑。孕蘇育黄。公于其閒。以詩名世。葩韓搴芳。

肩蘇挹袂。故醉翁于公之德則曰。衣冠儒者也。于公之詩則曰。英華而雅者也。翁既與韓而終始。公亦與翁而上下。公仕于何如。鮎上竹生遇昭陵。官同鄆㊀谷。使詩遂窮人。則三百篇之作者。將其身之俱不淑。

劉性序宛陵先生年譜曰。宋嘉祐二年。詔修取士法。務求平澹典要之文。文忠公知貢舉。而先生爲試官。于是得人之盛。若眉山蘇氏。南豐曾氏。横渠張氏。河南程氏。皆出乎其間。不惟文章復乎古作。而道學之傳。上承孔孟。然則謂文忠公與先生之功。非耶。

江先生休復

江休復字鄰幾。陳留人。仕爲藍山尉。累遷刑部郎中。修起居注。爲人外簡曠而内行甚飭。其文章醇雅。尤善于詩書。善隸書。與人交。久而彌篤。著唐宜鑑。春秋世論及其文集若干卷。姓譜。

梓材謹案。曾文定隆平集言其强學博覽。又作神告一篇。言皇嗣事以感悟上意。

附録

歐陽公誌其墓曰。君于治人。則曰。爲政所以安民也。無擾之而已。故所至民樂其簡易。至

㊀「鄆」當爲「鄭」。

辨疑折獄。則或權以術。舉無不得而不常用。亦不自以爲能也。

劉貢父爲原父行狀曰。公與人交。不求其備。得一善則稱道之。其推進者甚衆。而與江鄰幾最善。嘗曰。鄰幾和而不流。柔而不犯。當求之古人。阮籍陶潛之倫也。及鄰幾死。哭之慟。曰。惟君知我。時歐陽永叔爲誌墓石。公爲書之。以致□㊀焉。

呂先生夏卿

呂夏卿字縉叔。晉江人。舉進士。爲江寧尉。修唐書成。直祕閣。同知禮院。英宗世。歷史館檢討知制誥。出知潁州。長于史。貫穿唐事。于新唐書最爲有功。姓譜。

附録

蘇魏公序呂舍人文集曰。縉叔起遠方邑尉。入爲編修唐書。上方覽觀前王。以李朝舊史參錯不倫。思欲刊正。爲一代信史。預筆削之任者。皆一時高選。而文忠景文二公實專典領。積十七年而書成。前後官屢更十餘人。或徙或遷。出處不常。惟縉叔與尚書范公景文。内閣宋公次道。自發凡訖于絶筆。又集天下碑刻類爲唐文傳信。考歷代氏譜族志爲古今系表。二書獨出縉叔一手。可謂勤且博矣。

㊀「□」當作「意」。

蔡先生高

蔡高字君山。仙遊人。君謨之弟。景祐中舉進士。初爲長谿縣尉。後爲太康主簿。時歐陽永叔與君謨皆爲館閣校勘。居京師。先生數往來其兄家。嘗語永叔曰。天子以六科取天下士。而學者以記問應對爲事。非古取士之意也。吾獨不然。乃晝夜自苦爲學。及卒。君謨發其遺稿。得十數萬言。皆當世之務。其後踰年。天子與大臣講天下利害爲條目。其所改更。于先生之稿十得其五六云。歐陽文忠集。

張先生汝士

張汝士字堯夫。襄邑人。官大理寺丞。河南府司録。明道二年卒。年三十有七。天聖明道之間。錢文僖公守河南。河南吏屬皆當時賢材知名士。先生其一也。爲人靜默修潔。常坐府治事。省文書。尤盡心于獄訟。守尹交薦其材。先生工書。喜爲詩。閒則從歐陽子遊。其語言簡而有意。飲酒終日不亂。雖醉未嘗頹墮。與之居者無不服其德。其卒也。尹師魯誌之曰。飭身臨事。余嘗愧堯夫。堯夫不余愧也。文忠文集。

張先生谷闕。

謝今是先生景初見下謝氏家學。

朝議黎先生錞別見高平學案補遺。

張先生先

張先字子野。博州人。與歐陽文忠友。爲孝章皇后戚里之姻。官止知亳州鹿邑縣。寶元二年。年四十八。卒。文忠誌其墓云。好學自力。善筆札。文忠文集。

李先生公佐父堯輔。

李公佐。隨州人。與歐陽公相善。父堯輔。字彦夫。好學多積書。歐陽公嘗造其家。得昌黎集六卷。讀之。嘗撰李氏東園記。稱先生好學有行。鄉里推之。予益友也。姓譜。

廬陵同調

忠襄余先生靖

余靖字安道。曲江人。少以文學稱。天聖初。登進士第。歷官右正言。與歐陽修王素蔡襄爲四諫官。時論重之。累官集賢院學士。至工部尚書。卒。謚忠襄。姓譜。

梓材謹案。廣東黄志載先生所著詩文奏議。三史刊疑。隆興奉使審諭録。並武溪集行世。武溪蓋先生別字。

余忠襄語

潮之漲退。海非增減。蓋月之所臨。則水往從之。月臨卯酉則水漲。月臨子午則潮平。彼竭此盈。往來不絶。皆繫於月。太陰西没之期。常緩於日三刻。有奇潮之日。緩其期。率亦如是。自朔至望。常緩一夜潮。自望而晦。復緩一晝潮。朔望前後。月行差疾。故晦前三日潮勢長。朔後三日潮勢大。望亦如之。春夏晝潮常大。秋冬夜潮常大。春爲陽中。秋爲陰中。歲之有春秋。猶月之有朔望也。故潮之極漲。常在春秋之中。潮之極大。常在朔望之後。

張敬之問曰。潮汐月臨子午則潮至。其理謂何。豈以子者陽之始。午者陽之極。月爲陰屬。故其氣交激而至此耶。朱子答曰。潮汐之説。余襄公言之尤詳。大抵天地之閒。東西爲緯。南北爲經。故子午卯酉爲四方之正位。而潮之進退。以月至此位爲節耳。以氣之消息言之。則子者陰之極而陽之始。午者陽之極而陰之始。卯爲陽中。子爲陰中也。

余襄公文

夫素王之道。猶天地之大。日月之明。江海之浸。陰陽之變。日用于百姓而不知。其仁澤及于萬世而不爲其永。口誦目瞥。不加損益。所以遵而奉之者。教之所存焉耳。海豐縣儒學記。

附録

范希文貶饒州。諫官御史莫敢言。先生言。仲淹以刺譏大臣。重加譴謫。倘其未合聖慮。在陛下聽與不聽耳。安可以爲罪乎。汲黯在廷。以平津爲多詐。張昭論將。以魯肅爲粗疏。漢皇吴王熟聞訾毀。兩用無猜。豈損令德。陛下自親政以來。屢逐言事者。恐鉗天下口。不可。疏入。落職監筠州酒税。尹師魯歐陽公亦以希文故相繼貶逐。先生繇是益知名。

奉使契丹。入辭。書所奏事于笏。各用一字爲目。上顧見之。問其所書者何。公以實對。上指其字一一問之。盡而後已。

黄東發曰。余襄公諫貶范文正公。諫修開寶寺舍利塔。諫用張堯佐提點開封府事。皆臣下所難。出使契丹。折其助討夏人之請。西北二邊以寧。始經制儂賊事。賊平。撫綏。嶺海肅然。其後交趾寇邕州。公復移檄而定。南方之寧。又多其力。論諫如此其凜凜也。功烈如此其彰彰也。布衣時不幸辱于忍忌者之手。不得已易名取解以仕。可以此疵公萬一耶。

文肅吴先生奎

吴奎字長文。北海人。生而聰敏好學。始授經藝。祖母李氏。因其篤志而强教之。年十六業成。州郡舉以充貢。明年遂中第。授清江縣主簿。不赴。年二十。始調古田縣主簿。歷除簽書武寧軍節度判官事。始爲小吏。晝則治公事。夜輒讀書。自六藝諸子史。無有正僞。無不觀覽。嘗不寐者積二十餘年。性既開敏。彊記不忘。作爲文章。覈實有法度。由是中外大臣交口稱薦。遷太子中舍。殿中丞。會舉賢良方正。翰林學士葉清臣四人以先生應。詔對策高第。拜太常博士。通判陳州。累拜左諫議大夫。樞密副使。英宗卽位。遷給事中。再遷禮部侍郎。會丁父憂去。既卒喪。天子必欲起之。固請終喪。居喪毁瘠甚。廬于墓側。既服除。復以爲樞密副使。月餘。除參知政事。又月餘。改資政殿大學士。知青州事。兼京東東路安撫使。卒。年五十八。初。先生爲學慕韓退之。及有疾。謂其子曰。吾年既過退之矣。已而竟不起。若知命然。上爲輟視朝一日。謚曰文肅。嘗以錢二千萬。買田北海。號曰義莊。以賙親戚朋友之貧乏者。劉彭城集。

附録

韓魏公嘗云。吴長文有識。方天下盛推王安石。以爲必可致太平。惟長文獨語所知曰。安石心强性狠。不可大用。後果如所言。别録。

著作劉先生羲叟别見百源學案補遺。

廖先生偁

廖偁。衡山人。天禧進士。其先世以能詩知名于湖南。先生尤好古。能文章。德行聞于鄉里。

一時賢士皆與之游。歐陽文忠集。

洪範傳

案洪範皆人事之常。前古之達道也。伏犧而前不可得而知。伏犧而下至于堯舜。未有不法天以理天下者。洪範者。固千古之儀法也。豈禹方受之于天哉。若洪範之書出于洛。而神龜負之以授于禹。則是洪範者果非人之所能察也。自禹而上。果未之聞于世也。若果非人之所能察。而世果未之聞。則五行。五事。八政。五紀。皇極。稽疑。庶徵。福極之事。不聞于堯舜而上也。今驗五行。五事。八政。五紀。皇極。稽疑。庶徵。福極之義。自伏犧而下。未有不由之者。則洛出龜負以授于禹。豈其然乎。

附録

朱子曰。廖氏論洪範大段闢河圖洛書。以此見知于歐陽公。蓋歐公有無祥瑞之論。歐公只見五代有僞作祥瑞。故併與古而不信。河圖洛書之事。論語自有此說。而歐公不信祥瑞。併不信此。而云。繫辭亦不足信。且如今世間。有石頭上出日月者。人取爲石屏。又有一等石上分明有如枯樹者。亦不足怪也。河圖洛書亦何足怪。

方先生端附子暈。

方端。永嘉人。以文行爲歐陽公所器重。子暈。字聖時。生未期而孤。力學篤行。敝衣糲食。處之裕如。自號迂愚翁。大觀初。詔舉行誼。郡以聖時應選。固辭不就。浙江舊通志。

胥氏家學

胥先生元衡

胥元衡字平叔。長沙人。翰林學士偃之子。以蔭爲將作監主簿。累遷爲尚書都官員外郎。通判湖州海州。少孤。能自奮勵力學問。工爲文章。又謹畏廉潔。慕善而不自放。居官。雖小法未嘗不慎而不爲察。察于人。有所能容。始大臣薦其文章宜在館閣。近臣又薦其修潔宜任御史。朝廷方嚮用之。以爲江西轉運判官。命始下而卒。年三十有九。聞其喪者。識與不識皆哀之。元豐類稿。

謝氏家學

謝今是先生景初

謝先生景温合傳。

謝景初字師厚。知制誥絳之長子。以祖蔭爲太廟齋郎。中進士甲科。遷大理評事。知餘姚縣。

累官屯田郎中。會改官制。遷朝散大夫以卒。少奇俊。七歲能屬文。十三從師受禮。通其義。講解無滯。十六遊京師。翰林學士胥偃一見異之。許妻以女。朝廷始建北京。作魏誥以獻。李邯鄲深稱重之。知餘姚。爲塘岸以禦潮漲之患。民得安居。時王介甫宰明之鄞縣。韓玉汝宰杭之錢塘。其弟師直景温宰越之會稽。環吳越之境。皆以四邑爲法。處士孫侔爲文以紀之。通判海州。毁淫祠三百餘所。成都路提點刑獄。爲怨者所誣。坐免。先生逍遥里中。杜門讀書。未嘗以譴謫爲慼。築室郊外。時游息其中。每歎曰。詎知昨非而今是乎。昨是而今非乎。因自號今是翁。爲堂曰三疾。曰我亦古之遺民也。馮當世守成都。還知樞密院。訟其寃。通判襄州。多以病臥家。大水。州城幾没。先生歎曰。民如此。我何病乎。力疾以出。築隄捍水。城卒獲完。先生于書無所不讀。詳練本朝典故。尤喜爲詩。吳文獻杜正獻范文正皆器待之。與歐陽文忠劉原甫尤相善。士人多從學。先生教人以明義理爲本。而重尚氣質。不妄許與。故特立寡合。與兄弟深相友愛。有文集五十卷。范忠宣集。

雲濠謹案。師直景温官至刑部尚書。

謝先生景平

謝先生景回合傳。

謝景平字師宰。知制誥絳之子。初以祖父蔭守將作監主簿。既而中進士第。僉書崇信軍節度判官廳公事。累官至祕書丞。年三十三卒。王荆公誌其墓。稱其文學政事言語能自達于一時。其于道德之意。性命之理。則求之而不至。聞矣而不疑。可謂賢已。季弟景回。字師復。幼好學。有大志。年十九。所爲文辭已可傳載。遽卒于漢東。王臨川集。

廬陵家學

補大理歐陽先生發

附録

安定掌太學。號大儒。以法度檢束士。其徒少能從之。時文忠已貴。君年十有五。師事安定。恂恂惟謹。

爲殿中丞。時曹太后崩。詔定皇曾孫服制。禮官陳襄疑未決。方赴臨。召君問其制。君從容爲言。事在杜佑通典甚詳。襄卽奏用之。是時。方下司天監討論古占書是否同異。折中爲天文書。久未就。而襄方總監事。卽薦君刊脩。君爲推考是非。取舍比次。書成。詔藏太史局。

張文潛誌其墓曰。其學不務爲鈔掠應目前。必刮剖根本見終始。論次使族分部列。考之必得。得之必可用也。其與人不苟合。論事是是非非。遇權貴不少屈下。要必申其意。用是亦不肯輕試其所有。而人亦罕能知君者。

歐陽先生奕

歐陽奕字仲純。文忠次子。胡文恭壻。性倜儻。文章豪放。尤長于詩。多至于三百篇。文忠以其質敏。書以勵其學。得年纔三十四。位不及美顯。熙寧末。鄭俠得罪。凡通問者皆獲譴。先生獨傾資送之。其大節如此。周益公集。

補直閣歐陽先生棐

雲濠謹案。先生著有堯曆三卷。合朔圖一卷。歷代年表十卷。三十國年紀七卷。九朝史略三卷。食貨策五卷。集古總目二十卷。褱録二卷。先生亡後。其家集所自爲之文亦二十卷。見吕淨德所作傳。

附録

嘗稱曰。文不可以不學古而後爲也。要能以古人語而道己意。則可與言文矣。

歐陽先生愻

歐陽愻字德孺。自號靜退居士。文忠之孫。季默之子也。官徽猷閣待制。王舍人銖銘其墓云。忠厚之質。孝友之性。皆稟于自然。不勞追琢。其爲文古律雖殊。體製不一。各極其妙。而家法燦然。時推能世其家者。樓攻媿集。

廬陵門人

補 祕閣焦先生千之

附録

劉原父送之序曰。君子慎所學。惟至于自得而已耳。焦生既學于歐陽公。因北游京師。京師賢智之所聚也。伎能之所試也。變化之所出也。生其務自得。毋枉道。憂天下之憂以翹于人。人將謂生宋墨也。孰與勿學。吾亟得見焦生于歐陽公之門。美生之志。足以造于道而不流于俗。于其行也。贈之以言。

劉貢父送先生序曰。焦君伯彊介直好學。數應進士舉。至禮部輒罷去。時人皆歎息。謂之遺逸。不亦宜乎。

周益公題跋曰。歐陽文忠公贈焦伯强詩云。焦生獨立士。勢利不可恐。又云。皎皎寒泉冰。其清正如此。

補 侍讀劉公是先生敞

雲濠謹案。貢父爲先生行狀云。舅氏王源叔。以書招公來太學。公答。不可。則先生兄弟固王氏門人也。

公是弟子說

天下之道。莫大乎學。莫貴乎學。夫學者。匹夫也而居聖人之業。可不謂大乎。匹夫也而言王者之事。可不謂貴乎。

教人以道云乎。豈曰教人以文云乎。道者文之本也。循本以求末易。循末以求本難。今之所謂作者。筆墨焉爾。簡牘焉爾。

舜作九招。九招者。九名也。予識其三焉。祈徵角之謂也。

魯一變至于道。春秋變魯之實也。

儒者之原。仁義也。樂工之本。律吕也。本律吕者衆。而知律吕者寡。原仁義者衆。而通仁義者寡。律吕之所以亂。淫聲亂之。仁義之所以毀。小道毀之。淫聲出乎律吕。而非所以正律吕也。小道生乎仁義。而非所以明仁義也。善治聲者。擇乎律吕。善治道者。擇乎仁義。

書所以紀遠。而書未必盡信也。信有理。言所以交近。而言未必盡聽也。聽有理。故信理者不惑于書。聽理者不惑于言。不惑于書可以爲師。不惑于言可以爲友。

教民以學。爲將行之也。試人以言。爲將用之也。是故學不可行者。君子弗取也。言不可用者。君子弗詢也。書曰。無稽之言勿聽。弗詢之謀勿庸。

五經者。五常也。詩者温厚。仁之質也。書者訓告。信之紀也。易者淵微。智之表也。春秋褒貶。義之符也。惟禮。自名其道。專也。

無爲而治者。因堯之臣。襲堯之俗。用堯之政。斯孔子謂之無爲也。正朔無所改。制度無所變。教令無所易。恭己正南面而已矣。王者承極弊之後者則新之。改正朔。以新其時也。異徽號服色。以新其目也。殊聲音律吕之變。以新其耳也。一制度法令。以新其俗也。非所謂無爲也。

德之親民。甚于子孫。子孫天性也。服有時而殺。廟有時而遷。至于德。或累十世。民悲思享嘗之。詩曰。豈弟君子。胡不萬年。

所謂命者。道而已矣。生死貴賤貧富。道之制也。君子以爲命。所謂天者。人而已矣。人歸之則爲諸侯。諸侯歸之則爲天子。人之制也。非己制也。君子以爲天。知道者其知命也。知人者其知天也。

或曰。人有言。太公封于齊。五月而報政。伯禽封于魯。三年而報政。周公喟然歎曰。嗚呼。魯後世其北面齊乎。夫政不簡不易。民不有近。平易近民。民則歸之。信有諸乎。曰。否。此非周公之語。致功兼并者。欲速之言耳。孔子曰。無欲速。無見小利。欲速則不達。見小利則大事不成。古之人豈不欲簡易哉。又惡欲速。速非所以簡易也。簡易者未嘗速也。民之爲道。信而後可使。富而後可教。安而後可保。此所以爲達也。三年之爲亟矣。齊先魯亡。何魯之北面哉。孔子曰。齊一變至于魯。魯一變至於道。

性者。受之天也。道者。受之人也。受之天者。己雖欲易之。不能易也。受之人者。人雖欲易之。不能易也。魚不可使去淵。鳥不可使去林。天也。出處語默顯隱之不齊。人也。有所受之矣。

人胥知行之由足。不知行之由目。人胥知視之由目。不知視之由心。人胥知生之由食。不知生之由道。三者異類而同義。如使人之行者莫如足也。則瞽者曷爲有所不行也。如使人之視者莫如目也。則念者曷爲有所不見也。如使人之生者莫如食也。則不義之食曷爲有所不生也。生之依道。視之依心。行之依目。此天理之自然者也。知行之待目。而不知生之待道。則外其生于道矣。夫外其生于道者。生而不以道者也。生而不以道者。猶行而不用目。其不陷于坑谷者。幸而已矣。

或問。君子矯乎。曰。惟君子爲能矯。君子矯以爲義也。小人之矯以爲利也。君子窮而益堅。小人達而亦僞。

莫善乎性。人之學。求盡其性也。學而不能盡其性。有之矣。未有不學而能盡其性者也。

孔子之教人也。猶量也。豆區釜鍾因其能容。放乎足而止。

或問鄉飲酒之禮。劉子曰。所尚三。德也。年也。爵也。俎豆之事。則人知之矣。敢問三者兼乎。曰。然。如何。曰。謀賓介于先生。尚德也。旅酬以齒老者異秩。尚年也。大夫爲僎坐于賓東。尚爵也。三者天下之達尊也。

天子之玉全。上公龐。侯伯瓚。子男將。貴者取純焉。賤者取駁焉。夫學亦猶是也。全而純者玉也。次龐也。次瓚也。次將也。石爲下。

聖人行而當理。非求當也。自當也。言而中律。非求中也。自中也。

知性者不可惑以善惡。知道者不可動以富貴。知命者不可貳以生死。

凡學。志爲本。道次之。文次之。無其志爲。其道不立。無其道爲。其文不傳。

無强重任。强重任非其力。必廢其任。無歆重名。歆重名非其實。必毁其名。

三王之禮相變者。皆其可得而變者也。其不可得而變者猶若也。夏足鼓。商楹鼓。周縣鼓。謂之鼓之變可也。以爲變鼓矣。則吾未之見。

仁義禮智信五者。霸王之器也。愛之而仁。利之而義。嚴之而禮。謀之而智。示之而信。之謂霸。仁不待愛。義不待利。禮不待嚴。智不待謀。信不待示。之謂王。王者。率民以性者也。霸者。動民以情者也。性者莫自知其然。情者如畏不可及。王者百年而立。百年而備。百年而裕。百年而衰。百年而踣。有過之矣。霸者十年而立。十年而備。十年而裕。十年而衰。十年而踣。有不及矣。

春秋之誅也。先意而後事。其賞也。先事而後意。有其善。無其功。君子不賞也。賞之弗信。有其惡。無其志。君子不誅也。誅之不服。先意而後事。是以刑不濫。先事而後意。是以賞不僭。刑不濫。賞不僭。王道之盛也。

楊慥問曰。仲尼稱顔淵不遷怒。何也。劉子曰。中庸而已矣。衆人之怒也。出怒于怒。故怒也。是遷也。顔子之怒也。出怒不怒。出怒不怒。怒出于不怒者也。怒出于不怒者。有遷之者乎。

楊子曰。有人也。喜之不喜。怒之不怒。若是可謂中庸乎。曰。未也。是其于智也達。于道也偏。偏則不偏。是其過之者也。然則喜之而喜。怒之而怒。喜怒不失其類。則可謂中庸乎。曰。未也。是其于名也察。于情也節。猶未免乎徇也。是之謂不及。然則奈何。曰。因于物。緣于理。彼其可喜也而喜之。彼其可怒也而怒之。物之制也。理之有也。而泊然無所于係。是中庸矣。

八音不同物而同聲。同聲乃和。賢能不同術而同治。同治乃平。

忘情者自以爲達。悖情者自以爲難。直情者自以爲眞。三者異趨而同亂。

學不可行者。君子弗取也。言不可用者。君子弗詢也。

智不求隱。辯不求給。名不求難。行不求異。

夫賢者。爲人所能爲而已矣。人所不能爲。賢者不爲也。

君子恥過而改之。小人恥過而遂之。君子欲善而自反。小人欲善而自欺。

矜小名以售大僞。飾小廉以釣大利者。惟鉅孱爾。

道固仁義禮智之名。仁義禮智弗任焉。安用道。

梓材謹案。四庫全書著録公是先生弟子記四卷。提要云。其書多攻王氏新學。而亦兼寓鍼砭元祐諸賢之意。蓋自是三黨交訌。而公是獨蕭然于門户之外。故其言和平。至于稱老子之無爲。則爲安石之新法發。辨孟子之人皆可以爲堯舜。則爲安石之自命聖人發。其説稍激。則有爲言之者也。又。王守仁謂無善無惡者性之體。有善有惡者意之用。明人斷斷辨正。稱爲衛道。今觀是書。乃知王安石先有是説。公是已辟而闢之。是其發明正學。又在程朱之前。其或謂仁義禮智不若道之全一條。謂道固仁義禮智之名。仁義禮智弗在焉。安用道。亦預杜後來狂禪之弊。所見甚正。徒以獨抱遺經。澹于聲譽。未與伊洛諸人傾意周旋。故講學家視爲異黨。抑之不稱耳。實則元豐熙寧閒。卓然一醇儒也。

原父經說

小司徒。均土地。稽人民。周知其可任之數。凡起徒役。毋過家一人。以其餘爲羨。惟田與追胥竭作。此言可用者家三人至二人。正竭作其羨于四時之田。而以教之戰也。伍兩卒旅師軍。家一人爲正兵。六鄉六遂通十有五萬人。爲十二軍。而羨卒在外。都鄙之兵。又在外。大司馬則總其軍律。既習之以田獵。又試之以追胥。馳驟之而隊伍罔差。操縱之而進退用命。爲其可以起六軍而行九伐也。則家選一人。而精彊可獲矣。由教之者衆而用之者寡也。聖人之精密蓋如此。

騶虞采蘩采蘋皆在二南。則貍首亦必其儔。豈夫子刪詩已亡與。或曰。貍首。鵲巢也。篆文貍似鵲。首似巢。

執玉其有藉者則裼。無藉者則襲。此直謂朝聘時圭璋璧琮琥璜皆玉也。執璧琮琥璜。則與帛錦繡黼同升。所謂有藉。有藉則裼。裼者禮差輕。尚文也。執圭璋則特達。所謂無藉。無藉則襲。襲者禮方敬。尚質也。裼襲繫于有藉無藉。不繫于有繅無繅。又繅非藉。藉非繅。藉者薦也。繅者組也。

左氏拘于赴告。公羊牽于讖緯。穀梁窘于日月。

黄鍾。子位北方。當一陽生之月。故水數一。黄鍾下生林鍾。未位南方。當二陰生之月。故火數二。林鍾上生太蔟。寅位東方。當三陽生之月。故木數三。太蔟下生南吕。酉位西方。當四陰生之月。故金數四。南吕上生姑洗。辰位東南。當五陽生之月。故土數五。此皆自然之數也。

説者皆曰成王康周公。故賜魯以天子禮樂。吾未知其然。昔者魯惠公使宰讓請郊廟之禮于天子。天子使史角往。惠公止之。其後在魯。實始爲墨翟之學。由是觀之。使成王之世而魯已郊矣。則惠公奚請。惠公之請也。始由平王以下乎。

原父擬禮

公養賓。國養賢。一也。親之故愛之。愛之故養之。養之故食之。食而弗愛。猶豢之也。愛而弗敬。猶畜之也。饗禮敬之至也。食禮愛之至也。饗爲愛。弗勝其敬。食爲敬。弗勝其愛。文質之辨也。

公迎賓于大門内。非不能至于外也。所以待人臣之禮也。臣之意欲尊其君。子之意欲尊其父。故迎賓于大門内。所以順其爲尊君之意也。以上公食大夫義。

人苟可悦而相親。若者未必爭。苟爲簡而相親。若者未必怨。是故士相見禮者。人道之大也。所以使人重其身而毋邇于辱也。所以使人愼其交而毋邇于禍也。

古者非其君不仕。非其師不學。非其人不友。非其大夫不見。

贄者致也。所以致其志也。天子之贄鬯。諸侯玉。卿羔。大夫雁。士雉。鬯也者。言德之遠聞也。玉也者。言一度不易也。羔也者。言柔而有禮焉。雁也者。言進退知時也。雉也者。言死其節也。故天子以遠德爲志。諸侯以一度爲志。卿以有禮爲志。大夫以進退爲志。士以死節爲志。明乎其志之義而天下治矣。故執斯贄也者。至斯志者也。

士相見必依于介紹。以言其不可苟合也。苟而合。惟小人無恥者能之。君子可見也。不可屈也。可親也。不可狎也。可達也。不可疏也。賓至門。主人三辭。見賓稱贄。主人三辭。贄者以致尊嚴也。以上士相見義。

古者大夫七十而致事。君曰。是猶足以佐國家社稷也。留之不可失也。君雖留之。臣曰。不可貪人之榮。不可恩人之朝。不可塞人之路。再拜稽首。反其室。君不强焉。義也。毋奪其爵。毋除其禄。毋去其采邑。終其身而已矣。此古者致事之義也。是之謂上下有禮。故古之爲臣者。不四十不禄。不五十不爵。不七十不致事。古之仕者。爲道也。非爲食也。爲君也。非爲己也。爲國也。非爲家也。是以時進則進。時退則退。致仕義。

七經小傳

學而時習之。不亦説乎。温故而知新。

唯仁者能好人。能惡人。以其無好惡。故能定好惡。

宰予晝寢。晝居于內。則問其疾。所以異男女之節。厲人倫也。寢當讀爲內寢之寢。

片言可以折獄者。其由也與。此言非佞折獄。惟良折獄也。

吾猶及史之闕文也。世亂。史之記注不明。前代之事有闕文者。仲尼猶及知之。至于編簡俱絶。非仲尼所知也。故春秋斷自隱公。

不知命。無以爲君子也。臣事君。子事親。命也。以上論語。

泰誓曰。惟十有一年。武王伐殷。孔氏曰。觀兵孟津。以卜諸侯伐紂之心。諸侯僉同。乃退以示弱。非也。詩云。匪棘其欲。聿追來孝。聖人豈有私天下之心哉。觀兵孟津者。所以憚紂也。欲其畏威悔過。反善自修也。如紂遂能改者。武王亦北面事之而已矣。然則進所以警其可畏。退以待其可改。及其終不畏。終不改。然後取之。此篇稱紂罔有悛心。乃夷居。弗事上帝神祇。足以知武王之退。非示弱而襲之明矣。尚書。

雲濠謹案。四庫全書著録七經小傳三卷。提要云。吳曾能改齋漫録。晁公武讀書志。大旨均不滿于劉氏。朱子語類乃云。七經小傳甚好。今觀其書。往往穿鑿。與介甫同。然考所著弟子記。排斥介甫。不一而足。實與新學介然異趨。且介甫剛愎。亦非肯步趨于劉氏者。謂劉之説經開南宋臆斷之弊。劉不得辭。謂介甫之學由于劉。則竊鈇之疑矣。且略其卮詞。採其粹語。疏通剔抉。精鑿者多。又何可以末流之失。併廢其書歟。

春秋權衡

魯隱公以前。蓋未嘗舞八佾于羣公之廟。今立仲子廟。又當下羣公疑于所舞。故問衆仲也。

衆仲不知諸侯名位不同。禮亦異數。因天子八佾。遂兼稱諸侯六佾。致魯僭諸公之禮也。此春秋所以書其初也。

天子娶后。當使同姓諸侯主其辭。命祭公逆后于紀。使我主其禮也。

公子慭出奔齊。此則季氏之仇。而魯忠臣矣。

吴滅州來。注。州來。楚邑也。非也。滅之名施于國。非縣邑所得亢也。州來小國。世服于楚。

雲濠謹案。四庫全書著録先生春秋權衡十七卷。提要云。陳氏書録解題曰。原父始爲權衡。以平三家之得失。然後集衆説。斷以己意。而爲之傳。傳所不盡者。見之意林。然則傳之作。在意林前。此書又在傳前。劉氏春秋之學。此其根柢矣。自序謂權衡始出。世無有能讀者。又謂非達學與通人。則亦必不能觀之。其自命甚高。葉石林作春秋傳。于諸家義疏多所排斥。尤詆孫泰山尊王發微。謂其不深于禮學。故其言多自牴牾。有甚害于經者。雖概以禮論當時之過。而不能盡禮之制。尤爲膚淺。惟于劉氏則推其淵源之正。蓋原父邃于禮。故是書進退諸説。往往依經立義。不似孫氏之意爲斷制。此亦説貴徵實之一驗也。又著録春秋傳十五卷。提要云。論其大致。得經意者爲多。蓋北宋以來。出新意解春秋者。自泰山與原父始。泰山沿啖趙之餘波。幾于盡廢三傳。原父則不盡從傳。亦不盡廢傳。故所訓釋爲遠勝于泰山焉。

春秋傳

傳曰。元。始也。正。正也。君卽位。必以正始言之。加王爲大。受命也。何言乎大。受命。王者受命于天。諸侯受命于君。曷爲先言春而後言王。王者。法天也。公何以不言卽位。成公意也。何成乎公之意。公欲讓國也。隱元年。春。王正月。

其曰來。使人也。其曰輸。有挾也。平。不言來輸。來輸未得乎平也。然則何以不曰鄭人來輸祊。言平。則祊見。言祊。則平不見。隱六年。鄭人來輸平。

其言朝何。王者之制。諸侯歲相問。殷相聘。世相朝。其兼言之何。譏。何譏爾。旅見也。非天子不旅見諸侯。諸侯相旅見。非禮也。朝者考禮正刑一德以尊天子也。不得有德而朝之。雖不旅見。亦非禮也。隱十一年。滕侯薛侯來朝。

其言假之何。易之也。易之則曷爲謂之假。爲恭也。曷爲爲恭。有天子存。則諸侯不得專地也。易之者我也。使其辭若自鄭出。然是亦爲之諱也。此蓋邑也。其稱田何。田多邑少稱田。邑多田少稱邑。桓元年。鄭伯以璧假許田。

其謂之郜大鼎何。郜所守之大鼎也。武王克商。封諸侯。班宗彝。以爲子孫藏。郜以不義失之。宋以不義得之。雖久。非其有也。故謂之郜大鼎。桓二年。取郜大鼎于宋。

大閱之禮。虞人萊野。百步一表。以旗致民。選車徒。命旗物。辨鼓鐸。會器械。三鼓而行。三鼓而趨。三鼓而走。不用命者殺無赦。置旌以爲左右和。車徒敘和。表貉。獲禽不越。遂不面傷。大獸公之。小獸私之。冬事也。秋興之。非正也。厲農甚矣。桓六年。秋。八月。壬午。大閱。

桓無王。其曰王何也。存公也。何謂存公。三朝之節也。古者有侯服。有甸服。有男服。有采服。有衞服。侯服一歲一見。甸服二歲一見。男服三歲一見。采服四歲一見。衞服五歲一見。

魯采服也。桓非受命之君也。三不朝矣。其曰王。存公也。桓十年。春。王正月。

乙亥。嘗。何以書。譏。何譏爾。不時也。時爲大。順次之。體次之。宜次之。稱次之。桓十四年。秋。乙亥。嘗。

求車何以書。譏。何譏爾。王者無求。求車非禮也。桓十五年。天王使家父來求車。

同盟者何。殷同之禮也。古者諸侯之于天子。春見曰朝。夏見曰宗。秋見曰覲。冬見曰遇。時見曰會。殷見曰同。同盟之禮。爲宮方三百步。四門。壇十有二尋。深四尺。加方明于其上。方明者。木也。方四尺。設六色。東方青。南方赤。西方白。北方黑。上玄。下黄。設六玉。上圭。下璧。南方璋。西方琥。北方璜。東方圭。上介皆奉其君之旂置于宮。尚左。公侯伯子男皆就其旂而立。四傅擯。天子乘龍。載大旆。象日月。升龍降龍。出拜日于東門之外。反祀方明。諸侯既皆聽命。因相與盟于下。方伯臨之。以顯昭明。同盟之禮也。桓非受命之伯也。假同盟之禮。率諸侯以尊天子。蓋自是始伯也。莊十六年。同盟于幽。

天子之桷。斲之礱之。加密石焉。諸侯斲之礱之。大夫斲之。士斲本刻桷。非禮也。莊二十四年。刻桓公㈠桷。

覿用幣。何以書。譏。何譏爾。孤執帛。卿執羔。大夫執雁。士執雉。婦人棗栗腵脩。用幣

㈠「公」常爲「宮」

非禮也。戊寅。大夫宗婦覿。用幣。

此何以書。譏。厲民也。天子靈臺以候天地。諸侯有時臺以候四時。去國而築臺。是樂而已矣。莊三十一年。春。築臺于郎。

初者何。始也。税畝者何。履畝而税也。古者十一而藉。什一者。天下之中正也。多乎什一。大桀小桀。寡乎什一。大貉小貉。什一行而頌聲作矣。宣十五年。初税畝。

脤者何。俎實也。祭肉也。腥曰脤。熟曰膰。脤膰以親兄弟之國。受脤。禮也。歸脤。非禮也。蓋牽而致之也。定十四年。天王使石尚來歸脤。

狩非其時。書。此其時也。何以書。爲獲麟。謹也。狩非其地。書。此其地也。何以書。爲獲麟。謹也。何謹乎獲麟。麟之爲物也。有王者則至。無王者則不至。是故孔子曰。吾道窮矣。哀十四年。西狩獲麟。

春秋意林

人之生也。困而不學者多矣。知學之爲益其性。知道之爲得于學。或進取焉。或有所不爲焉。是可與共學者也。有常矣。而未及乎中行也。未及乎中行。則未可與適道。適道者。必中行者也。不踐迹。亦不入于室。是可與適道者也。善人矣。而未及乎大成也。未及乎大成。則未可與立。可與立者。必大成者也。不憂不懼。君子之成名矣。是可與立者也。而有不仁焉。則未可與權。

權者。聖人仁人之所施也。具臣者。其位下。其責薄。小從可也。大從罪也。大臣者。其任重。其責厚。小從罪也。大從惡也。

所謂欲速者。遺本者也。所謂小利者。計末者也。

雲濠謹案。四庫又著録春秋意林二卷。提要云。原父既苦志研求。運意深曲。又好雕琢其詞。使在可解不可解之閒。然考葉石林春秋傳。稱不知經者。以其難入。或詆以爲用意太過。出于穿鑿。然熟讀深思。其閒正名分。别嫌疑。大義微言。灼然得聖人之意者。亦頗不少。文體之澀。存而不論可矣。又永樂大典本春秋傳説例一卷。提要云。是編比事以發論。乃其傳文褒貶之大旨。又稱原父説春秋。頗出新意。而文體則多摹公穀諸書。皆然。是編尤爲簡古云。

春秋傳説例

卽位則書正月。未卽位則不書正月。原註。定無正月是也。繼正則書卽位。繼故則不書卽位。原註。莊閔僖。受命則書王。不受命則不書王。原註。桓無王。〇公卽位例。

諸侯之雩。主星辰山川。天子之雩。主上帝。魯用天子之禮。故曰大雩也。雩得雨則曰雩。不得雨則書旱矣。書不雨者。旱而不害物也。或歷時而書不雨。或逾時而書不雨。見所害也。雩例。

春秋記災不記火。火者人所爲也。災者天所爲也。天所爲。故大之而記之。人所爲。則被其焚者火之性耳。是何足記也。宣十六年。宣榭災。左氏以爲火。非是。昭九年。陳災。穀梁以爲火。亦非是。災例。

盟會皆君之禮也。故微者之盟之會。不志乎春秋。春秋之所志者。必有君與貴大夫居其閒者乎。原註。惡曹之盟三國人。似俱微。其實非微者。微者不志。由大夫之盟始于此。故貶稱人耳。北杏之會五國人。似俱微者。其實非微者。微者不志。由大夫之會始于此。故貶稱人耳。會而後盟則書會。雲濠案。吴氏省蘭云。此條有缺文。○盟會例。

公與諸侯遇。志也。外遇。不志也。其志者。以我有事接之也。所以謂外遇不志者。遇者小事。小事不志。遇例。

諸侯朝。用夷禮者名之朝。而旅見者累數之。禮不足者。則不言朝也。原註。介葛盧。夷狄之君雖來而朝。猶不曰朝。非以其不能朝也。蓋曰不足以朝録也。來朝例。

君遣再命大夫。必以君使爲文。由大夫尊故。正其名也。自一命而下微矣。君不嫌使微者。故不待稱君使也。帥師則不言君使者。將在外。君命有所不受也。使有常文。自内出者皆曰如。自外來者皆曰使。内不言如。外不言使。是謂專之。原註。臧孫辰乞糴。楚屈完來盟于師。其有所歸。或曰來者。來然後歸也。原註。鄭伯使宛來歸祊。或曰歸者。歸而不來也。原註。齊人歸公孫敖之喪。○使來例。

春田曰蒐。因以振旅。夏田曰苗。因以茇舍。秋田曰獮。因以治兵。冬田曰狩。因以大閱。不得其地則書之。不得其時則書之。桓公大閱。不得其時也。莊公治兵。亦不得其時也。大蒐者大比也。蒐狩例。

將尊師衆。稱某帥師。將尊師少。稱將。將卑師衆。稱師。將卑師少。稱人。所謂尊者。三命再命卿也。所謂衆者。大國三軍。次國二軍也。師行例。

有鐘鼓曰伐。無鐘鼓曰侵。其言鄙者。鄙遠之也。猶曰我不受其責爾。其不言鄙者。我豈無過也哉。過斯受之焉。侵伐例。

諸侯有相納之道。諸言納者。納之是也。其納不正。雖興師旅。不得與納之名。衛侯朔齊侯昭是也。納例。

降者其意也。降之者不得已也。降者猶得其國家者也。降之者雖得其國家。不列于諸侯矣。遷者亦然。降例。

國君以仁義爲守。以禮樂爲教。以政刑爲法。以賢智爲輔。雖有强暴。孰能亡之。是以春秋諸侯之奔者。莫曰人逐之。而曰自亡也。故諸言奔者。將必治其罪。則正言其名。正言其名有所不通。是以諱所尊。則曰居。原註。天王居。諱所親。則曰孫。諱所賢。則曰大去。大去者。將遜于位之意也。奔例。

歸者善辭也。有易辭焉。入者惡辭也。有難辭焉。爲易辭而先見所惡。突歸于鄭是也。爲易辭而先見所善。蔡季自陳歸于蔡是也。已嘗爲諸侯南面稱孤矣。出而復者則曰復歸。復歸者其可復也。衛侯衎曹伯襄是也。其不可復。雖復其位。亦不言其復也。衛侯朔衛侯鄭曹伯負芻是也。

自某者。某爲之主也。在諸侯則先所自。原註。衛侯鄭自楚。在京師則先所歸。原註。曹伯歸自京師。歸而名者。皆在所誅也。歸人例。

以歸者。囚服者也。國君云南面之位。而囚服苟免。是以賤之而名也。以歸例。

師行使出。其反也。或曰還。或曰復。復者事未畢也。言中道而復還者。事已畢也。反而至之辭。事畢與未畢。按文可見。然而聖人別而異之者。義將有所施也。歸父受命而聘晉。聘者旣反。聞君之喪。必復命于殯。乃可謂終事矣。歸父聘而反。聞君之喪。至檉而奔。于事爲未終。當曰復自晉。不得云還自晉也。仲尼爲人之疑于歸父之未終事。故曰還。言歸父之家遣矣。不可入。入則殺。殺則增君之惡。其出也。賢于入。故以終事之辭免歸父也。士匄侵齊。至穀而還。未終事也。仲尼患人之不知義。以士匄爲未終事也。故加之終事之辭。所以免賢者也。言是乃實終事矣。還復例。

諸侯卒。名之正也。惟天子不名也。諸侯卒則赴。赴則必及其名。以書于策。所以繼世序位也。其不名者。彼不以名來。僭天子之尊。故因其事以見其僭也。徐使容駒弔于邾。請視含。邾人以爲易于雜禮。有然矣。世或疑臣不當赴君之名。是不然。古之人不諱也。卒哭而後諱其交于鬼神。則臣質君之名。豈嫌赴于簡策哉。春秋諸侯之不以道死者。皆名也。其不名故也。若邾人之戕鄫子者也。所以起問者決是非也。天子之葬。公自行。公自行。常事也。常事不書。卿往會之。非常也。非常當書。而卿以君命出境。亦當書。故兩書之。大夫往會之。又薄矣。彌非常故一書。而大夫或一命賤不得見經。則但一書葬而已。弒君賊未討。則不書葬。賊既討。則書葬。蓋必待討賊而後葬之也。隱公不書葬。比其葬時不聞討賊也。桓公書葬。比其葬時魯人知殺彭生矣。未逾年之王没。則書卒。不成君也。不稱王。不二君也。未逾年之君没。則書卒。不成君也。不書葬。不二君也。原註。有子與無子同之。〇雲濠案。吴氏云。此條亦有缺文。〇卒葬例。

內女嫁于諸侯則尊同。尊同則記其卒。記其卒則必記其葬。所以申人情也。然而夫婦之道。王教之本。聖人所至慎。其行浮。其志僻。雖欲申人情。春秋不聽。則奪其葬。鄫季姬杞叔姬是也。其行潔。其志貞。雖均之于葬。春秋嘉之。則載其謚。宋共姬是也。此所以正人倫之大統也。內女嫁于諸侯。則書其卒。或未嘗嫁而亦書其卒。何也。曰許嫁矣。許嫁矣則字而筓之。死則以成人之喪治之。然則葬于女氏也。葬于女氏。則尊未全。尊未全。故略其國而没其葬也。內女卒葬例。

春秋之書世子。以著其正也。故鄭忽稱世子。蔡友稱世子。衛蒯聵稱世子。是皆失位者也。得罪者也。春秋不以其失位而奪其號。不以其得罪而削其名。原其所以失者。在所不當絶。故存之也。世子例。

季孫行父。臧孫許。叔孫僑如。公孫嬰齊。戰于鞌。四之。何也。原註。據凡師但書元帥。四軍非禮也。季孫斯。叔孫州仇。仲孫何忌。伐邾。三之。何也。三軍非禮也。季孫斯。仲孫何忌。侵衛。兩之。何也。兩軍非禮也。然則諸侯軍制奈何。大國三卿。皆命于天子。次國三卿。二卿命于天子。小國三卿。一卿命于天子。元侯之卿有軍。作師以承天子。諸侯之卿無軍。教衛以贊元侯。原註。明諸侯之卿不得立軍。行。但教衛士。衛士之數不足軍也。魯次國也。一軍多矣。原註。緣教衛之禮。故一軍雖爲多。然尚可也。二軍非禮也。原註。經稱作三軍。明未作三軍之時。已有二軍。然二軍亦非禮。蓋在春秋前有之。三軍僭也。四軍悖也。原註。周禮大國三卿三軍。然晉自武公始以一軍稱侯。而獻公乃私立二軍。魯作三軍。而叔孫穆子稱魯不當有軍。參此三者。求春秋之義。知周禮所言。是後世增加。穆子之説爲精。○大夫帥師例。

春秋大夫之奔。所與也。在外則字之。原註。宋子衷是矣。在内則微之。原註。季子不言奔。所賢也。則爲文以見其實。歸父之至檉。公孫壽之自鄭是也。此兩人皆有罪不得不奔。然而不以己之得罪而廢君臣之禮。不怨天不尤人者也。可以訓後世矣。詳其地所以賢之也。大夫奔例。

入者以惡入也。歸者以善歸也。加復者其位已絶矣。求自復者也。記其位絶與未絶者。大夫雖有故去國。君不埽其宗廟也。不累其宗族也。不收其田里也。出入詔于國。爵禄列于朝。此之謂有禮。君有禮矣。然而臣猶敢行稱亂。此臣之罪也。如埽其宗廟。累其宗族。收其田里。則君實涼德矣。是以按春秋之文而察之。華亥向寧之罪大。欒盈之罪小。此所以見也。元咺之奔晉。其位亦絶矣。故其反也曰復。然咺非有甲兵之勢。非有簒逆之謀也。求歸而已矣。故不得言復入也。大夫歸入例。

稱國殺而名大夫者。罪累上也。稱人殺而名大夫者。大夫罪也。稱人而不名大夫者。大夫無罪。由衆殺之也。原註。宋人殺其大夫。稱國而不名大夫者。大夫無罪。由君殺之也。原註。曹殺其大夫。

稱人殺而不以大夫道者。非其大夫也。原註。晉人殺欒盈。稱君殺者。世子母弟也。非殺大夫而稱公子者。稱人則爲有罪。稱國則爲無罪。原註。陳人殺其公子禦寇。莒殺其公子意恢。亦皆世子母弟。○殺大夫例。

大夫無遂事。諸言遂者。皆生事也。所以知大夫無遂事者。設大夫出境。君命兩事。則必兩書之。公子遂會晉趙盾。盟于衡雍。公子遂會雒戎。盟于暴是也。所以謂大夫無遂事者。凡遂事必因物造謀。而弗宿計也。或遂而可。或遂而不可。春秋因其可而與之。因其不可而刺之。公子結媵陳人之婦于鄄。遂及齊侯宋公盟。著其地。所以明在境外。此遂而可者也。季孫宿救台。遂入鄆。台在境内而擅命。此遂而不可者也。遂例。

弗者詭辭也。不者直辭也。弗不例。

公是奏疏

凡正臣常難進而易退。邪臣常易進而難退。願參伍觀之。毋使當親者疏。當疏者親。則朝廷尊榮。而社稷安矣。論邪正。

人者天地之心。人和則天地之和致矣。論天久不雨。

聖王之處民也順其性。其取民也任其宜。順其性者知天者也。任其宜者知地者也。聖王之功不變天地。是以其養易足。其教易成。其求易貢。其取不匱。論折變當隨土地之宜。

帝王之威。在使物畏之。不在使物惡之。故動以義。順于理。則物畏之矣。動以利。逆于理。

則物惡之矣。畏之則服。惡之則侮。自然之道也。論城古渭州。

賢者之節難進而易退。非讓一官之謂也。謂其能擇于義。不犯非禮也。故雖不多讓。其節猶可見。衆人之情好得而惡失。亦非勉受一職之謂也。謂其不擇于義。越禮而動也。故雖復飾讓。其情亦彌險。論讓官。

公是文集

道德之師深而約。章句之師雜而競。文字之師辨而夸。今吾子上愧于道德。而下不願爲章句文字。然則吾子何求矣哉。吾子亦謹用其志。毋怠所事。道德將自至。答進士潘起辭不爲師書。

春秋一也。而傳之者三家。是以其善惡相反。其褒貶相戾。則是何也。非以其無準失輕重耶。且昔董仲舒江公劉歆之徒。蓋常相與爭此三家矣。上道堯舜。下據周禮。是非之議不可勝陳。至于今未決。則是何也。非以其低昂不平耶。故利臆説者害公議。便私學者妨大道。此儒者之大禁也。誠準之以其權。則童子不欺。平之以其衡。則市人不惑。今此新書之謂也。雖然非達學通人。亦必不能觀之矣。春秋權衡序。

智無小也。學而已矣。官無小也。敏而已矣。知學不病。知敏不匱。送從父弟斁序。

子之學也。將學于道乎。將學于利乎。將道與利兼存之乎。其毋乃貌爲道而情爲利乎。送王生序。

王者不作。聖人之道衰。于是乎有朱墨之學以救攻止鬬。有蘇張之學以排患折難。有孫吴之學以强國勝兵。有商管之學以長材足用。外託號于仁以邀利。内寄名于忠以干權。嗟乎。道之所以不明也。是以君子慎所學。送焦千之序。

陽始于子。終于戌。置乾于子戌之閒者。此陽之終始也。陰始于未。終于酉。置坤于未酉之閒者。此陰之終始也。何謂大衍之數五十。其用四十有九。曰。衍者積也。天地之數。始于一。積于十。聖人參天兩地而倚數。故衍天之參則爲三十。衍地之兩則爲二十。所以參天兩地而不一天兩地者。一不可用也。故乾積三。坤積二。而不積一。一者乾坤所不用。是以其用四十有九。以上易本論。

天地者名也。清濁者體也。陰陽者氣也。是雖人物而有上下之異。然其治乃反在人。人者天地之心也。故人道治。則天地適其位。清濁安其常。陰陽辨其序。人道不治。則上下交亂矣。其名雖不變。其體雖不雜。其氣雖不改。然其政擾矣。故古之治天下者。必有神民之官以序天地。蓋惡擾也。凡親上者本乎天者也。親下者本乎地者也。是以神之事皆屬天。民之事皆屬地。毋以民亂神。毋以神惑民。則天地之道得矣。然則上下不位乎。陰陽不安乎。幽明不别乎。所謂重黎絶地天通者。此也。重黎絶地天通論。

先王治天下。有不勞而民自爲正者。治之至也。不勞而民自爲正者。其惟師乎。天地生之。

父母養之。而師教之。然後内可以事親。外可以事君。大可以治民。小可以治身矣。故師者非他也。所以使人知事親之道。事君之義。治民之術。治身之法者也。師以賢得民論。

夫聖賢之治國家天下。所以率民而教之也。有達貴者。有公貴者。有私貴者。有無貴者。德者其達貴也。爵者其公貴也。親者其私貴也。至于富則無貴也。帝王論。

人道之大端。非忠則不足以相懷。故先王之爲禮。必本于忠。忠也者。禮之本也。然而不敬則忠不見。故先王表之以敬。敬也者。禮之體也。然而不文則敬不昭。故先王等之以文。文也者。禮之成也。未有敬而不因于忠者也。未有忠而不敬不文能成其忠者也。

道者所以格物。而非格于物也。德者所以變俗。而非變于俗也。故三王之所改者。正朔緣于曆而改。律吕緣于聲而改。都邑緣于地而改。徽號緣于色而改。樂舞緣于功而成。官職緣于事而改。及夫以性爲内。以情爲外。以名爲制。以禮爲體。此所謂道德之本也。不可改也。以上三代同道論。

士之不朽者三。所以本者一也。德能服人則不朽。功能濟時則不朽。言能貽世則不朽。雖然本之者德而已矣。德者仁義忠信之謂也。内著于其外。達則其功也。窮則其言也。故德者本也。功與言者末也。不朽論。

古者卿大夫士之子不貳業。幼則入小學。長則入大學。教之以詩書之訓。禮樂之方。正其齒。辨其節。齊其衣服。明其辭讓。業成而志定矣。雖未就吏。而不累有司焉。雖未執事。而化民之端見焉。至于試以事。授以位。命以爵。然猶論辨而任之。度材而進之。使上無棄材。下無棄人。仕者世禄論。

古者惟軍賞不逾時。軍罰亦不逾時。用命。賞于祖。欲民速得爲善之利也。不用命。戮于社。欲民速見爲不善之辜也。是聖王之所不得已而用之者也。非所以治士大夫。賞罰論。

王者之于天下。言敗而不言敵。蠻貊之于中國。言入而不言勝。中國之于蠻貊。言勝而不言戰。三者在春秋矣。大本也。治兵論。

盗有源。能止其源。何盗之患。衣食不足盗之源。政賦不均盗之源。教化不修盗之源。今不務衣食而務無盗賊。是止水而不塞源也。不務化盗而務禁盗。是縱焚而救以升龠也。盍亦反其本而已矣。患盗論。

夫聖王所甚畏而甚敬者莫如天。天神之最著而明者莫如日。日者衆陽之宗。人君之表也。日有食之。天子則伐鼓于社。諸侯則伐鼓于朝。非故爲迂闊而塗民耳目也。明其陰侵陽。柔乘剛。臣蔽君。妻陵夫。逆德之漸不可長也。如是而奚救。奚不救。奚畏。奚不畏哉。救日論。

玉之爲物也。人知其寶也。有相倍差者。有相十百者。有相千萬者。則豈一玉哉。人之性何以異于是。雖有萬鎰之玉。不剖不見寶。不琢不見用。人之學。何以異于是。

性者仁義也。情者禮樂也。人未有不親其親者。人未有不尊其尊者。親親之謂仁。尊尊之謂義。故性者仁義也。親其親。驩然樂矣。尊其尊。肅然恭矣。肅然恭者。禮之本也。驩然樂者。

樂之原也。故情者禮樂也。以上論性。

善爲政者。使人自養而非養人也。使人自治而非治人也。爲政。

善爲政者。毋以小妨大。毋以名毀義。毋以術害道。毋以所賤干所貴。迂其身。有以利天下則爲之。貶其名。有以安天下則爲之。其惟舜臯陶乎。明舜。

古者求士。無退讓敦樸者。欲以勵世矯俗也。士之應世求者。亦偃蹇自厚。而鄙小榮利。是以人懷廉約之心。俗長敦厚之風。若不得已而應聘効力。則諤然中立。以道進退。何則。其素所操持者。不近勢利也。雜說。

吾甚畏言。言可畏也。而不能默然。吾言悃悃。倡而後和。人猶以爲過。吾言繩繩。譬而不訾。人猶以爲非。非吾言之畏。惟人之多忌。非吾之不能默然。而人實多言。若是者。其止乎。其已乎。其勿問而唯乎。譬之于物。其爲石不爲水乎。水之滔滔。往而不來。有陷而淵。有壅而回。有激而在山椒。曰。水哉水哉。畏言箴。

名乎貴階。利乎富梯。汝不人鬩。而人汝疑。疑汝斯怒。怒汝斯沮。汝不見耶。而忘戒懼。戒也有道。汝毋習非。懼也有道。汝毋詭隨。隨也傷直。毀也適宜。非也害勇。毀將由誰。能守爾直。胡多言之。恤能潔而勇。將保汝于吉。凡毀之作。患吾不能修。如毀而益明。吾復何尤。道非不章。又以書紳。惟無忌毀。以率吾眞。毀箴。

梓材謹案。四庫全書著録本永樂大典公是集五十四卷。提要言其談經雖好與先儒立異。而淹通典籍。具由心得。究非南宋諸家游談無根者比。故其文湛深經術。具有本原云。阮亭居易録引避暑録云。劉原父集百七十五卷。又云。原貢二劉先生公是公非集。内府亦闕如。可歎也。

附録

是時士大夫稍矜虚名。每得官輒讓。衆亦予其恬退。讓不失始利而得名益高。讓端無窮。或四五讓至七八。下至布衣福州陳烈等。初除吏。亦讓。賜之粟帛。亦讓。公以爲此皆挾僞求名。要上迷衆。其風不可長。乃建言諸讓官。或一讓。或再讓。或不得讓。宜一以故事舊典爲準。

梅聖俞和其詩曰。安得采虚名。師道欲吾廣。雖然存術業。曾不計少長。孔孟久已亡。富貴得亦儻。後生不聞義。前輩懼爲黨。退之昔獨傳。力振功不賞。舌吻張洪鐘。小大扣必響。近世復泯滅。務覺多忽恍。今子誠有志。方駕已屢枉。自慚懷道淺。所得可下上。正如種青松。而欲託朽壤。典刑皆可尋。聖言皆可仰。幸與增我過。此語固不爽。

司馬温公哭仲籧父詩曰。天下才無幾。夫君獨患多。高文粲列宿。英辯瀉長河。榮宦成朝夢。浮生度尺波。舊僚空執酒。相與淚滂沱。

弟貢父狀其行曰。自兩漢之後。豪傑之士所爲文章。雖皆以理爲主。偏局所見。致遠則不通。又其論五經。皆欲明王道。而惑于曲説。駁雜瞀亂。不能自解。聖人之道不明。及公爲之正德性。别仁智。舉中庸。明天命。條達理遂。交貫旁暢。愈深愈遠。未嘗一躓焉。嘗論曰。荀子不知性。

揚子不知命。韓子不知道。荀子言人性惡。則善無所起。揚子畏死而投閣。韓子汲汲求用于時。以不得出王公大人之門爲己憂。是三子其盛者也。而其蔽至是。况其下者乎。至説春秋。其所發明尤多。論宋襄公事。或以爲文王之戰不過。或以譏不能鼓儳殺敵。公以爲文王之事。亦當内治其國家。外信于諸侯。何嘗不治不信而强爭。既爭而輕棄己民。其猶足謂之仁且智乎。凡公之言大約反其本。正己而物正者也。書公子季友卒。三傳皆以爲賢。公以謂季友之賢。因其有事而著之。今卒。而書季者。蓋自是世季氏也。公之論春秋如此。自前世鉅儒宿學皆所不至。概舉一二者。可以類知焉。

又序公是先生集曰。傳曰。不知言。無以知人也。先生之言。孰有知之者哉。言可知也。先生爲常存矣。是故有志聖人者訊其通。貫穿諸子者觀其辨。濟用當世者尚其辭。莫不有爲師之道焉。合而觀之。若韶濩武象之天覆地載也。離而聽之。若琴瑟磬管之迭奏静心。要眇歸于平心氣。感神明而已矣。

晁子止曰。權衡論三傳之失。意林敘其解經之旨。劉氏傳其所解經也。如桓無王。季友卒。胥命用郊之類。皆古人所未言。

朱子曰。劉原父七經。向見其初成之本。後未得也。計此亦是劉公少時作。不然。則亦以其多而不能精耶。

又序吕氏家塾讀詩記曰。至于本朝劉侍讀。歐陽公。王丞相。蘇黄門。河南程氏。横渠張氏。

始出己意。有所發明。雖其淺深得失。有不能同。然自是之後。三百五篇之微詞奥義。乃可得而尋繹。蓋不待講于齊魯韓氏之傳。而學者已知詩之不專見于毛鄭矣。

又語類曰。劉原父才思極多。湧將出來。每作文。多法古。絶相似。有幾件文字。學禮記。春秋説。學公穀。文勝貢父。

王深寧困學紀聞曰。劉原父深于春秋。然議郭后祔廟。引春秋禘于太廟。用致夫人。致者不宜致也。且古者不二嫡。當許其號而不許其禮。張洞非之曰。按左氏。哀姜之惡。所不忍道。而二傳有非嫡之辭。敞議非是。然則稽經議禮。難矣哉。

梓材謹案。宋張洞有二。其一字明遠。任邱人。爲劉子望孫明復門人。此則祥符人。字仲通。晁无咎雞肋集有傳。歐陽公與書五通。周益公跋之。見益公文集。

黄東發曰。劉集賢。仁宗信倚之臣也。言無不從。皆犯人所難。治揚。治鄆。治長安。所至寬簡而肅清。考公平生。治行毫髮無媿焉。公博學無不通。仰觀天文。可知人事。不溺偏曲。而挺然以直大稱。可爲後學師表矣。

吴曾曰。慶曆以前學者尚文辭。多守章句註疏之學。至劉原甫爲七經小傳。始異諸儒之説。王荆公修經義。蓋本于原甫云。

補舍人劉公非先生攽

梓材謹案。徐敦立卻掃編紀新選格云。至劉貢父獨因其法。取西漢官秩陞黜次第爲之。又取本傳所以陞黜之語註其下。

局終遂可類次其語爲一傳。又言其爲是書。年甫十四五。方從其兄原父爲學。怪其數日程課稍稽云云。則先生本從事家學者也。

梓材又案。先生與兄齊名。宋史藝文志載先生春秋内傳國語十卷。經義考云。佚。四庫全書本永樂大典著録彭城集四十卷。提要云。朱子于元祐諸人。自洛黨外。多所不滿。而語録云。貢父文字工于摹倣。學公羊儀禮。亦復稱之。非其學問博洽。詞章奥雅。有不可遏抑者乎。阮亭居易録引避暑録云。劉貢父集五十卷。又引内閣藏書目録載貢父彭城文集十四册。有闕。

貢父經説

丈夫之冠。猶婦人之嫁。醮用酒庶子也。于適婦醴之。庶婦醮之。皆聖人分別適庶。異其儀。

彭城文集

選舉之患不在創法之未善。而在有司之弗良。不患試言之非要。而患聽者之弗察。國家求賢良異材之人。則使公卿薦舉。求文學經術之士。則使郡縣推擇。此雖三代取士。何以過此。然取士之法本未嘗失。而有司之聽或不能盡。今以有司不能盡而變法。法雖變而不擇人付之。雖法如三代。終無益也。

教育之法。所以治性也。性修則智明。智明則應物不惑。不惑則盛德之士也。自兩漢以來。學者未嘗不以利禄爲心。夫可誘以利禄而勉强爲善。則德性離矣。是故造士不及三代者。此也。以上貢舉奏議。

不好善者無他故。忌與驕云耳。忌者畏人勝己。故聞一善言。曰予所知也。見一善行。曰予所能也。驕者不能下人。曰是人我曷足嚴之乎。是事我曷足問之乎。若是。則賢能之士必深引遠去。而不肖者進矣。天下雖大。亡可立須。況國家乎。好善優于天下論。

所貴于處士者。爲其知道也。知道者不以己徇物。不以外傷内。是故雖貧賤不改其樂。雖富貴不移其志。處士論。

君子之道得于人。必反諸其身。違于天。必復諸其心。故禍福之至。曰己有以致之。是以上無怨而下無尤也。李將軍追咎殺降者。以使己不封。能自訟矣。書李廣傳後。

附録

曾南豐祭之曰。强學博敏。超絶一世。肇自載籍。孔墨百氏。太史所録。俚詞野記。延及荒外。陰陽鬼神。細大萬殊。一載以身。下至律令。老吏所疑。故事舊章。盈廷不知。有問于子。歸如得師。直貫旁穿。水決矢飛。一時書林。衆俊并馳。滿堂賢豪。視子塵揮。

補 文定曾南豐先生鞏

梓材謹案。先生之謚曰文定。見宋潛溪所作曾學士文集序。又案。黄文獻公跋南豐曾公謚文定覆議云。曾公官止四品。因鄉郡之請而賜謚。其議于太常。覆于考功者。用近制也。

雲濠謹案。周益公題跋云。南豐先生早從歐陽文忠余襄公游。素爲王文公所敬。而與蘇文忠公友。是其師友可概見矣。

曾南豐語

古者。學士之于六藝。射能弧矢之事矣。又當善其揖讓之節。御能車馬之事矣。又當禁其指咳之儀。書非特能。肆筆而已。而當辨其體而皆通其意。數非特能。布策而已。又當知其用而各盡其法。且視聽言動有其容。衣冠飲食有其度。在輿有鸞和之聲。行步有佩玉之音。蓋其出入進退。俯仰左右。接于耳目。動于四體。達于其心者。養之如此。其詳且密也。其習之有素。閑之有具。求其放心而伐其邪氣。于以成文武之材。而道德之實不難矣。禮者。其本在于養人之性。而其用在于言動視聽之閒。使人之言動視聽一于禮。則安有放其邪心而窮于外物哉。不放其邪心。不窮于外物。則禍亂可息。而財用可充。其立意微。其爲法遠矣。故設其器。制其物。爲其數。立其文。以待有事者。皆人之起居出入吉凶哀樂之具。所謂其用在乎言動視聽之閒者也。後世不知其如此。而或至于不敢爲。或爲之者特出于其勢之不得已。故苟簡而不能備。希闊而不常行。又不過用之于上而未有加之于民者也。故其禮本在于養人之性。而其用在于言動視聽之閒者。歷千餘年。民未嘗接于耳目。況于服習而安之者乎。

洪範傳

福極者。人君所以考己之得失于民。福言攸好德。則致民于善可知也。極言惡弱。則致民于不善可知也。視此以嚮威者。人君之事。未有攸好德而非可貴者也。未有惡弱而非可賤者也。故攸好德則錫之福。謂貴之所以勸天下之人。使協于中。固已見之皇極矣。于皇極言之者。固所以勉人。于福極不言之者。攸好德與惡弱之在乎民。則考吾之得失者盡矣。貴賤非考吾之得失者也。

其曰天乃錫禹洪範九疇。蓋易亦曰洛出書。然而世或以爲不然。原其説之所以如此者。以非其耳目之所習見也。天地之大。萬物之衆。不待非常之智而知其變之不可盡也。人之耳目之所及。亦不待非常之智而知其不能遠也。彼以非其所習見。則果于以爲不然。是以天地萬物之變。爲可盡于耳目之所及。亦可謂過矣。爲是説者。不獨蔽于洪範之錫禹。至鳳凰麒麟玄鳥生民之見于經者。亦且以爲不然。執小而量大。用一而齊萬。信臆決而疑經。不知其不可。亦可謂惑矣。

元豐類稿

先王之道爲衆説之所蔽。闇而不明。鬱而不發。而怪奇可喜之論。各師異見。皆自名家者。誕漫于中國。天下學者知折衷于聖人。而能純于道德之美者。揚雄氏或可耳。劉向之徒皆不免乎爲衆説之所蔽。而不知有所折衷者也。新序目録序。

古之君子未嘗不以身化也。故家人之義歸于反身。二南之業本于文王。夫豈自外至哉。世皆知文王之所以興。能得内助。而不知所以然者。蓋本于文王之躬化。故内則后妃有關雎之行。外則羣臣有二南之美。與之相成。列女傳目録序。

唐虞爲二典者所記。豈獨其迹耶。并與其深微之意而傳之。方是時。豈特任政者皆天下之士哉。蓋執簡操筆而隨者。亦皆聖人之徒也。以上南齊書目録序。

林少穎曰。曾舍人此言。可謂善觀二典矣。

書曰。思曰睿。睿作聖。蓋思者所以致其知也。知至矣則在我者之足貴。在彼者之不足玩。未有不能明之者也。明之而不能好之。未可也。故加之誠意。好之而不能樂之。未可也。故加之正心。如是則萬物之自外至者。安能累我。萬物不能累。故能盡其性。盡其性則誠矣。既誠矣。必充之使可大。既大矣。必推之使可化。能化矣。則民物之有待于我者。莫不由之以全其性。而吾之用與天地參。可不謂聖矣乎。既聖矣。則無思也。其至者循理而已。無爲也。其動者應物而已。是以覆露乎萬物。鼓舞乎羣衆。而未有能測之者也。可不謂神矣乎。神也者。至妙而不息者也。此聖人之道之極也。梁書目録序。

梓材謹案。明之而不能好之。未可也。四句。一作有知之之明。而不能好之。未可也。故加之以誠心好之。有好之之心。而不能樂之。亦未可也。故加之以至意樂之。木鐘集有問答。見木鐘學案。

古今之變不同。而俗之便習亦異。則亦屢變其法以宜之。其要在乎養民之性。防民之欲。本末先後能合乎先王之意而已。此制作之方也。有聖人作而爲後世之禮者。必貴俎豆。而今之器固不廢也。先弁冕。而今之衣服不禁也。其推之皆然。然後其所改易更革不至于拂天下之勢。駭天下之情。而固已合乎先王之意矣。禮閣新儀目録序。

法者所以適變也。不必盡同。道者所以立本也。不可不一。此理之不易者也。孔孟之時。去周已遠。二子乃獨明先王。以謂不可改者。豈好爲異論哉。亦將使天下之主不失乎先王之意而已。戰國之游士邪説害正。放而絶之。其可乎。然而君子之禁邪説也。固將明其説于天下後世。使人皆知其説之不可從。然後以禁則齊。以戒則明。則此書固不可得而廢也。戰國策目録序。

至治之極。教化既成。道德同而風俗一。言理者雖異人殊世。未嘗不同其指。何則。理當固無二也。自教養之法廢。先王之澤熄。學者人人異見。而諸子各自爲家。豈其固相反哉。不當于理。故不能一也。王子直文集序。

敘事莫如書。其在堯典。述命羲和。宅土測日。晷星候氣。揆民緩急。兼蠻夷鳥獸。其材成輔相。備三才萬物之理。以治百官。授萬民。興衆功。可謂博矣。然其言不過數十。其于舜典。則曰在璿璣玉衡。以齊七政。蓋堯之時。觀天以曆象。至舜又察之以璣衡。聖人之法。至後世益備矣。曰七者。則日月五星。曰政者。則羲和之所治。無不在焉。其體至大。蓋一言而盡。可謂微矣。其言微。故學者所不得不盡心。能盡心。然後能自得之也。王容季文集序。

古者。學者習其射御于禮。習其干戈于樂。則少于學。長于朝。其于武備固修矣。其于家有塾。于黨有庠。于鄉有序。于國有學。于教有師。于視聽言動有其容。于衣冠飲食有其度。几杖有銘。盤盂有戒。在輿有和鸞之聲。行步有佩玉之音。燕處有雅頌之樂。而非其故。琴瑟未嘗去于前也。蓋其出入進退。俯仰左右。接于耳目。動于四體。達于其心者。所以養之至如此。相國寺維摩院聽琴序。

聖人之所教人者。其晦明消長。弛張用舍之際。極大之爲無窮。極小之爲至隱。雖他經靡不同其意。然尤委曲其變于易。而重複顯著其義于卦爻彖象繫辭之文。欲人之可得諸心。而惟所用之也。上范資政書。

足下不先之以教化。而遽欲責善于人。不待之于久。而遽欲人之功罪善惡之必見。故己之用力也愈煩。而人之違己也愈甚。況今之士非有素厲之行。而爲吏者又非素擇之材也。一日卒然梗化。遂欲齊之以法。豈非左右者之誤。而不爲無害也哉。則謗怒之來。誠無怪其如此也。與王介甫書。

夫道之大歸。非他。欲其得諸心。充諸身。擴而被之國家天下而已。非汲汲乎辭也。其所以不已乎辭者。非得已也。孟子曰。予豈好辯哉。予不得已也。此其所以爲孟子也。答李沿書。

羲之之書。晚乃善。則其所能。蓋亦以精力自致者。非天成也。然後世未有能及者。豈其學不如彼耶。則學固豈可以少哉。況欲深造道德者耶。墨池記。

夫人之所以神明其德。與天地同其變化者。夫豈遠哉。生于心而已矣。極天下之知。以窮天下之理。于性之在我者能盡之。命之在彼者能安之。則萬物自外至者。安能累我哉。此君子之所以虚其心也。萬物不能累我矣。而應乎萬物。與民同其吉凶者。亦未嘗廢也。于是有法戒之設。邪僻之防。此君子之所以齊其心也。虚其心。極乎精微。所以入神也。齊其心。由乎中庸。所以致用也。然則君子之欲修其身。治其國家天下者。可知矣。清心亭記。

言道德者務高遠而遺世用。語政理者務卑近而非師古。刑名兵家之術。則狃于暴詐。惟知經者爲善矣。又爭爲章句訓詁之學。以其私見。妄穿鑿爲説。故先王之道不明。而學者靡然溺于所習。

漢之士。察舉于鄉閭。故不得不篤于自修。至于漸摩之久。則果于義者。非强而能也。今之士。選用于文章。故不得不篤于所學。至于循習之深。則得于心者。亦不自知其至也。由是觀之。則上所好。必有甚者焉。豈非信歟。以上筠州學記。

古之人。自家至于天子之國。皆有學。自幼至于長。未嘗去于學之中。學有詩書六藝。弦歌洗爵。俯仰之容。升降之節。以習其心體。耳目手足之舉措。又有祭祀鄉射養老之禮。以習其恭讓。進材論獄出兵授捷之法。以習其從事。師友以解其惑。勸懲以勉其進。戒其不率。其所以爲具如此。而其大要。則務使人人學其性。不獨防其邪僻放肆也。雖有剛柔緩急之異。皆可以進之于中而無過不及。使其識之明。氣之充于其心。則用之于進退語默之際。而無不得其宜。臨之以禍福死生之故。而無足動其意者。爲天下之士。而所以養其身之備如此。則又使知天地事物之變。

古今治亂之理。至于損益廢置。先後始終之要。無所不知。其在堂户之上。而四海九州之業。萬世之策皆得。及出而履天下之任。列百官之中。則隨所施爲。無不可者。何則。其素所學問然也。蓋凡人之起居飲食動作之小事。至于修身爲國家天下之大體。皆自學出。而無斯須去于教也。其動于視聽四支者。必使其洽于内。其謹于初者。必使其要于終。馴之以自然。而待之以積久。噫。何其至也。故其俗之成。則刑罰措。其材之成。則三公百官得其士。其爲法之永。則中材可以守。其入人之深。則雖更衰世而不亂。爲教之極至此。鼓舞天下而人不知。其從之豈用力也哉。及三代衰。聖人之制作盡壞。千餘年之閒。學有存者。亦非古法。人之體性之舉動。惟其所自肆。而臨政治人之方。固不素講。士有聰明樸茂之質。而無教養之漸。則其材之不成。固然。蓋以不學未成之材。而爲天下之吏。又承衰弊之後。而治不教之民。嗚呼。仁政之所以不行。盜賊刑罰之所以積。其不以此也歟。宜黄縣學記。

洪範所以和同天人之際。使之無閒。而要其所以爲始者。思也。大學所以誠意。正心。修身。治其國。平天下。而要其所以爲始者。致其知也。正其本者。在得之于心而已。得之于心者。其術非他。學焉而已矣。

古之人自可欲之善而充之。至于不可知之神。自十五之學而積之。至于從心之不踰矩。豈他道哉。學焉而已矣。以上熙寧轉對疏。

王伯厚曰。二程子以前。告君未有及此者。

聖賢篤于學。方其始也。求之貴博。畜之貴多。及其得之。則于言也。在知其要。于德也。在知其奥。能至于是矣。則求之博。畜之多者。乃筌蹄而已。所謂多聞則守之以約。多見則守之以卓也。如求之不博。畜之不多。則未有于言也能知其要。未有于德也能知其奥。然後能當于孔子之所謂學也。召判太常寺上殿劄子。

周之德盛于文武。而雅頌之作皆在成王之世。而洞酌言皇天親有德。饗有道。所以爲成王之戒。蓋履極盛之勢。而動之以戒懼者。明之至。智之盡也。移滄州過闕上殿劄子。

後耳目志

著書忌早。處事忌擾。立朝忌巧。居室忌好。作四忌銘。以致吾志。

飢信租。旅信奴。病信藥。老信書。

附録

歐陽公曰。曾子固之學。其大者固已魁壘。而其小者亦足以中尺度也。

韓持國爲神道碑曰。自唐衰。天下之文變而不善者數百年。歐陽文忠公始大正其體。一復于雅。其後公與王荆公介甫相繼而出。爲學者所宗。于是大宋之文章。炳然與漢唐侔盛矣。

王子發序其文曰。先生之學。雖老不衰。用未極其學。

朱子曰。某未冠時讀南豐之文。愛其詞嚴而理正。居常誦習。以爲人之爲言。必當如此。乃爲非苟作者。而于王子發舍人所謂自比劉向。不知視韓愈爲何如者。竊有惑焉。

又曰。五福六極。曾子固説得極好。洪範大集。曾子固説得勝如他人。

王深寧困學紀聞曰。南豐序齊書曰。蕭子顯之文。喜自馳騁。其更改破析刻雕藻繪之變尤多。而其文益下。愚謂子顯以齊宗室仕于梁。而作齊史。虚美隱惡。其能直筆乎。

黄東發曰。南豐與荆公俱以文學名當世。最相好。且相延譽。其論學皆主考古。其師尊皆主揚雄。其言治皆纖悉于制度。而主周禮。荆公更官制。南豐多爲擬制誥以發之。豈公與荆公抱負亦略相似。特遇于世者不同耶。又曰。南豐比荆公。則能多論及本朝政要。又責誚荆公不能受人之言。使南豐得政。當有可觀。南豐之文多精覈。而荆公之文多澹靜。荆公之文多佛語。而南豐之文多闢佛。此又二公之不同者。

吴臨川曰。南豐先生之學。在孟學不傳之後。程學未顯之前。而其言眞詳切實。體用兼該。閒有漢唐諸儒不得而聞者。

虞道園記新建文定祠堂曰。南豐之學。在孟氏既没千五百年之後。求聖賢之遺言帝王之成法于六經之中。沛然而有餘。淵然而莫測。赫然爲時儒宗。其文章深追古作。而君子猶以特爲其一事云耳。

宋潛溪曰。南豐信口所談。無非三代禮樂。

李西涯曰。文定公論學。則自持心養性。至于服器動作之閒。無有弗悉。論治。則自道德風俗之大。極于錢穀獄訟百凡之細。無有弗備。皆合于古帝王之道與治。

雲濠謹案。王阮亭居易録載隆平集二十卷。紹興十二年淄國趙伯衛序云。子固爲左史。日嘗撰隆平集以進。自太祖至于英宗。凡一百六年。爲書二十卷。當時號爲審訂。頒付史館。副存于其家。

補 縣令王先生回

梓材謹案。晁景迂題先生書傳後有云。王深甫布衣之友。曰曾子固。常彝甫。其名宦已顯。而忘年汲汲求友深甫于布衣中者。曰劉原甫。王介甫。是五人者皆歐陽公客也。

深甫文集

今之州掾縣佐似士師。而不似抱關擊柝也。三黜賦序。

項平甫曰。此言可以爲從事者之箴。

人生一世。誰能獨佚。但當明其不可息之説。而勉我之倦。則所遇無險易而安矣。答曾子固書。

承尚留谷陽米鹽。屑屑固妨詩書之樂。然閒在里巷。又豈能獨脱于米鹽。卽吾輩所學。要之物來順應。而心官無累。則幾于道德之歸矣。答王補之書。

項平甫曰。此言可以爲厭事者之箴。

人生秉命而游。于百年歷觀古今。所逢無治亂。所託無出處。禍福之來無不有命。或者乃欲以區區之力勝之。故有邀福而福愈去。避禍而禍愈來。蓋自然之禍福。常付于萬物之閒。逆理而得之。故于人謀爲可憾也。何則。義盡于己。而命定于天故也。答容季書。

項平甫曰。此言可以爲任智者之箴。

顧恃不可見之德。而不謹于可見之行。吾恐子志未白。而效者已成俗矣。謹微賦序。

夫嫌疑者。豈有其實。然我以爲嫌疑之謂也。我以爲嫌疑。則人必有嫌疑者矣。然而世多忽焉而不戒者。何也。恃其情不至于是也。情不至于是。而迹至于是。有人焉伺閒躡踪而議之。則奚説而可解歟。其亦受之而已矣。嫌戒説。

項平甫曰。此言可以爲任情者之箴。

彼駟能行，駸駸萬里。此舌能言。人纔聞耳。萬里遠矣。駟行有疆。聞耳甚微。舌言無方。六轡在手。縱之吾游。見險逢艱。不可控留。一出語口。死傳吾志。善惡吉凶。孰追孰避。駟不及舌賦。

附録

南豐序其文曰。當先王之迹熄。六藝殘缺。道德衰微。天下學者無所折衷。深甫于是奮然獨起。因先王之遺文以求其意。得之于心。行之于己。其動止語默必考于法度。而窮達得喪不易其志也。

晁氏客語曰。弗損所以益之。深甫云。弗過必有以防之。謂弗過爲防。非也。家人嗃嗃。父子嘻嘻。先儒謂嘻笑不嚴。故失家節。深甫云。重剛之卦。自無嘻笑之理。嘻嘻吁。皆難意也。

補教授徐先生無黨

附録

梅聖俞送之歸婺州詩曰。吴蠶吐柔絲。越女織美紈。機杼固已勤。刀尺誠獨難。裁縫失分寸。長短爲損殘。嘗聞仲山甫。能補帝衮完。衮完民衣足。天下無苦寒。徐從信都學。染翦宜棄冠。彼實山甫徒。爾亦非綷鞙。東歸道自勝。人誰故時看。

待制張浮休先生舜民詳見吕范諸儒學案。

王先生莘

王莘字樂道。汝陰人。周易博士昭素之後也。嘗從歐公學。子銍。直齋書録解題。

梓材謹案。晁景迂送王性之序云。酸棗先生五世孫。晚相遇于睢陽。樂道爲性之父。則酸棗之四世孫也。

蔡先生承禧

蔡承禧字景繁。臨川人。劍川推官元導子。與父同登進士。授太平州司理。再調知雩都縣。決事明敏。熙寧中。推監察御史裏行吕惠卿怙權任私。先生面奏其罪。又奏其弟升卿考校國子阿私。章五上。帝并其黨黜之。賜五品服。曰旌卿讜直。加集賢院校理。後出爲淮南轉運使。東坡稱其事君傾盡悃款。持心不倚云。姓譜。

梓材謹案。先生爲歐陽公門下生。公在蔡。屢乞致仕。先生因閒言曰。公德望爲朝廷倚重。且未及引年。豈容遽去。公曰。修平生名節爲後生描畫盡。惟蚤退以全晚節。豈可更俟驅逐乎。見倦游録。

雲濠謹案。孫鴻慶爲先生墓誌。稱其平生所爲文章甚多。未遑銓次。其子朿尚類之爲三十五卷。曰論語指歸十卷。曰奏議集十卷。曰文集十五卷。

附録

自少時篤學力文。博記善説。進對上前。亹亹有緒。故屢見稱獎。居家教訓子弟。講論道義。嘗至夜分。善與人交。不爲炎涼改觀。尤喜興獎名教。誘掖後進。雩都素少士人。人未知學。爲之擇秀民以誨導之。勉以進取。其後成就弟子。若郭峻之徒。相繼以登科第。邑人懷德。至祠而報之。

吴先生顯道

吴顯道。江左名士也。早從歐陽文忠公游。爲其弟子。王荆公自丞相府請歸鍾陵。獨喜爲詩。又出新意。集古人句。以資一時朋從燕笑之適。而以屬先生者凡十餘解。荆公與曾魯公有連。二公相繼當國。時太學生陳于等疏言。吴某學成行篤。願得爲國子師。俾學者有所矜式。荆公終以親嫌寢其書不報。于是江淮閒又爭欲以爲師。不遠千里執經帳下。學生常數十百人。所至輒以詩書禮易開悟後學。磨礲成就以爲士君子之器甚衆。而仕不充其志。官承議郎以卒。鴻慶居士集。

王先生復

王復。□□人。同知名進士十人。游謝希深歐陽永叔之門。先生與王尚恭爲稱首。時科舉法寬。秋試西都府園醮廳。希深監試。永叔梅聖俞爲試官。先生欲往請懷州解。永叔曰。王尚恭作解元矣。先生不行。則又曰。解元非王復不可。蓋諸生文賦平日已次第之矣。其公如此。邵氏聞見録。

龍學孫莘老先生覺詳見安定學案。

朝議王先生尚恭

王先生尚喆合傳。

王尚恭字安之。其先京兆萬年人。後家于梁州。至其父始家河南。先生少力學。與弟尚喆偕遊庠序。喜親賢士大夫。歐陽公書其父誌曰。二子學于予。校藝嘗爲諸生先。而稱先生尤爲謹飭。温温有儒者儀法。景祐元年。兄弟同登進士科。先生調慶成軍判官。知解縣。范文正公在政府。先生上書。文正是其言。知芮城縣。孫威敏公經略環慶。辟掌機宜。深相任信。移知陽武縣。包孝肅公爲尹。愛其才明。自著作佐郎九遷太常少卿。謝事。改朝議大夫。封太原縣開國子。天性愷悌。居官有風力。歸鄉里者幾三十年。潞國文公留守韓公高年者爲耆英會。圖其像而賦詩者凡十二人。先生居第四。且命先生書其詩于石。筆力精健。元豐七年卒。年七十八。范忠宣集。

于先生世封附弟正封。門人方蒙。

于世封。浦江人。南京留守房諸子也。舉進士。能暗記六經三史。弟正封。亦舉進士。尤以博洽自負。每兄弟論辨。旁引曲證。各歷誦全文。一字不遺。人號爲雙璧。初先生善屬文。頃刻數千言。縱橫變通。無不如意。自以爲所向無敵。及同正封見歐陽永叔。永叔不然之。先生慚。永叔因授以爲文之道。先生之學于是益進。晚乃著易書詩傳四十卷。正封著春秋三傳是非説二十卷。有方蒙者。嘗受學于先生。輯其家三世能文者七人。號七星集。浦陽人物記。

隱君章先生公量

章公量字寬夫。□□人。少好學。元祐閒。從歐陽文忠公曾南豐游。隱居讀書。崇寧閒。王珪薦之。不起。姓譜。

常先生秩

常秩字夷甫。汝陰人。以經術著稱。士論歸重。熙寧初。詔郡以禮敦遣。始詣闕。神宗問曰。先朝累命何爲不起。對曰。先帝亮臣之愚。故得安閭巷。今陛下趣迫。故不敢不來。數求去。不許。累官至寶文閣待制兼侍讀。姓譜。

梓材謹案。廬陵之卒也。初謚曰文。先生謂其有定策功。請加以忠。乃謚文忠。綱鑑以先生爲廬陵門人故爾。

附録

劉公是雜録曰。秩初未爲人知。歐陽永叔守潁㊀。令吏校郡中户籍。正其等。秩貲簿在第七。衆人遽請曰。常秀才廉貧。願寛其等。永叔怪其有讓。問之皆曰。常秀才孝弟有德。非庸衆人也。永叔爲除其籍。而請秩與相見。説其爲人。秩由此知名。及張唐公守潁。因薦秩于朝廷。賜以粟麥束帛。固讓不受。自陳方應舉。無隱者之實。不敢當其賜。是時余守揚州。亦以孫侔聞朝廷。賜之如秩。侔受而不謝。兩人者。取舍異。或講其意。予以謂秩尚節。而侔安禮者也。所謂周之亦可受矣。尚節者潔而介。安禮者廣而通。

別附

補 文穆蔣潁叔之奇

梓材謹案。潁叔爲侍郎堂弟之子。侍郎將卒。口占後事。命疏于牘背。見胡文恭公所作侍郎神道碑。

雲濠謹案。吕淨德送蔣熙州詩云。昔登蔣公門。忽忽五十載。于今見猶子。省記似前代。原注。慶曆中。蔣公希魯侍郎守成都。某蒙賴數載。今五十年矣。觀熙州之爲人。彊裕清敏。蓋得其家法云。熙州卽潁叔也。

㊀「潁」當爲「潁」。

文肅曾子宣布見下南豐家學。

公是講友

楊先生慥別見百源學案補遺。

司勳張先生諷別見士劉諸儒學案補遺。

南豐講友

李先生丕

李丕字子京。初名直卿。海州人。寓南康。游曾南豐父子閒。年七十有一以卒。先生家故寒。學爲士。自先生始。出舉進士。中其科。得主楚之淮陰簿。累遷尚書職方郎中。復爲尚書比部郎中。元豐類稿。

博士家學

曾先生曅

曾曅字叔茂。子固之兄也。有智策。能辨説。其貫穿反復。人莫有能屈之者。歡愉憂悲疾病行役寢食之閒。書未嘗去目。其文章尤宏贍。瓌麗可喜。年四十有五。皇祐五年。以進士試于廷。

得疾。歸卒江州。元豐類稿。

曾先生覺

曾覺字道濟。子固兄曅之子。自少勵志力學。問知道理。善于屬文。及長。慨然慕有爲于世。不肯碌碌。爲人恭謹。循循寡言。治平二年及進士第。爲吉州司法參軍。用薦者爲韶州軍事判官。行至虔州卒。年三十有七。元豐類稿。

深父學侶

王公默先生向

主簿王公議先生冏合傳。

王向字子直。深父弟。爲文長于序事。戲作公默先生傳。弟冏。字容季。性純篤。亦善序事。皆蚤卒。仕止于縣主簿。宋史。

附録

南豐序子直文集曰。子直少已著文數萬言。與其兄弟俱名聞天下。可謂魁奇拔出之材。而其文能馳騁上下。偉麗可喜者也。

又誌容季墓曰。容季孝悌純篤。尤能刻意學問。爲人自重。不馳騁衒鬻。亦不了了爲名。日與其兄講唐虞孔子之道。以求其内。言行出入。常擇義而動。

沈括夢溪筆談曰。歐陽文忠好推輓後學。王向少時爲三班奉職幹當滁州一鎮。時文忠守滁州。有書生爲學子不行束脩。自往詣之。學子閉門不接。書生訟于向。向判其牒云。禮聞來學。不聞往教。先生既已自屈弟子。寧不少高。盍二物以收威。豈兩辭而造獄。書生不直向判。徑持牒以見歐公。公一閲。大稱其才。遂爲之延譽奬成。卒爲聞人。

廬陵私淑

詹事晁景迂先生説之詳景迂學案。

劉龍雲先生弇

劉弇字偉明。安福人。兒時警穎。日誦萬餘言。登元豐二年進士第。繼中博學宏詞科。歷官至嘉州峨眉縣。改太學博士。元符中。有事于南郊。進南郊大禮賦。哲宗覽之動容。以爲相如子雲復出。除祕書省正字。徽宗卽位。改著作佐郎。實録檢討官。以疾卒于官。性嗜酒。不事拘檢。爲文辭剷剔瑕纇。卓詭不凡。有龍雲集三十卷。周益公序其文。謂廬陵自歐陽文忠公以文章續韓文公正傳。遂爲一代儒宗。繼之者先生也。其相推重如此云。宋史。

窮一理之微。盡一性之妙。其命有以至于冥然無閒之初。其神有以會于寂然不動之際。則宜若可以忘言矣。然而天下之言。常出于不勝其多。而言者遂至于不勝其衆。則將以寓道而使之有明。載道而使之有行故也。是故無言而道隱。未若有言而道不隱。有言而道不隱。未若言而與道兩傳而無所隱。論語講義自序。

是書也而謂之春秋。何也。蓋天地之所以舒慘百物。其運在四時。而春秋爲陰陽之中。聖人倣乎陰陽以信褒貶。此魯人命春秋之意。雖孔子亦莫之能易也。

學者之于春秋。患在求之太過。拘之太甚。求之太過。則精神失。拘之太甚。則流入于峭刻而不知變。于此有一言而盡者。道而已矣。有兩言而盡者。公與恕而已矣。故曰。聖人之言如江河。諸儒泝沿。妄入畎澮。聖人之心如日星。諸儒糾紛。雲障霧塞。此亦學者之大患也。以上春秋講義自序。

楊回光先生天惠

楊天惠。郫縣人。幼警敏。嘗取韓愈歐陽修文集縱觀。作歌詩十數篇。老師宿儒相傳驚歎。元豐中進士。徽宗時上書言宮禁事甚剴切。後入黨籍。有文集傳于世。姓譜。

梓材謹案。費著氏族譜言。楊氏自潼川徙郫。實祖唐盈川令炯。又言。先生爲盈川十一世孫。始家于郫。以儒學稱。自號回光居士。元符末應詔上書。入崇寧黨籍云。

文康葛先生勝仲

葛勝仲字魯卿。丹陽人。登紹聖四年進士第。調杭州司理參軍。林希薦試學官及詞科。俱第一。歷官禮部員外郎。權國子司業。遷太常卿。宋自建隆至治平。所行典禮。歐陽公嘗裒集爲書。凡百篇。號太常因革禮。詔先生續之。增爲三百卷。詔藏太常及建春宮。以先生兼諭德。爲仁孝學三論獻之太子。復採春秋戰國以來歷代太子善惡成敗之迹。日進數事。詔嘉之。徙太常少卿。除國子祭酒。尋知汝州。湖州。鄧州。罷歸。建炎中。復知湖州。紹興元年丐祠歸。十四年卒。年七十三。謚文康。宋史。

葛文康語

魯昭公如晉。自郊勞至贈賄。無失禮。女叔齊曰。是儀也。不可謂之禮。禮所以守其國。行其政令。無失其民者也。趙簡子見子太叔。問揖遜周旋之禮焉。子太叔曰。是儀也。非禮也。夫禮。上下之紀。天地之經緯。民之所以生也。二子可謂知禮之本末矣。然制度文爲雖禮之末。捨此則安上治民之意無以寓。則所謂禮之文者。豈可不載述以詔後哉。

附録

嘗與王黼書曰。天下無事則宰相安。宰相生事則天下危。

王深寧困學紀聞曰。論衡蓋蔡中郎所祕玩。而劉氏史通譏之。葛文康公亦曰。充刺孟子猶之可也。至詆訾孔子以繫而不食之言爲鄙。以從佛肸公山之召爲濁。又非其説髎舊館而惜車于鯉。又謂道不行于中國。豈能行于九夷。若充者。豈足以語聖人之趣哉。

回光同調

孝子郭樂善先生絳父□。

郭絳字辰孺。成都人。世以晦德相光㈠。逌其父益力學爲文詞。知名于鄉。先生幼讀父書。盡傳其所學。其父蚤世。先生執喪如成人。奉母極謹。身率妻子。約衣犓食。操井臼以養。無懈時。閒遇親疾。輒憂恐。緼火結帶。晨夕侍不去。疾平乃已。親没。先生哀毁骨立。畚土成墓。廬其旁三年。遂菜食終身。先生氣體夷粹。侃侃似不能言。然其中端挺不倚。平生惟好書。無他嗜。有易解十卷。書解七卷。老子道德經解二卷。三教合轍論一卷。蔬食譜一卷。歌詩雜文十卷。

㈠ 「光」一作「先」。

以爲立身揚名莫如孝。作孝行圖。守節高蹈莫如隱。作高隱圖。善惡之應猶影響。作陰德雜證圖。各爲之論述。傳于其徒。時設八行科。將薦諸朝。會病卒。其友人楊匯曰。自古賢者没其易名。請謚曰樂善先生。而東蜀楊天惠誄以文之曰。弱無固。壯無專。老無在。死無餘。此元次山所以喪㈠紫芝者。某于先生亦云。回光文集。

葛氏學侶

王先生日休

王日休字虚中。舒人。誨誘後學最爲諄切。嘗撰易解。春秋解。春秋名義。養賢録。模楷書行于世。姓譜。

附録

葛立方曰。虚中治春秋學。爲四傳辨失。左氏正鑑。紹興初。嘗抱其書質于先人文康公。文康深許之。濡削遺之曰。遠類康成。發公羊之墨守。下卑元凱。爲左氏之忠臣。

梓材謹案。宋史藝文志載先生春秋孫復解辨失一卷。又春秋公羊辨失一卷。春秋左氏辨失一卷。春秋穀梁辨失一卷。春秋名義一卷。即中興書目所謂春秋明例一卷。孫復解三傳辨失四卷也。其曰四傳辨失。以三傳并孫解數之耳。

㈠「喪」當爲「哀」。

尹氏家學

尹先生朴別見高平學案補遺。

判官尹先生構

尹構字嗣復。師魯第三子也。初以翰林諸公薦名臣之後。特恩補太廟齋郎。年末應調。韓魏公奏爲相州安陽縣主簿。復辟監倉草場。秩滿調泗州觀察判官。未行。卒于許昌之長葛縣。年三十有一。先生天資英爽。讀書一覽輒不忘。未冠已與老成長者游。爲文章下筆卽成。不加點竄。善談論。有時揚搉古今。一坐皆傾聽。英宗初卽位。魏公以顧命元勳求解機務。上不之許。魏公未敢堅去。先生上書于魏公曰。功成身退乃天之道。公今眷眷君臣之契。不忍決去。而久持大權。讒嫉者衆。將有媒孽之巧。伺隙而進。一旦禍機潛發。令名不終。則公將噬臍。悔何及也。魏公嗟賞之曰。眞有父風。後魏公得請外鎭。蓋用其言云。范忠宣集。

尹氏門人

諫議張先生景憲別見百源學案補遺。

梅氏門人

文忠蘇東坡先生軾

文定蘇潁濱先生轍並詳蘇氏蜀學略。

文定曾南豐先生鞏詳上廬陵門人。

縣令歐陽先生闢

歐陽先生簡合傳。

歐陽闢字晦夫。靈川人。至和間。與弟簡同學詩于梅聖俞之門。元祐六年。先生舉進士。任雷州石康令。時蘇東坡南遷。與之交遊。乞休歸。居無完壁。一統志。

附録

聖俞送歐陽秀才遊江西曰。客心如萌芽。忽與春風動。又隨落花飛。去作江西夢。我家無梧桐。安可久留鳳。鳳巢在桂林。烏哺不得共。無忘桂枝榮。舉酒一以送。

余氏門人

文定曾南豐先生鞏詳上廬陵門人。

今是門人

文節黄涪翁先生庭堅詳見范呂諸儒學案。

焦氏門人

潘先生約

潘約字簡夫。永嘉人。周益公跋焦伯强與先生帖云。余裒文忠公集。于書簡得公與伯强帖凡十有六。意愛之厚。期待之遠。情見乎詞。觀伯强遺簡夫十六帖。淵源蓋有自矣。簡夫後爲伯强壻。周益公集。

劉氏家學

齋郎劉先生定國

劉定國字伯于。原父長子。幼能誦書。敏于記覽。原父平生好經書。爲春秋學尤深邃。嘗曰。是兒當盡傳吾學。性專一端靜。未嘗有子弟過。而勤學刻苦。不舍晝夜。外無嗜好。不幸短命。十八歲而卒。以祖蔭爲郊社齋郎。後補掌禮。彭城集。

劉氏門人

學士楊先生繪

楊繪字□□。綿竹人。少奇警。讀書五行俱下。名聞西州。登進士第。神宗時知諫院。改兼侍讀。先生以諫官不得其言則去。不拜。後累官翰林學士。姓譜。

梓材謹案。范太史祖禹誌其墓云。治經濟。尤長于易春秋。皇祐五年進士第二人。終天章閣待制。東都事略云。御史中丞。

附録

嘉祐三年。獻書意詩旨春秋辨要十卷。閏十二月。命爲集賢校理。玉海。

陳師道曰。楊内翰繪云。莊遵以易傳揚雄。雄傳侯芭。自芭而下。世不絶傳。至沛周郯。郯傳樂安任奉古。奉古傳廣凱。凱傳繪。所著索藴。乃其學也。

徐敦立卻埽編曰。楊侍讀繪。熙寧閒。知南京。有惠政。予及見故老有能道當時事者云。春秋勸農時。必微服屏騎從至田野中。民莫知其太守也。有獻漿水者。欣然而舉之。以是多知民閒疾苦之實。亦以見前輩爲政平易如此也。

晁子止曰。書九意。楊元素撰。其序云。詩書春秋同出于史。而仲尼或删或修。莫不有筆法焉。詩春秋先儒皆言之。書獨無其法耶。故作斷堯。虞書。夏書。禪讓。稽古。商書。周書。費誓。秦誓意凡九篇。

楊先生異

楊異。雲濠案。一作翼。□□人。公是先生嘗謂之曰。鼓舞鏗鏘。吾不知其異于樂也。然而知鼓舞鏗鏘。而不知其義者。是制氏之樂也。折旋俯仰。吾不知其異于禮也。然而知折旋俯仰。而不知其理者。是徐氏之禮也。簡牘筆墨。吾不知其異于道也。然而知簡牘筆墨。而不知其道者。是世俗之儒也。故君子務常。公是弟子記。

南豐家學

補 文昭曾曲阜先生肇

雲濠謹案。先生爲范忠宣墓誌云。某晚遊公門。辱知厚甚云云。是忠宣爲先生受知師也。

附録

公在邇英讀史記至堯崩三年之喪畢。因言堯舜同出黄帝。舜且爲堯喪三年者。舜嘗臣堯故也。侍讀温益進言曰。史記世次不足信。若堯舜同出。則舜娶堯女。爲娶從祖姑。公以史記世次禮記祭法大傳之説質于上前。益語塞。

時有陳大中至正之論者。以元祐紹聖均爲有失。魯公稱上命。命公推此意爲詔諭天下。公見上。言陛下欲建皇極。以消弭朋黨。須先分君子小人。賞善罰惡。不可偏廢。開説甚至。兄布與韓忠彦並相。公移書告之曰。兄方得君。當引用善類。翊正道。以杜惇卞復起之萌。而數月以來。所謂端人吉士繼迹去朝。所進以爲輔佐侍從臺諫。往往皆前日事惇卞者。一旦人主意移。小人道長。進則必論元祐人于帝前。退則盡排元祐者于要路。異時惇卞者縱未至。一蔡京足以兼二人。不可不深慮。布不能從。

三省議更科舉。公謂取士以行。不專以言。如使經明行修之士。而不由鄉里之選。又無考察之實。則所謂取其行者。亦徒虚文而已。今宜稍倣古昔官人之法。而學者尊經術。惇行義。人人篤于自修。則人材不盛。風俗不美。未之有也。

公積公帑之錢。大興學校。親加訓導。養成人材爲多。

諫官陳瓘以言及東朝與政事。被謫。公適奉使還家。即奏兩宫。竭意營救。蓋公所以處上母子之閒。有人所難言者。

楊文靖公爲神道碑曰。公天資仁厚。而剛大之氣見于顔面。望之若不可犯。即之温然可親。眞成德君子也。其文之粹也。克承其家。學有兩漢之風。其立朝端嚴。不以言語辭色假借人。而愼重爲得大臣之體。

樓攻媿曰。文昭當元祐盛際。徽皇初政。再爲詞臣。氣節議論。尤挺特卓偉。名儒如上蔡龜山。俱謂端嚴有大臣之風。其後亦最盛。

程允夫跋朱魯叔所藏曾鄒陸三公帖曰。祐陵卽位之三年。改元建中靖國。悉收召元祐舊人。布列中外。將與之復慶曆嘉祐之治。德意甚美。俄曾丞相當國。復以紹述事啓上意。凡元祐起廢之人浸不用。時文黨禍遂牢不可解。靖康之亂實基于此。洵嘗讀其書而悲之。今觀公所與朱公帖有云。別紙丁寧。豈惟益友忠告之益。亦出于憂國懇懇之誠。衰拙于此。豈能恝然。但再三則瀆。終至無補。豈朱公遺公書時。猶以諫止其兄事望之耶。所謂憂國懇懇者。誠仁人君子用心哉。

黄東發曰。曾氏兄弟以文鳴世。南豐尤著。今觀南豐挺立無所附。在朝之日淺。而居外庸之日多。治齊治越治閩。皆有顯績。寬期守信。委任責成。往往不勞而治。可以爲世法。文昭歷十一州。惠利亦多。而立朝之績尤顯。方徽廟初。切劘上聽。保護善類。立大中至正之論。隱然有社稷功。元祐士大夫再謫。而公乞與之俱矣。然則曾氏兄弟豈徒以文鳴者哉。

袁清容題文昭詩曰。文昭文肅當貧苦時。皆舍人撫字。迄見有成。至于制誥。則殆青過于藍。尚書省記實公所作。後評文者謂當爲萬世法器資。番陽彭公與公同臺。熙豐改更乃若有不同者。幸以内相謝事。卒爲全人。後作史者宜深考焉。

文肅曾子宣布

曾布字子宣。南豐人。年十三而孤。學于兄鞏。同登第。調宣州司户參軍。懷仁令。熙寧二年徙開封。以韓維王安石薦。上書言爲政之本有二。曰厲風俗。擇人才。其要有八。曰勸農桑。理財賦。興學校。審選舉。責吏課。叙宗室。修武備。制遠人。大率皆安石指也。神宗召見。論建合意。授太子中允。崇政殿説書。加集賢校理。判司農寺檢正。中書五房。凡三日五授敕告。與呂惠卿共創青苗助役保甲農田之法。驟見拔用。遂修起居注。知制誥。爲翰林學士兼三司使。韓魏公上疏諫論新法之害。神宗頗悟。子宣遂爲安石條析而解之。持之愈固。七年大旱。詔求直言。子宣論判官呂嘉言市易掊克之害。惠卿以爲阻新法。安石怒。黜知饒州潭州廣州桂州秦州。改歷陳蔡慶州。元豐末。復翰林學士。遷户部尚書。元祐初。以龍圖閣學士知太原府。歷真定河陽及青瀛二州。紹聖初徙江寧。過京。留爲翰林學士。遷承旨。改侍讀。拜同知樞密院。進知院事。子宣贊章惇紹述甚力。請甄賞元祐臣庶論更役法不便者。以勸敢言。惇遂興大獄。陷正人。流貶錮廢。略無虚日。子宣多陰擠之。徽宗立。拜右僕射。明年改元建中靖國。子宣獨當國。漸進紹述之説。明年又改元崇寧。蔫爲觀文殿大學士。知潤州。落職。提舉太清宫。太平州居住。又降司農卿。分司南京。責散官衡州安置。又以棄湟州。責賀州别駕。又責廉州司户。凡四年。乃徙舒州。復大中大夫。提舉崇福宫。大觀元年卒于潤州。年七十二。後贈觀文殿大學士。謚曰文肅。宋史。

附録

朱子書曾帖後曰。建中紀號。調停兩黨。實曾丞相之策。其後元祐諸人。頗攻其短。故國論之中變。非子宣本謀也。但薰蕕同器。決無久遠芬馥之理。

曾子翊先生宰

曾宰字子翊。子固之弟。嘉祐六年進士及第。少力學六藝。百子史氏記。鍾律地理。傳注箋疏。史篇文字。目覽口誦手鈔。日常數千言。于其是非治亂之意既已通。至于法制度數。造物立器。解名釋象。聲音訓詁。纖悉委曲旁羅無不極其説。其爲文馳騁反復。能傳其學。爲人質直孝弟。抑畏小心。其學行如此。然位不過主簿。年止于四十七。卒于湘潭。元豐類稿。

文昭同調

吕先生南公

吕南公字次儒。南城人。于書無所不讀。于文不肯綴緝陳言。一試禮闈不偶。退築室灌園。不復以進取爲意。益著書。且借史筆以褒善貶惡。遂以衮斧名所居齋。嘗謂觀書契以來。特立之士未有不善于文者。士無志于立則已。必有志焉。則文何可以卑賤而爲之。元祐立十科薦士。曾文昭公疏稱其讀書爲文不事俗學。安貧守道。志希古人。堪充師表科。一時廷臣亦多稱之。議欲命以官。未及而卒。遺文曰灌園先生集。傳于世。宋史。

南豐門人

補 通判李先生撰

梓材謹案。龜山誌先生墓言。其刻意勵行。務多識以畜德。熙寧六年登進士第。朔方士鮮知學。公爲澶州河閒教授。始得名儒爲師。士向風翕然一變云。

補 正字陳后山先生師道

雲濠謹案。復齋漫録云。子瞻子由門下客。最知名者黄魯直。張文潛。晁无咎。秦少游。世謂之四學士。至若陳無己。文行雖高。以晚出東坡門。故不及四人之著。是先生亦及蘇氏之門矣。又案。郭青山集。陳師道□判㊀詩稱爲陳夫子。

后山文集

言不違志。行不違言。古之道也。願聞二三子之志。以觀德焉。

昔孔子之教。先詩禮而成于樂。而周官國子聽于司樂。何其先後之戾耶。

士有志同而行異。又有志異而行同。故君子論其本也。

古之取士以行。後之取士以言。舉之以行。則患其飾智而競利。試之以言。則又患其不能行

㊀「□判」當爲「判官」。

也。然則何試而可乎。以上策問。

士之相見如女之從人。有願見之心。而無自行之義。必有紹介爲之前焉。所以別嫌而謹微也。故曰介以厚其別。名以舉事。詞以導名。名者先王所以定名分也。名正則詞不悖。分定則名不犯。故曰詞以正其名。言不足以盡意。名不可以過情。又爲之贄以成其終。故授受焉。介以通名。儐以將命。勤亦至矣。然因人而後達也。禮莫重于自盡。故祭主于盥。婚主于迎。賓主于贄。故曰贄以效其情。誠發于心。而喻于身。達于容色。故又有儀焉。詞以三請。贄以三獻。三揖而升。三拜而出。禮煩則瀆。簡則野。三者。禮之中也。故曰儀以致其敬。上林秀州書。

學始于身而成于性。欲善其身而不明于善。所謂徒善者也。徒善者非善之正也。是故學者所以明善也。學外也。思內也。學以佐行。思以佐學。古之制也。若其自得。則在子矣。答江端禮書。

蓋士方相從時莫知其樂。及相別亦未爲難。至其離居窮獨。默默自守。然後知相從之樂。相別之難也。上蘇公書。

夫相見所以成禮。而其弊必至于自鬻。故先王謹其始以爲之防。而爲士者世守焉。與秦少游書。

夫以一人之譽而收之不疑。可謂勇矣。至其棄之。必以一人之毀。此列禦寇季將軍之所懼也。答李端叔書。

夫才者。德之用也。德成于心。而後才爲用。才足于身。而後物爲用。顏長道詩序。

梓材謹案。阮亭居易録。宋陳洎亞之詩一卷。僅二十五首。有顏復長道序。司馬文正公。文忠。文定二蘇公。孫莘老。

徐仲車及長樂林希。陳留張徽南。蘭陵錢世雄。眉山李﨣。皆跋其後。又嘉定丙子眉山任希夷題詩云。如彼流泉必有源。陳家詩律自專門。后山得法因鹽鐵。不減唐時杜審言。亞之。師仲師道之祖也。又案。后山爲長道詩序。稱爲彭城顏夫子。又云。元豐四年。邑子陳師道西游京師。遂見夫子于北門。則顏氏后山師也。

夫祭之以報以反本也。是故食則祭先飯。飲則祭先酒。耕則祭先穡。桑則祭先蠶。畜則祭先牧。祭夔於樂。祭龍於社。祭棄於稷。祭皋陶於理。祭周公孔子於學。蓋自三代以來共之。然學祀周公非也。治始於伏羲。更虞夏商至周而大備。行始於伊尹。更夷齊柳下惠至孔子而大成。蓋治成於周公。行成於孔子。故學者主焉。徐州學記。

古之于仁義有四焉。由之者道也。無爲而無不爲。舜禹是也。爲之者善也。好仁而若不仁。湯武是也。假之者爲人者也。不善其身而善其政。五霸是也。修之者爲道者也。故曰回心三月不違仁。其餘日月至焉而已矣。七十子是也。漢之于仁義。非善其身也。善其政而已。非明于己也。有見于古而已。其不逌于五霸者。所謂政者未盡善。及所謂義者未盡明也。其假之者而不至乎。取守論。

附録

先生次韻答學者曰。太阿無前鋒不缺。鉛刀不堪供一切。至柔繞指剛則折。善而藏之光奪月。

先生爲趙挺之僚壻。素惡其人。適與郊祀行禮。寒甚。衣無綿。妻親假于挺之家。卻不肯服。

遂以寒疾死。

徐敦立卻掃編曰。陳無己世家彭城。後生從其游者常十數人。所居近城。有隙地林木閒。則諸生徜徉林下。或愀然而歸。徑登榻引被自覆。呻吟久之。矍然而興。取筆疾書。則一詩成矣。因揭之壁閒。坐臥哦咏。有竄易至數十日乃定。有終不如意者。則棄去之。故平生所爲至多。而見于集中者纔數百篇。

又曰。魏昌世言無己平生惡人節書。以爲苟能盡記不忘固善。不然徒廢日力而已。夜與諸生會宿。思一事。必明燭繙閱。得之乃已。或以爲可待旦者。無己曰。不然。人情樂因循。一放過則不復省矣。故其學甚博而精。尤好經術。非如唐之諸子。作詩之外。他無所知也。

王雙溪與杜仲高書曰。后山論詩。其說曰。王介甫以工。蘇子瞻以新。黃魯直以奇。惟杜工部工拙新陳奇。常無一不佳。其尊杜詩至矣。然后山自謂其文得之曾南豐。其詩得之黃豫章。則山谷乃后山之師也。后山貧困至骨。不肯有所附離。東坡欲其見己。后山難之。蓋不欲以師弟子之禮謁之也。東坡知其說。后山始登其門。故后山論詩則爲黃豫章之徒。論文則爲曾南豐之徒。詩文既成而後見蘇公。則爲東坡之客。今置陳無己于魯直之上。而以爲子瞻之徒。恐未甚安。

王深寧困學紀聞曰。后山云。少好詩。老而不厭。及一見黃豫章。盡棄其稿而學焉。豫章以爲譬之弈焉。弟子高師一著。僅能及之。爭先則得之。此可爲學文之法。

黃東發曰。先生居都下逾年。未嘗一至貴人之門。章子厚欲見之。終不可得。傅欽之薦公者也。以其貧。懷金欲餽之。竟不敢出口。先生之高行若此。而世獨稱其詩。何耶。豈世之知公者淺耶。抑詩亦賢者之累耶。

張先生彥博附子仲偉。

張彥博字文叔。汝陽人。慶曆中爲撫州司法參軍。終袁州判官。嘗從曾南豐問道理。學爲文章。其子仲偉。集其遺文四十卷。南豐爲之序。元豐類稿。

梓材謹案。王荆公誌先生墓言。其少力學。尤知史書。不憚折節以交賢士大夫。而喜趨人之急。教兄之孤子至于登第。撫三女悉得所歸云。

朱先生軾

朱軾字器之。南豐人。從曾子固學。性寬平。輕財急義。悉以祖業讓弟。獨取故居。曰此先人廬。不可失也。明一統志。

雲濠謹案。萬姓統譜載先生仕爲房州司户。

附録

嘗與鄉薦。家貧。教學于里中。歲暮得束脩。與其子歸。至中途。忽見田夫械繫悲慘。問其故。曰。欠青苗錢。限滿無償。官司鞭撻已極。行且死。先生憫之。盡以束脩依數爲納官。其人得釋。楊園近古録。

劉先生震

劉震字伯聲。東明人。張文叔内弟也。文叔與之從南豐遊。先生爲人質厚沈深。與人遊。見其一善。若恐不能及。見其一失。若恐不能拔。其篤于誼如此。數以進士薦于鄉。晚乃得試將作監主簿。元豐類稿。

張先生持附張賁。陳惇。

張持字久中。初名伯虎。曲江人。慶曆三年入太學。後二年過臨川。出其文章。因學南豐。言古今治亂是非之理。至于爲心持身得失之際。于其義。南豐不能損益。先生喜氣節。重交遊。其所尤稱者廣漢張賁。以爲年少可進以學者。莆陽陳惇。蓋其學多賁發之。而于惇以師友自處云。元豐類稿。

王先生伯起別見荆公新學略補遺。

章先生公量見上廬陵門人。

忠惠翟先生汝文

翟汝文字公巽。丹陽人。登進士第。以親老不調者十年。擢議禮局編修官。召對。徽宗嘉之。除祕書郎。三館士建議東封。先生曰。治道貴清淨。今不啓上述三代禮樂。而師秦漢之侈心。非所願也。責監宿州税。久之。召除著作郎。歷除中書舍人。言者謂其從蘇軾黄庭堅遊。不可當贊書之任。出知襄州濟州唐州。罷。未幾起知陳州。召拜中書舍人。外制典雅。一時稱之。命同修哲宗國史。遷給事中。出守宣州。召爲吏部侍郎。出知廬州密州。欽宗即位。召爲翰林學士。改顯謨閣學士。知越州兼浙東安撫使。紹興元年。召爲翰林學士兼侍讀。除參知政事同提舉修政局。右司諫方孟卿奏先生與長官立異。豈能共濟國事。罷去以卒。先是先生在密。秦檜爲郡文學。先生薦其才。故檜引用之。然其性剛不爲檜屈。先生風度翹楚。好古博雅。精于篆籀。有文集行于世。宋史。

梓材謹案。先生卒。門人私謚忠惠。故其集曰忠惠集。南宋文範作者考稱其立朝剛直。嘗從蘇軾黄庭堅曾鞏遊。文有熙寧元祐遺風。是先生得爲三家門人也。

司勳張先生大亨

張大亨。□□人。官司勳。李姑溪上宰執書稱其舊學曾子固。爲文章整潔有程度。而不妄形容。蓋一時之秀也。姑溪居士集。

邢和叔恕詳見劉李諸儒學案。

王氏家學

王先生銍

王銍字性之。汝陰人。高宗南渡時爲浙西幕僚。作守備策千言上之時帥。後悉驗焉。建炎中。爲樞密院編修官。著有續清夜録。默記。雪溪集。安徽通志。

雲濠謹案。直齋書録解題言。先生爲曾紆壻。嘗撰七朝國史。

吴氏家學

吴先生愨

吴愨字德穀。顯道中子。少詳敏。已能讀父書而專其學。屬文辨麗俊仕有家法。調常州軍事推官。歲滿監秀州。糴納倉以最。遷黄州黄岡縣令。不赴。監潭州南岳廟。遂請老。以右宣教郎致仕。卒年八十二。以子貴封右承議郎。妻彭氏。有賢操。喜讀書。尤熟西漢史。能言二百年間君臣理亂成敗之故。燕居如齋。據一席列羣經于前。諸子以次受業。日夜鐫切。凜如嚴師之坐其旁也。鴻慶居士集。

常氏家學

諫官常□□立詳見元祐黨案。

蔣氏家學

蔣先生瑎附子康祖。寧祖。益祖。及祖。慶祖。

蔣瑎字夢錫。宜興人。魏公之奇之季子也。方總角。時魏公與羣從讀釋氏書。論淤泥蓮華之義。乃從旁請曰。非孟子所謂孤臣孽子。操心危慮患深故達者耶。魏公大驚。問疇復類此。曰。生于憂患。死于安樂是也。元豐初。太學成。甫冠。提所著書入焉。有司試其文。爲諸生第一。擢元祐三年進士第。調壽州司户參軍。累得徽猷閣待制。知宣州。改興仁府奉祠。遭金渡江。退居無錫西山之麓。卒年七十六。手書遺奏。使其子上之。書無一字敧傾。亦無一語及私者。人歎其忠。性嗜書。每挾之與俱。遭喪亂。失故居。并其本業亡之。未嘗介意。獨以書復完爲喜。有梁溪集百卷。讀之知得于聖人之學深也。子五人。康祖知饒州永平監。寧祖左朝奉大夫致仕。益祖東平府刑曹掾。及祖主管台州崇道觀。慶祖承務郎。又俱力學。申申孝謹。篤于名教。汪浮溪集。

待制蔣景坡先生璨

蔣璨字宣卿。義興人。生十三歲而孤。鞠于世父魏公之奇。讀習羣書。操筆爲文章。句卓越不凡。魏公喜而賦詩曰。渥洼之駒必汗血。青雲之幹飽霜雪。器重蓋如此。奏補承務郎。歷遷右朝散郎。知撫州。擢尚書比部員外郎。知通州。累轉右中奉大夫。直龍圖閣。知臨安府。改兩淮轉運副使。俄徙江西。所過屬州。暴骨朽胔狼藉道路。先生視而太息曰。朝廷有掩骼之令。州縣吏無一人推行者。乃募道釋流分受錢米。每斂數百軀。則穿一大坎瘞之。用富韓公故事。號叢冢云。移淮南路兼提點刑獄。居數月。請祠。得台州崇道觀。賜服三品。轉右中大夫。乃卽函亭之西。山水勝處。築室居焉。魏公文章精深典麗。一時士大夫傳誦。而先生于羣從中獨能傳其學。尤工于詩。東坡先生魏公所善也。故先生畜東坡詩文。自幼壯逮老。連榻累笥。至不能容。乃營一堂儲之。號景坡云。詔起爲淮南轉運副使。擢户部侍郎。除集賢殿修撰。知平江府。進敷文閣待制。右大中大夫。卒。贈右正議大夫。有詩文三十卷。年七十五。鴻慶居士集。

公默門人

任先生意

陽先生思合傳。

任意。陽思。皆公默先生弟子也。公默先生自傳曰。公議先生剛直任氣。好議論。取當世是非辨明。游梁宋閒。不得意。去居潁。其徒從者百人。居二年。與其徒謀又去潁。弟子任意對曰。先生無復念去也。弟子從先生久矣。亦各厭行役。先生舍潁爲居廬。少有生計。主人公賢遇先生不淺薄。今又去之。弟子未見先生止此也。先生豈薄潁耶。公議先生曰。來。吾語爾。君子貴行道信于世。不信貴容不容。貴去古之辟世辟地辟色辟言是也。吾行年三十。立節循名。被服先王。究窮六經。頑鈍晚成。所得無幾。張羅大綱。漏略零細。校其所見。未爲完人。豈敢自忘。冀用于世。予所厭苦。正謂不容予行世閒。波混流同。予譽之不至。予毁日隆。小人鑿空造事。形迹侵排萬端。地隘天側。詩不云乎。讒人罔極。主人明恕。故未見疑。不幸去我來者謂誰讒。一日效我終顛危。智者利身遠害全德。不如亟行以適異國。語已。任意對曰。先生無言也。意輩弟子。嘗竊論先生樂取怨憎。爲人所難。不知不樂也。今定不樂。先生知所以取之乎。先生聰明才能過人遠甚。而刺口論世事。立是立非。其閒不容毫髮。又以公議名。此人之怨府也。傳曰。議人者不得其死。先生憂之是也。其去未是。意有三事爲先生計。先生幸聽意不必行。不聽。先生雖去絶海。未見先生安也。公議先生彊舌不語。下視任意。目不轉移。時卒問任意。對曰。人之肺肝安得可視。高出重泉。險不足比。聞善于彼。陽譽陰非。反背復憎。詆笑縱横。得其細過。聲張口播。緣飾百端。德敗行破。自非是㊀人賤彼善我。意策之三。此爲最上者也。先生用之乎。公議先生曰。不能。爾試言其次者。對曰。捐棄骨肉。佯狂而去。令世人不復顧忌。此策之次者。先生能用之乎。公議先生曰。不能。爾試言其又次者。對曰。先生之行己。視世人所不逮。何等也。曾未得稱高世。而詆訶鋒起。幾不得與妄庸人伍者。良以口禍也。先生能不好議而好默。是非不及口而心存焉。何疾于不容。此策之最下者也。先生能用之乎。公議先生喟然歎曰。吁。吾爲爾用下策也。任意乃大笑。顧其徒曰。宜吾先生之病于世也。吾三策之。卒取其下者矣。弟子

㊀「是」一作「世」。

陽思曰。今日非任意。先生不可留。與其徒謝意。更因意請。去公議爲公默先生。宋史。

壽鏞謹案。任意。陽思。疑无是公烏有先生之流。出於寓言。非果有其人爲公默弟子也。公默自傳學解嘲耳。臒軒先生既列之。因仍其舊。

龍雲門人

洪先生朋別見范吕諸儒學案補遺。

諫議洪駒父芻別見元祐黨案補遺。

祕書洪先生炎別見范吕諸儒學案補遺。

洪先生羽別見元祐黨案補遺。

胡先生登臣

胡登臣字正平。廬陵人。弱冠從諸兄遊賢關講學。祭酒皆賢之。親且老。丐歸覲。未幾。復游宦鍾陵。時著作劉弇官尚席。門甚高。獨進洪氏弟兄。先生後至。大見奬許。遂與齊名。連丁怙恃憂。服除。應試禮部。親交强之行。則曰學以干禄。爲親屈。今雖得禄。不洎矣。一邱一壑。吾將老焉。人莫不健其决。既脱世網。益觀書。勵子姓。如束濕。使必趨孝弟繩檢。以故悉力學自勉。先生性至孝。事長嚴。學雖博。不閲佛書。曰。西來大語要教人善耳。吾心與佛契。何至著文字相。雅好客。把酒賦詩。閒談及圖史。瑯然疾讀。一字不差。子份。胡濟庵集。

楊氏家學

楊先生伯侉

楊伯侉。郫人。回光居士子。遊太學。十年不成。受世賞。四十二年。以迪功郎年勞陞從政郎以卒。鄉人以其道不行于時。而自樂終其身。共以靖安先生易其名氏。族譜。

楊先生祖識

楊祖識。伯侉子。家成都。登第後不樂仕。栖遲州縣閒。沈价汪應辰鎭蜀。聞其名。辟置幕府。自是持節典藩。蜀士論世。不稱其官。稱其德。謚曰樂行先生。氏族譜。

梓材謹案。游畏齋爲先生謚議云。故知遂寧府潼川楊公卒。蜀之士君子交相弔哭。皆失聲。門人相與私謚曰樂行先生。又云。先生諱祖識。世孫其字也。又言。桂以諸生出先生之門。是畏齋固先生高第也。

楊氏門人

房先生彪附師□者。□謙之。

房彪字季文。成都人。回光假館于其家。先生從之學文。最開敏。有精識。再試學官。皆異等。後三年。訪回光于郫。文益工。行益峻絜。又二年。從于城府之客舍。則勝言翛翛遠人。回光曰。子何自得此。先生曰。彪以師耆而友謙之。二子皆大士也。請介以交于先生。居有閒。二子不來。問之原父。原父曰。前一日季文死矣。回光文集。

葛氏家學

侍郎葛先生立方

葛立方字常之。著有歸愚集十卷。謚文康勝仲之子。謚文定邲之父也。居易録。

雲濠謹案。先生官吏部侍郎。見孫鴻慶丹陽集序。

郭氏家學

郭先生邗

郭邗。蜀人。父絳。以至孝有聲鄉里。先生貢上庠中第。官終部刺史。秦相檜與先生有庠序舊。絶弗與通。歷相三郡。家食十八年。晚號亦樂居士。氏族譜。

鄭氏先緒

鄭先生安正

鄭安正。莆田人。耕老父。築書堂。率弟子講學其中。一時名士多從之游。福建通志。

江氏續傳

江先生端禮詳見安定學案。

張氏續傳

張先生訢

張訢。毘陵人。直講巨之孫。嘗知光澤縣。與邑之隱君子李昌謀作社倉。而請朱晦翁記之云。張侯自其先君子而學于安定先生之門。則已悴古道之不行。而抱遺經以痛哭矣。及其聞孫遂傳素業。以施有政。宜其志慮之及此。而能委心求易。以底于成也。朱子文集。

文昭家學

曾先生纁

曾纁字元禮。南豐人。文昭暮子也。警敏力學問。爲詞章。坐黨家子不得至京師。著七志鷗鳥老酒二賦以自見。文昭見而奇之。年三十餘始舉進士。中其科。調主虞城鄞縣簿。選知高郵軍。移未期年。遭母憂歸吴中。至毗陵卒。年四十一。官止奉議郎。子五人。其季爲協先生。嗜書。得一書必手鈔口誦。非得其甚解不已。于春秋之學尤長。汪浮溪集。

文肅家學

寶文曾先生紆

曾紆字公衮。南豐人。丞相文肅布之第四子也。母曰魯國夫人魏氏。少穎悟。時文肅守邊。不暇朝夕眎專。以魯國爲師。年十三。伯父南豐先生授以韓愈詩文。學益進。文肅任爲承務郎。除太僕寺主簿。文肅免相。言者指其嘗夜過韓儀公家。議復瑤華事。且受父客金。當國者用呂嘉問尹京典詔獄鍛鍊。半年無所得。自中竄永年。入元祐黨籍。會赦。移和州。復承奉郎。監潭州南嶽廟。歷知撫州。除江南西路轉運副使。又除司農少卿。改福建提點刑獄。進直寶文閣。除知信州。尋移衢州。未之官卒。年六十有三。先生才高而識明。博極書史。始以通知古今。裨贊左右。爲家賢子弟。中以文章翰墨。風流醞藉。爲時勝流。晚以精明强力。見事風生。爲國能吏云。汪浮溪集。

雲濠謹案。孫鴻慶集有曾公卷文集序。卷卽衮古字。通用。

南豐續傳

通判曾先生恴

曾恴字仲常。南豐之孫。補太學内舍。累官通判温州。需次于越。建炎中。金人陷越。被執。先生辭氣不屈。金人殺之。姓譜。

李氏家學

補 尚書李先生彌大

梓材謹案。先生爲筠溪之兄。攻媿序筠溪文集云。兄尚書彌大。弟太史彌正。俱負重望。學案于通判傳。以先生次彌遜。蓋仍宋史之譌。

雲濠謹案。筠溪書尚書兄墨跡後云。此予季兄尚書公末後語也。余少學于兄。其後相繼登進士第。又相繼賜對。改秩爲校書郎。又相代爲南宮舍人。則先生信爲筠溪之兄。且以爲師矣。

附錄

以大臣薦。召對。除校書郎。累試中書舍人。同修國史。及拜禮部侍郎。金人大舉入寇。李忠定綱定策城守。命爲參議。與忠定不合。罷。未幾除刑部尚書。

補 李筠溪先生彌遜

附錄

其爲筠莊眞隱自贊曰。其行己也方。其居心也廓。泛然游世。應而不酢。是子政宜置之邱壑。

朱晦翁謁李龍學祠文曰。紹興之初。公在邇列。力闢和議。見忌權臣。出守此邦。治行亦著。

竟以讒口。去郡臥家。人懷其忠。建此遺烈。又曰。惟此廟學。實公所遷。人到于今。追頌勞烈。矧維忠慮。抑有前聞。薦此芳馨。豈專報享。

陳氏門人

御史黄先生預

黄預字幾先。龍溪人。登第調汝州教授。以薦除太學正。時舍法行。先生篤意訓導。特轉兩官。出知桐廬縣。有惠政。入爲監察御史。以直言忤蔡京。貶陜之宜禄。尋起爲廣東倉。未行。復貶宜禄。著有書解行世。姓譜。

晁具茨先生沖之

晁沖之字叔用。一字用道。文莊公宗慤之曾孫也。少有才華。受知于陳后山。吕居仁江西詩派圖二十五人。先生與焉。紹聖初。落黨中籍。超然家于具茨之下。屢薦不應。有具茨集。姓譜。

雲濠謹案。具茨集過陳無己墓詩二首。前詩云。我亦嘗參諸弟子。往來徒步拜公墳。後詩云。以我懷公意。知公待我情。五年三過客。九歲一門生。知先生嘗及后山之門也。

附録

景迂生答朱子雲書曰。至于學易。尤不可遽。説之從弟沖之頗有才思。臨出京師。欲來傳易。告之云。吾弟初未嘗爲小王易。尚未可言京氏易。況于商瞿子木之學耶。請以三年爲期。老兄歸自四明。吾弟熟乎王氏京氏之淺深。然後及之未晚也。譬如不由門庭而乃入堂奥。深則深矣。其如門外之事何。古之學者。豈不有次第哉。

喻汝礪序具茨先生詩曰。方紹聖之初。天下偉異豪爽絶特之士離譏放逐。晁氏羣從多在黨中。叔用于是躧然遺形逝而去之。宅幽阜廕茂林于具茨之下。世之網羅不得而嬰也。曁朝廷諸公謀欲起之。迺復任心獨往。高揖而不顧。世之榮利不得而羈也。至于疾革。乃取平生所著書。聚而焚之曰。是不足以成吾名。世之言語文章不得而污也。由是觀之。叔用之所以傳于後世者。果于詩乎。顧其胸中必有含章内奥而深于道者矣。

魏先生衍

魏衍字昌世。彭城人。從陳無己游最久。蓋高第也。以學行見重于鄉里。自以不能爲王氏學。因不事舉業。家貧甚。未嘗以爲戚。惟以經籍自娱。爲文章操筆立成。名所居之處曰曲肱軒。自號曲肱居士。政和閒。徐太宰處仁守徐。招寘書館。俾敦立兄弟從其學。時年五十餘矣。見異書猶手自鈔寫。故其家雖貧而藏書亦數千卷。建炎初死于亂。卻掃編。

主簿寇先生國寶

寇國寶。徐州人。舉進士。任吳縣主簿。久從陳無己學。姓譜。

雲濠謹案。王阮亭居易録引新安志言。彭門寇鈞國家藏李廷珪下至潘谷十三人製墨。東坡先生臨郡日取試之。因爲書杜詩十三篇。各于詩下書墨工姓名而品次之。蓋亦國寶兄弟行嗜古而好事者也。

何先生頡別見蘇氏蜀學略補遺。

周先生子雍

周子雍。汝陰人。學詩于陳無己。容齋四筆。

黄先生充實

黄充實。字□□。□□人

梓材謹案。后山集有和黄生春盡游南山詩。全集作黄充實。又和黄充實榴花。又寄黄充詩。

田先生從先

梓材謹案。后山集有答田生詩。

朱氏家學

朱先生京

朱先生彦合傳。

朱先生襃合傳。

朱先生襄合傳。

朱京字□□。器之之子。博學淹貫。登進士甲科。官至國子司業。弟彦。累官刑部侍郎。襃爲屯田員外郎。襄知韶州。皆有時名。姓譜。

雪溪家學

王先生廉清

王廉清字仲信。銍長子。秦熺倚其父勢。移書郡將。欲取其先世藏書。且餌以官。先生拒之。曰。願守此書以死。不願官也。熺不能奪而止。姓譜。

王先生明清

王明清字仲言。銍次子。慶元閒寓居嘉禾。官至朝奉郎。泰州倅。有史才。所著有揮麈録。

玉照新志。姓譜。

胡氏家學

通判胡先生份別見范吕諸儒學案補遺。

樂行門人

游畏齋先生桂

游桂字元發。廣安人。隆興癸未進士。歷官至制置司機宜。著有畏齋經學十二卷。直齋書録解題。

畏齋經學

古之人所謂匹夫匹婦皆有孝弟之行。非皆生而知之。亦由父兄長者教之。使有方也。欲其長毋誑欺也。則自其幼而常視毋誑矣。欲其長而知事長洒掃應對進退之節也。則自其幼而使之堪忍勞苦給役便易矣。欲其長而視聽之正也。則自其幼而教之正方不傾聽矣。欲其長而扶持供養也。則自其幼而教之提攜奉手之禮矣。欲其長而解事尊者屏氣也。則自其幼而教之對長者掩口之禮矣。凡此不獨自其幼而教之也。父兄長者又以己身而先之焉。常視毋誑。則先以己之無誑示之也。辟咡詔之。則先以己之辟咡教之也。古之教人者。苟欲教人。先正其身。至于教子。則尤其所當謹者也。

人之所患。在徇其意之所安。而不由于正人之所安。其病有五。曰傾邪。曰放縱。曰惰偷。曰倨慢。曰輕易。側聽淫視。傾邪者也。怠荒及立而跛。冠而免。勞而袒。暑而褰裳。惰偷者也。噭應斂髮而髢。輕易者也。游而倨。坐而箕。寢而伏。放縱倨傲者也。此五者禮之所禁也。君子持身未論其他。獨于視聽游行。坐立臥起。衣冠之際而自克焉。斯過半矣。

多能者常失于傲。而爲善者常失于苟有得焉而止。今也居之以讓。加之以不怠。謂之君子宜矣。

古之爲天下者以家道爲之。天子有其宗族以保天下。諸侯有其宗族以保其國。卿大夫士有其宗族以保其家。故其禮皆以宗族之存亡爲之輕重也。若爵祿無列于朝。則君無恩于己矣。出入無詔于國。則宗族無恩于己矣。若此者當變猶不遽變也。於其興起爲卿大夫之日。然後從新國之法焉。皆所以重其本之道也。以上曲禮。

出公雖大惡。而子路學于孔子之門。有古義焉。子路之失。失于執古義而不知變也。

古之君子欲正人之過失。不專恃乎刑罰而已。使生者有所愧。死者有所憾。皆所以誅罰之也。生有所愧。若異其衣冠之類。死有所憾。若死而不弔之類。使人勸勉愧恥。不麗于過惡。其爲道尊而不迫。亦後世所不能及也。古之人所以多君子者。以教法之備。而內外交修之也。其居室則父兄教之。其居學則師教之。而平居則朋友教之。惟其教之備也。故其人寡過而德易以成。曾子之責子夏。稱其名。女其人。若父師焉。曾子不以爲嫌。子夏安受其責。蓋曾子正己以律人。愛人以德而不以姑息。君子之道固如此也。以上檀弓。

附録

吴薦宋賢贊曰。三禮正傳。濬淵樂絶。經學有編。日星昭揭。猗我文皇。治教超越。用輔休明。大加采列。

歸愚家學

文定葛先生邲

葛邲字楚輔。其先居丹陽。後徙吴興。世以儒學名家。大父文康公至先生。三世掌詞命。先生少警敏。葉石林夢得。陳簡齋與義。一見稱爲國器。登進士第。蕭之敏薦其才。除國子博士。侍御史。論救荒三事。累除刑部尚書。光宗受禪。除參知政事。紹熙四年。拜左丞相。專守祖宗法度。薦進人物。博采公論。惟恐其不聞之。未期年。除觀文殿大學士。知建康隆興。寧宗即位。疏言今日之事。莫先于修身齊家。結人心。定規模。判紹興府簡稽。期會錢穀。刑獄必親。或謂大臣均佚有體。先生曰。崇大體而簡細務。吾不爲也。嘗曰。十二時中莫欺自己。其實踐如此。改判福州道。行感疾。除少保。致仕。卒年六十六。贈少師。謚文定。配饗光宗廟廷。有文集二百卷。詞業五十卷。宋史。

雲濠謹案。王阮亭居易録云。文定南渡賢相。有文集詞業。不知傳于世否。

廬陵續傳

李先生椿年附門人吴説之。

李椿年字仲永。鄱陽人。嘗直學士。號逍遥公。胡澹庵之故人也。潛心易學。衛道甚嚴。一旦夢王弼而有得。遂成一家之書。與歐陽子之意默契。其門人府庠校正。雲巖吴説之攝其樞要。冠于篇首云。胡澹庵集。

文簡李先生燾别見涑水學案補遺。

補機宜鄭先生耕老

附録

幼孤。母林氏有專行。切切課君。從三兄學。

教授明州學。明州自金人焚蕩士之學。學之地陋弗理。君爲講説科舉之外者。更營學區。取田以供鄉飲費。

召見。引太祖問趙普天下何物最大。普對道理最大。知道理最大。則必不以私意失公中。孝宗悦。

葉水心志其墓曰。君學爲用而不求用。可以教而不教。退靜多而進動少。未嘗違世而世莫之同也。昔孔子謂顏淵舍之則藏。曾晳曰異三子者之撰。聖賢之遺意庶幾乎。

文忠周平園先生必大詳見慶元黨案。

忠文王梅溪先生十朋詳見趙張諸儒學案。

文公朱晦庵先生熹詳晦翁學案。

成公吕東萊先生祖謙詳東萊學案。

著作劉先生夙詳見艾軒學案。

文毅陳龍川先生亮詳龍川學案。

劉氏續傳

劉先生滁别見清江學案補遺。

教授劉孝敬先生靖之

寺簿劉靜春先生清之並詳清江學案。

劉先生孟容詳見滄洲諸儒學案。

文昭續傳

士曹曾先生悟

曾悟字蒙伯。學士肇之孫。宣和二年進士。靖康閒爲亳州士曹。金人破亳州。被執。抗辭慢罵。衆刃劘之。姓譜。

曾先生慥

曾慥字□□。文昭公之孫也。

曾先生炎父協。

曾炎字南仲。文昭公之曾孫也。居湖之德清。父協。知永州。贈正奉大夫。考古著書。有雲莊集。先生幼警悟。能言卽知讀書。正奉語之曰。吾家由密魯二公至而祖。雖皆取科第。然師友淵源。非止利禄而已。汝當志其遠且大者。因銘其書室曰求己以勉之。先生益自刻勵。從名儒授毛鄭詩。入太學。賜進士。調徽州教授。篤意教養。更新學宮。課試精審。有自旁郡執經席下者。奉二親就養。與其弟俱。先生立三樂齋以見志。再爲温州教授。凡經指授。皆爲時名人。累官至權刑部侍郎。開禧三年卒。年七十一。蓋先生歘歷中外。徊翔久之。始登禁從。旣不得其職而去。杜門卻掃。自號覺翁。晚年意象簡默。所造益深。由少至老。好學不倦。有覺庵集與邑政總類藏于家。樓攻媿集。

子翊續傳

隱君曾艇齋先生季貍詳見紫微學案。

文肅續傳

曾先生造

曾造字□□。南豐人。文肅公玄孫。知翁源縣。謂爲政當先養而後教之。於是籍在官之田與民之廢產幾四百畝。需其入。聚邑子弟之秀者而教之。立職長。嚴課試。創學宮。置祭器。文風翕然不變。淳熙十六年。調知樂昌縣。以化民成俗爲急務。遷學于城東。籍官田之入以養士。士以日盛。于是樂昌文化媲美中州。邑人士相與祠于學。廣東黃志。

晁氏家學

晁先生公武

晁公武字子止。具茨子。乾道初。知興元府。束吏愛民。百廢具舉。庭無滯訟。稱爲良吏。世號昭德先王。姓譜。

雲濠謹案。先生著有易詁訓傳十八卷。經義考引董眞卿云。高孝時官至尚書。直敷文閣。

梓材謹案。辟疆園宋文選跋先生云。初。光宗尹臨嘉。先生爲少尹。同列忌之。以事中坐免。後知揚州潭州四川制置使。所著有昭德堂稿。郡齋讀書志。

附録

王深寧困學紀聞曰。孝經。當不義則子不可不爭于父。孟子云。父子之閒不責善。荆公謂。當不義則爭之。非責善也。晁子止讀書志乃謂。介甫阿其所好。蓋子止守景迂之學。以孟子爲疑。非篤論也。朱文公于孟子集註取荆公之説。

朝奉晁先生公遡

晁公遡字子西。具茨子。紹興八年進士。先生有絶人之資。紹五世文獻之傳。憑厚積深。故其文雄深雅健。鉅麗俊偉。以是擅名于時。歷官朝奉大夫。姓譜。

魏氏門人

徐先生度詳見和靖學案。

昭德門人

姚先生應績

姚應績。

歐陽續傳

歐陽巽齋先生守道詳巽齋學案。

隱君歐陽先生衡別見北山四先生學案補遺。

筠溪續傳

尚書李先生韶別見濂溪學案補遺。

廬陵之餘

忠烈文文山先生天祥詳見巽齋學案。

劉先生詵

劉詵字桂翁。廬陵人。性穎悟。幼失父。知自樹立。年十二。作爲科場律賦論策之文。蔚然有老成氣象。宋之遺老鉅公一見。卽以斯文之任期之。既冠。重厚醇雅。素以師道自居。教學者有法。江南行御史臺屢以教官館職遺逸薦。皆不報。先生爲文根柢六經。躪躒諸子百家。融液今古。而不露其踔厲風發之狀。所爲詩文曰桂隱集。桂隱其所號也。至正十年卒。年八十三。元史。

梓材謹案。虞道園序桂隱存稿。述劉性粹中之書曰。我鄉先生劉桂翁氏。有學有行。文章追古作者。而年亦七十有四矣。屹然山立。其書滿家。而遠方無盡知之者。又述先生之言曰。弱冠時猶及接故宋之遺老。既内附。猶用力于已廢不用之賦論。視儕輩無己及者。及國家以進士取人。未能忘情于斯世。乃益究乎名物度數之故。註箋訓釋之辭。以從當時之所爲。而志大言高。不爲有司識察。又十年。乃爲古學。而用意于歐陽子書。四方之求文者隨而應之。不知其沛然而無窮也。可以知其概矣。

文公姚牧庵先生燧詳見魯齋學案。

文穆張華峯先生起巖父範。附弟如石。

張起巖字夢臣。其先章邱人。五季避地禹城。父範。四川行省儒學副提舉。先生幼從其父學。年弱冠。以察舉爲福山縣學教諭。中延祐乙卯進士。首選除同知登州事。歷拜御史中丞。論事剴直。無所顧忌。上官多不合。詔修遼金宋三史。復命入翰林爲承旨。充總裁官。先生熟于金源典故。宋儒道學源委。尤多究心。史官有露才自是者。每立言未當。先生據理竄定。深厚醇雅。理致自足。史成時年六十有五。上疏乞骸骨以歸。後四年卒。諡曰文穆。先生面如紫瓊。美髯方頤。而眉目清揚。可觀望而知爲雅量君子。及其臨政決議。意所背鄉。屹若泰山不可回奪。或時面折人。面頸發赤不少恕。廟堂憚之。識者謂其外和中剛。不受人籠絡如歐陽修。性孝友。少處窮約。下帷教授。躬致米百里外以養父母。撫弟如石。教之宦學。無不備至。舉親族弗克葬者二十餘喪。且置田以給其祭。凡獲俸賜。必與故人賓客共之。卒之日。廩無餘粟。家無餘財。先生博學有文。善篆隸。有華峯漫稿。華峯類稿。金陵集。各若干卷。藏于家。元史。

桂隱講友

州判劉申齋先生岳申

劉岳申字高仲。吉水人。仕爲遼陽儒學副提舉。以太和州判致仕。其文詞簡約峻潔。甚爲吳草廬虞道園所推重。遠近學者稱申齋先生。人物志。

梓材謹案。元史儒學劉桂翁傳言。龍觀復及先生。皆與桂翁齊名。

附録

李雲陽序先生文集曰。先生學問根據切實。故其文思深遠。閲涉積久。故其文氣老成。好持論古今事變。人品高下。確然不可易。故其文辭約而盡。簡而明。峻潔修整而和易暢達。決不肯剽一冗語。贅一冗字。以自同衆人。與人文。至有一言而足以得其終身者。此先生之文之大略也。

二劉學侶

郭先生彦章

郭彦章。吉水人。與劉桂隱劉申齋講學。有詩名。其題廬陵義士絶句云。淮海風回吹血腥。青原不改舊時名。中朝將相論功賞。不及江南一白丁。爲時傳誦。吉安府志。

周先生霆震

周霆震字亨遠。安福人。以先世居石門田西。故又號石田子。杜門授經。專意古文辭。尤爲桂隱中齋二劉所賞識。晚遭至正之亂。東西奔走。詩多哀愁之音。洪武初卒。門人私謚清節先生。廬陵晏璧輯其遺稿。曰石初集。張瑩爲之序。元詩小序。

梅氏續傳

梅先生師哲附見蕭同諸儒學案補遺。

宛陵續傳

張先生師魯

張師魯字叔輿。世爲宛陵人。著宛陵先生年譜。宛陵集附録。

劉氏之餘

隱君劉水窗先生友益別見晦翁學案補遺。

申齋門人

山長康莊山先生震別見草廬學案補遺。

解先生開別見北山四先生學案補遺。

蕭先生洵

蕭洵。吉水人。芳洲先生雷龍之孫也。鄉先生劉岳申高第弟子。博通羣經。以善古文辭名世。入明應詔。起爲虞部主事。宋文憲集。

梓材謹案。李雲陽集作蕭珣。字德瑜。謂申齋之文多至千餘篇。遭世亂。蕩失過半。先生日夜捃摭編校云。

李先生祁

李祁字一初。世居茶陵。濟南張文穆。豐成揭文安。在禁苑極言。元統初科目之盛。得士之衆。而及先生之才美。既得官江南。後典學校于江淛。而聲稱尤著。嘗佐州婺源。危太朴集。

梓材謹案。先生爲申齋先生集序。自言嘗侍教于先生。先生極知予。則先生固及申齋之門矣。又案。先生元統癸酉進士第二人。所著爲雲陽集。劉楚爲哀辭。稱前承務郎浙江等處儒學副提舉雲陽李公。謂其爲希蘧翁。又號危行翁。望八老人。不二心老人。享年七十有三云。

雲陽文集

蓋窮與貧異。貧以財言。窮以位言。貧從分貝。貝分則貧也。窮從穴從躳。凡從穴皆有屈伏抑鬱之義。若士之處于巖穴之下。皆是也。孔子曰。貧與賤是人之所惡也。富與貴是人之所欲也。

以窮與達對言。所謂以貧與富對言。所謂以財言者也。孟子曰。窮則獨善其身。達則兼善天下。以窮與達對言。所謂以位言者也。至李克爲魏文侯卜相而其言曰。富視其所與。貧視其所不取。達視其所舉。窮視其所不爲。歷舉而觀之。則二字之義不可一概而施也。明矣。三窮後語。

雲陽門人

劉先生楚

劉楚。南平人。李雲陽之徒也。雲陽殁于永新上麓之寓舍。先生聞而哭之。雲陽集附録。

宋元學案補遺卷五目録

宋元學案補遺卷五

後學 鄞 王梓材 慈谿馮雲濠 同輯

古靈四先生學案補遺

古靈先緒

陳先生則之

陳先生象合傳。

陳則之。福唐人。古靈伯父。好古力學。以文稱鄉黨閒。號爲處士。挈諸孤隱居古靈村。知其弟象質美。趣使事學。卒有成。主歸化簿。卽古靈之父也。後古靈知制誥時。奏其孫良夫郊社齋郎。古靈集附録。

安定同調

補忠文陳古靈先生襄

中庸講義

中庸者治性之書。祖述聖人理性之學最爲詳備。使學者求之足以知道德誠明之本。中者性之德也。庸者性之用也常也。人受天地之中以生。其性莫非善也。至中至正以爲民極也。其不善者非性也。人之欲也。中之用有五。仁義禮知信是也。循是五者而行。則可以爲萬世常久不易之道。故曰中庸。

人生而靜。情欲未發。其中湛然。則有惻隱之心存焉。惻隱之心仁也。羞惡之心義也。恭遜之心禮也。是非之心智也。不欺之心信也。惟是五者。不待學而後能。故曰天之所命。是性也。與天地同出于道。道者。先天地而有。易曰。形而上者謂之道是也。道有變化。故有氣也。形也。性也。三者並立而五材各具焉。氣升而上以爲天。故有五星之明。形降而下以爲地。故有五行之質。性命于其兩間以爲人。故有五常之道。乾坤有四德。以配五常。元者在氣爲春。在形爲木。在性爲仁。亨者在氣爲夏。在形爲火。在性爲禮。利者在氣爲秋。在形爲金。在性爲義。貞者在氣爲冬。在形爲水。在性爲信。乾坤不言智而獨命之人。故易曰。君子行此四德。故曰乾元亨利貞也。又繫辭曰。立天之道曰陰與陽。以氣言之也。立地之道曰柔與剛。以形言之也。立人之道曰仁與義。以性言之也。兼三才而兩之。故易六畫而成卦。蓋取乎此也。則是人之性與天地同出於道而神于萬物。凡有血氣心知之類統爲之主。上自聖人生而知之。其次學而知之。及其至一也。高明博大。悠久不息。與天地並立。可不尊乎。

凡人之性未接于物。莫非善也。接于物而情生。則有喜怒哀懼愛惡欲七者形焉。故情有善有不善。以性行情。情則善矣。乾卦曰利貞。性情是也。以情盜性。情則惡矣。記曰。人化物者。

滅天理而窮人欲是也。如此則莫非不善也。故循之謂道。離之非道也。

人之性無以異于聖人之性。聖人之性誠而不動。明而不惑。故情僞莫能遷焉。衆人之性不勝其情。欲動乎內。物交乎外。不能以自反。其道遂亡。此所以異也。夫殺一不辜。人莫不惻然有所不忍。此天下之心同仁也。有是心而爲不仁者。彼有以害之也。行一不義。人莫不愧然有所不爲。此天下之心同義也。有是心而爲不義者。彼有以賊之也。尊君而卑臣。隆父而殺子。此天下之心同禮也。有是心而爲無禮者。彼有以悮之也。是是而非非。好善而惡惡。此天下之心同智也。有是心而爲不智者。彼有以蔽之也。內以欺諸己。外以欺諸人。則怍焉。此天下之心同信也。有是心而爲不信者。彼有以遷之也。故有之者性也。失之者情也。不正其情。無以反其性。如此者必待學而後明。修而後復。

凡人之情皆可以致中和。然而不能者。以私欲害之也。惟聖人能致之。故可以贊天地之化育。天地之道以正爲中。以利爲和。而萬物生焉。聖人之道以性爲中。以情爲和。而萬民遂焉。故人和則氣和。氣和則天施而亨。地順而成。皆不失其位矣。天地且位。而況于事物乎。

道之不行有三。過與不及。言乎其才。一也。或出或入。非聖人之正。言乎其術。二也。有其德而無其位。有其位而無其教。言乎其時。三也。孔子之才與術盡乎羣。聖人之道。當周之衰。歷聘列國。上無明天子下無賢諸侯能尊用之。因而歎曰。河不出圖。洛不出書。吾已矣夫。蓋傷聖王之不作。天下無復宗予者。故曰吾道窮矣。此云道之不行。意在是歟。

附録

始十餘歲。每爲文辭。教者多自以爲不及。知縣沈君過其父。至公之書室。見其一榻凝塵。枕席皆不治。因告其父曰。公之子器度甚遠。宜善視之。而其父亦自謂是子必能大吾門。

仙居爲縣僻陋。民不知教。公于正歲。因耆老來賀。作勸學一篇。使門人管師復讀于庭。且諭之曰。吾秩滿卽去。爾有子弟亟遣就學。于是耆老相與感泣歎嗟。從之翕然。每過社稷孔子廟。必下而趨。邑人自是有所矜式。學者興起。

梓材謹案。朱子嘗以古靈先生教民之文散諭百姓。見北溪敘述。又案。先生文集有和鄭閎中仙居三詩。其一云。我愛仙居好。臨民必以誠。簿書無日暇。獄訟積年生。百疾求箴補。千鈞待準平。嗟予不如古。斯道未能宏。其二云。我愛仙居好。隆儒尠大方。諸生今講藝。童子俾升堂。買地興民學。驅車下黨庠。三年邑未化。官滿意彷徨。其三云。我愛仙居好。公餘日在房。憂民極反覆。責己未周詳。法律行隨手。詩書坐滿箱。老來須向學。多病喜平康。

出知常州。郡庠下窄。不足以容師生。公勤于經始。成以不日。其規摹氣象遂爲諸郡庠序之冠。公晨入其中。坐授諸生經義。旁決郡事。由是毗陵學者盛于二浙。

移陳州。州之學舍隘甚。自范文正公有意闢之。數十年矣。公一朝以官舍廣之。親入學與諸生講中庸。州人始不務學。至是踴躍自奮。公嘗釋奠學中。州人各遣童稚觀禮。公一以善言循之誘之。莫不感勵。

公爲人寛厚長者。而臨事有不可犯之色。勇于爲義。其氣渾然。人欲以喜怒探之。終莫之得。遇利害得喪恬如也。其接物誠。其與人恭而温。與之遊者不覺鄙吝之失于心也。

公之平生。以道德教育天下英才爲己任。故以學業出入其門者。無慮千人。

公之于學。志在孜古。以治其性爲本。事君以建其忠爲業。故雖燕居必持厥志。謂暴其氣者不可以入君子之德。是以雖家人臧獲。平生未始見其不足之色。

高宗紹興元年。求賢手諭曰。近得陳襄薦章。起草司馬光而下三十三人。德行言語政事文學皆所具備。審如所薦。斯爲極矣。後世瞻之仰之。以襄爲何如人耶。

雲濠謹案。王阮亭居易録云。讀述古薦章。可想見當時人才之盛。而元祐更化。首相温公申公衆正盈朝。不外所薦諸君子。使宰相爲國用人。公忠如此。古云。器使何以加兹。

吕氏家塾記曰。富丞相當國之日。引陳述古爲上客。述古所以告富公者。盡仁義也。有不悅富公者。造爲五鬼之號。而述古在其一。夫流言待無知者而傳。至智者則止矣。以富公之賢。其門豈無善士。以述古之賢。而肯爲人作鬼乎。

朱子語類論安定規模雖少疏。然卻廣大著實。如孫明復春秋雖過當。然占得氣象好。如陳古靈文字尤好。嘗過台州。見一豐碑。說孔子之道甚佳。此亦是時也㊀漸好。故此等人出。有魯一

㊀「也」當爲「世」。

變氣象。其後遂有二先生。若當時稍加信重。把二先生義理繼之。則可以一變。而乃爲王氏所壞。問。當時如此。積漸將成。而壞于王氏。蓋亦是有氣數。曰。然。

王深寧困學紀聞曰。荀卿爲蘭陵令。縣在漢屬東海郡。今沂州承縣。誠齋延陵懷古有蘭陵令一章。蓋誤以南蘭陵爲楚之蘭陵也。古靈詩亦誤。

雲濠謹案。謝山三箋。于此條古靈箋云。安定弟子。然于學案序録。以古靈四先生爲安定泰山之流亞。未嘗以古靈爲胡門。安定弟子。或是安定同調之譌。

黄東發曰。公生平歷州縣。孜孜以教育人材。講求萬民利害爲念。失官錢不辨。而出己俸償之。固篤厚人也。爭新法不聽。遂辭知制誥不就。蓋與温公辭樞密副使同此一心。又守道不回者也。執法不行。權貴人寺觀名額。似雖小事。所議尤高。

梓材謹案。先生與陸學士書云。天下士儒惟言泉福建興化諸郡爲盛。又云。嘗聞州之進士有蔡黄庭。舒莘維。莊覃。王實。李翼者。皆善講説。而黄庭。維㊀。覃尤有行檢。舒有志學。困于貧窮。又云。陳從古蓋長者。若崔虞臣。郭堪。陳説者。皆有才行。文學可使爲之長。又云。呂鑑。許蕃。柯適。柯述。柯迪。皆儁邁有詞學。蕃作事近古。有節概。適。述。迪。皆有志于古。而勇于道。一學之宇。若盡得此十數人者。同居而和。相厲以道。舉郡之士必皆興于學矣。

㊀「維」上脱「莘」。

古靈講友

補祭酒鄭閎中先生穆

附録

古靈集友人鄭穆病起感懷詩曰。五老村中會隱時。投梭卽是十年期。自諳海燕歸巢早。祗恐仙桃結實遲。伊吕功名何日到。軻雄事業是人知。如君未忍抛簪去。買取青山寄嶺陲。

補直講陳季甫先生烈

附録

古靈懷友人陳烈詩曰。思君苦節直艱難。四十窮經草野間。文爲周衰能力救。禮遭秦毀欲重删。時無正説非楊墨。天與多材繼孔顔。吾主聘賢方仄席。好將書幣起東山。

晁氏客語曰。蔡君謨守福州。上元日令民間一家點燈七盞。陳烈作大燈長丈餘。大書云。富家一盞燈。太倉一粒粟。貧家一盞燈。父子相對哭。風流太守知不知。猶恨笙歌無妙曲。君謨見之。還輿罷燈。

王深寧困學紀聞曰。陳烈讀求其放心而悟。曰。我心不曾收。如何記書。遂閉門静坐。不讀書百餘日。以收放心。然後讀書。遂一覽無遺。原註。前賢之讀書如此。

梓材謹案。此本朱子語類。沈僩所録。

補助教周公闢先生希孟

梓材謹案。先生著有春秋總例十二卷。鄭氏通志以爲周希聖撰。蓋傳寫之訛。

知州徐先生常

徐常字彦和。建安人。文學該貫。與陳襄爲友。嘗登第。歙歷州縣。所至有聲。知吉州。奸民猾胥畏如神明。與東坡兄弟游從甚久。又每慕二宋爲人。嘗有詩云。事業要須師二宋。文章端是學三蘇。東坡嘗稱天下奇男子。姓譜。

古靈學侶

學士顧先生臨詳見安定學案。

古靈同調

縣令楊先生昭述

楊昭述字宗魯。□□人。性醇雅而長于議論。遠近之人爭遣子弟師之。陳古靈主浦城簿。以鄉先生待之。嘉祐奏名出身。授池州石埭尉。始至。選秀民。進而教之。邑人于是相率趨學。以楊夫子稱。後刺史見先生曰。得非所謂楊夫子者歟。遂薦之。任滿調雷州海康令。踰年以疾卒。姓譜。

知州石先生牧之

石牧之字聖咨。新昌人。慶曆二年進士。試校書郎。移天台令。時王荆公安石知鄞。陳古靈襄知仙居。號江東三賢。後知温州。紹興府志。

雲濠謹案。先生有易解。朱氏經義考云。佚。又案。趙清獻公集有温守石牧之以詩見寄次韻之作。

附録

增廣天台縣學。擇鄉先生居師授之任。以延俊造縣事。閒則親爲講説。遠近向慕。負笈而至者。若王景山。余京。方援。伍原輩。同時出黌下。後皆爲聞人。陳公嘗爲文以紀其事。

梓材謹案。台州府志載。先生皇祐五年任天台縣令。興建學校。振作人材。綽有政聲。古靈爲作文宣王廟記。

少時嘗贄所爲歌詩于范文正公。公謂其孤雁晚望二篇有古人風。後以時政十事上韓魏公。如錢幣鹽法之類。皆見施行。

助教黄聲隅先生晞詳見士劉諸儒學案。

司空蘇先生頌別見泰山學案補遺。

學士孫先生洙

孫洙字巨源。□□人。錫之子。舉進士。應制科。上策論五十篇。指陳治體。分辨得失。韓魏公讀之。太息曰。今之賈誼也。神宗稱其學術行義。擢翰林學士。文詞典麗。有西漢風。姓譜。

運使李先生師中

李師中字誠之。楚邱人。年十五上封事。言時政。舉進士。歷知濟兗二州。有政績。累官河東轉運使。在官不貴威罰。務以信服人。以言時政得失坐貶。終於南京奉祠。先生落落有奇節。不容于時。包拯參知政事。或云。朝廷自此多事矣。先生曰。包公何能爲。王安石眼多白。他日亂天下者必斯人也。後二十年言乃信。姓譜。

附録

後荆公相神宗。以天命不足畏。祖宗不足法。人言不足邺爲述。誠之深詆之。至呂獻可中丞死。誠之以詩哭之。有奸進賢須退。忠臣死國憂。吾生竟何益。願卜九泉遊之句。荆公之黨呂惠卿益怨之。

祕閣王先生安國詳見荆公新學略。

侍講虞先生太熙

虞太熙字□□。宜興人。皇祐二年進士。神宗朝陳古靈襄在經筵。以治行薦。累官至侍講。姓譜。

運使孫先生奕

孫奕字景山。閩縣人。登進士。歷知南陵。海陵。吴縣。吕誨知開封。薦知封邱縣。及誨爲御史中丞。遂薦爲臺推。遷監察御史。論新法。爲鄧綰所劾。出監陳州酒税。陳襄知杭州。辟爲僉判。後襄在經筵。因薦之曰。士行著于鄉閭。節義信于朋友。外雖朴淳。中實强敏。歷官所至。皆以善政聞。可謂循良之吏。使當一路。豈不足以厚俗而安民哉。元祐初除福建轉運使。姓譜。

運使林先生旦

林旦字士明。福清人。太常博士槩之子。舉進士。爲監察御史裏行。累遷殿中侍御史。甫涖職。卽上疏言。蔡確章惇旣去。其餘黨常懷醜正惡直之心。願深留宸慮。以折邪謀。遂論吕惠卿鄧綰。乞投散地。以謝天下。官終河東轉運使。子膚陷元符黨籍。姓譜。

梓材謹案。明文海郭氏萬程所述福清儒林傳云。字次仲。爲義山令。以文學爲政。熙寧中擢御史。上書言。王安石聽李定不服生母喪。寘之經筵。何以儀型天下云。

龍圖孫先生路

孫路字□□。開封人。第進士。累官兵部尚書。以龍圖閣直學士知成都。夏人入寇。有捍禦功。司馬温公將棄河湟。問于先生。先生挾地圖示温公曰。熙之北已接夏境。若捐以予敵。一道危矣。温公幡然曰。賴訪君。不然幾誤國事。姓譜。

朝請晁先生端仁

晁端仁字堯民。贈工部侍郎迪之曾孫。通易春秋。洞達世務。再從鄉書皆舉首。時英宗諒陰。罷臨軒。遂由別試第二掇巍科。初調常州司理參軍。前守陳襄大興學。爲東南冠。至是先生以掾兼廩食事。而士從之講授常數百人。調壽光縣主簿。帥清獻趙公。未入境。卽以學官薦之。歷金部郎中。改主客郎中。知徐州。改襄州蔡州。皆未行。乞致仕。卒。自佐著作九遷爲朝請大夫。有易論十卷。文集十卷。而于易尤致志。其説七日來復。八月有凶。義特妙。少與范堯夫俱學許昌。又與李邦直相從毗陵。皆厚善。黄魯直尤厚之。雞肋集。

附録

晁景迂序汝南主客文集曰。公釋褐。以甲科爲常州司理參軍。時知州事陳公襄。四先生之一也。肇興學校。躬横經。爲諸生開講勤甚。而王平甫以布衣專主説書。有霍漢英李公弼者。豪英不特。爲東南之秀也。且以頭角諸生數百人。公有職事在學校。諸生從公有聞見。服膺無異辭。嗟夫。公少仕以文學著也如此。逮公三年免喪之後。始有新學。而先王之經亦以新名之。公自傷焉。

又曰。公于一世交游。眞得泛焉而親焉者。以有德歸范彝叟。而心向之餘。則寧輕富貴而不忌語言以軒輊。一座若無人焉者。雖謂公以他人並范也。公之不愧屋漏則然矣。而于屋漏有愧者。果足以知之乎。惟知公于士。涇渭源委湛如。不可蕩漾。然後知公之文先灌後索㈠云。又九學論曰。籤帙之富倍于三館。少不鞅掌王事。而既老無嗜好。兀兀晝夜。槁目禿指。人以爲勞。而已獨淫樂。晚生得以問奇字。好事者從而貪異聞。然不可責以正鵠之功者。倚相之學也。掌賓客是已。

縣令鄭先生至道

鄭至道。□□人。元祐二年以雄州防禦推官知天台縣事。爲政寬簡。專務教化。作諭民書七篇。邑人悦服。秩滿扳戀不忍其行。有松關留鄭故名。因家于台。今廣龍鄭。乃其裔也。台州府志。

㈠「先灌後索」當爲「先河後海」。

諭民書

父兮生我。母兮鞠我。拊我畜我。長我育我。顧我復我。出入腹我。欲報之德。昊天罔極。故孝子之事親。居則致其敬。養則致其樂。病則致其憂。喪則致其哀。祭則致其嚴。所以爲厚德之報也。昔周文王事父王季。每雞初鳴則衣服至于寢門外。問左右曰。今日安否。如何。左右曰。安。文王乃喜。其有不安。則左右以告文王。文王色憂。行不能正步。王季復膳。然後亦復初。凡食上。必自視寒暖。食下。問所膳。然後退。其後武王亦如此。事文王不敢有加焉。然則不孝其親。而欲子孫事我以孝。豈可得也。漢石奮爲上大夫。老歸于家。其子石建爲郎中令。已老。每五日一歸省。入諸子之舍。問侍者取其親中衣。身自洗濯。復與侍者。不敢令其親知之。夫貴者之事親猶如此。況于賤乎。晉王祥性至孝。繼母不慈。每使掃除牛下。祥愈恭謹。父母有疾。衣不解帶。湯藥必親嘗。母欲生魚。時天寒冰凍。祥解衣將剖冰求之。忽有雙鯉躍出。其孝誠所感如此。雖然此言其能養父母者也。孝之道又不止于能養而已。故孟子曰。惰其四肢。不顧父母之養。一不孝也。博奕好飲酒。不顧父母之養。二不孝也。好貨財私妻子。不顧父母之養。三不孝也。從耳目之欲。以爲父母戮。四不孝也。好勇鬭很。以危父母。五不孝也。禮記亦云。居處不莊。非孝也。事君不忠。非孝也。涖官不敬。非孝也。朋友不信。非孝也。戰陳無勇。非孝也。五者不遂。災及其親。敢不敬乎。孝經曰。居上而驕則亡。爲下而亂則刑。在醜而爭則兵。三者不除。雖日用三牲之養。猶爲不孝也。如此則所謂孝者。又貴乎修身謹行。不辱其親。非獨養口體而已。今爾百姓。父母在則私分異財。離居各食。從妻子之歡。忘天性之愛。且禮曰。父母在。不有私財。又曰。子甚宜其妻。父母不悦。則出之。子不宜其妻。父母曰彼善事我。子行夫婦之禮。没身不衰。然則私貨財。順妻子。豈爲孝乎。孝父母。

兄弟者同受形于父母。一氣所生。骨肉之至親者也。詩曰。凡今之人。莫如兄弟。死喪之戚。兄弟孔懷。言死喪則相恤也。又曰。脊令在原。兄弟急難。兄弟鬩于牆。外禦其侮。言患難則相救也。昔衞宣公有子二人。曰伋。曰壽。伋被譖。宣公遣往齊。使盜待于路。欲殺之。壽知以告伋。使勿去。伋曰。棄父之命不可。壽遂先行。爲盜所殺。伋後至。曰。壽何罪。請殺我。盜又殺之。故詩人作二子乘舟之詩。思之也。晉王祥王覽。異母兄弟也。母朱氏待祥不慈。祥被楚撻。覽年數歲。輒涕泣抱持之。朱氏屢以非理使祥。覽輒與俱。又嘗使祥妻。覽妻亦往共之。朱氏患之。乃止。又嘗使人以毒酒殺祥。覽知之。與祥爭酒飲。朱氏遂奪之。自後朱氏與祥饌。覽必先嘗之。夫異母兄弟猶如此。況同母乎。南唐江州陳氏。七代同居。族人數百口。每食舖廣席。以次就坐。又犬百餘頭。共食一槽。一犬不到。餘犬爲之不食。禽獸猶如此。況於兄弟乎。今爾百姓不明禮義。悖逆天性。生雖同胞。情同吴越。居雖同室。迹猶路人。以至計分毫之利。而棄絶至恩。信妻子之言。而結爲死怨。豈知兄弟之義哉。後漢薛包好學篤行。弟子求分財異居。包不能止。乃中分其財。奴婢引其老者。曰。與我共事久。若不能使也。田廬取其荒頓者。曰。吾少時所理。意所戀也。器物取其朽敗者。曰。我素所服習。身口所安也。弟子數破其產。輒復賑給。嗚呼。兄弟叔姪之不和。皆因爭財之不平。使能少慕薛包之風。豈復有爭也哉。愛兄弟。

親者身之所自出。祖者又身之所自出。則愛吾身與吾親者。不可以不事祖。推尊祖之心。順而下之。則宗族者皆祖之遺體。可不敬乎。睦族者尊祖之義也。古者聖人等人情之輕重。立爲五服以別親疏。以定上下。上以治祖禰。下以治子孫。旁以治兄弟。歲時之間。合族以食。序以昭穆。別以禮義。使之生則有恩以相歡。死則有服以相哀。然後宗族之義重。今爾百姓多逆人理。不知族屬。苟有忿怨。不能自勝。則執持棒杖。恣相毆擊。豈擇尊長也。力足以勝之。斯毆之矣。我富而族貧。則耕田佃地荷車負擔之役。皆其族人。豈擇尊長也。財足以養之。斯役之矣。此皆風俗薄惡。人倫之深害也。睦宗族。

古者五家爲比。使之相保。五比爲閭。使之相愛。四閭爲族。使之相葬。五族爲黨。使之相救。五黨爲州。使之相賙。五州爲鄉。使之相賓。如此則百姓之情歡欣交通。而和睦之道著矣。孟子曰。鄉田同井。出入相友。守望相助。疾病相扶持。則百姓親睦。蓋爲此也。禮記言。居鄉之禮。年長以倍則父事之。十年以長則兄事之。五年以長則肩隨之。見父之執。不使之進。不敢進。不使之退。不敢退。不問不敢對。其于道路。則父之齒隨行。兄之齒雁行。所任輕則併之。重則分之。以至斑白者不負戴于道路。則古人所以待鄉黨之老者。又如此也。鄉飲酒之禮。于歲十二月。率鄉黨之民會聚飲酒。以正齒位。長者坐。少者立。老者食以厚。少者食以薄。所以示民以孝悌之道也。其有禍患。則鄰里之人同其憂。故曰鄰有喪。舂不相。里有殯。不巷歌。行弔之日。不飲酒食肉焉。漢萬石君居鄉里。其子慶爲内史。醉歸。入外門。不下車。萬石君聞之。怒而不食。慶惶恐請罪。萬石君責之曰。内史入閭里。里中長老皆走避。内史坐車中自如。豈當如此。自後慶及諸子入里門。常趨至家。王吉居長安。東家有大棗木垂吉庭中。其婦取以啗吉。後知之。乃去其婦。東家聞之。欲伐其棗。鄰里共止之。因請吉令還婦。里中爲之語曰。東家有樹。王陽婦去。東家棗全。去婦復還。又曹節素仁厚。鄰人有失豕者相似。詣門認之。節不與爭。後所失豕自還。鄰人大慚。送前所認豕并謝。節笑而受之。夫古人所以睦鄰里者如此。今爾百姓。以富役貧。以强凌弱。以少犯長。豈知古人所以交鄰里之意哉。恤鄰里。

男女有別。然後夫婦有義。夫婦有義。然後父子有親。婚姻者。禮之本。所以合二姓之好。上以事先祖。下以繼後世。可不謹乎。是以婚姻有納采。問名。納吉。納徵。請期五者之禮。皆主人設几筵于家廟而受之。所以敬婚姻也。古者男女非有行媒。不相知名。非受幣。不交不親。故齋戒以告鬼神。爲酒食以召鄉黨僚友。所以厚其別也。夫幽則質于鬼神。明則證以鄉黨。然後行婚姻之禮。則男女不可以苟合也如此。及婚禮既成。男子親迎。受之于母也。母送之門。戒之曰。往之女家。必敬必戒。無違夫子。以順爲正者。教以爲婦之道也。既而出于大門。男先率女。女從男。夫婦之義。由此始也。蓋婦人從人者也。幼從父兄。嫁從夫。夫死從子。男先而女從。則從人之義也。質明。婦執棗栗榛脩以見舅姑。戒婦禮也。舅姑入室。婦以特豚饋。明婦順也。

舅姑降自西階。婦降自阼階。以著代也。古人于婚禮之義如此。今爾百姓。婚姻之際。多不詳審。閨闈之間。恩義甚薄。男夫之家。視娶妻如買雞豚。爲婦人者。視夫家如過傳舍。偶然而合。忽爾而離。浮奢誘畧之風。久而愈熾。誠可哀也。重婚姻。

孔氏曰。三年之喪。何也。曰。稱情而立文。以別親疏貴賤之節。而不可損益也。創大者。其日久。痛甚者。其愈遲。三年者。所以爲至痛極也。斬衰苴杖食粥枕塊所以爲至痛飾也。人生天地之間。有血氣之屬。莫不知愛其類。今鳥獸失其羣匹。越月踰時。反其故鄉。則翔回鳴號。然後能去之。故有血氣之屬。莫智于人。故人于其親也。至死不窮。將由夫邪淫之人。則彼朝死而夕忘之。然而從之。則鳥獸之不若也。將由夫修飾之君子。則三年之喪若駟馬過隙之易。然而從之。是無窮也。故先王爲之中制。止于三年。使足以成文理。則去之矣。然則何以朞年。曰。天地則已易矣。四時則已變矣。其在天地之間者。莫不更始焉。故以朞也。九月以下。則漸殺之。使弗及也。故三年以爲隆。朞九月以爲間。小功緦麻以爲殺。上取法于天。下取法於地。中取法于人。人所以羣居。和一之理盡矣。斬衰貌若苴。齊衰貌若枲。大功貌若止。小功緦麻容貌可也。此哀之發于容體者也。斬衰之哭。若往而不返。齊衰之哭。若往而返。大功之哭。三曲而偯。小功緦麻哀容可也。此哀之發于聲音者也。斬衰唯而不對。齊衰對而不言。大功言而不議。小功緦麻議而不及樂。此哀之發於言語者也。斬衰三日不食。齊衰二日不食。大功三不食。小功緦麻再不食。父母之喪既殯。食粥。朝一溢米。墓一溢米。齊衰之喪。疏食水飲不食菜果。大功之喪。

不食醯醬。小功緦麻不飲醴酒。此哀之發於飲食者也。父母之喪。居廬寢苫枕塊不脱絰帶。齊衰之喪。居堊室編蒲而寢。大功之喪。寢有席。小功緦麻牀可也。此哀之發於居處者也。斬衰布三升。齊衰布四升五升六升。大功七升八升九升。小功十升十一升十二升。緦麻十五升。此哀之發于衣服者也。聖人取於人情。制爲五服。其等降如此。今爾百姓。親族死。問以服紀年月。皆言不知。以此觀之。則死時不爲服。服而不終其制者。亦多矣。其去禽獸豈遠哉。正喪服。

古者四民。曰士。曰農。曰工。曰商。士勤于學業。則可以取爵禄。農勤于田畝。則可以聚稼穡。工勤於技巧。則可以易衣食。商勤于貿易。則可以積財貨。此四者皆百姓之本業。自生民以來。未有能易之者也。若能其一。則仰以事父母。俯以畜妻子。而終身之事畢矣。不能此四者。則謂之浮浪遊手之民。浮浪遊手之民衣食之源無所從出。若不爲盜賊。卽私販禁物。一旦身被拘執。戕于刑禁。小則鞭撻肌膚。大則編配絞斬。破蕩家產。離棄骨肉。方此之時。欲爲四民之業而何可得也。重本業。

郎中鄭東山先生洙

鄭洙字教生。侯官人。景祐間。擢三禮科。仕至虞部郎中致仕。號東山先生。初赴舉時。陳古靈送之以詩。其未仕時已見重于士林。卒祠于學。姓譜。

周氏講友

補　忠惠蔡先生襄

忠惠集

力行之謂學。析要之謂講。學之弗固。講之弗明。講之弗先。學之維艱。吾謂講學之相資也。講春秋疏。

大舜孔子聖人也。孟子曾參大賢人也。爲人子者服聖賢之義。則正矣。乃棄其言而不由。甘心于殘忍。曾牢畜犬豕之不若也。非以法禁。卒不可遏。毀傷議。

州郡之有學。所以勵賢才而進德業。必有師友顯訓導之方。爲之治經術。習文章。講道義。以稱厥職。設非其人而冒居之。學不用成。民罔攸信。諭鄉老諸生文。

往也莫追。來也莫知。往何弗恥。來何弗思。恥勿憚改。思然後規。日規月改。雖過奚爲。過箴。

雞鳴爲善。舜堯之徒。善之不足。德乃有餘。根深則茂。途遠而趨。汝之克念。其庶幾乎。怠箴。

弗修何交。弗擇何求。既修既擇。從是而由。吾善不勸。時爾之仇。吾惡不掩。時爾之休。擇交箴。

靡曼之色。實蠹而德。哇淫之音。實害而心。蜉蝣之美。衣敝何恥。琅玕之羞。簞食何憂。嗜箴。

舜善孜孜。文心翼翼。伊昔聖人。靡念罔克。謹如之何。曰攸好德。若虞顛躋。以守爾極。謹箴。

有足兮動涉坦夷。有心兮何由險巇。足非有慮兮。心役之爲用。心如足兮。蠻貊行之。步箴。

附録

公爲文章。清遒粹美。工於書畫。頗自惜。不妄爲人書。仁宗尤愛稱之。御製元舅隴西王碑文。詔公書之。其後命學士撰温成皇后碑文。又勅公書。則辭曰。此待詔職也。

蘇子容曰。歐公不言文章。而喜談政事。君謨不言政事。而喜論文章。各不矜其所能也。

曾敏行獨醒雜志曰。蔡端明事母至孝。嘗步行遇一媪。貌甚龍鍾。聞其年曰。百單二矣。端明再拜曰。願吾母之壽如媪。後果符其言。

黄東發曰。蔡端明作四賢一不肖詩。作三諫官詩。才名表表。亦因以預增置四諫之一。權倖畏欽。裨益爲多。唐介論文潞公罷。公獨論其忠。吕景初等論粱丞相罷。公不草其制。其升也或推之。其墜也。或援之。公又諫官之都護歟。一不勝于陳執中。執中既相。公遂斂惠福州。興經術。禁浮圖。巫妖蠱毒之患爲絶。其後治開封。治三司。皆號精明。惟知泉州。罪章拱之。卒爲士論所少。豈朝端風采施之外服或過耶。

袁清容跋蔡君謨帖曰。蘇文忠評忠惠行書第一。後見莆田所刻。亦主此論。京卞師其從兄。而名節虧喪。愧恧多矣。

古靈家學

陳先生袞

陳袞。古靈弟。古靈寄之以詩云。作詩寄予袞。寫我心之幽。比聞堂上安。讀書可優游。前者得兄書。言汝有蔡侯。蔡侯實君子。小善固所收。知汝言可否。果聞書相酬。蔡侯讀吾策。言語何贅疣。吾言至草略。聞説畏可羞。昨又得汝書。嗟汝誠拙謀。自言已可進。曾知易春秋。人不患無位。患己德不修。古人亦有言。富貴焉可求。又云。爲吾告兄長。選試在今秋。汝姑事恬尚。不忘在軻邱。古靈文集。

中散陳先生紹夫

陳紹夫。古靈子。官右中散大夫。提舉臨安府洞霄宮。賜紫金魚袋。元祐初。爲明州船場。秩滿。陳瑩中大諫被召太學博士。時尋醫四明。以詩送之云。迺翁德望如邱山。北斗以南誰可班。熙寧天子自拔擢。報君常以人所難。忠誠時時落諫疏。史臣編緝不敢删。當年十語九不用。直譽閶隨公議還。三十三公半台輔。經筵薦墨猶未乾。雖然年位俱不極。卻得千載聲名完。薦賢之家門必大。來者繩繩知可觀。如君謹潔蹈規矩。勇於爲義心桓桓。有兒已覺門户穩。慶源衮衮何時殫。古靈集附録。

知州陳先生字

陳字字伯愛。侍讀襄諸孫也。自宜興徙常熟。以父澤爲莆田尉。得劇賊格當霑賞。先生愀然曰。吾其可藉人命爲自進之階。卒辭之。歷知房州。隆興中。知富陽。卒年六十一。先生孝友廉潔。常自謂先世以清白遺子孫。豈惟富不可求。亦所不願也。姑蘇志。

古靈門人

補張先生公謂

雲濠謹案。劉執中爲古靈祠堂記云。河陽里胥運置酒材。破蕩產業者。世以爲病。公命浙東從之。學者張公謂以百金僦田兩夫。募農師。引沃水灌爲稻畦。種以糯穀。比其耕種耘耨收刈也。必躬涖之。而其往來皆用盛樂。招集其民。但觀稼穡之法。酒材既足。民胥效之。瘠鹵之池遂爲膏腴。温造故迹復生秔稌矣。據此則先生浙人也。

補待制章先生衡

雲濠謹案。先生爲表民族子。字子平。易字公甫。而表民爲之序。

梓材謹案。古靈送章衡秀才序云。子平年弱冠。爲予縣學生。家居毗陵。祖母既老。一日贄書于門。告歸寧親。義不可留云云。是先生之先已以浦城人寓毗陵矣。

附録

古靈嘗與書曰。嘗謂子平年少才俊。有大人之具。今者不獲已。寄身無人之鄉。恐其獨居無朋。不能大有長益。莫若移來此郡居。盡育以求成就其志。諸生之不可捨者。皆挈而同來可也。

補 龍圖傅先生楫

梓材謹案。汪浮溪爲先生墓誌云。公少莊重如成人。甫七歲。從鄉先生學。已能痛自刻厲。聞孫覺陳襄有學行。摳衣從之。襄門人有許安世江衍之流。皆嘗以文藝冠多士。襄不之取。獨稱公曰。傅元通金石人也。以其女妻之。擢治平四年進士第。又曰。公長禮學。自神宗時議祠北郊。至是有詔復議。議者多持兩可。公獨援經據古。損其車服儀衛賞賚之類。使悉得其中。上之。後卒施行如公議。又曰。公于孔孟之學。精思而力探之。不臻其極不止。又曰。有文集三十五卷。藏于家。簡古而精深。世以爲法。

補 州判陳先生貽範

梓材謹案。先生字伯模。臨海人。治平四年進士。通判處州。葉水心文集引陳箕窗之言有曰。吾冑出太邱。長實從婺徙台。貽範。貽序。著名神宗朝云。

雲濠謹案。台州府志言。後世序台學源流。以先生與二徐羅適爲首云。

霍先生漢英

李先生公弼

都官許先生安世並見荆公新學略補遺。

江先生衍

梓材謹案。先生與許先生安世。皆古靈門人。見汪浮溪所撰傳龍圖楫墓誌。

縣令余先生京

余京。不知何許人。官松陽令。王荆公嘗答其書曰。某行不足以配古之君子。智不足以應今時之變。竊食窮縣而無勢于天下。非可以道德爲謀功名之合也。今足下貶損手筆告之。所存文辭博大。義尤宏廓。守而充之。以卒不遷。其至可量邪。臨川文集。

附録

古靈答余京秀才啓曰。孔子曰。益者三友。友直。友諒。友多聞。吾于三者不可得而兼取之。願與于直者。人莫自知其惡。既知之。亦莫不惡聞而憚改之也。惟直者爲能告人之惡。而發人之匿。使之無過焉。是朋友之義無先于直者。某之困於蒙昧久矣。足下既誨之。以朋友講習之説。亦在直之而已矣。

阮先生鴻

徐先生洪合傳。

楊先生倜合傳。

阮鴻。徐洪。楊倜諸秀才。古靈皆答其書。古靈文集。

梓材謹案。古靈集中標目稱秀才者。如與陳砥秀才書。與章衡秀才書。又送管師常秀才序。送章衡秀才序。皆係及門之士。則此三先生皆在答問之列矣。余先生京放此。

學士葉敬禮祖洽別見士劉諸儒學案補遺。

章氏學侶

徐先生融

徐融字子明。□□人。古靈嘗答其啓。言其有親在堂。足可以盡其致。得乎仕。歸而爲其親之榮。不得乎仕。歸而爲其親之安。未有不足者云。古靈文集。

梓材謹案。古靈與章子平書有云。子明亦非久入山者。知先生爲子平學侶。而有志于用世者。故古靈答辭如此。

伯模學侶

運判陳先生貽序

陳貽序字叔彝。治平元年進士。性剛介。有才學。以詩名。爲東坡南豐所知。官終湖南運判。所著有天台集。臨海志。

伯模講友

潘先生思孟

潘思孟字幾道。臨海人。治平間。與陳伯模爲友。以道義自高。鄉人多師之。羅提刑適行部。造其門。命僕扶之。納四拜。家有杲亭。提刑爲賦詩。台州府志。

季甫門人

博士林先生無惑附子仰。

林無惑。逸其名。長溪人。自幼童知好學。刻意鑽礪。忘寒暑饑渴。時太守蔡襄大開學校。鄉先生陳季慈起處士。爲學官。士類坌集。先生往從焉。季慈每中夜聞其誦書。策厲羣弟子。必以先生爲言。且相器重。元豐初。爲太學生。十年。聲名日彰。司業朱服喜其莊重有常。處以職事曰。勉之。爲餘子矜式。元祐六年登進士第。授瑞安尉。未赴。丁内外艱。服除。調臨江軍司法參軍。再調邵武軍司户參軍。兼學官。移松溪令。尋授晉江丞。甌寧令。改宣教郎。知歸安縣。爲歸安甚暇。且教且治之。權宗子博士。除通判安肅軍。得次京師。聞大將開邊。亟買舟還鄉。築室于故園。與親舊賓客舉酒相樂。論者高之。卒年七十一。先生鈎貫經術。善屬文。後輩從學者皆有軌則。有文集若干卷。子仰。嗜學能文。似其父。劉苕溪集。

公闢門人

補教授劉先生康夫

附録

公性純孝。居喪盡禮。蓋年未弱冠。而所以慎終大事者。成人有所不逮。由是益重于邦鄉。服除。就學府庠。周先生希孟。門人數百。而公獨見推重。

主鄉校者三十餘載。部刺史之至者。各見優禮。在張伯玉。元絳。程師孟。尤爲知己。晚復主温陵學。公既名教自任。故其所在必有規矩。引經質問。終日不倦。是以門人多至千餘。

其在熙寧苗役之行。公嘗狀其事。以爲法之初甚良。而行者皆失其本。大爲民害。爲之圖籍以獻。竟不報。

鄭監門表其墓曰。公南事親事長。恤窮撫穉。成就才哲。發于誠心。爲文羽翼詩書。根柢仁義。著有經訓雜文。

補奉議潘先生鯁

附録

君居鄉里。以經教授。聚徒常百餘人。後進皆師尊之。

蘄水民有以花爲獻者。君一嗅而還之曰。受賜多矣。其廉潔類是。

江州賦屬縣鬻建茶。太守問君瑞昌歲可售若干。君曰。四斤耳。守驚。詰其說。君曰。縣小民貧。米鹽猶不足。而暇及茶乎。獨縣僚四人。人一斤可矣。

石氏門人

葉先生經

葉經。石聖咨門人。聖咨有遺書一編。疏五十餘事。處理家政。至于廞斂之具。喪葬之節。賓客之禮。子孫之戒。纖悉無遺者。先生敘其始末。爲往生録。蘇魏公集。

進士王儒志先生開祖詳見士劉諸儒學案。

余先生京見上古靈門人。

晁氏家學

晁先生謙之

晁謙之。汝南主客季子。年十有三歲。竊有志焉。如人適嗜好而勤收拾。無遠邇。惟恐主客一字留落也。乃得主客詩若干。雜文論表章若干。定著爲若干卷。以待後之攬者。晁景迂集。

晁氏門人

霍先生漢英

李先生公弼並見荆公新學略補遺。

蔡氏家學

蔡元長京

蔡元度卞並詳荆公新學略。

龍圖蔡先生佃附弟細。紳。

蔡佃。仙遊人。忠惠之孫。崇寧二年廷試第一。宰相京舊通譜牒。請降第二。官至直龍圖閣。及從元祐諸公遊。恥附宗衮。常遠絶之。弟徽猷待制細。左中大夫贈特進紳。並從受業。時號三蔡。紳字伸遵。政和二年與待制相繼登科。累知滁州。徐州。和州。再求祠以歸。久之爲浙東安撫司參謀官。遇大禮官伯氏二孫。報教育之德。人益賢之。周益公集。

朝請蔡先生樞

蔡樞字子歷。忠惠之孫。政和進士。歷官西京提舉學司。主管文字。御史常安民在黨籍。人多疏之。先生獨事以師禮。終朝請大夫。姓譜。

蔡氏門人

運判方先生宙

方宙字子正。□□人。官河東運判。君謩之壻。京認君謩爲兄。及當國。召先生爲農丞。語不合。僅七日去國。劉後村跋陳了翁鄭介夫所與帖云。惟其爲京所薄。所以爲了翁介夫所厚也。烏虖。子正亦賢矣哉。劉後村集。

伯模家學

陳先生師純

陳先生師聖合傳。

陳師純。師聖。伯模子。俱中八行。台州府志。

管氏家學

管先生時可

管時可字□□。龍泉人。樞密師仁之從子也。以明經飭行。爲鄉里所宗。遠近受業之士甚衆。嘗有欲薦之朝者。謝而不許。竟不仕以卒。鄉人皆以先生稱之。後贈承事郎。李安簡光。其壻也。朱子文集。

管氏門人

隱君林塘奥先生石

雲濠謹案。樓攻媿跋林氏所藏趙清獻公父子詩云。清獻次子景仁倅永嘉。從公遊天台雁蕩。萱堂林先生隱居樂道。與公父子遊。

叔彝家學

陳先生克

陳克字子高。奉議叔彝之子。博學能詩。薦爲删定官。呂尚書祉帥建康。辟致爲屬。後祉參督府謀議。復從爲淮西之行。建炎間。酈瓊之變。先生奮勇出戰。兵敗就擒。賊叱令屈膝。先生曰。吾爲宋臣。學忠信之道。寧爲珠碎。不爲瓦全。賊怒積薪焚之。先生罵不絶口。聲如震雷。

賊懼。羅拜。舉酒酹曰。公忠臣也。吾輩無知。誤公命爾。軍民聞先生死。號慟如喪所親。

公南門人

張先生勸

湛先生存合傳。

林先生洵合傳。

蔡先生彰合傳。

張勸。湛存。長樂人。林洵。南安人。蔡彰。温陵人。皆劉公南門人也。公南之没。勸狀其行。存爲之述。洵爲之録。而彰又録其爲温陵教授之功實。鄭西塘集。

潘氏家學

潘先生大臨

潘大臨字邠老。故閩人。後家黄州。少學。爲人不能合其鄉人。衆不悦之。獨與當世名士遊。往往屈輩與之交。張文潛序其文集。張柯山集。

梓材謹案。文潛誌先生父昌言墓云。男二人。長大臨。次某。皆力學有文。

陳氏續傳

清毅陳先生塏

陳塏字子爽。侯官人。古靈曾孫。先生寓居崇德。以清節稱。官至資政殿大學士。諡清毅。有讀通鑑隨筆藏于家。至元間。表其里曰清節。至元嘉禾志。

知州陳先生奕

陳奕。福州人。古靈先生曾孫。由删定官出守臨江。治績居最。持節嶺南。職思其憂。韶郡東西橋廢久不治。民涉且病。先生首復其東橋。毫髮不擾。憫官族流落無依。倣廣恩館之制。刱安仁宅以居之。又得廢寺絶户之田。歲入二千斛。以口數均給。嫁娶喪葬。斂助有差。凡護櫬出嶺者。亦量遠近賙之。廣東黄志。

吏部陳先生夢庚

陳夢庚字景長。閩縣人。少以文名擢甲科。教授潮州。歷除宫教大府寺丞。就職兼莊文府教授。對班首疏。皆當時諱聞者。言官丁大全甚惡之。遷司封郎。卽劾去。大全敗。前惡者皆召。先生曰。吾倦矣。其老林泉。四請祠廩。爲詩示其子。以銅臭不如書香。積善人勝官呼爲訓。官至中奉大夫。閩縣開國男。先生學問有源委。取舍義利明。初號竹溪。晚以隱名堂。劉後村誌其墓有云。義江古靈。閩之夫子。五傳至禾。義山金紫。禾生良臣。理曹公祖。宗仁太中。是爲公父母也。顧㊀人考謂林氏。二季㊁齊名。謂之昆弟。中外兩家。有文有道。少長熏磨。所詣者奥。

鬳齋續集。

都事門人

李先生光詳見元城學案。

林氏家學

林先生晞顔

林先生晞孟並見荆公新學略補遺。

林先生崧孫别見趙張諸儒學案補遺。

蔡氏續傳

京兆蔡先生戡

蔡戡字定夫。忠惠四世孫也。居道陵。調溧陽尉。登乾道丙戌甲科。寧宗朝爲京兆尹。歲澇

㊀「顧」當爲「碩」。
㊁「季」當爲「李」。

羅艱。亟爲請賑。民賴以活。韓侂胄當國。乃請老。有定齋集行于世。姓譜。

古靈續傳

知州李先生兼

別見陳鄒諸儒學案補遺。

文公朱晦翁先生熹

詳晦翁學案。

縣令林先生岳

林岳。四明人。嘉泰間。以通直郎知仙居縣。歆慕前哲。凡庠序堂廡門觀舉新之。周益公記之曰。夫教人必以聖人爲師。古靈學夫子者也。林君希古靈者也。學者誠能各因其材。孜孜弗怠。尊所聞而行所知。豈特無負賢令。亦將無負先聖。可不勉乎。周益公集。

鄭氏續傳

提舉彭先生仲剛

詳見麗澤諸儒學案。

宋元學案補遺卷六目録

宋元學案補遺卷六

士劉諸儒學案補遺

後學鄞王梓材 慈谿馮雲濠 同輯

閩學之先

文莊楊先生徽之

楊徽之字仲猷。浦城人。純厚清介。尚名教。周顯德閒。舉進士。累官右拾遺。見太祖爲人望所歸。上書言之。太宗見其書。稱爲周室忠臣。官至翰林侍讀學士。卒贈兵部尚書。有集二十卷。姓譜。

梓材謹案。隆平集云。景祐二年詔。以徽之先帝官僚。特贈太子太師。謚文莊。

附録

世尚武力。父澄。始業儒。先生少好學。同邑有江文蔚善賦。江爲善詩。皆延置客館。未朞。遂與齊名。聞廬山學舍盛。卽往肄業。

與石熙載。李穆。賈黄中。爲文義之友。多識典故。

太宗留意儒雅。日閲羣書。詔翰林學士李昉等采前代文章。類爲千卷文苑英華。謂。公邃于風什。專俾編詩。爲一百八十卷。

建隆初。監方城商税。因故人出使訪問謠俗。先生爲言海内寧一。宜崇儒術。以厚風教。太祖疑以訕。黜爲天興令。

性介特。人罕能入其意者。雖親子弟不肯奏以爲官。平生獨奏外孫宋綬。族人自誠。其疏族也。涑水紀聞。

出知許州。入判史館。加修撰兼判昭文館集賢院。因次對上言。方今取士。多以文辭。罕聞經術。望詔太學增博士員。選通經專門之學。擢以本官。分教學子。用廣風化。太宗深嘉納之。謂輔臣曰。楊某儒雅之士。操履無玷。寘之館殿。得其宜矣。

嘗戒學者當務三。多著述看讀。持論尤難。屬文須詞理副。不然。同乎案檢。無足觀也。

眞西山記文莊書堂曰。當公之去國也。一遷而楚。再徙而秦。又再遷而蜀。山川益寥遠。風物益淒涼。昔之詞人墨客。悲傷顦顇。若不可以生者也。而公嘉陽諸詠。皆翛然自得。亡秋毫隕穫。意胸中所存。其亦遠矣。入侍禁中。新承聖睠。至摘其詩雋語筆之御屏中。詞章翰墨同時豈乏其人。而公獨得此者。非重其詩。重其節也。

楊氏講友

僕射石先生熙載

石熙載字凝績。洛陽人。周顯德中。登進士第。太宗初領泰寧軍節度使。辟掌書記。尹開封。辟推官。卽位。累加進擢至樞密使。以疾求解機務。除左僕射。卒年五十五。贈侍中。先生有文行。立朝無顧避。喜稱薦善人。有長者之譽。隆平集。

附録

有司諡曰元懿。上悲歎累日。顧謂侍臣曰。熙載事君之心。可謂純正無它。適當委用。奄忽至此。深可惜也。

李先生穆詳見百源學案補遺。

參政賈先生黄中

賈黄中字媯民。洛州人。漢乾祐初。年六歲。中神童選。十六進士甲科。建隆閒。判太常禮院。累擢知制誥。翰林學士。淳化二年。參知政事。四年。罷除禮部侍郎兼祕書監。卒年五十六。贈禮部尚書。其在翰林。嘗召詢時政。對曰。職當書詔。思不出位。上重其周愼。知京朝官考課。銓量平允。掌吏部選。品藻精當。揀拔寒俊。號爲無私。性端重。守家法。多知臺閣故事。朝廷典禮資以損益。當時知名士皆出其門。談論亹亹。聽者忘倦。特常憂畏而執政循默。時論少之。隆平集。

楊氏同調

文安宋先生白

宋白字太素。大名人。年十三。善屬文。在詞場名稱甚著。建隆二年。竇儀典貢部擢進士甲科。乾德初。獻文百軸。試拔萃高等。解褐授著作郎。蜀平。授玉津令。開寶中。連知蒲城衛南二縣。太宗卽位。擢爲左拾遺。權知兖州。歲餘召還。預修太祖實録。俄直史館。判吏部南漕。從征太原。判行在御史臺。尋拜中書舍人。賜金紫。太平興國五年。與程羽同知貢舉。充史館修撰。判館事八年。復典貢部。改集賢殿直學士。判院事。未幾。召入翰林爲學士。雍熙中。召與李昉集諸文士纂文苑英華一千卷。端拱初。加禮部侍郎。又知貢舉。凡三掌貢士。頗致譏議。然所得士如蘇易簡。王禹偁。胡宿。李宗諤輩。皆其人也。張大華坐事貶。先生素與厚善。遂出爲保大軍節度行軍司馬。踰年召還。爲衛尉卿。俄復拜爲禮部侍郎。修國史。至道初。爲翰林學士承旨。二年。遷户部侍郎。眞宗卽位。改吏部侍郎。命知開封府。咸平四年。拜禮部尚書。景德二年。與梁周翰俱罷。拜刑部尚書。集賢院學士判院事。再上表辭。以兵部尚書致仕。晚先生繼母尚無恙。上東封。先生肩輿辭于北苑。召對久之。進吏部尚書。大中祥符三年。丁内艱。五年卒。年七十七。贈左僕射。先生善談謔。不拘小節。贍濟親族。撫卹孤藐。世稱其雍睦。聚書數萬卷。圖畫亦多奇古者。嘗類故事千餘門。號建章集。唐賢編集遺落者多纘綴之。後進之有文藝者。必極意稱奬。時彦多宗之。如胡旦。田錫。皆出其門下。陳彭年舉進士。輕俊喜嘲謗。先生惡其爲人。黜落之。彭年憾焉。後居近侍。爲貢舉條制。多所關防。蓋爲先生設也。會有司謚先生爲文憲。内出密奏言。其素無檢操。遂改文安。有集百卷。宋史。

文正李先生昉

李昉字明遠。深州饒陽人。漢乾祐舉進士。爲祕書郎。周世宗擢爲主客員外郎。歷翰林學士。宋初加中書舍人。建隆三年罷爲給事中。四年出爲彰武軍行軍司馬。居延州爲生業。以老。三歲當内徙。先生不願。宰相薦其可大用。開寶二年召還。復拜中書舍人。直學士院。兩知貢舉。左遷太常少卿。復拜中書舍人。翰林學士。太宗卽位。加户部侍郎。受詔與扈蒙李穆郭贄宋白同修太祖實録。從攻太原。以勞拜工部尚書兼承旨。太平興國中改文明殿學士。時趙普宋琪居相位久。求其能繼之者。宿舊無踰于先生。遂命參知政事。普出鎮。先生與琪俱拜平章事。雍熙元年。郊祀。命與琪並爲左右僕射。固辭。乃加中書侍郎。淳化三年。罷爲右僕射。明年以特進司空致事。至道元年正月望。上觀鐙乾元樓。召先生。賜坐於側。酌御尊酒飲之。自取果餌以賜。因顧侍臣曰。李昉事朕。兩入中書。未嘗有傷人害物之事。宜其今日所享如此。可謂善人君子矣。二年卒。

年七十二。贈司徒。謚文正。先生和厚多恕。不念舊惡。在位小心循謹。無赫赫稱爲。文章慕白居易。尤淺近易曉。所居有園亭別墅之勝。多召故人親友宴樂其中。既致政。欲尋洛中九老故事。時吏部尚書宋琪年七十九。左諫議大夫楊徽之年七十五。郢州刺史魏丕年七十六。太常少卿致仕李運年八十。水部郎中朱昂年七十一。廬州節度副使武允成年七十九。太子中允致仕張好問年八十五。吴僧贊寧年七十八。議將集會。蜀寇而罷。居中書日。有求進用者。雖知其材可取。必正色拒絶之。已而擢用。或不足用。必和顔温語待之。子弟問其故。曰。用賢人主之事。若受其請。是市私恩也。故峻絶之。使恩歸于上。若不用者。既失所望。又無善辭。取怨之道也。有文集五十卷。宋史。

附録

太宗一日謂宰輔曰。朕何如唐太宗。衆人皆曰。陛下堯舜也。何太宗可比。文正獨無言。徐誦白樂天詩云。怨女三千放出宮。死囚八百來歸獄。太宗曰。朕不如也。

司馬温公家範曰。國朝公卿能守先法久而不衰者。惟故李相昉家子孫。數世至二百餘口。猶同居共爨。田園邸舍所收及有官者俸禄。皆聚之一庫。計口日給之餉。婚姻喪葬所費。皆有常數。分命子弟掌其事。其規模大抵出于翰林學士宗諤所制也。

石氏同調

郎中李巖夫先生建中

李建中字得中。其先京兆人。避地入蜀。先生幼好學。十四丁外艱。會蜀平。侍母居洛陽。聚學以自給。攜文遊京師。爲王晉公祜所延譽。館于石熙載之第。熙載厚待之。太平興國八年。進士甲科。解褐官大理評事。累轉太常博士。時言事者多以權利進。先生表陳時政利害。序王霸之略。太宗嘉賞。因引對便殿。賜以緋魚。會考課京朝官。坐降殿中丞。監在京榷易務。蘇易簡方被恩顧。多得對。嘗言蜀中文士。因及先生。太宗亦素知之。命直昭文館。改集賢院。數月出爲兩浙轉運副使。歷進金部員外郎。先生性簡靜。風神雅秀。恬于榮利。前後三求掌西京留司御史臺。尤愛洛中風土。就構園池。號曰靜居。好吟咏。每遊山水。多留題。自稱巖夫民伯。加司封員外郎。工部郎中。又判太府。卒年六十九。先生善書札。行草尤工。多構新體。草隸篆籀八分亦妙。人多摹習爭取以爲楷法。手寫郭忠恕汗簡集以獻。皆科斗文字。有詔嘉獎。好古勤學。多藏古器名畫。有集三十卷。宋史。

濂學之先

主簿劉先生元亨

劉元亨字子嘉。南康人。篤性好學。開寶中入廬山白鹿洞進修學業。及江南廢國。學官例選赴闕。時諸生百餘人。以學行老宿。咸師之。後還鄉。道過廬陵郡。官薦之。登咸平三年進士。授德平簿。廉明正大。民甚德之。姓譜。

劉氏同調

周先生述

周述字□□。□□人。太平興國中。知江州。上言白鹿洞學徒數百。乞賜印本九經。使習業之。詔從其請。命國子監驛送至洞。白鹿洞志。

明先生起

明起。白鹿洞主。太平興國六年。以爲蔡州襃信主簿。旌儒學。榮鄉校也。宋會要。

楊氏家學

文公楊先生億

楊億字大年。浦城人。七歲善屬文。太宗召見。試喜朝闕下詩。下筆立成。有願秉貞忠節。

終身立聖朝之句。除正字。後賜進士。兩爲翰林學士。先生性耿介。尚名節。文格雄健。學者宗之。卒謚曰文。所著文集一百九十四卷。姓譜。

梓材謹案。眞西山記楊文莊公書堂記云。從孫文公。少依公以學。既皆以文章名天下。浦城人物之盛自二公始。

雲濠謹案。王阮亭居易録載。楊大年武夷新集二十卷。詩五卷。雜文十五卷。云大年以西崑體擅名宋初。其詩在同時錢劉諸公之上。攬其全集。警策絶少。文皆駢體。大抵五季以來風氣如此。而石守道作怪説三篇刺之。張皇其詞。亦過矣。

楊文公家訓

童稚之學不止記誦。養其良知良能。當以先入之言爲主。日記故事不拘古今。必先以孝弟忠信禮義廉恥等事。如黄香扇枕。陸績懷橘。叔敖陰德。子路負米之類。只如假説。便曉此道理。久久成熟。德性若自然矣。

附録

十一歲詔授祕書省正字。有進修不已。砥礪彌堅。越景絶塵。一日千里之句。既謝。即求歸鄉里。

喪父。服除。從祖徽之知許州。往依焉。徽之閒與語。歎其學問該博。曰。興吾門者在汝矣。

眞宗常謂王旦。億詞學無比。後學多取法則。如劉筠宋綬晏殊而下。比比相繼。文章有正元元和風俗。自億始也。旦曰。後進皆師慕億。惟李宗諤久與之遊。終不能得其鱗甲。蓋李昉詞體弱。不宗尚經典故也。

公每欲作文。與門人賓客博飲。投壺奕棋。語笑諠譁。而不妨締思。以小方紙細書。揮翰如飛。文不加點。每盈一幅。則命門人傳録。門人疲于應命。頃刻之際。成數千言。眞一代之文豪也。歸田録。

公凡爲文。所用故事。常令諸生子弟檢討出處。每改用小片紙録之。既成。則微黏所録而蓄之。時人謂之衲被焉。

公以直道獨立。時有挾邪説以進者。面戲公曰。君子知微知章。知柔知剛。公應聲答曰。小人不恥不仁。不畏不義。以上家塾記。

公爲執政所忌。母病。謁告不俟朝旨。徑歸韓城。與弟偉居踰年不調。公有啓謝朝中親友曰。介推母子願歸緜上之田。伯夷弟兄甘受首陽之餓。後除知汝州。而希旨言事者攻之不已。公又有啓與親友曰。已擠溝壑。猶下石而未休。方困蒺藜。尚關弓而相射。青箱雜記。

范文正贊其畫像曰。公以命世之才。其位不充。故天下知公之文而未知公之道也。昔王文正公居宰府。僅二十年。未嘗見愛惡之迹。天下謂之大雅。萊公當國。眞宗有澶淵之幸。而能左右天子如山不動。卻戎狄。保宗社。天下謂之大忠。樞密扶風馬公慷慨立朝。有犯無隱。天下謂之大直。此三君子者。一代之偉人也。公與三君子深相交許。情如金石。則公之道。其正可知矣。

晁景迂九學論曰。宮商足以賡歌。波瀾足以潤色。封植足以顧問。謇諤足以獻納。其高文大册。不自□㊀而流布遠邇。邦人喜稱其姓字。而後進擬爲龍門者。從官之學也。楊文公是已。

黄東發曰。楊文公一代文豪。性剛寡合。素薄王欽若丁謂。聖眷雖渥。卒以譖行。然玉皇加尊號。亦求陪預。何耶。

文公同調

承旨劉先生筠

劉筠字子儀。大名人。咸平元年登進士第。補館陶縣令。代還。詔楊億試選人校勘太清樓書籍。先生中選第一。累擢知制誥。翰林學士。常草丁謂李迪罷相制。既又命之草制復留謂。不奉詔。乃更命晏殊爲之。以諫議大夫知廬州。仁宗即位。復翰林學士。知棣州。復入翰林。加承旨。再知廬州。乃營冢墓。自爲誌銘刻之。卒年六十一。自景德以來。居文翰之任。惟先生與楊億齊名。號爲楊劉。先生三典貢舉。以策論升降。天下自先生始。其爲人不苟合。所著有七集。隆平集。

文定石先生中立

石中立字表臣。洛陽人。侍中熙載之子。年三歲喪父。朝廷録遺以爲供奉官。改光禄寺丞。

㊀「自」當爲「日」。「□」衍。

家富于財。悉推與諸父。久之除直集賢院。與楊億。劉筠。陳越。李宗諤相厚善。凡校祕書。更先生手者。悉爲善本。累擢知制誥。翰林學士。加承旨兼龍圖學士。景祐四年參知政事。明年罷爲户部侍郎。慶曆四年。自吏部侍郎除太子少傅。致仕。遷少師。卒年七十八。謚文定。隆平集。

元獻晏先生殊別見高平學案補遺。

司諫錢先生熙

錢熙字太雅。泉州南安人。父居讓。陳洪進署清溪令。先生幼穎悟。及長。博貫羣籍。善屬文。洪進嘉其才。以弟之子妻之。將署以府職。辭不就。著楚雁賦以見志。尋復辟爲巡官。專掌牋奏。洪進歸朝。先生不敍舊職。舉進士。雍熙初。攜文謁宰相李昉。昉深加賞重。爲延譽於朝。令子宗諤與之遊。明年登甲科。補度州觀察推官。代還。寇準掌吏部。選薦試中書。遷殿中丞。賜緋魚。著四夷來王賦以獻。凡萬餘言。太宗嘉之。即以本官直史館。淳化中。削職通判朗州。俄徙衡州。就改太常博士。眞宗即位。遷右司諫。李宗諤楊億素厚善先生。乃與梁灝趙況趙安仁同表請復其舊職。不報。尋通判杭州。徙越州。卒。先生負氣好學。善談笑。精筆札。狷躁務進。自罷職。因憤恚成疾。咸平三年卒。年四十八。嘗擬古樂府著雜言十數篇及措刑論。爲識者所許。有集十卷。宋史。

正言陳先生越

陳越字損之。開封尉氏人。少好學。尤精歷代史。善屬文。辭氣俊拔。咸平中。詔舉賢良。解褐將作監。累遷著作佐郎。直史館。掌鼓司登聞院。預修册府元龜。與陳從易劉筠尤爲勤職。遷太常丞。郡牧判官。祀汾陰。擢爲左正言。先生耿槩任氣。喜箴切朋友。放曠盃酒閒。家徒壁立。不以屑意。大中祥符五年卒。年四十。無子。母老。人皆傷之。其兄咸。嘗舉進士未第。楊億杜鎬陳彭年列奏爲言。眞宗憫之。及册府元龜奏御。特賜咸同三傳出身。宋史。

楊氏門人

宣獻宋先生綬父皐。

宋綬字公垂。趙州平棘人。父皐。尚書度支員外郎。直集賢院。先生幼聰警。額有奇骨。爲外祖楊徽之所器愛。徽之無子。家藏書悉與之。其母亦知書。每躬自訓教。以故博通經史百家。文章爲一時所尚。初。徽之卒。遺奏補太常寺太祝。年十五。召試中書。眞宗愛其文。遷大理評事。聽於祕閣讀書。大中祥符元年。復試學士院。爲集賢校理。與父同職。後賜同進士出身。遷大理寺丞。累官翰林學士。遷尚書工部侍郎兼侍讀學士。拜參知政事。後以禮部尚書知河南府。召知樞密院事。遷兵部尚書參知政事。卒。贈司徒兼侍中。謚宣獻。先生性孝謹清介。言動有常。家藏書萬餘卷。親自校讐。朝廷大議論多所裁定。楊文公稱其文沈壯淳麗。曰。吾殆不及也。初。

郊祀攝太僕卿。上所撰鹵簿圖十卷。宋史。

附録

與父同在館閣。每賜書。必得二本。世以爲榮。

喜藏異書。皆親自校讐。嘗謂校書如掃落葉。一面掃。一面生。故一書三四校。猶有脱誤。

諫議田先生錫父懿。

田錫字表聖。世爲京兆人。唐德之衰。徙家於蜀。父懿。贈尚書左司郎中。善教於家。嘗命先生曰。汝讀聖人之書而學其道。愼無速。爲期二十年。可以從政矣。先生服其訓。拳拳博通羣書。東游長安。與昌黎韓丕復居驪山白鹿觀數年。器志大成。拔王府薦。有聲于京師。太平興國三年。太宗親策天下進士。擢第一人。除將作監丞。通判宣城郡。歷拜右諫議大夫。史館修撰。卒年六十。先生自白衣已有意於風化。上書闕下。請復鄉飲禮。又請修藉田禮。及在朝廷。知無不言。在河朔暨相州。累章論邊事。至桐廬郡。下車建孔子廟。教之詩書。天子賜九經以佑之。梓材案。一本作教民興學。表請人紙國子學。印經籍給諸生。詔賜之。還其紙。自是睦人舉孝秀登縉紳者比比焉。出海陵之初。以星文示變。拜疏請降詔責躬。上奉天誡。眞宗嘉其意。屢召對便殿。及行。降中使撫安。仍加寵賚。爰有翰林學士承旨宋白舉先生賢良方正。以副天下之望。一日召對久之。且曰。

陛下以皇王之道爲心。臣請采經史中切于治體者上資聖覽。帝深然之。乃具草以進所撰三十篇。皆隱其目。先生奉事兩朝。用遺補歷御史至諫議大夫。前後奉疏凡五十有二。嘗謂諸子曰。吾每言國家事。天子聽納。則人臣之幸。不然。禍且至矣。亦吾之分也。贈工部侍郎。後以二子登朝。累贈兵部尚書。著文章。成五十卷。目之曰咸平集。行於世。范文正集。

梓材謹案。隆平集載先生云。楊徽之在峨眉。宋白在玉津。延譽之。遂有聲稱。是先生之于楊宋。皆爲受知師焉。

咸平集

聖人之道布在方策。六經言高旨遠。非講求討論。不可測其淵深。御覽序。

人或有過。爾欲相規。過且未改。中已生疑。疑不一途。滋漫多歧。懲怨召怒。何莫由斯。怨淺謗生。怒深禍隨。是以君子。愼于樞機。樞機之理。總乎愼言。規人之過。其言猶難。孰慮其宜。細詳厥理。言苟輕出。過反在己。雖云忠告。不能者止。妄欲善導。豈獨疑爾。愈令其心。增于汰侈。規過箴。

惟天之默。三辰燦然。惟地之默。萬物生焉。君子之默。百行昭宣。苟無昭昭之名。赫赫之德。德未爲人所仰。行未爲人之式。欲訥而言。欲寡而詞。孰謂爾無包藏。孰以爾爲秉持。夫事有節而理有機。機赴節會。一言衆昭。所謂時然後言。敢忘聖人之規。守默箴。

附録

公好直諫。太宗或時不能堪。公從容奏曰。陛下日往月來。養成聖性。上説。益重之。

蘇文忠序其奏議曰。自太平興國以來。至于咸平。可謂天下大治。而田公之言。常若有不測之憂近在朝夕者。何哉。古之君子必憂治世而危明主。明主有絶人之資。而治世無可畏之防。夫有絶人之資。必輕其臣。無可畏之防。必易其民。此君子所甚懼也。方漢文時。刑錯不用。兵革不試。而賈誼之言曰。天下有可長太息者。有可流涕者。有可痛哭者。後世不以是少漢文。亦不以是甚賈誼。由此觀之。君子之遇治世而事明主。法當如是也。

眞宗即位。先生因對言。舊有御覽。但記分門事類。不若以經史子集爲御覽三百六十卷。日覽一卷。經歲而畢。又取經史切要之言爲御屏風十卷。置御座側。則治亂興亡之鑒。常不忘矣。

司馬温公題神道碑陰曰。其墓銘乃故參知政事范文正公所爲也。范公大賢。其言固無所苟。今其銘曰。嗚呼田公。天下之正人也。雖復他人竭其仰慕之心。頌公之美累千萬言。其有過於此乎。余於范公無能爲役。范公恨不得見田公。果何如人哉。

陳直齋書録解題曰。端平初。南充游侶景仁爲成都漕。奏言。朝廷方用端拱咸平之舊紀元。而臣之部内。乃有端拱咸平之直臣。宜褒表之以示勸。願下有司議謚。博士徐清叟直翁。考功黄朴誠甫。議謚曰獻翼云。

石氏家學

文定石先生中立見上文公同調。

賈氏門人

承旨蘇先生易簡

蘇易簡字太簡。銅山人。少聰悟好學。太平興國五年。年踰弱冠。舉進士。解褐將作監丞。通判昇州。遷左贊善大夫。八年。以右拾遺知制誥。雍熙初。以郊祀恩進秩祠部員外郎。二年。與賈黄中同知貢舉。三年。充翰林學士。初先生充貢。宋白掌貢部。至是裁七年。先生幼時隨父河南。賈黄中來使。嘗教之屬辭。及是悉爲同列。淳化二年。同知京朝官考課。遷中書舍人充承旨。他日先生直禁中。以水試敧器。上密聞之。因晚朝問曰。卿所玩得非敧器耶。對曰。然。江南徐邈所作也。命取試之。先生奏曰。臣聞日中則昃。月滿則虧。器盈則覆。物盛則衰。願陛下持盈守成。愼終如始。以固丕基。則天下幸甚。知審官院。改知審刑院。俄掌吏部選。遷給事中。參知政事。以禮部侍郎出知鄧州。移陳州。卒年三十九。贈禮部尚書。當先生參知政事。上召其母薛氏入禁中。賜冠帔。命坐。問曰。何以教子成此令器。對曰。幼則束以禮讓。長則教以詩書。上顧左右曰。眞孟母也。先生性嗜酒。初入謝。曰飲已微醉。餘日多沈湎。上嘗戒約深切。且草書勸酒二章以賜。令對其母讀之。自是每入直不敢飲。及卒。上曰。易簡果以酒死。可惜也。所著文房四譜。續翰林志及文集二十卷。藏於祕閣。宋史。

文安門人

祕監胡先生旦

胡旦字周父。渤海人。少有儁才。博學能文辭。舉進士第一。爲將作監丞。通判昇州。時江南初平。汰李氏時所度僧。十減六七。先生曰。彼無田疇可歸。將聚而爲盜。悉黥爲兵。歷知海州。踰年召歸。其夏。河決韓村。尋復塞。獻河平頌。先是盧多遜貶。趙普罷。頌有逆遜姦普之語。太宗怒。卽貶殿中丞。商州團練副使。上平燕議。起爲左補闕。累遷司封員外郎。又貶坊州團練副使。坐擅離所部。謫宋白于鄜州。既被劾。特釋之。徙絳州。詔復工部員外郎。郎中。貶安遠軍行軍司馬。又削籍流潯州。咸平初。移通州團練副使。徙徐州。歷改祠部郎中。以祕書省少監致仕。居襄州。再遷祕書監。卒。先生喜讀書。既喪明。猶令人誦經史。隱几聽之。不少輟。著漢春秋五代史略。將帥要略。演聖通論。唐乘。家傳三百餘卷。斲大硯方五六尺。刻而瘞之。曰。胡旦修漢春秋硯。宋史。

附録

晁景迂靖康初上殿劄子曰。臣竊以國家受命。市不改肆。遠邇晏然。文明之化一日而洽于四海。其號令即先王之詩書也。其制度即先王之禮樂也。所謂人文化成天下者。古未之或有。若其得人之盛。文章則王禹偁。楊億。劉筠。晏殊。歐陽修。蘇軾。經術則胡旦。王軫。李建中。高弁。孫復。石介。史學則趙師民。孫之翰。王洙。劉敞。劉恕。小學則徐鉉。郭忠恕。李建中。賈昌朝。曆數則孫思恭。劉羲叟。蔚然名家矣。

朱漢上曰。周易。先儒數十篇之次。其說不一。獨胡旦爲不失其旨。

晁公武曰。演聖通德論六十卷。其所得易十二卷。書七卷。詩十卷。禮記十六卷。而春秋論別行天聖中。嘗獻于朝。博辨精詳。學者采焉。

諫議田先生錫見上楊氏門人。

承旨蘇先生易簡見上賈氏門人。

學士王先生禹偁別見高平學案補遺。

文恭胡先生宿詳見濂溪學案。

諫議李先生宗諤見下李氏家學。

胡氏同調

尚書王先生軫別見荆公新學略補遺。

李氏家學

諫議李先生宗諤附弟宗諒。

李宗諤字昌武。饒陽人。文正第三子。七歲能屬文。恥以父任得官。獨由鄉舉。第進士。授校書郎。明年。獻文自薦。遷祕書郎。集賢校理。同修起居注。眞宗卽位。拜起居舍人。預重修太祖實録。遷知制誥。判集賢院。景德二年。召爲翰林學士。歷拜右諫議大夫。嘗侍玉宸殿。上謂曰。聞卿至孝。宗族頗多。長幼雍睦。朕嗣守二聖基業。亦如卿之保守門户也。卒年四十九。帝甚悼之。先生風流儒雅。藏書萬卷。内行淳至。事繼母符氏以孝聞。與弟宗諒友愛尤至。勤接士類。工隸書。有文集六十卷。内外制三十卷。嘗預修續通典。大中祥符封禪汾陰記。諸路圖經。又作家傳。談録。並行於世。宋史。

洛學之先

隱君張先生恕

張恕。嵩陽人。有道之士也。胡文恭集。

附録

范文正贈張先生詩曰。應是少微星。又云。嚴君平浩歌七十餘。未嘗識戈兵。康寧福已大。

清靜道自生。邈與神仙期。不犯寵辱驚。讀易夢周公。大得天地情。養志學浮邱。久鍊日月精。壽存金石性。歎㊀作鸞鳳聲。陰德不形言。一一在幽明。何當換金骨。五雲朝玉京。有客淳且狂。少小愛功名。非謂鐘鼎重。非謂簞瓢輕。素聞前哲道。欲向聖朝行。風塵三十六。未作萬人英。乃聞頭角者。五神長戰爭。禍福有倚伏。富貴多虧盈。金門不乏儁。白雲宜退耕。人間有嵩華。棲之比蓬瀛。芝田春靄靄。玉溪書錚錚。峯巒多秀色。杉桂一何清。月壑認瑤池。花巖列錦城。朱絃冉冉奏。金醴遲遲傾。相勸綺季徒。頹玉信縱橫。此樂不尋常。何苦事浮榮。願師先覺者。遠遠濯吾纓。

聘君楊東野先生璞

楊璞字契立。新鄭人。善歌詩。士大夫多傳誦。與畢士安尤相善。每乘牛往來郭店。自稱東野遺民。雲濠案。萬姓統譜作東里野民。嘗入嵩山窮絕處。搆思爲歌詩凡數年。得百餘篇。淳化中。召對便殿。不願仕進。上賜以束帛。與一子出身。遣還故郡。作歸耕賦以見志。眞宗朝諸陵。道出鄭州。遣使以茶帛賜之。卒年七十八。宋史。

㊀「歎」一作「嘯」。

附録

晁景迂集楊朴先生畫贊曰。東里多才。晚有夫子。蹇驢逍遙。不見畢李。

主簿萬遺立先生適

萬適字縱之。宛邱人。自號遺立子。六七歲卽爲詩。及長。喜學問。精于道德經。與高冕及韓伾雲濠案。韓先生本傳作韓丕。交遊酬唱。多有警句。不求仕進。專以著述爲務。有狂簡集百卷。雅書三卷。志苑三卷。雍熙詩二百首。經籍擿科討論計四十卷。淳化中。伾任翰林學士。因召對。上問曰。卿早在嵩陽。當時輩流頗有遺逸否。伾以先生及楊璞田誥爲對。上悉令召至闕下。先生最後至。特授愼縣主簿。先生素康强無疾。詔下日已病。猶勉强赴朝謝。畢止山野。人皆笑之。後數日卒。宋史。

聘君田先生誥

田誥者。歷城人。好著述。聚學徒數百人。舉進士。至顯達者接踵。以故聞名于朝。宋維翰許衮皆其弟子也。淳化中。召至闕下。詔書下而卒。先生著作百餘篇。傳于世。大率迂闊。每構思。必匿深草中。絶不聞人聲。俄自草中躍出。卽一篇成矣。宋史。

東野講友

文簡畢先生士安

畢士安字舜舉。雲濠案。先生一字仁叟。代州人。徙居鄭州。乾德四年登進士第。累遷知制誥。翰林學士。眞宗尹京。先生爲開封府判官。即位。命擢知府。復入翰林爲學士。又爲侍讀學士。景德初。參知政事。踰月拜相。二年卒于位。年六十八。贈太傅中書令。謚文簡。先生端重有識度。善談論。所至以公正稱。年高目昏。讀書不輟。有文集三十卷。藏于家。隆平集。

雲濠謹案。劉忠肅爲先生神道碑云。上世始居雲中。太師既終。祝夫人謂公曰。學必求良師友。乃相與如宋。又如鄭。得韓丕。劉錫。楊璞。使公與遊而卜居焉。

梓材謹案。畢西臺集有文簡行狀云。公在朝廷。惟吕端王祐相引重。與寇準王旦楊億及少所從游韓丕劉錫楊璞友善。而王禹偁陳彭年乃公門下士也。公既力薦寇準爲相。準深德公。兩女皆嫁公之次子。而韓丕劉錫禹偁彭年皆爲名臣。惟璞數徵不起。有高節。世人謂之徵君。他無妄交者。又言公爲冀王府記室。宫中謂之畢校書。及後爲宰相。宫中因事猶以校書名之云。又案。西臺代陳知默爲其父行狀。稱祝夫人載先生入居澶州。以澶州人無可與子游者。聞鄭多長者。即徙鄭。得楊璞。蘇利用。王嘏。韓丕。王延之。劉錫。韋文化七人與先生游。先生遂成人。則先生所與游者。不止楊。韓。劉三人而已。

附録

端拱中。詔王府官各上所爲文。帝問近臣曰。文吾既知之。其行孰優。皆以公對。帝喜曰。

是也。以本官知制誥。召爲翰林學士。大臣以張洎言。帝曰。洎視士安。詞義踐歷固不減。但履行遠在其下耳。

景德中。與寇萊公準並爲相。萊公好使氣。用先生重德以鎭之。先生以名節自厲。天下稱其清。其亡也。上謂萊公曰。士安君子人也。飭躬愼行。有古人風。賜其家白金五千兩。

黃東發曰。眞宗以契丹故謀相。文簡薦萊公。遂共議幸澶淵。事定。擇邊守。定法制。致太平。公有力焉。

萬氏講友

諫議高先生冕

高冕字子莊。虞鄉人。高錫兄子。雲濠案。隱逸傳作族子。周顯德中。詣闕上書。稱旨。授將仕郎。守右補闕。宋初。由膳部郎都官員外郎累至膳部郎中。出知益州。雍熙二年卒。年五十。贈右諫議大夫。宋史。

侍郎韓先生丕

韓丕字太簡。華州鄭人。幼孤貧。有志操。讀書于驪山嵩陽。通周易禮記。爲人講說常有山林之志。家雖甚貧。處之晏如。年長。始學文。太平興國三年舉進士。聲名籍甚。公卿多薦之者。

嘗著孟母碑。返魯頌。人多諷誦之。解褐大理評事。累遷職方員外郎。知制誥。雍熙初。加虞部郎中。二年。與賈黄中徐鉉同知貢舉。端拱初。拜右諫議大夫。賜金紫。知河陽濠州卒。先生起寒素。以沖澹自處。不奔競于名宦。太宗甚素重之。淳化二年。召入爲翰林學士。以遲鈍不敏于用罷職。充集賢修撰。知均州。就遷給事中。工部侍郎。徙金州。召還。充史館修撰。又出知滁州。就加禮部。大中祥符二年卒。先生純厚畏愼。似不能言者。歷典州郡。雖不優于吏事。能以清介自持。時稱其長者云。宋史。

雲濠謹案。張乖崖有送田錫韓丕之任序。見辟疆園宋文選。

劉氏師承

補 侍御高先生弁

高弁字公儀。濮州雷澤人。弱冠。徒步從种放學于終南山。又學古文于柳開。與張景齊名。至道中。以文謁王禹偁。禹偁奇之。舉進士。累官侍御史。諫修玉清昭應宫。知廣濟軍。又知陝州。卒。先生性孝友。所爲文章多祖六經及孟子。喜言仁義。有帝則三篇。爲世所傳。與李迪。賈同。陸參。朱頔。伊淳相友善。石延年。劉潛。皆其門人也。宋史。

雲濠謹案。石徂徠贈李常李堂詩有云。堂堂高夫子。立言育荀揚。稱之曰夫子。其尊之也至矣。

望歲篇

高子以民薦饑而望歲。或曰。吾聞之君子之治民也。不患貧而患不安。是故九年洪水。無害堯之爲聖。七載大旱。無傷湯之爲明也。對曰。堯湯水旱。不可以遇于今之世也。遇于今之世則離也。古之人。一夫不耕則必受其饑。一婦不織則必受其寒。三年耕者有一年之儲。斂之于饒而民不以爲暴。施之于不足而官有錢穀。士農工商各安其業。以相資生。事有不當民務者。皆禁而不行。今則不然。耕織之民以力不足。或入于工商。髡褐卒夫。天下無數。皆農所爲也。而未之禁。工商之民乘法凌遲。或雜于士也。入于農者萬無一焉。是則耕織之民日耗。而甘食鮮衣者日寖。耕織之民日耗。則田荒而桑枯矣。田荒而桑枯。則雖勤而利薄矣。甘食鮮衣者日寖。則分爭之不足。則其斂于民也無時。以荒田枯桑給無時之斂。雖急猶將無獲也。其有官守者。其名出于士也。其實在工商也。執人之法。劫民之財。不恤其有亡。曰富國家者我也。我能剥削以悅于上。是非商也哉。畏人之威。奪人之力。不恤其老疾幼弱。曰勤王事者我也。我能曲巧以盡民力。是非工也哉。及其取賞也。苟未如意。則非其上曰。我功倍矣。我勞多矣。而賞不至。雖有禹稷周召。何以得盡心也。嗚呼。水誠害矣。而可爲罔罟以漁。旱誠災也。而可爲澆溉以田。倍力爲之。半法而輸之。民且安焉。暴虐之吏過于水旱遠矣。雖有良田不得而耕。雖有條桑不得而蠶。膏雨和風。蓬蒿之茂也。蓬蒿茂而豺狼寇盜聚焉。豺狼寇盜不殺人民不足以止其貪。上有無時之求。

中有剥削曲巧之政。下有豺狼寇盜之害。民何所措其手足。是故古之凶歲民無菜色。今之有年不免饑寒矣。聚斂之吏可聞而不可見。見之必有悦人之心。可誅而不可賞。賞之必有亂天下之志。何言之。外無私乎民。似清也。是可悦也。内以取君之心。其貪無狀也。是可亂也。彼窮民而實府庫者。猶刎頸血以灌其腹。腹未滿而首墮矣。堯湯水旱不可以遇于今世也。遇于今之世則離也。

劉氏續傳

孫先生冕附子琛。

孫冕字□□。新淦人。與王欽若同郡。欽若在相位。先生久次館職不調。晚得蘇州。卽謝事去。祥符中。常乞白鹿洞以爲歸老之地。詔許之。未至而卒。子琛。承先志。卽其地家焉。皇祐中。增置學館以教其子弟。及四方來學者飩食焉。官比部郎中。白鹿洞志。

湖湘之先

知州朱先生洞

朱洞。□□人。開寶中。知潭州。始刱嶽麓書院。陳止齋言。自朱守作書院。五十六載之閒。教化大洽。學者振振雅馴。行藝修好。庶幾於古爲吏者。湖南通志。

侍郎陶先生岳

陶岳字舜咨。祁陽人。太平興國五年進士。性耿介。以儒學有名。官太常博士。尚書職方員外郎。知端州。余襄公靖過端。訪諸父老。言爲硯所苦。前後刺史不求硯者。惟包拯及先生二人而已。歷官四十年。五爲郡守。卒贈刑部侍郎。湖南通志。

國簿周先生式

周式。湘陰人。以行義著。爲嶽麓書院山長。大中祥符閒。召拜國子主簿。詔留講諸王宮。固辭。賜對。衣。鞍馬。内府書還山教授。湖南通志。

雲濠謹案。朱子文集言。先生宋初爲嶽麓書院山長。教授數百人。第太中祥符改元。宋興已五十三年。張南軒重修書院記云。潭州嶽麓書院。開寳九年知州朱洞之所作也。後四十有五年。李允則來。爲請於朝。得賜書藏焉。又言山長周式。祥符八年召見便殿。拜國子主簿。使歸教授。始詔因舊名。仍增給中祕書。於是書院之請聞天下云。

梓材謹案。先生著有論語集解辨誤十卷。見宋志。深寧尚書云。又有續辨誤一卷。附其後。

鄧先生咸

鄧咸。湘陰人。天禧閒剏義學於邑南。訓誨弟子。湘楚之士如江夏馮京安州鄭獬胥從之游。楚紀。

文公家學

楊先生偉

楊偉字子奇。文公弟。幼學於文公。天禧元年獻頌。召試學士院。賜進士及第。歷爲翰林學士至中舍人。卒贈尚書禮部侍郎。宋史。

文公門人

待制王先生質别見高平學案補遺。

尚書張先生沔

張沔字楚望。浦城人。始以孤童從楊文公游京師。以進士中甲科。歷官刑部郎中。直史館。致仕。乃宅吴。其卒贈開府儀同三司。吏部尚書。彭城劉邍甫敞銘于墓。雲巢編。

附録

當是時。楊文公以文章名一世。于公鄉里外姻也。因起從之游。游楊氏之門者常數十百人。而公以才見稱。劉公是誌其墓曰。公爲人温恕仁讓。在朝廷恂恂無所競。稱爲博厚長者。至臨急變。勇鋭堅決。以身蹈不測。處之不疑。其治軍旅。應變畫策。能任大事。雖宿將無以校得失。百姓賴以安。豈所謂仁者必有勇耶。

文肅鄭先生戩附兄載。

鄭戩字天休。吴縣人。少孤。穎特。骨法峻異。伯氏載。吴士之望。器之殊于他弟。從學官下。尤能自力。及壯。志業磊落。不爲諸儒章句。通訓詁大義。莫不造聖賢之蘊。屬文雅麗。學者嚮慕焉。從淮海遊京師。時楊文公號稱辭宗。篤于獎進。先生以縫衣謁前。見賞英峙。延置門下。歎愛其文。謂爲入室。擢甲科。釋褐太常寺奉禮郎。歷遷太常丞。踰年除三司户部判官。賜緋衣佩魚。受詔注祥符御製三朝寶訓。遷直史館。景祐初。同修起居注。改太常博士。繼爲開封府發解官及考校御試進士。與宋子京請修三韻。是正音訓。改判鹽鐵句院。爲聘契丹使。首還。以正言知制誥。賜紫䓞綬。時西臺之選。極一時名勝。層構落成。聯章敷請。上親用旋籀法書紫微閣三字。以揭詞掖。且旌名臣。領判國子監。謂教化根本。先京師而後諸夏。乃選明經義誦説有法者。以訓導胄學。復乞田以給之。又請立學州郡。以廣育才。同知禮部貢舉。多拔名輩。務略小疵。翕然稱爲得人。累拜右諫議大夫。同知樞密院事。尋改樞密副使。旋以本官資政殿學士知杭州。除給事中。移并州。未行改鄆州鄆齊等九州安撫使。移長安。兼本路兵馬都部署。規中入覲。從容言羌寇逋誅。陝服寖困。宜敕有司計科調緩急。差爲三等。軍興急。須自如法。他可緩期會。非急者一切可罷。以明恩施。上深然之。至雍復表西人瘡痍。宜在寬卹。又奏罷括糴之法。誘邊人蓄粟以平穀價。除陝西四路緣邊兵馬都部署。兼經略安撫招討使。遷禮部侍郎。受命上道。老小叩馬。至暮不得前。因夜半馳去。衆復詣闕上書願留。詔還治。長安養持。威重部中。適旱。踐境卽雨。衆告曰。此涇州雨隨鄭公來也。除户部侍郎。資政殿大學士。知并州。兼并代澤潞麟府嵐石沿邊道經略安撫使。兵馬都部署。除吏部侍郎。未幾。拜宣徽北院使。檢勑太保。仍判并州事。卒年六十二。士大夫多爲流涕。先生嘗讀兵書。至謀攻篇善用兵者屈人之兵而非戰也。因歎曰。上兵節制。要在靜勝。故每檄諸將。常以堅重待敵。終能制戎羯安邊境者。由此策也。撰著文章凡五集。曰制誥。原武。紫溪。長安。太原。總五十卷。攻詩出于餘力。尤極清麗。胡文恭集。

雲濠謹案。歐陽公歸田録。楊文公嘗戒其門人。爲文宜避俗語。既而公因作表云。伏維陛下。德邁九皇。門人鄭戩遽請于公曰。未審何時得賣生菜。于是公爲之大笑而易之。此雖小說。亦可爲先生及楊門之證。

文和李先生遵勖

李遵勖字公武。上黨人。贈太尉謚元靖崇矩子繼昌之子。本名勖。尚太宗第八女萬壽公主。眞宗特于其名上益以遵字。陞爲崇矩之子焉。初授左龍武軍將軍。駙馬都尉。賜第永寧里。所居堂甎花有翔鳳。命工琢去。主服有虬龍文。屏藏之。眞宗喜。顧待加異。嘗稱其好學。累官至鎭國軍節度使。知許州。卒年五十一。贈中書令。謚文和。先生喜讀書。嘗師事楊億。億卒。制服。爲營其家事。在許州。奏乞至具茨山奠億之墓。著閒燕集二十卷。外館芸題七卷。隆平集。

集賢黃先生鑑

黃鑑字唐卿。浦城人。與黃清臣亢同鄉里。少敏慧過人。舉進士。補桂陽監判官。爲國子監直講。同郡楊文公億尤善其文詞。延置門下。由是知名。累遷太常博士。爲國史院編修官。擢直集賢院。以母老。出通判蘇州。卒。宋史。

雲濠謹案。宋元憲爲楊文公談苑序云。唐卿爲文公之里人。有俊才。爲公獎重。幼在外舍。逮于成立。故唐卿所纂比諸公爲多云。

常博黄先生孝先

黄孝先。浦城人。官太常博士。楊文公之甥。尤深于詩。蘇文忠公所爲一唱三歎者也。以進士入官。所至輒平反疑獄。卒官博州。貧不能歸。卜葬陳之宛邱。尚書左丞蒲宗孟誌其墓。子孫遂家宛邱。後贈銀青光禄大夫。周益公集。

知州仲畏之簡

仲簡字畏之。江都人。以貧。傭書楊億門下。億教以詩賦。遂舉進士。累官工部郎中。奉使陝西。多任喜怒。出爲河東轉運使。歷知廣州。以能守城。徙知荆南。既而言者論之。遂落職。又知筠州。徙洪州。卒。宋史。

附傳

太常周先生啓明

周啓明字昭回。其先金陵人。後占籍處州。初以書詢楊文公億。億攜以示同列。大見歎賞。自是知名。四舉進士皆第一。景德中。舉賢良方正科。既召。會東封泰山。言者謂此科本因災異訪直言。非太平事。遂報罷。於是歸教子弟百餘人。不復有仕進意。里人稱爲處士。轉運使陳堯佐表其行義于朝。賜粟帛。仁宗即位。除試助教。就加廩給。久之。特遷祕書省祕書郎。改太常丞。卒。先生篤學。藏書數千卷。多手自傳寫。而能口誦之。有古律詩賦。牋啓雜文千六百餘篇。宋史。

劉氏門人

職方辛先生有終

辛有終字成之。長社人。少舉進士。試禮部不捷。姊夫翰林承旨中山劉公筠留寘門下。推任子恩薦之。力辭。與其季有章。由是人益奇其遠操。中山一代文宗。門人賓客皆當時之豪雋士。居其閒。相與講學。切劘浸漬。遂至于大成。以景祐元年擢第。補汝州團練推官。累轉祕書丞。太常博士。由尚書員外郎六遷至職方郎中。知鄂州渝州。卒年六十八。蘇魏公集。

儀同師承

助教傅先生瑾

傅瑾字公竇。汝陰人。任蔡州助教。力學强記。尤邃于字韻。奉先克孝。與鄰喜施。嘗教李端愿。以尚名節養器識爲先。著有字林補遺十二卷。音韻管見三卷。聞見録十卷。端愿爲銘其墓。姓譜。

文定門人

景肅趙先生昌言

趙昌言字幼謨。孝義人。少有大志。趙逢高錫寇準皆稱許之。太平興國三年舉進士。文思甚敏。有聲于場屋。廷試日。太宗見其辭氣俊辨。又覩其父名。擢寘甲科。歷知制誥。預修文苑英華。累拜給事中。參知政事。罷知鳳翔府。徙澶涇延三州。眞宗卽位。遷兵部侍郎。加工部尚書。奪官。景德初。拜刑部侍郎。遷户部侍郎。大中祥符二年卒。年六十五。贈吏部尚書。謚曰景肅。先生喜推奬後進。掌漕湖外時。李沆通判潭州。先生謂有台輔之量。表聞于朝。王旦宰岳州平江。先生一見識其遠大。以女妻之。後皆爲賢相。宋史。

雲濠謹案。蘇魏公爲石文定神道碑云。志欲成就人物。表甥故參知政事趙公昌言。少將二親依公家。躬爲教誨。授書學文至長立。遂以文顯。是先生石氏門人也。

宋氏家學

龍圖宋先生敏求

宋敏求字次道。宣獻子。賜進士及第。爲館閣校勘。王堯臣修唐書。以先生習唐事。奏爲編修官。持祖母喪。詔令居家修書。卒喪。同知太常禮院。累除史館修撰。集賢院學士。加龍圖閣直學士。元豐二年卒。年六十一。特贈禮部侍郎。先生家藏書三萬卷。皆略誦習。熟于朝廷典故。

士大夫疑議必就正焉。補唐武宗以下六世實録百四十八卷。他所著書甚多。學者多咨之。嘗建言。河北陝西河東舉子。性朴茂而辭藻不工。故登第者少。請令轉運使擇有行藝材武者。特官之。使人材參軍而士有可進之路。又州郡有學舍而無學官。故士輕去鄉里以求師。請置學官。後頗施行之。宋史。

雲濠謹案。蘇魏公爲先生神道碑。稱其譔著有書闈集十二卷。後集六卷。兩垣制集十卷。東觀絶筆集二十卷。又云。初宣獻公輯唐大詔令。未次甲乙。公用十三類離爲一百三十卷。唐自大中世史記放絶。載禩不傳。公徵集所聞。續武宣懿僖昭哀六朝實録。總一百四十八卷。又撰東京記三卷。長安河南志各二十卷。閤門儀制十三卷。集例三十卷。例要五卷。蕃夷朝貢録十卷。三川下官録五卷。人蕃録春明退朝録各二卷。韻類宗室名五卷。安南録三卷。元會故事一卷。又摭唐人物世系遺事。則有諱行後録五卷。纂唐文章之散遺卷部不倫者。有李翰林集三十卷。李北海集十五卷。顔魯公集十五卷。劉賓客外集十卷。孟東野集十卷。李衛公集五卷。百家詩選二十卷。復采晉唐人詩歌見于石者。則實刻叢章三十卷。嘗謂司馬遷史記註解疏語。學者罕通其義訓。悉取音義。索隱。正義。王元感。陳伯宣别註。將倣顔師古兩漢爲集註。及被詔修百官表。續本朝會要。删定九域志。皆未克就云。其著作之多如是。

附録

公生十年而承家學。摛辭據古。早有過人者。自經傳載籍。師儒所傳。靡不旁通而浹洽。而于唐世及本朝。尤爲練達。禮樂之因革。官閥之遷次。朝士大夫之族系。九流百家之略録。悉能推本其源流。而言其歸趣。雅爲丞相宋元憲公所知。以辟洛陽。每訪以故實。太師歐陽文忠公領禮儀修唐史。以公嘗同僚。手書咨事。自謂淺陋。依鴻博之助。至于廟堂典故。學者疑義。莫不從而質之而後決。

其爲修撰。言館閣四部常猥多舛駁。請以漢藝文志目。購尋衆本。委近臣重複交㊀正。然後取歷代録至唐録所載。第爲數等。擇其差㊁者。校留之。餘置不用。則祕書得以完善也。

其論貢舉。請州郡置學官。專職教導。三篋科舉取士。士三分以二分待餬口。校試如舊式一分。依元年勅上州郡論薦。監司審覈而奏名太學。則主判保薦並赴御試。中格者附榜。如此取之數路。則羣材不遺矣。

晁景迂九學論曰。世官氏族早宦于朝。明習漢家典故。而生通歷代沿革。其爲人温恭易良。以待一切之問。而議不爲勢屈。言不求衆合。雖死不易職。若無可好。而惡之者不敢貶。人君之所厚。百工之所仰者。禮官之學也。宋諫議是已。

晁无咎序宋剛叔續歲時雜詠曰。宋氏自宣獻公益大。德行文章。語世族者。必先之家。故藏書其多與四庫等。而宣獻公之子常山公次道。能世宣獻之學。好書滋不倦。博聞强志。爲時顯人。與客語。亹亹下上數千載閒。在其齒牙也。

㊀「交」當爲「校」。

㊁「差」當爲「善」。

宋先生敏修

宋敏修。龍圖敏求幼弟。官都官。龍圖與之文章學問。互相開㊀發云。蘇魏公集。

宋先生剛叔

宋剛叔。宣獻之孫。尤篤志於學。不愧其先人。雞肋集。

縣令宋先生駒詳見水心學案。

蘇氏家學

郎中蘇先生耆

蘇耆字國志。大令易簡子。大令薨。恩授通直郎。祕書省正字。未冠。謁王文正旦。文正器之。以息女歸。既冠。舉進士。詘所素志辭焉。後一年賜及第。轉大理評事。遷丞。出知湖之烏程。以文正當國凡五載。未嘗求代還。累轉尚書祠部員外郎。知明州。郡有湖。號廣德古鍾。水以溉旱。唐季壞漏不補。披爲田。先生復而浚之。防四百里。自是境無凶年。歷遷工部郎。卒年四十九。初能言。大令特愛之。始令誦詩。必自題之于案上。踰時占數十百篇。未終不食。八歲

㊀「閒」當爲「開」。

侍官穰下。據案吟詠不廢編。而置於褚中。大令密取視之。駭其辭。致前撫首而命以名。又用是以字之。明年罹大令喪。至性過人。號慟不絶聲。行路爲之哀傷。先生雅好觀書。經史稗説手鈔者數千卷。無不盡詳。所著計録三篇。開㊀談録五卷。次翰林志續。文庫㊁四譜并文集二十卷。並藏于家。蘇學士集。

員外蘇先生舜元

校理蘇先生舜欽並見百源學案補遺。

胡氏門人

郄先生羽

郄羽。胡旦門人。旦與之爲漢春秋問答一卷。鄭氏通志。

㊀「開」一作「閒」。
㊁「庫」當爲「房」。

諫議門人

少卿賈先生昌齡

賈昌齡字延年。開封人。少孤。天然好學。甘於清苦。時翰林李宗諤有望於朝。名實之士多出其門。先生依之有年。以文行自立。門下士咸推重之。一上登進士第。釋褐爲浮梁尉。宰蜀之江源縣。時天下學校未興。先生修本邑孔子廟。起學舍。俾邑之秀民羣居焉。先生旦暮往勸導之。自此江源始有舉進士者。歷拜太常少卿。直昭文館。就鎮南海。卒。先生居家有節。與親族同其有無。常謂諸子曰。吾家清白可傳。何生業之爲。啓手足之日。門中索然。君子謂先生之踐言矣。范文正集。

張氏門人

文懿張先生士遜

張士遜字順之。光化軍人。幼卽穎特。受經于張恕先生。恕見其學尚根本。行中儀矩。歎謂之曰。子天機如法。未易可涯。後與濟北戴國忠。廬陵歐陽慶。學于鄮城。淳化初。賜第解中鄖鄉簿。累除祕書省著作佐郎。祕書丞。歷拜樞密副使。三遷户部吏部侍郎。尚書左丞。拜禮部尚書。同中書門下平章事。遷刑部兵部尚書。升冠宰席。尋除山南東道節度使。同中書門下平章事。判許州。復以夏官尚書升序。上衮封郢國公。拜太傅。致仕。進封鄧國公。服官政五十餘載。内修孝悌。以廣親親。外崇禮樂。以接天下。久幽不改常操。三入而無喜色。皇祐元年卒。年八十六歲。贈太師兼中書令。謚文懿。胡文恭集。

雲濠謹案。先生所著有春坊弊帚等十集。見隆平集。

文懿學侶

郎中戴先生國忠

戴國忠。光化人。慶曆中進士。歐陽兖公稱其忠信篤于朋友。孝悌孚于宗族。禮義達于鄉里。終屯田郎中。姓譜。

縣令歐先生慶

歐慶字貽孫。乾德人。以同三禮出身。累官彭州推官。知永春縣。爲人忠信孝弟。居官廉貧。宗族之孤幼者皆養於家。與同邑太傅張士遜。屯田郎中戴國忠。雖位有崇卑。而鄉人稱之無異。及卒。歐陽兖公爲表其墓。姓譜。

梓材謹案。胡文恭公狀張中令行實。以先生爲廬陵歐陽慶。而兖公表先生之墓。止云姓歐氏。未言其同所自出。墓志有云。三人者。學問出處未嘗一日不同。乾德之人初未識學者。見此三人皆尊禮而愛親之。

田氏門人

郎中宋先生惟幹

宋惟幹。咸平人。嘗得太玄古本于昭應。知滑臺。取宋衷陸績范望三家訓解。別爲之註。仍作太玄宗旨兩篇。附于後。其學蓋師濟東田誥。司馬温公所謂小宋者也。晁氏讀書志。

梓材謹案。先生名一作維翰。司馬温公太玄經集註序云。漢五業主事宋衷始爲玄作解詁。又云。宋興。都官郎中直昭文館宋維翰通爲玄註。又云。其直云宋者仲子也。小宋者昭文郎中也。宋史隱逸种明逸傳云。淳化三年陝西轉運宋惟幹言其材行。詔使召之。是先生亦种氏同調。

太玄譚旨

揚子欲贊明易道。乃大覃思渾天而作太玄。蓋玄生于一而極于三。天地人各有九。重三而變。故有二十七部。天取其一。地取其二。人取其三。自下相重。三位成列。各□㊀其數。成方州部家之道也。因而革之。推而盪之。故謂之三表。升降于六十四卦。共成千八十一家。由是廣其三材。統成九位。行陰陽進退之氣。窮日星經緯之機。有九州以統二十七部。有二十七部以統八十一家。自家至州統之于伯。是以三材備而萬物生。乃以三材配屬于一家。乃以三家配屬于一部。乃

㊀「□」當作「三」。

以三部配屬于一州。乃以三州配屬于一方。乃以三方配屬于一歲。莫不推之以宿度。佐之以五行。首以準卦。贊以類爻。表以會象。玄以明易。運則通。通則久。久則極。極則變。變也者。周而復始之謂也。觀夫易象設位。自下而生。玄道位分。自北而運。運則能覆。生則能載。覆載交泰。兩儀象成。動變在中。吉凶休咎見乎外也。故知觀玄者。知易道之至深。觀易者。知玄道之至大。玄則易也。易則玄也。玄則上行乎天地之氣。易則下通乎天地之神。其用自中乎。推六十四卦陰陽之度數。律曆之紀綱。九九大運之終始也。詳夫聖人觀象于天。觀法于地。知天之氣五日一移。七日一節。地之氣五日一應。七日一易。進退有度。出入有時。所以拱默而經緯乎天下。莫不其防也。在乎微其杜也。在乎漸二分二至。履霜堅冰。戒懼之至也。所謂太玄之作。其知幾乎。若乃天道左行。日月右迎。天象昭列。經緯時成。陰陽相交。晬魄相感。陰陽氣盛。感而下達。地氣右動。山澤相通。陰陽相交。晬魄相感。陰陽氣盛。感而上通。天地氣交。水火相薄。雷風相盪。剛柔相摩。寒暑生焉。變化行焉。四時成焉。萬物立焉。精氣爲物。遊魂爲變。變也者。各有所歸。天地以之乎相承。彰往察來。窮微盡變。如谷從響。無有幽遐。非覃思之至精。孰能與于此乎。

許先生袞

許袞字公儀。燕人。雍熙中。拜太子右贊善大夫。判蘇州。時江南之地始歸朝廷。宿政如棼。

先生善理之。就進殿中丞。姓譜。

附録

移倅弋陽郡。復官西臺。在郡七陳諫章。上愛其忠。就遷本郡守。受代至闕下。復上策議并所著文四十卷。翌日召試禁庭。上覽而嘉之曰。南府才冠。吾不失人。卽以本官直昭文館。賜服五品。

宋氏同調

節推陳先生漸別見百源學案補遺。

郭先生元亨

郭元亨。□□人。著有太玄經疏十八卷。其序云。昔揚雄作玄。傳之侯芭。後獨有張衡桓譚張華見而稱歎。吴郡鄒伯岐求本不能得。宋衷爲訓解。陸績爲註解。范叔明王涯亦註之。皆未明白。元亨在蜀。自淳化末迄于祥符八年。凡三十年。撰成今疏云。晁氏讀書志。

梓材謹案。先生自序又云。太虚潤色于君平。文獻通考經籍志作太玄潤色于君平。李巽巖稱先生自謂得師于蜀。而不著其師之名氏。蜀人蓋多玄學。疑嚴揚所傳。固自不絶。但潛伏退避。非遇其人。鮮有顯者耳。

主簿許先生洞

許洞字淵天。吴縣人。太子洗馬仲容之子。精左氏傳。咸平三年進士。釋褐雄武軍推官。景德二年。除均州參軍。大中祥符四年。召試。改烏江主簿。宋史。

梓材謹案。先生著有春秋釋幽五卷。演玄十卷。經義考並云佚。

附録

王厚齋曰。許氏演玄。其説分三紀二體。上紀甲首丙尾。日月迭居以辨數。中紀丙首戊尾。男女異政以辨位。下紀庚首癸尾。山川沖氣以辨德。二體曰範曰緯。

侍讀張先生揆

張揆字貫之。齊州人。擢進士第。歷大理寺丞。以疾解官。十年不出户。讀易。因通揚雄太玄經。上集解數萬言。召對邇英閣。擢天章閣待制。累遷翰林侍讀學士。宋史。

附録

召見延和殿。令撰著。得斷首。具言斷首準易之夬卦。蓋陽剛以決陰柔。君子進小人退之象也。帝悦。長編。

雲濠謹案。范文正書環州馬嶺鎮夫子廟碑陰云。觀其記石。乃故兵馬監押殿直贈某官張公藴之所建也。又云。公生二子。長曰揆。次曰掞。並以文學節行自樹風采。搢紳先生稱之。可以知先生之世學矣。

章先生訔附子禩。

章訔字隱之。雙流人。少孤。鞠于兄嫂。以所事父母事之。博通經學。尤長易。太玄。著發隱三篇。明用蓍索道之法。知以數寓道之用。三摹九據。始終之變。蜀守蔣堂。楊察。張方平。何郯。趙抃咸以逸民薦。一賜粟帛。再命州助教。不就。嘉祐中。賜號沖退處士。王素時爲州。因更其所居之鄉曰處士。里曰通儒。坊曰沖退。先生益以道自裕。嘗訪里人范百禄。百禄因從叩太玄。先生爲解述大旨。再復擿詞曰。人之所好而不足者善也。所醜而有餘者惡也。君子能强其所不足。而抑其所有餘。太玄之道幾矣。此子雲仁義之心。予之于太玄也。述斯而已。若苦其思。艱其言。迂溺其所以爲數。而忘其仁義之正。是惡足以語夫道哉。熙寧元年卒。年七十六。子禩。亦好古學。嘗應行義敦遺。世有隱德。宋史。

梓材謹案。東坡言。先生本閬人。遷于蜀者數世。遂爲成都人。

附録

吕淨德狀其行曰。未冠。治經術。往來成都。求師質問大義。鄉先生任維翰若。釋中古。皆通經善講解。悉從之游。得其要旨。妙論階之。以踐古人之閾。故其志修。其行懋。與人言古今人事物理之變。所謂索而難至者。皆探抉箋奥。務得其極而後已。尤好揚子雲太玄經。知玄以數寓道之用。三摹九據。始終之變。著發隱三篇。講疏四十五卷。太玄圖卦氣圖各一。雖前世陸績。宋衷。王涯輩。通太玄學者。殆有不及也。

雲濠謹案。淨德嘗有貽草萊章督詩言玄學云。幸且綿綿未歇絶。異與後代揚雄斯。環中先生悟達者。力舉雄道潛其思。又云。愚聞是書百日就。瀝懇再拜求觀之。先生訓我有大略。筆端粗可言毫釐。末云。性庸才下道悠遠。策發未進吁可悲。願從諸生北面請。庶幾一釋終身疑。其重之也至矣。

提刑吴先生祕

詳見泰山學案。

文正司馬涑水先生光

詳涑水學案。

畢氏家學

司農畢先生世長

畢世長。文簡子。官司農卿。以耆年挂冠。年九十四。姓譜。

梓材謹案。西臺爲起居畢公行狀。稱先生爲衛尉卿。年九十。與故相杜衍。兵部侍郎王涣。郎中馮平。朱貫居。所謂南京五老是也。

畢氏門人

學士王先生禹偁

別見高平學案補遺。

文僖陳永年彭年別見泰山學案補遺。

泰山同調

補評事士熙道先生建中

附録

石徂徠寄明復熙道詩曰。昔日到汶上。熙道始相見。知道在熙道。一見不敢慢。尊之如韓孟。與道作藩翰。今春來南都。明復去京輦。未識心相通。所憶恨未展。明道無羈縛。我有守官限。南走三百里。訪我殊不倦。劇談露胸臆。胸臆無畔岸。高文見事業。事業盈編簡。一一皇霸略。縱横小管晏。磊磊王相才。上下包周漢。二賢信命也。實爲有道見。天使扶斯文。淳風應可逭。我綴二賢末。材駑媿款段。

雲濠謹案。徂徠集有與士建中秀才書。又與士熙道書。又代鄆州通判官李屯田薦士建中表。時蓋先生三十六歲。

劉忠肅手記曰。予初登第。過濮州。兵部郎中士公倅郡。士公東州大儒也。予見之甚從容。士公曰。汶上有何生事。對曰。無有。士公曰。不可。君有兒女。當思所以養之。君今得科第。官則有事。事則有法。官守豈可以常保。一不以理去。亦復狼狽矣。又有大者。常見仕者。既老而眷眷於禄。當去不去。或當官。見義不敢爲。以避禍患。自中人以下則然。豈人情皆願悦詬恥哉。多出於退無地也。使回顧有所歸。無妻孥寒餓之累。其心當綽綽焉。進退輕矣。進退無所累。則臨大利害必有可觀者。如君固不可量。然此不可不知。予初得第。方就仕。思其言不入也。其後閲世故。見其言爲可信。知前輩思慮深。議論有根本也。

補主簿劉子望先生顔

劉子望文

夫子曰。舜好問好察邇言。謂近言而善者。察而行之。蓋得其情實。適於理致。不必奇遠。然後聽從。此古之帝王求其論説之本意也。輔弼名對序。

梓材謹案。吕淨德誌劉樞密希道墓云。考諱某。博學知道。爲世大儒。有器業。可大用。不幸仕齟齬。終青州觀察推官。門人考其德義。諡曰明道先生。累贈銀青光禄大夫。蔡文忠公齊其友也。而號曰明道。是宋有兩明道矣。

助教麻先生仲英

麻仲英。臨淄人。工部侍郎夢希孫。七歲能詩。以親之禄不及養。不復肯仕。博學有行。鄉里推服。雖凶年盜不入家。富韓二公守青州。致書幣。薦其行義。召爲國子助教。東方學者咸尊師之。姓譜。

高氏門人

縣令劉先生潛

劉潛字仲方。定陶人。少卓逸有大志。好爲古文。以進士起家。爲淄州軍事推官。嘗知蓬萊縣。代還過鄆州。方與石曼卿飲。聞母暴疾。亟歸。母死。先生一慟遂絶。其妻復撫先生大號而死。時人傷之。曰。子死於孝。妻死於義。宋史。

中允石先生延年

石延年字曼卿。幽州人。其祖始舉族自契丹來。卜居南京之宋城。先生應進士。累舉不中第。賜三班奉職。恥不就。張文節知白素奇之。謂曰。母老且擇禄耶。先生不得已而就。後以右班殿直換太常寺太祝。累遷祕閣校理。積官至中允。卒年四十八歲。先生寶元閒嘗上書言。天下不識戰鬬三十餘年。請爲二邊備。不報。及後元昊反。上思其言。故命使河東。凡得兵數十萬。還賜五品服。時邊將遂欲以鄉兵捍賊。先生笑曰。此得吾麤也。夫不教之。兵勇怯相雜。若怯者見敵而動。則勇者亦率而潰矣。今雖未暇教養。其敢行者。則人人皆勝兵也。又常請募人說唃廝羅及回鶻舉兵攻元昊。上亦嘉納之。先生喜劇飲。頗自放。若世務不能攖者。然與人論天下事。是非曲當。工於詩。有集行於世。隆平集。

梓材謹案。孔氏談苑載先生逸事。作石中立字曼卿。考孔氏之父名延之。殆以家諱而改先生之名耶。

雲濠謹案。先生舊字安仁。石徂徠集有讀石安仁學士詩。

附録

讀書不治章句。獨慕古人奇節偉行。非常之功。視世俗屑屑無足動其意者。

明道曰。石曼卿詩云。樂意相關禽對語。生香不斷樹交花。此語形容得浩然之氣。

郎中王先生逵

王逵字仲達。濮陽人。幼學於母史氏。聰穎絶人。長爲高侍御弁壻。學於侍御。天禧三年進士。爲廣濟軍司理參事。累官。改湖北路轉運使。初諫官李京嘗奏先生某事。及是。京以言事斥監鄂州税。聞其至。移病不出。先生要諭之曰。前事君職也。於人何負哉。卒與之歡甚。京死。又力賙京家。而奏官其子。及知徐州。時山東大饑。先生所活數萬人。收遺骸爲十二冢葬之。亦數萬。又知萊州。遷尚書兵部郎中。其爲人志意廣博。尤篤於好善。元豐類稿。

安定同調

補進士王儒志先生開祖

儒志編

復者性之宅也。无妄者誠之原也。大畜者道之歸也。頤者德之施也。故君子復足以知性。无妄足以立誠。大畜足以有容。頤足以育物。

吾讀周禮。終始其閒。名有經。禮有方者。周公之志爲不少矣。其諸信然乎哉。羅羽刺介。此微事也。然猶張官設職。奚聖人班班歟。奔者不禁。是天下無禮也。復讐爲義。是天下無君也。無禮無君。大亂之道。率天下而爲亂者。果周公之心乎。削於六國焚於秦。出諸季世。其存者寡矣。聖人不作。孰從取正哉。

天不能以禍福告人。以善惡告之而已。善則以興。不善以亡。使天下視斯擇焉。故曰告也。聖人藏用於言表。而使後世達者自得之。

毋苟安而學也。志求諸道。毋苟幸而名也。志輔諸教。毋苟禄而仕也。志安諸民。君子志斯三者。則可立於身而孝於親也。

孝莫大乎格親之非。罪莫大乎成親之惡。

君子處則其心安。出則其道尊。無他。不欺而已矣。

梓材謹案。四庫全書著録先生儒志編一書。提要云。舊無刊本。據其原序。乃明王循守永嘉時。始爲蒐訪遺佚。編輯成帙。然考宋史藝文志儒家類中。有王開祖儒志一卷。或原本殘缺。循爲釐訂而刻之。又稱其書久湮復出。眞僞雖不可考。然當濂洛之説猶未大盛。講學者各尊所聞。孫復號爲名儒。而尊揚雄爲模範。司馬光三朝耆宿。亦疑孟子而重揚雄。儒志獨不涉歧趨。相與講明孔孟之道。雖其説輾轉流傳。未必無所附益。而風微人往越數百年。宜是土者猶爲掇拾其殘帙。要必有所受之。固異乎王通中説。出於子孫之夸飾者矣。

附録

陳古靈答先生啓曰。夫天子在位。不當有豪傑之士尚在山野。心常憂焉如足下者。固某所夙夜欲致誠盡禮。惟恐求而不得者。

王荆公答先生書曰。某愚不量力。而惟古人之學求友於天下久矣。聞世之文章者輒求而不置。蓋取友不敢須臾忽也。其意豈止於文章也。讀其文章。庶幾得其志之所存。其文是也。則又欲求其質是。則固將取以爲友焉。故聞足下之名。亦欲得足下之文章以觀。不圖不遺而惠賜之。又以語見存之意。幸甚幸甚。

程沙隨曰。陸希聲深病爻辭之不類。輒欲去取。歐陽公童子問。王景山儒志。亦疑於易文。聖人之言固難知也。謂不類非也。

補丁經行先生昌期

梓材謹案。陳止齋志馮司理墓云。往時吾鄉尚名德。貴門地。士大夫不苟爲婚友。永嘉如草堂先生張子充氏。經行先生丁某父氏。瑞安如唐隩先生林介夫氏。皆名家也。數家子弟賓客。往往可稱數。

補 助教楊大隱先生適

梓材謹案。寶峯學案陳祕監文昭傳稱。先生爲高士。言其墓在南山。歲久犂爲田。祕監正其塋域。植碣表之。

附録

史眞隱大隱楊先生贊曰。道契皇王。德參天地。俯仰觀察。出處一致。三聘及時。疾驅遠避。齊魯大臣。公無其二。

楊慈湖縣學立大隱楊先生石臺杜先生祠文曰。欽惟道心無古今。無深淺。堯舜此心。禹湯文武此心。周公孔子此心。天下萬世同此心。惟放逸失之。祇敬不違。先生有之。故文正范公禮敬之。今茲建祠。先生清明。何所不照。知百世祀之。

王厚齋曰。明自唐爲州。文風寥寥。宋慶曆中。始詔州縣立學。山林特起之士。卓然爲鄉師表。或授業鄉校。或講道閭塾。本之以孝弟忠信。維之以禮義廉恥。守古訓而不鑿。修天爵而無競。養成英材。純明篤厚。父兄師友詔教琢磨。百年文獻益盛以大。五先生之功也。

柳待制跋范文正與先生帖曰。文正公之守越。在落職守饒徙潤之後。時楊公隱慈谿大隱山中。聞公涖郡。款門納謁。是將進夫薙水之規。而非欲要其區區解榻之勤也。闇隸抑不爲報。公聞而遺書厚謝其過。鴻冥鳳縹其企想爲何如。自古君子之相與。固有欲見而不能。求之而不應者。則夫一時會面輸之益。未必果能貸夫終身尊德慕義之誠。所以先憂後樂。而繫天下國家之重者。楊公不爲無助哉。

黄南山先賢大隱楊先生贊曰。羽翼漢嗣。賓客唐儲。黄魁四皓。賀踵二疏。道在先生。不疏不皓。宋爵莫羈。四明一老。

補學師杜石臺先生醇

梓材謹案。袁清容爲鄞縣學記云。鄞舊有學。王文公安石爲宰時。延會稽杜先生醇教之。學者輩出。蓋先生以越人居慈谿。故係之以會稽云。

附録

王荆公慈谿縣學記曰。杜君者越之隱君子。其學行宜爲人師者也。夫以小邑得賢令。梓材案。賢令謂林君肇起先生。爲慈邑師者。又得宜爲人師者爲之師。而以修醇一易治之俗。而進美茂易成之材。雖拘於法。限於勢。不得盡如古之所爲。吾固信其教化之將行。而風俗之成也。

史眞隱慈谿杜先生贊曰。猗歟高節。抱道弗違。下視流俗。突梯脂韋。荆國之清。叩其元微。九原可作。非公誰歸。

黄南山先賢慈谿杜先生贊曰。先生有道。不求人知。耕漁養親。德行可師。鄞慈建學。荆公起之。二邑文風。大盛於斯。

補處士王鄞江先生致

梓材謹案。鄞江墓誌云。上聞其德行。召拜校書郎。命至則先生不起。謝山以爲依託荆公之作。惟荆公集弔先生詩作悼王處士。云。處士生涯水一瓢。行年七十更蕭條。故以處士標之。

附録

史眞隱甬水王先生贊曰。生負大才。棲於甬水。雖有聲名。且無生理。陋巷簞瓢。王公知己。百世聞風。莫不興起。

王深寧困學紀聞曰。荆公傷杜醇曰。隱約不外求。耕桑有妻子。藜杖牧雞豚。筠筒釣魴鯉。弔王致曰。老妻稻下收遺秉。稚子松閒拾墮樵。二人四明鄉先生也。固窮守道如此。今人知者鮮矣。利欲滔滔。廉恥寥寥。孰能景慕前賢哉。

黄南山先賢鄞江王先生贊曰。天佑先生。富道而貧。妻收遺秉。子拾墮薪。遯世憂民。介甫稱仁。左楊右杜。鼎峙吾鄞。

謝山箋曰。四明慶曆五先生。荆公令鄞時皆所尊禮。其講學在濂洛未起之先。亦泰山安定徂徠之流亞也。

補正議樓西湖先生郁

西湖遺文

六經道大而難知。惟春秋聖人之志在焉。自孔子没。莫不有傳。名於傳者五家。用於世纔三而止爾。其後傳出學散。源迷而派分。蓋公羊之學。後有胡母子都董仲舒。治其説信勤矣。嘗爲武帝置對於篇。又自著書以傳於後。其微言至要。蓋深於春秋者也。然聖人之旨在經。經之失傳。傳之失學。故漢諸儒多病專門之見。各務高師之言。至窮智畢學。或不出聖人大中之道。使周公孔子之志旣晦而隱焉。董生之書視諸儒尤博極閎深者也。古傳稱玉杯繁露清明竹林之屬。今其書十卷。又總名繁露。其是非請俟賢者辨之。董子春秋繁露序。

附録

先生祖以選爲縣録事。有隱德及人。父某尤積善。以古學爲鄉人所尊。

王荆公與先生書曰。足下學行篤美。信於士友。窮居海瀕。自樂於屢空之内。此某所仰也。

史眞隱西湖樓先生贊曰。翁臨西蜀。一化南閩。公以是教。作成吾鄞。逮今士子。傳學彬彬。收功貽厥。世有顯人。

戴剡源曰。吾鄉奉化經學淵源。可考者起樓先生文叔。文叔與慈谿杜先生醇。一時俱爲鄞令王荆公所尊禮。文叔終慶曆中。其門人弟子散布東南。而私淑於奉化者。趙教授芘民。舒文靖公元質。荆公爲政。以經義設科取士。奉化去開封遠。文叔之徒多不屑仕。至渡江久之。乃稍以經進。而毛氏詩最盛。

黄南山先賢正議樓先生贊曰。仁乎正議。簞瓢屢空。春風鄉校。時雨名公。晩遺禄養。邈爾雲鴻。本支百世。子孫其逢。

員外丁先生寶臣

丁寶臣字元珍。晉陵人。景祐元年舉進士及第。歷知剡縣端州。又知諸暨縣。編校祕閣書籍。遂爲校理。同知太常禮院。爲人外和怡而内謹立。慶曆中。詔天下大興學校。東南多學者。而湖杭尤盛。先生居杭學爲教授。以其素所學問。而自修於鄉里者。教其徒。久而學者多所成就。其後天子患館閣職廢。特置編校八員。乃自諸暨召居祕閣。治平四年卒。年五十有八。累官至尚書司封員外郎。歐陽文忠集。

梓材謹案。王臨川誌先生墓云。有文集四十卷。

附録

少與其兄宗臣皆以文行稱鄉里。號爲二丁。

爲峽州軍事判官。與廬陵歐陽公游。相好也。

楊王同調

馮先生制

馮制字公初。慈溪人。康定間大饑。民至相啖食。家有穀數千斛。悉貸之。賴以全者百餘家。

舍東有古陂。縣長牟經俾鄉先生王致楊適畊之。民數奪其瀦水。先生諭民穿古渠。引潮以溉。無復奪水之擾。二先生割田爲壽。先生曰。吾哀二先生窮耳。豈望報耶。居常聚族子弟誨之使學。務中規矩。未幾。先生子弟相繼第進士。成化四明志。

古靈同調

補 光禄章表民先生望之

章氏遺文

人與天地並生而異。道能周而爲變化者。一氣也。天地之氣不舒。則四時五緯與山川水土舉失其常。人之氣不舒。則思慮塞而精神有遺。百病於是乎生。故君子所樂奉者天地之大。大而高莫如山嶽。大而深莫如河海。其閒又有禽獸草木之所蕃。黿鼉魚鼈之所錯。祕怪神異之所儲。珠玉寶藏之所產。世之百物莫不具諸。是以高深之地君子樂之。以其能開人思慮。泰人精神。蓋耳目廣則聰明豁爾。不然。何以孔子登東山而小魯。登泰山而小天下哉。登州新造納川亭記。

衡平而得輕重。物得輕重而民得其情。天下之公所由出也。章士甫字序。

補 助教黃聱隅先生晞

梓材謹案。黄氏日鈔以聱隅子爲仁宗時蜀人。似非建安人。

聱隅子

生而不知學與不生同。學而不知道與不學同。知而不能行與不知同。知而能行者尚矣。

封禪之禮無益於今。皇天生財以阜吾民。今竭其財以奉天。是猶割吾之肉以啗其口。不亦痛乎。

或曰。學久而後明。可乎。曰。學無久。久則非學也。是以聖人貴乎敏而立者也。

顔子奚以貧。曰。不貧。猗頓奚以富。曰。不富。以其不貧故所以貧。以其不富故所以富。

學非師而功益勞。友非人而過益滋。是以古之君子從師而後言。顧友而後行。故其失鮮矣。今則亡。

無責人以如己。無讐己以如人。則其進也弗可止矣。以上生學篇。

腐薪不可以撻兵。涣泥不可以膠物。猶釋老不可以持天下也。

進身貴乎適時。遇物貴乎達誠。在約不以爲困。而居顯不以爲驕。吾聞於古而思於今。以上進身篇。

或問。扶蘇立則如之何。曰。千里之旱。一雨或能扶其將枯。綿年之病。丸藥或能救其少死。然而秦之勢亦已去矣。

君子在幽約而不困。任寬綽而不充。小之灑掃。大之於天下。無不任也。

顔子能柔而能勇。子路能剛而能屈。何謂也。曰。仁而不違。柔也。學而不倦。勇也。立而不伺。剛也。義而後伏。屈也。孔子亡二賢。教不效也。

可以發身而未可以濟世。可以濟世未可以經遠。君子如欲經遠。在繹思而已矣。以上揚名篇。

百官謬濫。非無賢也。賞罰之箭差其的耳。風化遺滯。非無時也。命令之官昧其人耳。

使夫子之有餘蘊者。蓋子淵之命也。或曰。奚爲餘蘊。曰。性與天道。而世不聞焉。

聞人疑而改者上也。聞人非而改者中也。聞人怒而改者下也。以上虎豹篇。

文中子之道不傳於世。傳之者諸子訛言而已矣。仁者篇。

或問成人。曰。修爾三至。崇爾五反。何謂三至。曰。惠不在大。以赴人之急爲至。言不在勝。以破時之惑爲至。行不在亢。以鎭時之俗爲至。何謂五反。曰。時未至則反之於命。衆未畜則反之於德。俗未附則反之於信。名未充則反之於道。功未著則反之於力。文成篇。

或問。韓非莊生何如人也。曰。古之譁人也。終日求道德而智巧入焉。終日求眞純而浮僞入焉。戰克篇。

人道何謂而可。曰。無求而不求。無必而不必。餌之以利。有可取之宜。雜之以德。有自明之節。又何爲而不可。曰。苟且以希進。沽激以求譽。悟憚以自損。盈溢以自持。大中篇。

跛遐途而後知力之不任。學聖人而後知智之不豐。然而力不强則塗不至。智不勉則道不明。道德篇。

財豐者用益勞。祿厚者責彌重。出處的乎時。語默的乎義。亨塞的乎命。屈伸的乎人。以上三王篇。

附録

年少時以有道稱於閩中。泉南陳侯靖福唐陳侯絳在郡日。以禮延請。躬率諸生。試聽講義。好讀書。客遊京師數十年不歸家。貧。謁索以爲生。衣不蔽體。得錢輒買書。所費殆數百緡。石守道爲直講。聞其名。使諸生如古禮。執羔雁束帛。就里中聘之。以補學職。固辭不就。故歐陽永叔哭徂徠先生詩云。羔羊聘黃晞。晞驚走鄰家。是也。並涑水紀聞。

又著揚庭新論十篇。其指陳當世之務。有若言禮樂述作之所由。則太常卿論是也。言郡國武備之廢置。則九州刺史論是矣。

廣陵王令上先生詩曰。夫子儒門傑。心誠行亦醇。玉金精粹美。椒桂性芬辛。一入隨邦計。咸期利國賓。生民待儒效。天意屬人倫。蜀犬爭驚日。鄒人不識麟。窮途千古淚。白髮四方塵。弊世誰思救。仁賢自合振。愛狙徒食費。好鶴浪軒馴。不結臨川網。偷安措火薪。忠言驚苦逆。恬識貴因循。漆軌書三上。清時死九濱。不思防蟻壤。徒欲衛龍鱗。當道豺狼愎。升堂犬馬囂。旱餘雲不雨。命蹇器藏身。獨抱遺經老。來爲後進陳。手提三聖出。口壓九師堙。衆耳雷霆震。羣觀日月新。韋編重斷絶。文席互酬詢。魯變全歸道。陳糧絶更貧。賤生無自幸。俗繫弗容親。

盆覆徒經曰。龜埋不復人。短詩徒自訟。已伏下斯民。

雲濠謹案。廣陵先有寄聱隅先生詩。

韓忠獻祭先生文曰。先生以學自富。以道自貴。身居草萊。名暴天下。公卿大夫。知先生之賢。薦先生之晚。老得一命。遽然而亡。嗚呼。豈天之於人。既使其學與道之不窮也。則其身也固不可得其不窮耶。不然。何屯梗沮屈之如是乎。

梅聖俞哀國子黄助教詩曰。儒者務欲博。誦説窮冬秋。衣襦未及解。含珠以見求。閩稱黄夫子。嘗恐學不流。有徒如浮萍。匝匝圍刳舟。磊書將萬卷。載行無馬牛。去年來京師。滿篋分寄投。半在吴楚間。半入趙衛陬。昨日大官薦。青袍變綈裘。今朝爲異物。寸禄與命讐。獨聞邯鄲公。哀之使斂收。曷其稟賦薄。安得被王侯。旅殯欲焉託。定將葬何州。生爲四方遊。死當不擇邱。豈必歸故鄉。萬里過山頭。

蘇魏公記聱隅先生祠堂曰。先生之學無所不通。尤潛心者春秋易也。其説以左氏凡例爲得聖人之微。鄭康成象數極天地之藴。學者校量攻擊。終莫能窮奥窔。丞相武寧章公以鄉人召置門下。權利所趨。非所樂也。時我先人方在臺省。聞其風。下榻以招之。先生忻然相就。既一授館。凡歷期。某日與之遊。切劘論難愈久不窮。後十餘年。某復自朝廷。先生猶居陋巷。晏如也。

程伊川曰。某年二十時。看春秋。黄聱隅問某如何看。答曰。以傳考經之事迹。以經别傳之眞僞。

黄東發曰。聱隅子者。黄晞效揚子法言。而文則衍然。其識有過於雄者。然其言性。謂形變則性。性變則神。神變則情。則其謬戾又自昔言性者之所未有也。惜其未與於濂洛之門。

吴淵穎讀聱隅子曰。瑣微論之妙。欷歔哀之深。五代干戈際。千年鄒魯心。

宋潛溪諸子辨曰。聱隅子造文效揚雄王通二氏。而造理不能逮。其謂張良得聖人之安。蕭何得聖人之變。劉向得聖人之力者。似不可哉。然自五季以來。士習極陋。而文亦隨之。入宋殆將百年。而猶未大振。聱隅獨知辭賦戾乎治具。聲偶甚乎倡優。確然立論。以成一家言。眞豪傑士哉。

黄義成先生問

黄問字公裕。莆田人。通經有名。創義齋以來多士。立爲五規。曰。修身。謹行。立志抗節。潛心經術。留意世務。限日收功。既歿。皇甫泌謚曰義成逸士。姓譜。

雲濠謹案。黄豫章集亦言其通五經。里居諸生從受業。皇甫泌誄之。

監簿江先生溯

江先生汝舟合傳。

江溯雲濠案。萬姓統譜原本作側。今從朱子文集改正。字虔中。建陽人。性純一。熙寧中。學究出身。嘗聚士友肄業邑之石壁山。游定夫。施景明。葉祖洽。皆從之游。後爲將作監簿。與族子汝舟號二先生。姓譜。

梓材謹案。胡致堂誌江宣教之墓云。大父諱測。以儒學爲鄉先生。晚從特恩授將作監主簿。贈太中大夫。朱文公誌江清卿之墓云。曾大父諱測。以學行教鄉黨云云。與斐然集合。

邱富沙先生程

邱程字憲古。建陽人。號富沙。嘗有詩曰。易理分明在畫中。又曰不知畫意空箋注。何異丹青在畫中。其學傳之鄭東卿。程沙隨說。

章氏學侶

朝議狄先生遵禮附兄遵度。

狄遵禮字子安。湘潭人。唐大臣梁公之苗裔。避五代亂。始去太原。占籍湘潭。兄遵度字元規。名士也。故先生學問淵源追前輩。有所聞則行之。少以父任試祕書省校書郎。歷知安吉鄞縣。至尚書駕部郎中。改朝議大夫。致仕。卒年七十有六。在鄞縣。縣中號無訟。乃築亭觀。延閩人章望之表民與講。學士子頗歸之。表民集中有與狄子論事。則先生也。黄豫章文集。

梓材謹案。宋史狄棐傳附子遵度云。少穎悟。篤志於學。每讀書。意有所得。即仰屋瞪視。人呼之弗聞也。少舉進士。一斥於有司。恥不復爲。以父任爲襄縣主簿。居數月棄去。好爲古文。著春秋雜説。多所發明。尤嗜杜甫詩。有集二十卷。

光禄葛先生宏

葛宏字子容。建德人。擢天聖五年甲科。累遷少卿光禄卿。連知漳台二州。平生喜讀書。傳寫對讎無有虛歲。所畜幾萬卷。常以自隨。雖遠官閩廣。崎嶇山陸閒。亦未嘗置之。罷歸里中。或勸其營產旁郡。可圖豐厚者。曰。邱墓在此。將安之乎。所居唯故屋十數閒。陳文史於前。日以遊目。其家之有無。一切不問。病革猶不捨卷。可謂好學也已。嘗進治安策二十五篇。續策數十篇。忠言十卷。在丹陽尊禮章望之。江陰劉洎。新定倪天隱。或親聽其講解。或表薦其履行。學者以此翕然稱譽之。蘇魏公誌其墓曰。景祐中。予初涉場屋。見公以文編贄先公。先公謂某曰。此該洽士。爾宜從之遊。自是相與往還。情好莫逆云。蘇魏公集。

贅隅學侶

司空蘇先生頌別見泰山學案補遺。

關學之先

補殿丞侯華陰先生可

附録

先生博極羣書。聲聞四馳。就學者日衆。雖邊隅遠人。皆願受業。諸侯交以書幣迎致。有善其禮命者。亦往往應之。

官之所至。必爲之治學舍。興絃誦。

程明道誌其墓曰。先生發强壯厲。勇於有爲。而平易仁恕。中懷洞然。至輕財樂義。安貧守約。急人之急。憂人之憂。謀其道不謀其利。忠於君不顧其身。古人所難能者。先生安而行之。蓋出於自然。非勉强所及。

蜀學之先

補中允宇文止止先生之邵

梓材謹案。費著氏族譜作之紹。號止止先生。母舅范公鎭也。賦詩敬之。司馬光亦敬之。程公坰後守漢州。其子顥頤從之遊。是二程子固先生學侶也。

附録

司馬温公寄題宇文中允所居詩曰。孤宦行直道。棲棲良可悲。誰能拂衣去。不待掛冠期。經史乃吾友。雲山爲己知。世間青紫貴。盡付兩佳兒。

程伊川爲太中請宇文中允興漢州學書曰。竊聞執事懿文高行。爲時所推。仕不合則奉身而退。不爲榮利屈其志。歸安田閒。道義爲鄉里重。豈特今人之難能。古人所難能也。愚謂執事非甘於退處。而樂於自善也。蓋道既不偶。去就之義不得不然。在執事之心。諒無一日忘天下。不以行道濟世爲意也。蓋聞賢人君子未得其位。無所發施其素藴。則推其道以淑諸人。講明聖人之學。

開道後進。使其教益明。其傳益廣。故身雖隱而道光。跡雖處而教行。出處雖異。推己及人之心一也。

張南軒跋宇文中允傳曰。熙寧閒。伊川先生之尊父太中公守漢州。以禮致公典郡之學。今兩書具載伊川集中。謂公不以榮辱屈志。道義爲鄉里重。非特今人之難。古人所難。則其人不問可知矣。

魏鶴山序止止先生集曰。中允之位不過百里。中允之年不逮六十。其居則遠於中州也。其仕則鄰於羌夷也。而慨然以斯世爲己任。言一不讎。以强仕易。嘉遯歸而父師閭里十有五年。名震京師。事光史策。鉅人元夫莫不嘉稱而樂道之。

郭有道先生希朴

郭希朴。蜀人。博極羣書。晚精於易。鄉人號曰有道先生。李畋爲作知命録。先生前知死。知命録所以作也。四子。仲曰友直。季曰友聞。氏族譜。

朝奉王先生默

王默字復之。㛹道人。幼小執卷尊師。趨庭問禮。自有度量。登治平四年進士第。授什邡縣主簿。改中書省著作佐郎。監江鎮茶場。以憂去。服除。轉運使苗時中奏以管句文字。改承議郎。遷朝奉郎。請老而歸。十年乃卒。年六十。先生爲㛹道之鄉先生。人所愛敬。少時貧甚。富家子弟會於州學。召一儒生講春秋。先生造講席。而儒生揮之歸。杜門讀春秋一月。乃從儒生質疑。儒生噤不能答。先生因爲諸生講之。皆得聞所未聞。其於文。無所不工。睥睨立成。黄豫章集。

附録

黄涪翁誌南園遁翁墓曰。問復之之賢。曰。復之學問文章爲後時師表。褒善貶惡人畏愛之。激濁揚清常傾一坐。鄉人之爲不善者。必悔曰。豈可使復之聞之。

鄉舉廖南園先生及

廖及字成叟。戎州人。事父母孝敬。有古人所難。邃於經術。善以所長開導人子弟。以爲師保。能以財發其義。四方遊士以爲依歸。先生天資魁梧。性重遲不兒戲。長而刻意問學。治春秋三傳。於聖人之意有所發明。不以世不尚而奪其業。元祐初。乃舉進士。至禮部。有司罷之而不愠也。年四十。遂築南園曰。吾期終於此。遯於人而全於天。不亦可乎。則自號南園遯翁。數年卒。王復之哭之。曰。天奪我成叟。吾衰矣。黄豫章集。

宇文學侶

純公程明道先生顥詳明道學案。

正公程伊川先生頤詳伊川學案。

□□□□

梁先生佐

梁佐。麗水人。三世無爵位。而先生以詩文教授鄉里。爲一時學者所宗。凡經講授。文辭煜然。踐巍科。登膴仕。多爲世顯人。太師清原郡王何執中。則尤顯而名世者也。鴻慶居士集

主簿孫樂安先生時

孫時字季中。晉陵人。號樂安先生。以文學行義爲一州之望。里父兄遣子弟受業者。率常數十百人。其學自詩。書。易。禮。春秋三傳。百家箋疏之書。無不讀。自幼逮老。悲歡疾病。寢食行役之閒。書未嘗去手。而力深于詩。貫穿通結。反覆上下。解名釋義。論美刺非。章通句達。自名一家。以故學者皆受詩。政和三年試上舍。賜出身。授將仕郎。應天府穀熟主簿。再徙廣濟軍定陶主簿。權教授軍學。代還。改從政郎。授宣教郎。致仕。卒于家。鴻慶居士集。

陶氏家學

知州陶先生弼

陶弼字商翁。永州人。岳子。少孤。慷慨有氣節。儀幹偉然。刻苦好學。經傳無所不讀。尤喜兵家書。從諸生科舉。不能投世俗所好。去而安貧事母。以經術教授鄉里。若無意於世者。慶

曆中。提點刑獄楊畋以禮奉幣致先生幕下。以功補衡州司户參軍。歷官以康州團練使。知邕州。時城劉紀所棄廣源地。爲順州擇守者皆憚行。乃以屬先生。城成而先生病。一夕大星隕於庭。先生曰。吾死於職。得其所矣。無一語及其私。卒年六十四。先生資性莊重。篤學能文。尤長於詩。有文集十八卷。劉忠肅文集。

梓材謹案。黄豫章誌先生墓。亦言其少時困窮無地自致。迺聚晚學子弟講授六經。以奉母夫人甘旨。蓋元豐三年豫章撰志而未克葬。至十年葬時。忠肅復爲志耳。

陶氏門人

李先生忠輔

李忠輔字道舉。零陵人。少時已卓然克篤術業於是。潯陽陶岳方爲州大儒。先生以其文辭上謁。陶大稱賞。以其子妻之。皇祐元年秋。州薦於春官。不合。遂南歸。既老。緣恩格釋褐調鐔津尉。累遷賀州推官。知陽朔縣事。熙寧十年卒。年六十二。啓手足時神色和易。戒諸子力學守約而已。文稾二十卷。號湘南集。雲巢編。

鄧氏家學

主簿鄧先生珙

鄧珙。咸從子。爲豐城主簿。嘗夜歸。聞庫子曹從合家聚哭。呼庫中失錢三百餘萬。鬻子無售。計必死囹圄。孰若死於家。適與妻決耳。先生遂代輸之。從獻二女以報。不納。及其嫁。復以錢五萬助之。湘陰志。

鄧氏門人

文簡馮先生京別見高平學案補遺。

學士鄭先生獬

鄭獬字毅夫。安陸人。少負俊才。詞章豪偉。仁宗重選士。廷試考定。焚香祝天曰。願得忠孝狀元。已而得先生。初通判陳州。入直集賢院。英宗卽位。先生上言。陛下初臨御。願申詔中外。許令盡言。有可采録。召與之對。必能有益治道。神宗初。拜翰林學士。以不奉新法。出知青州。姓譜。

附録

王深寧困學紀聞曰。鄭毅夫謂。唐太宗功業雄卓。然所爲文章纖靡浮麗。嫣然婦人小兒嘻笑之聲。不與其功業稱甚矣。淫辭之溺人也。神宗聖訓亦云。唐太宗英主。乃學庾信爲文。

衡麓之先

朝奉譚先生章

譚章字煥之。其先衡陽人。四世祖徙家洞庭。過長沙昭潭而愛之。因家焉。先生隱居昭潭六十餘年。專以求志爲事。修之身而家齊。家齊而人化其德。平居讀書。大而六經。小而諸子百家。與夫天文地理星曆山經釋老氏之學。無不周覽而求其義之所歸。歷代治亂興衰之所由。人材善惡忠邪之所判。祖宗以來。因革罷行之所紀。悉貫穿商榷。亹亹牙頰閒。於是方數百里閒。有識者教之使學。有材者養之使成。不能仰事俯畜者振之使給。所施之博至不可勝計。以親老不可遠遊。盡以所得之學付其子弟。子世勣。爲尚書禮部侍郎。數以書勉其忠義。世勣當僭僞時。力起之。不從。至幽憤而死。朝廷嘉之。贈延康殿學士。訃聞。歎曰。吾子得死所矣。不勝父子之情者。一己之私也。爲國盡節死者。天下之分也。吾安得捨此取彼哉。乃雪涕欣然。不復戚戚於懷。後延康之歿十有八年。年八十六。無疾而卒。以子恩。累封至右朝奉大夫。賜緋衣銀魚。汪浮溪集。

張氏家學

司勳張先生諷

張諷字隱直。浦城人。居吳。贈尚書洒長子。少明雋好學。有器識。未冠時已卓然爲成人。與劉邁甫楊審言兄弟爲友。前輩長者多賢之。寶元中。西方用兵。以布衣上疏論朝政。進啓政十篇。乞召對。已報罷。又陳邊要數萬言。不能用。其父爲陝西轉運使。范文正鎮永興。勸之仕。補太廟齋郎。任以爲洛陽主簿。累改大理評事。文正守青社。薦其文行。乞召試學士院。因請以爲從事。除青州判官。比至而文正病且革。以府事一諉之。文正徙陳州。至彭門而薨。先生馳哭于彭門。相其後事而還。代歸京師。三司請以爲懷寧令。其父捐館時。先生年及知命。執喪盡禮。杖而後起。人以爲難。其母卒。哀毁如其父之喪。後以司勳員外郎出知越州。徙蘇州。未行。又改明州。明州其父之故治也。遺愛餘美尚在耳目。人皆喜其來。先生亦樂其州爲易治。於是詢求民隱。數月之閒政令一新。移成都提點刑獄。熙寧九年卒于官舍。年六十二。先生天性渾厚。喜怒不形聲色。雖子弟有過未始言。子弟皆化其德。有文集十卷。其上論朝政疏啓及論西方用兵書。號慶曆先書。後書又十卷。藏于家。雲巢編。

附録

沈睿達祭之曰。公所藴蓄。著于文章。粲粲成篇。當在朝廷。爲國光輝。乃獨悁悁。公孰不容。執政信讒。七年不遷。出守二鎮。民方安政。乃易使權。馳數千里。誰適我願。於彼劒川。蜀羌已騷。兵敗將死。爲之憂煎。奉詔于敉。六月感暑。半塗而旋。其命也夫。其命也夫。乃在於天。不得於此。必得於彼。何後何先。

通判張先生誨

張誨字傳師。梓材案。劉公是集有張誨字解。父尚書沔。自浦城徙居吳。先生年始數歲。已能治其家。號孝文謹厚。不預人事。以其餘力讀書。夜不半不寐。初。補太廟齋郎。調杭州新城主簿。其父捐館。哀毀骨立。終喪。試判入高等。授寧海軍觀察推官。奉母之官。時伯兄隱直。仲兄樞言。以才德著名。數往來錢塘。兄弟雍睦。人不能目其優劣。母卒。泣血三年。服除。調成德軍節度推官。累遷太子中舍。擢通判祁州。及還吳。隱直卒于蜀。而其喪始歸。兄弟友愛尤篤。悲痛不已。已治舟行矣。暴得疾。卒于舟中。年五十四。雲巢編。

李氏家學

良定李先生端懿

儀同李先生端愿合傳。

李端懿字元伯。文和子。性和厚。喜問學。頗通陰陽醫學星經地理之學。七歲授如京副使。侍眞宗東宮。尤所親愛。七遷濟州防禦使。爲羣牧副使。知冀州。爲政循法度。民愛其不擾。歷知澶州。卒諡良定。再贈兼侍中。能自刻厲。聞善士傾身下之。以故士大夫與之遊。甚得名譽。弟端愿字公謹。授如京副使。四遷爲恩州團練使。英宗初。同提舉在京諸司庫務。帝以疾拱默。公謹求對。進曰。陛下當躬攬權綱。以倚人心。不宜退託失天下望。神宗卽位。遣使就其家録取異時章奏。賜詔褒之。以太子少保致仕。哲宗嗣位。進太子太保。元祐六年卒。贈開府儀同三司。宋史。

常博家學

通議黄先生好謙附子宰。

黄好謙。宛邱人。常博孝先子。官朝散郎。知潁州。贈通議大夫。與二蘇同登科。通婚姻。蘇公謂孝友曾閔者。子宰。官承事郎。崇寧星變。應詔上封事。極論左右蒙蔽。宰相蔡京切齒。劾以誣罔不道。逮詣御史獄長流海島。紹興初。特贈直祕閣。累贈右金紫光禄大夫。周益公集。

朝請黄先生子游別見范許諸儒學案補遺。

趙氏門人

文正王先生旦別見高平學案補遺。

文安續傳

進士宋先生班別見范吕諸儒學案補遺。

文懿家學

待制張先生友直

張友直字清卿。晚更字益之。文懿公之長子也。少有學尚。尤修志介。以蔭補太廟齋郎。充祕閣校理。明道初。特賜進士出身。遷祕書郎。累除天章閣待制。出知陝州越州。卒。精小學。有文集十卷。胡文恭集。

文懿門人

懿敏王先生素別見高平學案補遺。

士氏家學

孝子士先生衮

士衮字補之。東平人。山東大儒建中之孫也。四歲失父。知孝其母。跬步不去側。年十五。未嘗出門巷。既長。以孝聞。兄早世。無嗣。先生謹事寡嫂。尤愛其弟。自以既孤。惟一弟。視之如傷。寧身不擇利害。惟弟之聽。詔舉八行。鄉老與鄉人以先生當舉。草具其事。先生亟止之。初。母病寒厥。醫不能識。先生痛恨。遂學爲方。頃之稍以其術視人。鄉閭賴焉。劉學易集。

劉氏家學

補 知州劉先生庠

附録

呂淨德誌其墓曰。公剛方直諒。學造本統。通古今治亂安危之變。積深而蓄厚。親逢睿明。被遇隆眷。發爲愛君憂國之謀。推爲澤民恤物之利。賢者事業蓋無愧負。惟屢忤權貴。不忍一俯己徇合。悠悠四方。遂至終老。此可悲也。太皇太后爲宗社萬世計。保祐嗣皇。裁決大政。圖倚舊德。共底治安。而公不及見焉。此重可悲也。

士氏私淑

直講石徂徠先生介詳見泰山學案。

仲方門人

侍郎張先生掞

張掞字文裕。歷城人。幼篤孝。父病。刲股以療。舉進士。知益都縣。當督賦租。置里胥弗用。而民皆以時入。石徂徠獻息民論。請以益都爲天下法。丁内艱。時隆寒。徒跣舉柩。叩首流血。與兄揆。梓材案。歷城屬青州。先生之兄揆。蓋卽宋氏同調之侍讀揆也。廬墓左。累官户部侍郎。致仕。熙寧七年卒。年八十。先生忠篤誠愨。既老益康寧。少從劉潛李冠遊。及其死。率里人葬之。置田贍其孥。事兄如父。理家必諮而行。爲鄉黨矜式。宋史。

王氏門人

孝子戴先生士先

戴士先。永嘉人。嘗事儒志。以聞道。其父卒。乞銘於儒志曰。居喪者人子之所自盡。自盡則能當大事。先生賜之銘。則士先也庶幾爲人子無悔。儒志以孝稱之。儒志編附録。

鄞江家學

補 銀青王桃源先生説

附録

舒嬾堂誌其墓曰。先生敦靜和易。退然似不能語。與人交雖久。近莫得而親。疏又未嘗言利。於鄉里朋友窮閻陋屋妻子相對。自衆人觀之。若不可以一朝居也。而先生敝袍糲食。頹然卒歲。不不知富貴利達與夫阨窮貧賤之可以擇而處也。嗚呼。先生可謂賢者矣。昔者顔氏子。不遷怒。不貳過。夫子止以爲好學。至於簞食瓢飲在陋巷。不改其樂。乃獨稱以爲賢。然則賢者之所爲。固不在此而在彼歟。先生之窮甚矣。人固莫不知而哀之。然則能知先生之所以能窮者乎。

史眞隱桃源王先生贊曰。公修隱德。約處桃源。文肩李杜。行踵淵騫。教育千里。執經滿門。天之報施。煌煌後昆。

宋潛溪題王氏桃源圖後曰。古者賢子孫之於其先。思其所嗜所樂及其居處。今敬止桃源裔孫。思之不可見。而寓諸圖畫猶可也。而奚以人之詠歌語言爲哉。先生道德著當時。名稱聞於後世。固不待人之言。縱言者足以不朽。於先生亦無所益。而況不若先生者乎。

梓材謹案。宋文惠公之傾心於先生也至矣。先生後人之不忘先生亦深矣。先生卒於元豐八年八月六日。享年七十有六。明年三月三日葬于鄞之桃源鄉清泉里。元豐八年乙丑。次年爲元祐元年丙寅。至今道光十九年己亥。凡七百有餘年。而其墓竟爲販商江氏所發。并毀其誌與其夫人之誌。殊可痛恨。然自此而先生之爲道學。雖婦人穉子亦知之矣。

黄南山先賢桃源王先生贊曰。鄞江嫡傳。爭稱桃源。光啓書院。宸翰昭宣。媲美四賢。鄉祠赫赫。慶流後昆。君子之澤。

補 縣令王望春先生該

附録

王荆公答其書曰。某不思其力之不任也。而惟孔子之學。操行之不得取正於孔子焉。而已宦爲吏。非志也。竊自比古之爲貧者。不知可不可耶。今之吏不可以語古。拘於法。限於勢。又不得久。以不見信於民。民源源然日入貧惡。借令孔子在。與之百里。尚恐不得行其志於民。故凡某之施設。亦苟然而已。未嘗不自愧也。足下乃從而譽之。豈其聽之不詳也。又曰。如見譽則過其實甚矣。告者欺足下也。其尤顯白不可欺者。縣之獄。至或歷累月。而無一日之空屬民。治以苟自免。以得罰者以十數。安在乎民之無訟而服役之不辭哉。

史眞隱望春王先生贊曰。使者入境。金橘是求。公責以義。彼實懷羞。晚使作邑。投劾歸休。鄧城彭澤。千載同流。

謝山句餘土音望春先生居詩。慶曆兩純儒。篤生佳子弟。清風滿鶯湖。百世生遙企。學道在愛人。一官非小試。罷民吾所憐。珍味吾所棄。垂垂黄金橘。不登奉進笥。歸來老望春。清風衫袖肆。賦詩良自佳。得紙苦不易。蕭蕭柿林中。足我徧題字。斯人騎鶴去。流風貽後嗣。可憐提舉君。身後無餘積。太府亦自佳。少年立名氏。可惜爲婦翁。廢湖分餘莳。原注云。望春先生。鄞江先生之姪。桃源先生之弟也。

補提舉王先生勳

附録

知長興。有治聲。高宗以廣南舶政大弊。命二府大臣擇士人修潔者爲之。樞密沈與求。參政陳與義。俱以爲薦。

補太府王先生正己

王正己舊名慎言。以避孝宗嫌名改焉。字伯仁。父舊字正之。提舉之子也。與王信州遊。相與通今考古。務爲有用。以任子主豐城簿。歷除祕閣修撰。江東提刑。以末疾求歸。卒。紹興三十二年有旨稱其不畏强禦。節槩可稱。蓋其資不凡。而自力於學。多識前言往行。曉暢事理。所守一定。不可回奪云。樓攻媿集。

鄞江門人

補運判周先生師厚

梓材謹案。先生娶范文正公女。生鄞江先生鍔。故鄞江以忠宣爲舅氏。延祐志云。舊志言舅氏范鎮太史。非是。

樓氏家學

助教樓先生肖附子弆。

樓肖字夢弼。正議之季子也。篤學。晚不衰。以特奏名補和州助教。子弆字元應。能世其家。讀書敏而勤。百氏之言無不該貫。句讀音訓考證是否。有先儒之所未發。朱黄校讐。學者取法焉。小學尤精。手以古字寫春秋左氏傳。禮記。莊子。以課其子。澹於榮利。舉進士。不遇。遂不爲場屋文。而學問益高。性孝悌。正議好著書。手澤盈篋。兵火倉猝。元應尤以爲憂。其妻張氏。

捐金募人窖藏焉。樓攻媿集。

梓材謹案。攻媿于元應侍教累年。故知字學。見攻媿所作謝承議墓誌。

樓氏門人

補 朝奉袁公濟先生轂

梓材謹案。眞西山狀袁絜齋行實言。先生博極羣書。袁氏世學源流於此。又案。樓攻媿跋先生與東坡同官事迹云。正議教授四明。一時名公皆在席下。秋賦之年。舒試於鄉。袁試於開。羅試於丹邱。三人皆在魁選。舒以舜琴歌南風。袁以易更三聖賦名於時。而袁之著述傳世者有韻類題選百卷。後學賴之。

補 銀青周鄞江先生鍔

附録

史眞隱湖西周先生贊曰。宦遊寡偶。不如投閒。言之孔易。行則維艱。公乎勇退。雙鬢未斑。蘋月蘋風。誰復追攀。

補 越公史八行先生詔

謝山句餘土音史越公奉母堂詩。大田山下路。蘭葉徧南陔。烈考原純孝。孤兒敢不才。白華眞有種。苦蓼莫唧哀。一綫酧名德。孤根振死灰。薪傳由正議。微命謝天臺。八行科何補。終身慕未衰。北堂遵樂育。孤女廣栽培。訟以觀型化。風因錫類開。招魂憐五世。篤慶在中台。他日崇家諱。良非雅素來。

補中丞舒懶堂亶

雲濠謹案。慈谿縣志載懶堂云。治平二年試禮部第一人。調臨海尉。民有使酒逐其後母者。信道命執之。不服。即自起斷其首。投劾去。留詩云。一鋒不斷奸凶首。千古焉知將相才。王介甫當國。聞而異之。御史張商英亦薦其才。用爲審官院主簿。累遷御史中丞。以論事坐廢。崇寧初。知南康軍。辰溪蠻叛。蔡京使知荆南。以開邊功。進龍圖待制。卒。贈直學士。又云。信道博聞强記。以詞翰見稱。尤長於聲律。嘗知制誥。直學士院。措詞渾厚。時以爲有兩漢遺風。所著元豐聖訓三卷。見宋史藝文志。

梓材謹案。懶堂以慈谿人居鄞之月湖。其從孫烈。受業於沈簽判。見劉李諸儒學案。

史氏同調

文學崔八行先生貢

崔貢字廷碩。仁和人。端重有識。内行淳備。大觀中。詔舉八行。郡邑以貢應。授密州文學。卒。鄉人尊曰八行先生。兩浙名賢録。

樓氏學侶

隱君王先生弈附子建中。

王奕字謀道。奉化人。質敏學博。詞章卓有西漢風。隱居自娱。講論經史。以興起斯文爲己任。守令知其賢。率鄉之子弟受學焉。卒後祠于學。參政樓鑰狀其行。中丞舒亶誌其墓。梓材案。舒中丞與樓參政不同時。考攻媿集亦無先生行狀。稱元祐鄉先生。子建中字師正。以八行純備舉於有司。不就。州縣造門强起之。以疾辭。奉化縣志。

丁氏門人

尚書胡先生宗愈詳見廬陵學案。

知州吴先生天常

吴天常字希全。洛陽人。少貧。不治生產。以氣節自許。力學問。自少知名里中。而舅建寧節王正倫器之。以正倫死事恩爲郊社齋郎。歷知辰州。立學校。勸以讀書。人皆服從。以病告卜居蘄州金沙溪上。家藏書萬卷。有詩集三卷。奏議三卷。紹聖四年卒。年六十有一。少嘗從丁寶臣學。寶臣異其才。薦於歐陽文忠。文忠稱焉。柯山集。

附傳

少卿江先生緯

江緯字彦文。常山人。元符三年。以太學生上封事。哲宗召對。稱旨。賜進士及第。先生精於經學。口授諸生。能發前儒所未發之旨。從子少齊。少虞。漢。皆從授業。若負笈而至者。則汪藻。程俱。李處業。趙子晝等七人。擢科顯仕。時人指爲文中虎。遂扁講學之所曰七賢堂。紹興間。任太常少卿。以言事忤時。乞身歸老。卒。兩浙名賢録。

黄氏門人

王廣陵先生令

王令字逢原。揚州人。落拓不檢。未爲鄉里所重。後折節讀書。作文章有古人風。王介甫獨知之。以比顔回也。劉公是雜録。

梓材謹案。臨川文集有與舅氏吴司録議王逢原姻事書。蓋荆公之妻與先生之妻兄弟也。先生年止二十八歲。又案。先生與人詩無稱先生者。惟於鼇隅兩稱先生。其上鼇隅詩首曰。夫子儒門傑。是先生常及黄氏之門矣。又集中有留孫莘老教授書。又有納拜書。則先生於孫氏亦自居弟子之列。以爲孫氏學侶可也。

孟子講義自序

昔孔子没。羣弟子各取所聞集於書。今之論語是也。幸而聖人嘗言之。幸而弟子能存之。今其書財此耳。不幸言之不及。言及而不存者。固多矣。有如仁。有如性。有如命。皆一時之罕問。問而習不及之。皆孔子所不對也。故語以爲孔子罕言。然則論語之載亦略矣。世之傳論語者亦多矣。少而讀之。壯而不知其義。老而忘之。終不察其何用。故世通以此書爲習。而未聞篤信好學。守死善道者。則其於五經之學可知矣。令嘗自孔子之後。考古之書。合於論語者。獨得孟子。以其言。信其人與孔子不異。惜古人之學是書者稀矣。自戰國荀卿。劉漢揚雄。隋末王通。皆有書以配孟子。稱於世。而荀卿之非孟子見於書。王通蓋未嘗道也。夫不知而非之。與不知而不言。其爲雖殊。要皆不知孟子者也。就三家之中。獨揚雄以謂孟子知言之要。知德之奥。非苟知之。亦允蹈之。其言雖不多見。然亦足以發雄之知言也。彼孟子之所爲。直與聖人者並信。夫二子亦何預之哉。昔韓愈有言曰。夫沿河而下。苟不止。雖有疾遲。必至於海。如不得其道。雖疾不止。終莫幸而至焉。故學者必愼其所道。求觀聖人之道。必自孟子始。雖愈斯言則然。今其書具存而可考。其他亦與孟子不合。然則愈之視楊墨以排釋老。此愈之得於孟子者也。至於性命之際。出處致身之大要。則愈之與孟子異者固多矣。故王通力學而不知道。荀卿言道而不知要。韓愈立言而不及德。獨雄其庶乎。令於孟氏。嘗願學焉。猶病其未能。故於所疑皆闕之。今其所言皆令所已信者。然亦不敢自以謂必與孟氏合。諸君盍去其不肖而加擇焉。夫道豈難能哉。顧其力行何如耳。苟聽之於耳以存於心。用會於行事。則古之好學皆然也。不然。亦何爲出入於口耳之閒。徒以爲煩耶。孔子曰。知之者不如好之者。好之者不如樂之者。學者可不勉乎。

廣陵文集

不爲常生。特見挺出。芝則神兮。靈幹不阿。衆葉類附。不孤有靈兮。藏芝賦。

其立自樹而不倚。其長絶衆而不離。恬無盛衰。以慰四時。竹賦。

食人之粟。飽復何爲。當人之賜。罪亦何辭。有以我爲是兮。豈無以我爲非。已兮已兮。我何以勝人之言兮。辭粟操。

樂吾行之舒舒。忘玆世之汲汲。睇萬里以自驚。豈寧俯以效拾。我思古人。答焦千之書。

上而憶萬世。下而憶萬世。其源吾心是也。推吾心以通萬物之心。一心也。是則性者。萬物之源乎。性說。

人之不可不知命者。知其命之自我者也。命之自我者。天下有道。以道殉身。富貴我命之也。是命在我者也。天下無道。以身殉道。雖窮死而不回。亦我命之也。是命在我者也。夫人生之有死。人之終也。死雖有長短。一歸於終爾。故曰死生非爲命。唯其死生之者爲命。貴賤貧富非爲命。唯其貴賤貧富之者爲命。若是。則死生有義。我不敢苟死生。亦義之云也。我所以命之云也。故事父有道。事父不敢不死。事父之義云也。我之事父之命云也。事君有道。事君不可不死。事君之義云也。我之事君之命云也。如是。則子得其子之命。臣得其臣之命。旁推而遠及之。無適而不得命。君子謂之知命。昔者孔子嘗言命矣。在困之卦曰。君子致命遂志。夫困爲賤用之也。有言而不信。君子尚何命以動哉。故君子致而遂志耳。使如人各有命。則雖死何可致耶。彌子瑕嘗謂子路曰。孔子主我。衛卿可得。孔子曰。有命。然則命者謂我有義命之也。不可主佞人以求卿。其傷顏子則曰不幸短命。伯牛則曰亡之命矣。夫亦謂二子之死之短。不能盡其所以自命之耳。孟子又云。知命者不立巖牆之下。桎梏死者非正命也。夫然之謂知命。正命說。

非禮之聲。非義之動。皆是也。以其非禮非義而止者。蓋未之見也。以其非禮非義而止之者。又未之見也。今有學聖人之道而行聖人之義者。皆曰迂。以其迂而止者。皆是也。以其迂而止之者。又皆是也。是何勇於彼而惡乎適此也。止之者爲愛人耶。豈樂人之爲非禮義。而懼人之爲聖人也耶。迂說。

夫人所以能自明而誠者。己非生知。則出於教導之明。而修習之至也。如其無師。則天下之士雖有强力向進之人。且何自明而誠也。師說。

急人之知。枉己之爲。急人之好。枉己之道。世不己好。世不己知。必爲不移。守道不隨。吁。亦幾希。急箴。

附録

未嘗從師爲辭章。卽雄偉老成。

里人滿執中。謹厚人也。一日先生過之。執中以先生所爲爲非。先生因自悔。更閉門讀書。久之。所得益以閎深。

既而徙高郵。太守邵必延請主學。

初字鍾美。建安黄莘以其造道之深。字之曰逢原。

荆公誌其墓曰。予始愛其文章。而得其所以言。中。予愛其節行。而得其所以行。卒。予得其所以言。浩浩乎其將沿而不窮也。得其所以行。超超乎其將進而不至也。於是慨然歎。以爲可以任世之重。而有功於天下者。將在於此。余將友之而不得也。嗚呼。今棄予而死矣。悲夫。

邵必奏狀曰。揚州布衣王令。文學德行俱出人右。奉寡姊如嚴父。教孤甥如愛子。寒飢困窮不改其守。求之士人。未見其比。

主簿陸先生憲元

陸憲元字道祖。□□人。其母吳氏賢。而常親教之。未數歲。通羣書。年十七。至京師。從黄聱隅治易春秋。聱隅畏其才。不敢以弟子處之。其爲文落筆數千言。辭理典奥難讀。有自名一家之意。後稍習爲聲律。其辭務於精麗明白。而歸之閒暇。學者多宗之。嘉祐二年賜進士。爲陳州司户參軍。調祥符主簿。卒年四十。陳古靈集。

范先生遷

張先生粤合傳。

范遷。張粤。並聱隅門人。蘇魏公集。

廣陵學侶

周先生伯玉

周伯玉字元韞。高郵人。至和二年。高郵之學成。後三月而王逢原至。請字而逢原爲之序。廣陵文集。

杜先生漸

杜漸字子長。山東人。少嗜學。性澄淡。不苟語笑。平居循循。若不自足。王逢原與之交。且三年。不甚見其喜怒。一日探字於逢原。作漸説以字之。廣陵文集。

聱隅私淑

提刑羅赤城先生適詳見安定學案。

義成家學

黄先生庭僉

黄先生庭俞合傳。

黄庭僉。莆田人。義成逸士子。幼少强學。游居寢食以書自隨。著書二百卷。剌六經失傳。正史氏不當名。論世合變。其説汪洋。使學斟酌厭飫。自趨其歸。劉仲原父在揚州。得所著書。以爲似兩漢儒者。已而試開封府。進士居第一。旣黜於禮部。鄭獬。滕甫。王珪。許安世交章論薦。迺得召試舍人院。除撫州司户參軍。國子監直講。以憂去。除權太常寺主簿兼禮院檢詳文字。禮祠客膳四部主簿。陳古靈薦之於朝。曰。君命雖蒙收用。未當其能。除眞州軍事推官。知金壇縣事。崇文院校書。改館閣校勘。卒。年五十有五。先生事親持喪。與兄堯俞居貧賤。鄉州師用其禮而歸仁焉。對諸生講勸。未嘗視日蚤莫爲勸容。黄豫章外集。

江氏家學

朝奉江先生立

江立。太中大夫測之子。雲濠案。先生嘗中進士第。見斐然集江全叔墓誌。官左朝奉郎。以吏治循良。受知於司馬文正公。宣教郎琦。其子也朱子文集。

教授江先生琦詳見武夷學案。

江氏門人

文肅游光平先生酢詳廌山學案。

施先生景明

施景明。

學士葉敦禮祖洽

葉祖洽字敦禮。邵武人。紹聖中歷知洪州。曾子宣布用事。以吏部侍郎召。改寶文閣待制。知青州。未赴。子宣引爲吏部侍郎。子宣罷。出知定州。且好大言於上。徽宗怒其躁妄。降集賢修撰。提舉沖祐觀。自是不復用。久之。知洪州。改亳州。加徽猷閣直學士。政和末年卒。宋史。

雲濠謹案。敦禮爲陳古靈行狀。自言舉進士於開封。公爲考官。及公移陳州。嘗在幕府。朝夕相與處。受公之教云云。是葉氏嘗及古靈之門。惜其有玷師學也。

邱氏門人

鄭合沙先生東卿

鄭東卿字少梅。雲濠案。一作少楳。三山人。自稱合沙漁父。著周易疑難圖解二十五卷。以六十四卦爲圖。外及六位皇極先天卦氣等圖。各附以論說。末有繫辭解。自言其學出于富沙邱憲古。以爲易理皆在于畫中。於是日畫一卦。周而復始。久而後有所入。直齋書録解題。

易卦疑難圖自序

醫卜算曆之書。黄老丹竈之説。經傳子史。凡與易相涉者。皆博觀之。不泥於文字。而一探其意旨。以求於吾之卦畫。則始之六十四卦。皆一理也。一理皆本於吾之一心。心外則無理。理外則無心。心理混融。與象數體用冥而爲一。言乎天地之大。蚊蝱之細。皆不出於吾心之内焉。聖人豈欺我哉。

附録

陳宏緒曰。周易圖三卷。中一卷則宋儒鄭少梅之卦圖也。少梅名東卿。此作少枚。録者之誤耳。馬廷鸞極喜少梅論易。謂其無朱子發之瑣碎。無戴師愈之矯僞。讀之時有會心。少梅圖有五行卦氣之説。此書亦有之。或即録其原本而爲之附益耳。

侯氏家學

侯先生世與

侯世與。二程子之中表弟也。嘗云。某年十五六。時明道先生與某講孟子。至勿正心勿忘勿助長處云。二哥以必有事焉而勿正爲一句。心勿忘勿助長爲一句。亦得。因舉禪語爲況。云。事則不無擬心則差。某當時言下有省。程氏遺書。

郭氏家學

助教郭先生友直

郭友直字伯龍。蜀人。善與人交。又喜藏書。書至萬餘卷。謄寫校對。盡爲佳本。先生無不讀。人問之者。先生無不知。所以人多與之遊。景祐中。被薦至尚書省。不第。遂歸。不復就舉。於成都學舍聚生徒常數百人。治平詔求遺書。先生所上凡千餘卷。盡祕府之未有者。熙寧四年。

朝廷以先生景祐進士。恩授將仕郎。守龍州助教。所著毛詩統論二十卷。歷代沿革樂書十三卷。文丹淵集。

北郭郭先生友聞

郭友聞。希朴季子。善經學。鄉人號曰北郭先生。氏族譜。

梁氏門人

正獻何先生執中

何執中字伯通。龍泉人。熙寧進士。歷官吏部尚書。大觀間。特進尚書左僕射。會正官名。改太宰。進少傅秩加少師。進榮國公。宣和間。追封清源郡王。謚正獻。御書弼亮元儒潛藩舊德太宰正獻何公墓。括蒼彙紀。

樂安門人

寶文李先生謨

李謨字茂嘉。無錫人。少孤。事母孝。貧無以爲養。始感憤讀書。日誦千言。下筆語出驚人。從樂安先生受詩。與孫覿爲同舍生。以崇寧五年解進士褐。調通州司理參軍。歷知慶元府。改河北府。建炎元年。除江南東路轉運副使。官至大中大夫。直寶文閣致仕。鴻慶居士集。

孫先生适

孫适。□□人。左從事郎。江南東路安撫司幹辦公事。與李譔孫覿同時受業于樂安先生。鴻慶居士集。

尚書孫仲益覿

孫覿字仲益。晉陵人。大觀三年進士。政和四年制科代高麗謝賜燕樂表。膾炙人口。官至户部尚書。年八十有九。可謂耆宿。而其平生出處不足道也。著有鴻慶集四十二卷。嘗提舉鴻慶宮。故以名集。直齋書録解題。

鄭氏門人

司農王鳳亭先生得臣別見安定學案補遺。

忠愍譚先生必

譚必字子思。樂昌人。六歲通經。應童子舉。日誦萬言。稱旨。特免文解。厚賜銀帛以賙路費。時江西鄭公獬未第。開門授徒。先生裹糧從之。數年學業日進。課肄勤苦。因而喪明。性嗜學。士流遠近聞其名。鼓篋紛至。相與講論不輟。久之。目少愈。年已四十。再歷鄉舉。慶曆六年。中賈黯榜進士。調邕州推官。交阯破邕城。歿於王事。明景泰間。邑人給事中白瑩請加表揚。

諡忠愍。配享張文獻祠。仍廟祀邕州。廣東通志。

譚氏家學

知州譚先生申

譚申。長沙人。登政和五年進士。張邦昌以爲屯田郎中。力拒之。紹興四年。知筠州事。旱禱于郊。頃之大雨。歲饑。民不能輸。先生請罷徵。監司督益急。坐降秩。後致仕歸。民感其仁。立祠祀之。楚紀。

梓材謹案。汪浮溪爲朝奉墓誌云。弟升。

延康譚先生世勣

譚世勣字彥成。長沙人。第進士。教授郴州時。王氏學盛行。先生雅不喜。或問之。曰。說多而屢變。無不易之論也。置其書不觀。又中詞學兼茂科。除祕書省正字。累進少府監。擢中書舍人。爲當路所嫉。以徽猷閣待制知婺州。未行。復留之。徽宗禪位。東幸且還。使與李熙靖副執政奉迎。遂同主管龍德宮。請辨正宣仁國史之謗。述欽聖遺旨。以復瑤華。大享神祖。仍用富弼侑食釋奠。先聖不當以王安石配。得旨施行。進給事中兼侍讀。改禮部侍郎。張邦昌僭國。令與李熙靖同直學士院。皆稱疾臥不起。以憂卒。年五十四。建炎初。褒其守節。贈端明殿學士。宋史。

雲濠謹案。諸書皆以先生爲延康殿學士。宋傳作端明。豈初贈延康。後贈端明耶。湖南通志云。謚端潔。未知何據。

侍郎譚先生中立

譚中立。長沙人。世勳族人。中童子科。仕至吏部侍郎。文章治行爲世所推。長沙縣志。

譚先生知禮詳見武夷學案。

譚先生傃別見五峯學案補遺。

司勳門人

沈先生遼

沈遼字睿達。錢塘人。諫議遘之弟也。少儁拔不羣。及長。泛覽經史。尤好左邱明班固書。下筆模擬。輒近似之。趣操高尚。任爲將作監主簿。累監明州市舶司。遷太常寺奉禮郎。市舶廢。改監杭州軍資庫。會秀州華亭闕令。承漕檄攝是事。奪官。徙永州。更赦徙池州。卒。年五十四。其除母喪至都下。爲王氏父子見器。是時荆公當國。更新法度。而先生議論寖不合。以是見疏。謫零陵。築室于齊山之上。名之曰雲巢。居山未久。人化其德。著有雲巢編二十卷。雲巢編附録。

梓材謹案。先生爲張司勳之壻。其祭司勳文有。昔在懷寧登公之門。今二十年云云。

畢氏續傳

郎中畢先生仲游詳見元祐黨案。

祕書畢先生仲愈附詳元祐黨案。

桃源門人

進士吴先生矜

梓材謹案。先生爲桃源夫人李氏墓誌云。嘗受學於先生。是先生固桃源門人也。

中丞舒懶堂亶詳上樓氏門人。

汪氏家學

補直閣汪先生思温

雲濠謹案。先生字汝直。登政和二年進士。郡志載先生與弟思齊並命除吏部員外郎。出守三衢。時相秦檜嘗以故人屬薦舉。先生拒之不受。會營政府。檜欲稍異其制。先生堅持不可。檜怒罷去。食祠禄凡十有八年。終直顯謨閣。

附録

四明士俗事善而樂施。一時寓公寄客困乏不能自存。死而無以斂葬者。公爲首倡。士大夫應之翕然。故四方遊士皆以爲歸。

吏部汪先生思齊

汪思齊。汝直弟。建炎初。上録潛藩之舊。擢吏部郎。汝直自營一室。號友恭。與先生相戒爲早退閒居。對牀聽雨之約。堂成而先生逝矣。汝直因而不改云。鴻慶居士集。

梓材謹案。先生官吏部。與兄少卿思温嘗館於同邑姜氏。見後姜教授傳。其以少卿爲觀文殿大學士。先生爲端明殿大學士者。非也。

周氏家學

監嶽周先生沖附子楫。從子模。

周沖。中大夫鍔之長子也。任右迪功郎。監潭州南嶽廟。憂患之餘。又更建炎兵燬。慕叔父銖之節。不復仕進。優遊終身。子楫字伯濟。從子模。並從濟南劉壽夫游。伯濟幼學凜如成人。既冠。一舉不售。卽棄舉子業。以詩自娱。伯範學書於睢陽徐濟甫。有楷法。一舉不遂。亦棄舉子業。一意於學。諸父既亡。事伯濟如同氣。榜所居曰怡怡堂。以著友愛之篤云。樓攻媿集。

八行家學

史先生木

史木。八行之子。有學行。建炎閒。金兵猝至。率姑姊母妻五族暨鄰保航海。得完者踰二千人。良叔彌忠。其孫也。寧波府志。

史先生漸

史先生涓

忠宣史滄洲先生彌堅並詳慈湖學案。

楊杜私淑

隱君劉無閡先生繼寬

劉繼寬字致明。慈谿人。隱居不仕。建炎間。挹明州五先生之典型以淑世。其學本乎太極西銘。嘗著紙錢説。救觸網蝶辨。發明原始反終之義。崇正闢邪。功與韓昌黎相上下。學者稱爲無閡先生。劉氏得世多聞人。其源自先生始。慈谿縣志。

樓氏私淑

教授趙茈民先生敦臨詳見龜山學案。

文靖舒廣平先生璘詳廣平定川學案。

少卿家學

知州江先生少虞

江少虞字虞仲。常山人。少卿綽之從子。政和進士。調天台學官。歷建饒吉三州守。治狀皆第一。姓譜。

雲濠謹案。王阮亭居易録載宋事實類苑四十卷。左朝請大夫權發遣吉州軍事江少虞撰。謂此書蓋合宋人載録傳記數十家。薈萃成之。宋人説部之宏備而有裨於史者。

江先生少齊

江少齊。

州倅江先生漢

江漢字朝宗。常山人。博學能文。倅密州時。秦檜爲郡博士。掌牋表。先生每指摘竄定。後至行在。高宗欲用之。適檜爲相。以祠禄遺歸。衢州府志。

司農江先生躋

江躋字元壽。常山人。舉進士。爲殿中侍御史。在朝論事。以正心誠意爲本。紹興初。率全臺攻丞相朱勝非。更五六疏。忤旨。一時俱罷。後高宗思之。賜手詔。以司農卿召。未及用。卒。

贈銀青光祿大夫。姓譜。

少卿門人

學士汪浮溪先生藻

汪藻字彦章。德興人。幼穎異。入太學。中進士第。調婺州觀察推官。改宣州教授。稍遷江西提舉學士司幹當公事。尋除九域圖志所編修官。再遷著作佐郎。時相王黼與之同舍。素不咸。出通判宣州。提點江州太平觀。投閒凡八年。欽宗卽位。召爲屯田員外郎。再遷太常少卿。起居舍人。高宗踐阼。召試中書舍人。時次揚州。先生多論奏宰相黄潛善惡。遂假他事免。爲集英殿修撰。提舉太平觀。明年復召爲中書舍人。遂直學士院。累拜翰林學士。紹興二年除龍圖閣直學士。知湖州。以郡人顔經投匿。貶秩停官。起知撫州。御史張致遠又論之。予祠。六年。修撰范沖言。日曆。國之大典。比詔汪藻纂修。事復中止。恐遂散逸。宜令就閒復卒前業。詔賜史館修撰餐錢。聽辟屬編類。八年。上所修書。自元符庚辰至宣和乙巳。凡六百六十五卷。陞顯謨閣學士。尋知徽州。徙宣州。言者論其嘗爲蔡京王黼之客。奪其職。居永州。二十四年卒。秦檜死。復職。二十八年詔贈端明殿學士。先生通顯三十年。無居廬以居。博極羣書。老不釋卷。尤善讀春秋左氏傳及西漢書。工儷語。多著述。所爲制詞。人多傳誦。宋史。

梓材謹案。萬姓統譜言先生自號龍溪。黄氏日鈔讀浮溪文謂。其文明徹高爽。歐蘇之外。邈焉寡儔。艱難扈從之際。敷陳指斥。尤多痛快。殆有烈大夫之氣。至其行責詞。則痛詆李綱。草麻制。則力褒秦檜。平日議論。則鄙經學而尊詞章。詞章陋習。滅没人才。一至此甚云云。

梓材又案。先生序張吴園春秋指南。自稱門人。是嘗問業張氏矣。

雲濠謹案。安徽通志以先生爲婺源人。寓居饒州。著有浮溪集六十卷。青唐録三卷。又案。鴻慶居士集先生墓誌。知其文又有浮溪後集若干卷。裔夷謀夏録三卷。古今雅俗字四十四篇。

浮溪文集

自王氏之學興。學者偃然以經術自高。曰吾知經矣。天下之學復有過此者乎。彼文章一技耳。何爲者哉。使此曹有秋毫自得於聖人之門。其誰不服膺斂衽。奈何朝夕佔畢者。類皆拾取前人咳唾之餘。熟爛繁蕪。喋喋諄諄。無一字可喜者。亦何異斥八珍不御。而以饐腐之糜强人。曰。此養生之本也。其不爲人出而哇之也。亦幸而已耳。又數年以來。伊川之學行。謂讀書作文爲妨道。皆絶而不爲。今有人於此。終日不食。其腹枵然。捫以示人曰。吾將輕舉矣。豈可信乎。二先生者。天下之宗師也。其文章過人萬萬。議之者非狂則愚。然陵夷至此者。其徒學之之過也。答吴知録書。

左氏傳春秋。屈氏作離騷。始以文自成爲一家。而稍與經分。漢公孫弘。董仲舒。蕭望之。匡衡以經術顯者也。司馬遷。相如。枚乘。王褒以文章著者也。當是時。已不能合而爲一。況陵夷至於後世。流别而爲六七。靡靡然入於流連光景之文哉。其去經也遠矣。鮑吏部集序。

孟子去孔子百餘年。於書武成。詩雲漢。莫不疑之。至春秋則曰。孔子成春秋而亂臣賊子懼。未嘗片言置疑於其閒也。彼亂臣賊子者豈曉然知道理之人哉。一見春秋而知懼焉。非懼聖人之言也。懼天下是非之公也。自三傳興。而聖人之經始不勝其繁。好異者冥思力探。無所不至。人人務其己說之勝。而莫知求至當之歸。乃至子而以父學爲非。弟子而以師說爲愚。況其他哉。吳園先生春秋指南序。

黄東發曰。此說爲有理。至其序洪興祖春秋本旨。直謂仲尼復生不能易。而末乃歸之興祖可革辟廱封禪之儀。則文人之妄意談經。其說舛矣。

附録

博學强記。自六經百家太史氏之籍。先儒箋疏傳註之書。兵家族譜方言地志星經曆法佛老之衆說。與夫萬里海外蠻夷異域荒怪之序録。靡不記覽。其爲辭章明於道德。達於世務。指事析理。引物託諭。馳騁古今。貫穿經傳。該備衆體。蓋數十萬言。自成一家。

孫鴻慶序其文曰。公生平無所好。至讀古聖賢書。屬而爲詞章。如啗土炭嗜昌歜而爲一病。寤寐千古。心摹手追。貫穿百家。網羅舊聞。推原天人道德之旨。古今興壞理亂得失之跡。而意有適者。必寓之於此。登高望遠。屬思千里。凡耳之所接。雜然觸於中而發於咏歌者。必寓之於此。崎嶇兵亂。潛深伏隩。悲歌慷慨。酣醉亡聊而不平有動於心者。亦必寓之於此。技與道俱。

習與空會。文從字順。體質渾然。不見刻畫。如千石之鐘。萬石之簴。叩之輒應。愈叩而愈無窮。何其盛也。

待制程北山先生俱

程俱字致道。開化人。以外祖尚書左丞鄧潤甫恩。補蘇州吴江主簿。監舒州太湖茶場。坐上書論事罷歸。起知泗州臨淮縣。累遷將作監丞。近臣以譔述薦。遷著作佐郎。宣和二年進頌。賜上舍出身。除禮部郎。以病告老。不俟報而歸。建炎中。爲太常少卿。知秀州。金兵南渡。據淮安。諭降。先生率官屬棄城保華亭。留兵馬都監守城。朝廷命之部金帛赴行在。既至。以病乞歸。紹興初。始置祕書省。召爲少監。奏修日曆。時庶事草創。百司文書例從省記。先生摭三館舊聞。比次爲書。名曰麟臺故事。上之。擢中書舍人兼侍講。言者論其前棄秀州城。罷爲提舉太平觀。久之除徽猷閣待制。晚病風痺。秦檜薦領史事。除提舉萬壽觀。實録院修撰。使免朝參。先生力辭不至。卒年六十七。其在掖垣。命令下。有不安於心者。必反覆言之。不少畏避。其爲文典雅閎奥。爲世所稱。宋史。

雲濠謹案。萬姓統譜以先生爲信安人。蓋衢州唐爲信安郡也。所著有北山小集四十卷。

漢儒授經圖自序

古者尊師而重道。自天子達於庶人。故孔安國授經昭后。死爲之服。桓榮傅明帝於東宮。及即尊位。幸其第。至里門下車。擁經而前。蓋其嚴如此。漢興。諸儒以經誼專門教授。故學者必有所受。源流派別皆可推考。歷東漢二晉以迄有唐。餘風猶有存者。然其閒大儒閒出。不專以一經章句授諸生。如王通行道於河汾之閒。韓愈抗顏於元和之際。故從之學者。其於行己成務。作爲文章。皆足以名世而垂後。如魏徵王珪李翱皇甫湜之徒是也。陋哉夏侯勝之言也。曰。士病經術不明。經術苟明。取青紫如俯拾地芥耳。夫所貴於學者。豈專爲是哉。而勝以利誘諸生何也。西漢之俗固已尚通達而急進取矣。又使士專爲利而學。學而仕。仕而顯。則不過容悦患失而已。如張禹以經爲帝師。位丞相而被佞臣之目。後世議者謂西漢之亡以張禹。谷永因災異之對。枉公議以阿王氏。二人者。皆成帝所取決。關漢存亡之機者也。然則懷姦徇利。豈其志本在青紫故耶。後世君子志於青紫者衆。求師務學者寡。學者亦無師承。此予所以常恨生之晚也。方祖宗隆盛之時。如孫明復胡翼之以經術。楊文公歐陽文忠以學問文章。爲一時宗師。學者有所折衷而問業焉。王荆公出。以經義授東南學者。及得君行政於天下。靡然宗之。元祐閒。蘇子瞻以文章主英俊之盟。亦云盛矣。予臥病里中。讀西漢儒林傳。觀其師弟子授受之嚴。所謂源流派別。皆可推考者。竊有感焉。且浮屠氏自釋迦文佛傳心法與夫講解之宗。至於今將二千年。而源派譜牒如數一二。下至醫巫卜祝百工之技。莫不有所師。如吾儒師承之道。乃今蔑焉。所謂學官師弟子。如適相遇於塗耳。蓋可歎也。則其事業之不競。語言之不工。名節之不立。無足怪者。因以漢儒授經爲圖。以想見漢興之風範云。

李先生處業

李處業。

知州趙先生子盡

趙子盡字叔問。少警敏强記。工書翰。宣和初。充詳定九域圖志編修官。建炎四年。遷尚書左司員外郎。試太常少卿。集太常因革禮八十篇爲十七卷。復春分祀高禖禮。除權禮部侍郎。遷徽猷待制。樞密都承旨。累求補外。知秀州。姓譜。

梓材謹案。兩浙名賢録宋賢載先生云。太祖六世孫。燕王後也。大觀元年。宗子進士第一。南渡來居信安山中。又言其守秀潤。已而奉祠家居。慕司馬德操之爲人。作崇蘭園於城南。與程俱諸人唱酬。其閒俱稱其剛而不亢。通而不流。文敏以粹。篆籀草隷皆力追古人。所著有崇蘭集云。

附録

葉石林哭趙叔問詩曰。劉氏磐石宗。略分天下半。斯文獨更生。落落公族冠。探書到千古。極意在理亂。故宜蕭長倩。憂國共長筭。我懷崇蘭君。多學眞一貫。束髮踵癯儒。長檠媚空案。胸中行祕書。領略能默斷。埋光久不暴。玉石終自判。中年立周行。杞梓見條幹。雍容視出處。未可亟招喚。坐令護都水。不特美先漢。荷囊侍丹扆。正訝歸稍緩。胡爲棄天閑。一往謝羈絆。黄壚閉白玉。萬事風雨散。訃來爲失聲。涕落傷老伴。孰知錦囊心。無復銀鉤腕。柯山眇何許。

日月忽已換。平生渾金質。反覆要熟看。至寶琢寒泓。誰爲撫遺玩。尚有千字碑。臨風寄長歎。

浮溪講友

知州江先生惇提

江惇提字安中。蘭溪人。少沈厚秀整。閉門讀書。不關世事。游太學。以俊偉稱。大觀三年。擢進士第。調湖州司法參軍。累除知處州。遷朝奉郎。未行卒。年六十。汪學士藻誌其墓曰。崇寧初。余入太學爲諸生。始識安中。望其容。粹然而温。聽其言。款然而誠。與之談經。超然得其指歸。及其議論。反覆確然莫可回奪也。余於是定交焉。自此閒數年。必一相從。見於婺源。於會稽。而婺源爲最久云。汪浮溪集。

知軍胡先生伸

胡伸字彦時。婺源人。入太學。與汪藻齊名。登第。試學官。教授潁川。崇寧中。爲太學正。累遷國子司業。後知無爲軍。姓譜。

梓材謹案。先生有尚書解義。經義考云佚。

北山講友

州倅賀慶湖先生鑄

賀鑄字方回。衛州人。長七尺。面鐵色。眉目聳拔。喜談當世事。可否不少假借。博學强記。

工語言。初。娶宗女。隸籍右選。監太原工作。歷倅太平州。食宫祠禄。退居吴下。務引遠世故。家藏書萬餘卷。手自校讐。無一字誤。以是杜門將遂其老。家貧。貸千㈠錢自給。有負者。輒折券與之。秋毫不以丐人。其所與交。終始厚者。惟信安程北山俱。先生自哀歌詞。名東山樂府。北山爲之序。嘗自言唐諫議大夫知章之後。且推本其初。出五㈡子慶忌。以慶爲姓。居越之湖澤。所謂鏡湖者。本慶湖也。避漢安帝父清和王諱。改爲賀氏。慶湖亦轉爲鏡。當時不知何所據。故先生自號慶湖遺老。有慶湖遺老二十卷。宋史。

附録

初。仕監太原工作。有貴人子適同事。驕倨不相下。方回微廉得其盜工作物若干。一日屏侍吏。閉之密室。以杖數曰。來。若某時盜某物爲某州㈢。某時盜某物入於家。然乎。貴人子惶駭。謝有之。方回曰。能從吾治。免白發。即起自袒其膚。杖數十㈣下。貴人子叩頭祈哀。即大笑釋去。

㈠「千」當爲「子」。
㈡「五」當爲「王」。
㈢「州」當爲「用」。
㈣「數十」當爲「之數」。

廣陵門人

劉先生發

劉發。廣陵門人。爲廣陵先生傳。有曰。方先生之盛時。所以造士者有術。優遊崇養。成其自得之實。而不使其少累於外物。故士多見夫道之大全。而進止行遁無所於遻云。廣陵文集附録。

合沙門人

邵蒙谷先生整詳見范吕諸儒學案。

潘先生冠英

梓材謹案。經義考引馮厚齋云。鄭少梅著周易疑難圖解。其學傳之潘冠英。

通直林先生周卿

林周卿字少望。福州人。少從合沙先生鄭少梅學。通易大旨。所交遊皆名勝。安貧守義。擇師教子而外無他念。年八十六而卒。以子封通直郎。黄勉齋集。

梁氏家學

參軍梁先生固見下何氏門人。

梁先生汝嘉

梁汝嘉字仲謀。政和中奏補登仕郎。建炎初知武進縣。時金人入汴。高宗南渡至常州。守倅俱遁。獨先生浚築防守。就除通判。提舉浙西常平。會駐蹕臨安。由轉運判官知臨安府。遷户部侍郎。移蹕建康。除隨軍轉運使。扈駕以行。歷守平江明温台婺宣鼎諸郡。皆有政聲。進權户部尚書。終寶文閣學士。右通議大夫。致仕。追贈少師。爵縉雲郡公。家居鄰郡學。捐地基以創齋廬。初在户部時。朝議以國用不足。欲拘刷郡縣養士餘糧。以助軍需。先生奏言。學校者風化之源。不可一日廢也。昔漢光武中興。投戈講藝。今國家軍旅艱難。留神學校。甚盛德也。然學校之設。必有以爲養士之資。欲乞申勅有司。凡贍學錢糧。不得輒更拘刷。上可其奏。括蒼彙紀。

何氏門人

參軍梁先生固

梁固字達夫。麗水人。佐之子。少時已能傳其父學。束書游四方。聞一善士。徒步千里從之。嘗一試禮部。不合。既而悔曰。吾豈不得已于此。而令達官貴人弄翰墨以窮其所不知耶。遂不復有進取意。太師何執中有女穎悟過人。讀書通訓詁。知大義。字畫有楷法。太師愛賢之。爲擇所從。曰。里中之賢無踰達夫者。遂歸之。太師執政。奏登仕郎。授吏部架閣官。俄改惠民局。久之去。爲汝州司法參軍。陞從事郎。卒年四十九。何氏嫠居十年。安貧守義。日夜課諸子以學。

長子汝嘉。鴻慶居士集。

鴻慶門人

鄒先生宗譽

鄒宗譽字次魏。臨川人。侍御餘之孫。始從孫仲益游。自六經百代諸子之書。與太史公所記。無不讀。文辭古雅渾厚。嘗隨計一試禮部。卒齟齬而不合云。鴻慶居士集。

司法劉先生鎮父珪。

劉鎮。永嘉人。父珪字伯玉。讀書不求甚解。而强記過人。賦士農工商四詩以衛名教。而著父子兄弟夫婦君臣之所當爲者。一日朝廷下詔。令節㈠州縣。毁淫祠。則讀詔欣諷。累數月不去口。晚多作詩。不爲空言。先生中進士第。官右迪功郎。洪州司法參軍。嘗從孫仲益游。鴻慶居士集。

汝直門人

文節魏碧溪先生杞詳見龜山學案。

㈠「節」當爲「飭」。

教授姜先生濤

姜濤字□□。自開封徙鄞。初姜氏之富甲於京師。而喜延名師以立家塾。先生兄贈宣奉大夫浩。記覽多聞。教子弟尤力。先生始登科紹興十二年。終諸王宮大小學教授。汪少卿思温。吏部思齊。兄弟嘗館於其家。及寓浙來鄞。以少卿爲歸。先生洎魏文節杞與少卿二子同在家塾。少卿訓飭如一云。樓攻媿集。

袁氏家學

朝奉袁先生坰

袁坰雲濠案。原本作烱。兹從絜齋集改正。字卿遠。鄞人。光禄之孫。而絜齋先生之祖也。贈朝奉郎。與子通議大夫文。皆以篤厚醇實稱於鄉。眞西山集。

梓材謹案。絜齋爲先祖墓表言。先生每事舒緩。獨於教子甚急。隆於師範。禮敬甚備。日餽之珍膳而伺其顏色。欣喜則以自慰。或有不怡。必研究所以然者。其受室也。聘幣酒肴之屬一取辦焉。師感其誠。爲之盡力云。

通議袁逸叟先生文

袁文字質甫。光禄曾孫。朝議灼之孫也。少小聰警。父承事坰。爲擇賢師。既冠。覃思經學。尤深於書。攷質非一師。梓材案。先生與通守同師金彦博。李大辯。莫冠卿。又受教於吴化鵬。久久通貫。得古聖賢意。甫踰壯歲。厭舉子業。而讀書益勤。一書精熟。始更他書。几閒未嘗有二書。得前輩讀書法。著有名賢碎事餘三十卷。又著甕牖閒評。於方言聲韻字書之學尤精。榜所居小齋曰臥雪。自號逸叟。子五人。絜齋燮。其次子也。贈通議大夫。袁絜齋集。

梓材謹案。絜齋爲定川言行編云。君與先君厚。先君之歿。哭之過乎哀。又言。爲製喪服。大小如式云。

通守袁先生章附師金彥博。莫冠卿。

袁章字叔平。正獻公燮之叔父也。與兄文師事鄉先生金彥博。既冠。並學於李大辯。莫冠卿。

梓材案。莫先生紹興十五年進士。官教授。自秦丞相柄朝。諱言程氏學。士以雕琢靡麗相高。先生介於其閒。人所不嗜。日嚌嚅之時。見稱爲樸學。登乾道五年進士。仕至常德通守。嘗以德行經學師表後進。里中俊秀多從之游。正獻幼亦受學焉。其教授和州。淮俗安於故習。知學者鮮。庠序雖設。視爲遊戲之地。羣焉而食。既食而出。以爲常。先生曰。士豈有不可教者。每旦入招諸生。勉以進修。毋自棄暴。訓之以禮義之大經。聖賢之旨趣。陶染濯熏。善端既開。又束以規矩。出入必時。課試如式。所以防其放逸者。具有目條。有來見者。不以早暮寒暑。從容延接。隨叩而鳴。如一家中父子兄弟款密無閒。時以爲眞能任職云。自少至老。未嘗廢書。書字必楷。筆古人格言。日日對之。以自警勵。小有差失。必載之册。謂之書過。聞人一善。亦手識之。謂之日志。袁絜齋集。

附傳

李先生大辯

梓材謹案。先生字若訥。蓋取老子大辯若訥之義也。爲吾郡鄉先生。樓攻媿兄弟。戴主簿日宣。皆其弟子。見攻媿集及袁絜齋集。絜齋從父章與絜齋父文。亦並學於先生。

劉氏家學

劉頤庵先生應時

劉應時字良佐。號頤庵。無閡先生次子也。性敏。喜讀書。工詩。長於選體。而視富貴爲身外之物。高尚不求仕進。陸放翁稱其詩多獨得之妙。楊誠齋謂有三百遺旨。慈谿縣志。

宣幹劉先生叔向

劉叔向字□□。號滋蘭。頤庵應時之子也。習二戴禮。登慶元己未乙科。與計偕者接踵。由是戴禮遂爲劉氏家學。程士龍云。先生官至宣幹。

朝請劉先生厚南詳見慈湖學案。

浮溪門人

學正董先生潁別見龜山學案補遺。

縣令陳先生袤

梓材謹案。先生姑蘇人。令衢之龍游。左太中大夫致仕彦恭之子。太中嘗與浮溪游。浮溪誌太中之墓。述先生之言曰。惟夫子哀而賜之銘。是固汪氏門人也。

提刑趙先生奇

梓材謹案。先生滑州韋城人。嘗爲朝請大夫。荆湖北路提點刑獄。浮溪誌其父鈞臣之墓。述其言亦云。惟夫子哀而賜之銘。又曰。大夫清修。而父復有盛名於時云。

樓氏續傳

縣尉樓先生鐊

知州樓先生錫並見李氏門人。

李氏門人

通議袁逸叟先生文

通守袁先生章並見袁氏家學。

縣尉樓先生鐊

知州樓先生錫合傳。

樓鍚。樓錫。皆鄞人。攻媿先生之兄也。攻媿少時與二兄同學於鄉先生李若訥。鍚字昭聲。自力於學。官績溪縣尉。錫字予善。一字申伯。累官知嚴州。爲政平靜。人謂良二千石。攻媿集。

宣獻樓攻媿先生鑰詳見邱劉諸儒學案。

鮑先生德光

鮑先生俊德合傳。

鮑德光。奉化人。與弟俊德受業於李先生若訥之門。俊德字日新。一字明叔。少篤學。幾忘寒飢。與樓攻媿友善。攻媿集。

主簿戴先生日宣詳下通守門人。

楊氏續傳

舍人楊先生邦弼詳見震澤學案。

楊先生與立

楊先生驤

楊先生道夫 並詳滄洲諸儒學案。

監鎮楊先生謙之 別見存齋晦靜息庵學案補遺。

通守家學

主簿袁先生方 附子洽。

袁方字誠之。常德通守章之從弟也。師事鄉先生鄭屯田鍔。沈簽判銖。又從通守講學。服膺經訓。尤精於詩。以特科補雍州文學。調丹陽主簿。以祠請。監潭州南嶽廟。諸子皆篤志。而仲子洽擢儒科。爲文林郎。絜齋集。

鄉貢袁先生覺

袁覺。鄞人。逸叟文之長子。絜齋之兄也。鄉貢進士。篤學守正。後學多從之遊。絜齋集。

雲濠謹案。先生著袁氏家塾讀書記二十三卷。大略倣呂氏讀詩記。集諸説。或述己意於後。陳直齋云爾。直齋又言。題四明袁覺集。未詳何人。當是絜齋之族。蓋未悉其系而云然也。

梓材謹案。袁清容述祖德詩云。於赫少師。受學族祖。習繹典謨。正獻同字。自註云。諱覺。有書解行於世。正獻亦師之。所云少師。即越公韶也。

學録袁先生濤

袁濤字巨濟。正獻之再從兄也。從叔父常德通守遊。與正獻共學於鄉校。正獻一日起差晏。

先生呵之曰。何若是昏怠耶。服膺聖哲之言。潛心禮義之學。久而益明。乃作易說。詩指意。論語管窺。孟子說。郡博士知其賢。延爲學録。以爲倡率。諸人皆起敬焉。絜齋集。

正獻袁絜齋先生燮詳絜齋學案。

縣丞袁先生槱別見嶽麓諸儒學案補遺。

通守門人

主簿戴先生日宣附師胡仲皋。

戴日宣字德甫。鄞人。自少嗜學。未嘗一日廢書。師事鄉先生李若訥。胡仲皋。復請益於袁通守章。以觀過名其齋。有意於切己之學。累舉特恩授迪功郎。台州仙居縣主簿。絜齋集。

胡先生處約

胡處約字詳之。奉化人。袁通守章授徒於豐山。先生實從之學。通守不忘許可。而稱先生爲佳士。絜齋集。

鄉貢門人

太師袁彦淳韶詳見絜齋學案。

王氏續傳

鄉舉王先生淵

王淵字如淵。永嘉人。景山九世孫。通詩書二經。洪武三年舉進士。以疾告歸。先生性急直毅。然以作興後學爲己任。貧而來學者輒以衣糧資給之。所著有詩書題斷。蓮塘稿。